新知图书馆
第一辑

探索的魅力

THE CHARM OF EXPLORATION

【美】丽莎·杨特　哈里·亨德森/著　王正科 邹晨雷　等/译

上海科学技术文献出版社
Shanghai Scientific and Technological Literature Press

图书在版编目（CIP）数据

探索的魅力 /（美）丽莎 · 杨特，（美）哈里 · 亨德森著 .
王正科等译 . 一上海：上海科学技术文献出版社，2019
（新知图书馆）
ISBN 978-7-5439-7837-9

Ⅰ . ① 探… Ⅱ . ①丽…②哈…③王… Ⅲ . ①科学知识—
青少年读物 Ⅳ . ① Z228.2

中国版本图书馆 CIP 数据核字 (2019) 第 033512 号

图字：09-2014-107

选题策划：张　树
责任编辑：王　珺
封面设计：合育文化

探索的魅力
TANSUO DE MEILI
[美]丽莎 · 杨特　哈里 · 亨德森　著　王正科　邹晨霞　等译
出版发行：上海科学技术文献出版社
地　　址：上海市长乐路 746 号
邮政编码：200040
经　　销：全国新华书店
印　　刷：常熟市人民印刷有限公司
开　　本：720×1000　1/16
印　　张：21.5
字　　数：385 000
版　　次：2019 年 1 月第 1 版　2019 年 1 月第 1 次印刷
书　　号：ISBN 978-7-5439-7837-9
定　　价：48.00 元
http://www.sstlp.com

目录

第二部分　数学的魅力

第三部分　致命的力量

前言

现代科学与发明的关键性进展建立在一些看似简单却真知灼见的想法之上，那就是——科学技术与人们的生活息息相关。事实上，它们也正是我们探寻这个世界的秘密、重新塑造这个世界的一部分，也在某种程度上改变了人类的生活。

在一百多万年前，现代人类的祖先开始将石块制成工具，这样他们便可与周围的食肉动物竞争。大约从3.5万年之前开始，人类在岩洞的石壁上绘制精美的壁画并制作其他手工艺品，这些都表明技术已与人们头脑中的想象、与人们所讲的语言交融在一起，崭新而躁动难安的艺术世界的帷幕渐次拉开。人类不仅在塑造着他们所处的世界，还用艺术的方式去表现它，用自己的头脑去思考，思考世界的本真及其含义。

技术是文化的基本组成部分。许多地方的神话传说中都有一个叛逆者的形象，他轻而易举地摧毁了既定的顺序，而代之以令人耳目一新的饱含颠覆性的可能。在许多神话里，都可提炼出这样一个例子：一个叛逆者，例如一只来自美国的山狗或者乌鸦，从上帝那儿偷来了火种，并将它交到人类手上。所有的技术工具，无论是火、电还是锁在原子与基因中的能量，都如同一把双刃剑，仿佛从那个叛逆者手中接过来似的，它们发出的能量既可以治愈人类的创伤，又可以给人类致命的一击。

一个技术的发明者常常会从科学发现中寻找灵感。就像我们所知道的一样，当今的科学远比技术要年轻，回溯历史，便可发现它起源于大约500年前的文艺复兴时期。在那个时期，艺术家与思想家们开始系统地探寻自然的秘密；而第一个现代科学家，例如列奥纳多·达·芬奇与伽利略·伽利莱，通过做实验，拓展了人们对于物体空间位置的认识。紧接着，一场革命性的解放运动轰轰烈烈地展开了，最具代表性的则是以下几位天才：在机械制作与数学方面有着卓越贡献的艾萨克·牛顿；发现生物进化规律的查尔斯·达尔文；在相对论与量子物理方面有着开创性贡献的阿尔伯特·爱因斯坦；现代基因学的鼻祖詹姆斯·D.沃森以及弗朗西斯·克里克。当今科技领域新出现的基因工程、微缩工艺以及人工智能等各领域都有着能够独当一面的主导者。

像牛顿、达尔文以及爱因斯坦这些鼎鼎大名的名字都能够紧密地与科技革命联系在一起，这些革命代表了现代科技中作为个体的人的重要性。本书遴选了三十余位在科学技术方面作出杰出贡献的先锋者，并将目光集中在他们的人生与成就上。他们是新的领域：海洋科学、现代遗传学、现代天文学、法医学与数学模型中的翘楚。尽管最早的开拓者起到了重大作用，但这套书论述的重点是20世纪以来甚至是当今的研究者。

每一部分的传记都按照一定的顺序排列，这种顺序反映了研究者重大成就的变化过程，但是他们的人生经历常常是枝蔓缠绕，不那么容易一下子看清。每个人的成就都离不开他们当时所处的环境，也离不开他们工作中的协作者以及给他们的研究提供帮助的外界力量。牛顿有一句名言："倘若说我能（比其他人）看得更远，那是因为我站在巨人的肩膀上。"每一位科学家或发明家的成就都不是无源之水，作为个体的科学家与发明家也与他们的实验室的其他同事乃至别处的人发生着种种联系，有时还得益于广泛的集体努力，例如20世纪末启动的政府赞助与私人赞助，它们也为人类基因组的研究提供了帮助。科学家与发明家不但影响着经济、政治与社会力量，反过来也受着它们的影响。

在传记之外，本书还插入了以下一些工具条，以便给我们提供一种更好的视角，从而更快地进入到那个由科学家与发明家共同构建的世界中去：

相关链接：描写一些具有个性特征的工作与科技发展的联系；

亲历者说：为发现与发明提供第一手资料；

争论焦点：对由发现与发明引起的科学或伦理问题的探讨；

其他科学家：描述的是一些在这项工作中起到重要作用的人；

相关发明：展示了一些与之类似的或相关的发明；

社会效应：提供了有关发明创造对我们的社会或个人生活的影响的相关讯息；

科学成果：解释了科学家或发明者如何应付一项具体的技术上的难题或者

挑战；

未来趋势：描述了随着时间的变化，这些技术所发生的进展，以及一些重要数据也在此处被公布。

书中，我们讲述的是人类不断寻求真理、勇于探索、不懈创新的故事，我们也希望亲爱的读者能够被这些故事吸引、鼓舞，得到一种潜在的力量。希望能够给读者铸造一座桥梁，一起走进科学与发现、发明的世界，并且能够尽情游弋于这个广阔的世界中，在其中找到内心更深刻的共鸣。

遗传密码

MODERN GENETICS ENGINEERING LIFE

邹晨霞/译

Part 1 第一部分

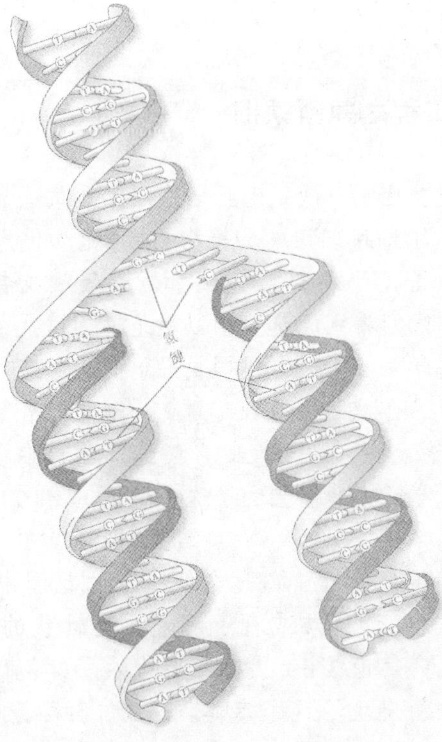

任何充分先进的技术跟魔术没什么区别。

——科幻小说作家阿瑟·C.卡拉卡

（Arthur C. Clarke）

许多人喜欢魔术。神奇的魔术师能让丝巾和鸽子凭空出现然后突然消失；还能让人在被锯开两半后毫发无损，或者自己从枷锁重重的箱子中逃生。有魔术表演的夜晚总是那么令人开怀。

对于那些运用科学知识发明创造的科学家和工程师，很多“摩登新人类”也抱着这种复杂的态度。他们觉得这些人像魔术师一样神奇，而科学家的“小窍门”也一样高深莫测。有的人被希望或恐惧冲昏了头脑；有的人相信科学家和发明家将带来世界和平，清洁且廉价的能源，还能解决许多许多其他问题；另一些人相信这些科学家发明家会招来瘟疫和环境灾难。无论是希望还是恐惧，公众普遍认为科学技术人员在“玩弄上帝”，就像魔术师曾受到的指责。

遗传学及其技术分支常常被叫作基因工程或者生物技术，这门科学唤起了人们极大的渴望和恐惧，在这方面，只有能够制造原子弹的核物理知识可以与之相提并论。科学家、遗传学家和基因工程师似乎掌握着魔力。

基因工程之孰新孰旧

对基因的研究，甚至是基因工程的关注，都像人类的历史一样长久。人们一直都注意到家庭成员长相相近，比如说有同样颜色的头发和眼睛。有的孩子还继承了父母的某些特性，如歌唱天赋或者急躁的脾气。这些性状似乎一代传一代。我们看到的这些相似就是基因造成的。

科学家在19世纪中期开始系统地研究遗传现象。1859年，英国生物学家查理·达尔文在《物种起源》一书中提出，生物的性状随机变化，但是物竞天择，适者生存。达尔文的自然选择学说在那个年代引起了巨大的争论，不过现在的科学家都普遍接受了这个理论。

几年后，一位奥地利修道士格雷戈尔·孟德尔，为达尔文的进化论提供了一个精准的解释。通过在修道院的花园中杂交豌豆，孟德尔发现了亲代与子代之间，例如高矮或种子颜色之类性状的遗传定律。1866年，孟德尔的工作发表在一篇论文中，当时并不为人所知，直到3位欧洲科学家在20世纪早期独立地重新发现了这个定律。这3位科学家和其他学者一道继承并发展了孟德尔的发现，建立了一门全新的科学——遗传学，这个名字是由英国生物学家威廉·贝特森提出，他本人研究性状是如何遗传的。即使早期没人知道基因究竟是什么，那时的遗传学家还是选择了“基因”一词，作为传承某一种性状的最小单位。

1910年，哥伦比亚大学的托马斯·亨特·摩根和同事们进行了果蝇繁殖实验，证明遗传信息由染色体携带。成对的（人类有23对染色体）微小的“有颜色的东西”存在于细胞核中，或者是细胞的中心位置。染色体在细胞分裂前会自我复制，所以每个新细胞都有一套完整的染色体。摩尔根的工作告诉世人基因在哪里。可是科学家们还是不知道染色体中的什么成分是基因，基因复制和遗传的化学过程是怎样的。他们意识到如果不解开这些秘密就无法理解基因是怎么起作用的。本书的起点就是对基因化学本质的探索。

翻天覆地的50年

本书讲述了最近50年来最杰出的十余位遗传学家和基因工程学家，这50年的起点是1953年DNA（脱氧核糖核酸，生物体遗传密码的载体）结构的发现，终点是2003年人类基因的完全破译。

1953年，詹姆斯·D.沃森（James D. Watson）和弗朗西斯·克里克（Francis Crick）通过揭示DNA分子的结构开辟了现代遗传学领域，DNA的结构揭示出DNA分子怎样复制和编译遗传信息。在这项工作的基础上，20世纪60年代，克里克和同事们成功破译组成DNA密码的单个化学“字母”，并说明了遗传密码怎样指导蛋白质合成，而蛋白质则是执行细胞生理活动的主要物质。

1973年，赫伯特·伯耶和斯坦利·N.科恩宣布基因不仅可以通过杂交间接地改变，还可以通过生物化学操作直接改变。伯耶还率先将基因工程用于工业生产，创立了基因工程技术公司（Genentech），世界上首家生物技术公司。

在伯耶和科恩实验成功的若干年后，迈克尔·毕晓普和哈罗德·瓦穆斯发现了癌症——人类最恐惧的疾病之一的遗传学基础。在病毒中发现了能使动物患上肿瘤的基因，不过，毕晓普和瓦穆斯在1976年发现这些致病基因并不起源于那些会造成感染的微生物。实际上，癌症的致病基因是发生了病变的正常细胞基因。后来，研究人员在肿瘤中找出了许多与癌症有关的基因，这样一来，就有可能开发出控制基因活动的药物。

1991年，安德森和同事将正常基因插入一个病童的血细胞中，这个基因产生一种对免疫系统起关键作用的化学物质，这个孩子正是因为缺少这种物质患了一种罕见的遗传病。这次治疗，是对人类进行的首次基因治疗，并使这个小女孩恢复了健康。与此同时，南希·韦克斯勒等人正努力找出造成亨廷顿症（又称亨廷顿舞蹈症）之类的遗传病的变异基因，这种带来大脑损坏的遗传病困扰着韦克斯勒家。1993年，在几个研究小组的共同努力下，亨廷顿症的致病基因找到了。同年，辛西娅·凯尼恩（Cynthia Kenyon）找出了延长线虫寿命的基因，这表明基因变化不仅仅引起遗传疾病，而且与普通疾病及衰老都有关系。

没人反对以改造基因的方法治疗或预防遗传病，但是有人担心安德森首创的这种基因改造技术会抹杀人类的正常变化，或者创造出商品化的“设计宝宝”。1997年，伊恩·威尔默特用一个成熟的细胞克隆了一只绵羊，1998年，詹姆斯·汤姆森从人类胚胎（处于发育早期阶段的生物体）中分离出的细胞可能可以制成任何人体组织，这些科学进展唤起了人们对人性的担忧。许多评论者认为，这两个人的工作都提高了克隆人类的可行性，虽然他们两人都不赞成克隆人。

最有争议的项目可能是人类基因组计划，这项浩大的工程旨在测定人类的全部遗传信息。在这项工程接近尾声时，媒体的注意力都集中到了弗朗西斯·柯林斯和克雷格·文特两人身上，柯林斯领导政府资助的国际合作项目，而身兼科学家企业家两职的文特，领导一个私人公司开展这个项目，声称可以做得更快、更便宜。一旦工程完工，所有的争论都集中到了这些基因信息的用途上。观察家认为了解人类基因可以医治更多的疾病，也可能会带来基因歧视，或者两者兼而有之。

脱掉魔术的外衣

绝大多数奋斗在遗传学和基因工程的科学家和发明家都欢迎真诚的讨论。他们常常思索自己的工作会带来什么，他们也希望更多的人来思考这个问题。但是，科学家和他们的支持者都认为，在任何理性讨论之前，人们都必须将他们与魔术师区分开来，他们并不拥有秘籍和神力。普通大众有必要了解“基因魔术”的奥秘和这种技术的本领与局限。大众只有在亲身了解这看似魔术的知识后，才能深思熟虑做出决定，决定我们怎样理解这些神奇的力量，决定我们怎样利用这种力量描绘美好生活的蓝图。

一

生命密码

——弗朗西斯·克里克、詹姆斯·D. 沃森与DNA结构

20世纪50年代，当这场竞赛刚刚开始的时候，大多数极具潜质的选手都不屑一顾。研究人员多年前已经发现了染色体，人们也知道这些细胞核里的小东西由蛋白质和核酸这两种复杂的化合物构成，染色体还携带遗传信息（基因）。那时，科学家都认为蛋白质是基因的载体，而蛋白质又由20种分子更小的氨基酸组成，这样蛋白质分子就有无数种组合。1869年，瑞士化学家约翰拿·米歇尔发现核酸，但是人们对这种物质的了解十分有限，当时的科学都认为研究核酸的分子结构不是当务之急。

神秘的分子

有一小部分的分子生物学家认为蛋白质的支持者是错的。1944年纽约洛克菲洛研究所的研究员奥斯瓦德·艾弗里（Oswald Avery）将从一种致病细菌中提取的DNA与无害的类似活细菌混合培养后发现，这些无害细菌的后代可能引起疾病。实验结果强烈暗示DNA、核酸才是遗传信息的携带者，这些遗传信息不知何故被无害细菌整合进了自己的遗传材料中。

分子生物学家意识到，要想了解DNA如何自我复制和传递遗传信息，必须探索DNA分子的结构。可以说，他们是“蒙着眼睛”开始的，因为之前几乎没有任何线索引导他们。

研究人员已经知道每个DNA分子都含有多个碱基，但种类只有4种，这4种小分子是腺嘌呤、胞嘧啶、鸟嘌呤和胸腺嘧啶。

这种分子还含有至少一根“脊柱”，由糖类和磷酸盐交替组成的相似的长链分子。帮助化学家分析分子结构的X射线晶体照像结果显示，骨架分子的形状像一个线圈，或者是螺线管。在20世纪40年代末，澳大利亚裔生化学家欧文·查格夫（Erwin Chargaff）发现每个DNA分子中胞嘧啶与鸟嘌呤的总量相等，腺嘌呤和胸腺嘧啶的总量也是相等的。但是，没人知道每个DNA分子有多少股骨架，也没人知道在分子内骨架和碱基是怎么组合的。

比赛开始

1951年，有3组分子生物学家接受挑战，一组在美国、两组在英国开始寻找DNA分子结构。加州理工学院的化学家莱纳斯·鲍林（Linus Pauling）领导美国的小组。鲍林早先因为发现蛋白质分子的基本结构而扬名，蛋白质分子的结构就是螺旋形的。

英国的一个组在伦敦的国王学院。由来自新西兰的生物物理学家莫里斯·威尔金斯（Maurice Wilkins）领头，X射线晶体照像专家、英国化学家罗莎琳德·弗兰克林（Rosalind Franklin）与他一同工作。可惜，弗兰克林和威尔金斯这两位聪明的科学家并不能和睦共事。

英国的另一个组是剑桥大学的两位研究人员，一个是美国科学家詹姆斯·D. 沃森（James Dewey Watson），另一个是英国科学家弗朗西斯·哈利·康普顿·克里克（Francis Harry Compton Crick）。两人中年龄较小的詹姆斯·D. 沃森，1928年4月6日生于芝加哥，15岁时作为特招生入读芝加哥大学。最初他打算研究鸟类，1947年获得动物学学士学位时，被物理学家欧文·薛定谔（Erwin Schrodinger）所著《生命

沃森和克里克融洽的关系有助于他们1953年在英国剑桥大学一同解开DNA的结构（冷泉港实验室（Cold Spring Harbor Laboratory）档案，沃森集）。

是什么》一书，把他的兴趣引向遗传学和可能有某种分子携带遗传信息上。1950年，沃森在布卢明顿市的印第安纳大学获得博士学位，其间的工作内容是病毒遗传学。

1951年春，沃森在欧洲继续研究工作时遇到了威尔金斯。沃森那时已经被DNA“迷住”了，而且他确信DNA分子的结构就是解开基因传递遗传信息之谜的钥匙。当威尔金斯告诉他可以用X射线照像术研究DNA后，沃森意识到DNA分子结构是有序的，周期重复的。1990年《当代人物传记年鉴（1990）》引用沃森本人的话语，说他当时确信DNA的形状将会是“简单而优美的”。

来自新西兰的生物物理学家威尔金斯领导伦敦国王学院的小组，在发现DNA结构的比赛中与沃森和克里克一争高下（国家医学图书馆，National Library of Medicine，照片B09719）。

1951年秋，23岁的沃森来到剑桥的卡文迪许实验室，这个实验室的研究人员用X射线晶体照像法研究蛋白质分子。他在那里遇到了35岁的英国科学家弗朗西斯·哈利·康普顿·克里克。克里克1916年6月8日生于英国北安普敦郡，是一个鞋子制造商的儿子，遇到沃森时，克里克还没获得博士学位，1937年克里克在伦敦大学学院获得物理学学士学位，不幸的是第二次世界大战中断了他的科学生涯。当他再次求学时，兴趣已经转向了生物学。

“我……很快发现与克里克谈话很有意思”，《当代人物传记年鉴》引述沃森的话。而克里克在他的自传《狂热的追求》中写道：“吉姆（译者注：沃森的昵称）和我一拍即合，一部分是因为我们的兴趣极其相像，而另一方面，我猜，大概是因为我们都是那种年少轻狂、无法无天，对散漫的思索毫无耐性的人。”

沃森和克里克主要通过思考和讨论解决这个科学问题。他们也建立可能的分子结构模型，就像鲍林解开蛋白质分子结构时那样做的。模型让他们可以从三维方向观察可能的DNA分子结构。

赢得发现

1953年的早些时候，DNA竞赛的疑云确实有所消散。沃森和克里克在1952年末做出对DNA结构的初步猜想，不过弗兰克林证明他们错了。弗兰克林坚持认为这种分子的外形不可能是螺旋形的，这个想法最后看来也是错的。随后，鲍林在1953年1月宣布DNA分子有3个螺旋形的骨架。这个结论很快也被证实是错的。

对沃森来说，DNA形状之谜的答案1953年1月30日浮出水面，那天，他去国王学院拜访威尔金斯。虽然两人在DNA竞赛中争夺激烈，但他们成了好朋友。威尔金斯给沃森看了一些弗兰克林拍下的DNA的X射线照片。

沃森看了那些照片，那些照片比他之前见过的任何照片都清楚，"我惊呆了，谜团开始解开了"，他后来在记录DNA发现过程回忆录《双螺旋》中写道。他意识到，DNA分子很可能有两条平行的螺旋形骨架。

沃森匆忙赶回剑桥，向克里克描述那些照片。当他们对骨架问题的答案满意后，他们的注意力很快转向第二个重大问题：碱基在分子中是怎样组织的。克里克得出结论，碱基必须在骨架内侧，在骨架间像螺旋形梯子的台阶那样伸展开来。最初，沃森觉得碱基可能是同类型的成对出现的——例如腺嘌呤和腺嘌呤组成对出现，但是这与已知的骨架间的空间尺寸不符。

科学成果：X射线晶体照像法

英国物理学家劳伦斯·布拉格（Lawrence Bragg）1912年发明了X射线晶体照像法。这种技术用一束X射线穿透固体。某些射线会被固体中的原子反弹回来，因此这些射线成角度地打在固体另一侧的照像底板上。底板上的照片在光亮的背底上显现出一组黑点或者黑色痕迹的图案。由专家解读后，这种照片揭示分子中原子的三维分布——换句话说，就是分子的结构。

最初，布拉格和同事仅用X射线照像法拍摄结构有序的固体，晶体的结构是有序的。1934年，另两位英国科学家德斯蒙德·伯纳尔和W. T. 埃斯特博利用这种方法分析由大的复杂分子组成，没有形成晶体的物质，例如蛋白质和核酸。弗兰克林熟练掌握这门新技术。

弗兰克林和其他专家，例如多罗西·克劳福特·霍奇金用X射线照像法分析出许多重要的生物分子的结构，包括在20世纪30年代和40年代发现的胆固醇和青霉素结构。50年代后，随着计算机承担起解释X射线照片所需的复杂数学运算后，人们可以解开更复杂的物质结构。

沃森等不及新的金属模型完工，他用硬纸板剪成小块模型，尝试各种组合。其中的两种碱基，腺嘌呤和鸟嘌呤比另两种大。成对的大碱基太大了，放不进相互缠绕的骨架之间，而成对的小碱基又太小了。沃森不断摆弄纸板模型，终于，他发现由一个大碱基腺嘌呤和一个小碱基胸腺嘧啶组成的一对，与胞嘧啶和鸟嘌呤组成的另一对大小性状完全一样。正如克拉克推测的那样，这两组碱基都可以完美地水平放入垂直的两列骨架之间。胞嘧啶与鸟嘌呤成对出现，胸腺嘧啶与腺嘌呤成对出现，这也印证了查格夫发现的DNA分子中，碱基数量的比例关系。沃森相信碱基之间形成的氢键能使之相互连接。

2月28日早上，当克里克一回到他们公用的办公室，沃森马上给他看拼好的硬纸板模型。克里克意识到沃森的发现意味着两条骨架间碱基的序列，或者说碱基的排列顺序是互补的。如果已知其中一条骨架上碱基的序列，就可以预知另一条骨架上的碱基序列。

沃森和克里克撰写了一篇简短的论文描述他们提出的结构。这篇文章于1953年4月25日刊登在英国久负盛名的科学杂志《自然》上。在论文结尾部分只有一句朴素的话语提到这个发现的重要性："我们注意到，这种假设的特殊的成对组合暗示一种遗传材料可能的复制机制。"

DNA是怎样复制的

1953年5月30日，沃森和克里克的第一篇论文发表5周后，他们两人在《自然》杂志上发表了第二篇文章，解释第一篇文章中隐晦的话语。沃森和克里克认为，如果DNA分子承载遗传信息，当细胞分裂染色体数目翻倍时，DNA分子必须能自我复制。他们相信DNA自我复制的关键在于分子互成镜像的结构。两人提出，在细胞分裂前夕，DNA分子中成对碱基间氢键连接断裂，氢键连接较弱。每个分子沿纵向裂开，就像拉开拉链的过程。在细胞核中自由漂浮的物质中，每个碱基吸引与它成对的另一个碱基配对、与骨架片段组装。一个腺嘌呤分子总是吸引一个胸腺嘧啶，反之亦然，胞嘧啶和鸟嘌呤之间也是这样的。这个过程结束后，细胞核中就有两条与原先的DNA一模一样的DNA双链分子。细胞分裂后，两个子细胞都获得一套与原始细胞一模一样的DNA。后来，实验证实了这套理论。

沃森和克里克因发现DNA的结构荣获1962年诺贝尔生理学医学奖。威尔金斯也获得这个奖项。许多其他奖项也表彰了这个重大突破，这些奖项大部分共同授予沃森和克里克，包括1960年的拉斯克基础医学奖（Albert Lasker Award for Basic Medical Research）、1961年的法国科学院的梅耶奖（Prix Charles Leopold Meyer）和1962年的美国国家科学研究合作奖（Research Corporation Award）。1977年，沃森还荣获美国自由勋章（Medal of Freedom）和美国国家科学奖章（National Medal of Science）。

亲历者说：生命的奥秘

在《双螺旋》一书中，沃森描写1953年2月28日，他向克里克描述他想到的DNA分子结构时的情形：

"弗朗西斯·克里克刚到，正推门而进时，我就忍不住说所有问题的答案都在我们手中了。虽然一如既往，他质疑了一小会儿，不过A—T和G—C确实有类似的形状。"

克里克开始亲自与沃森一起用硬纸板模型做实验，对沃森的结构提出许多修改意见。两人很快确信他们已经解决了DNA的问题，虽然沃森持谨慎态度。

"我们都知道直到模型完全建立，所有特征与X射线数据吻合后，我们才能回家（完全确信他们的模型是对的）。显而易见，它存在的意义实在是太重要了，容不得半点疏忽。午餐时，弗朗西斯飞奔进附近的老鹰酒吧，告诉周围的每个人我们发现了生命的奥秘时，我有点惴惴不安。"

遗传密码

和沃森一同做出重大发现后，克里克在剑桥继续研究DNA。1953年，他在那个研究所获得博士学位。他想研究DNA分子怎样传递信息，这些信息怎样指导蛋白质合成，其他科学家已经证实在细胞中指导蛋白质合成是基因的主要任务。而蛋白质的行为，创造出生物体的不同性状。

1955年，克里克和一位剑桥同事西德尼·布雷纳（Sydney Brenner）提出，DNA分子中的碱基序列像代码一样决定蛋白质分子中氨基酸的序列。他们还提出，每个编码"字母"，是一组3个特定顺序的碱基。因为有4种碱基，其中3个就有64（4×4×4）种组合，远远多于氨基酸的20种。

20世纪60年代早期，美国国家卫生研究所的马歇尔·尼伦伯格（Marshall Nirenberg）和其他分子生物学家“拆断”DNA编码，通过实验测定哪套三碱基密码代表哪种氨基酸。他们发现不同的三碱基组常常代表同一个氨基酸。一些其他小组标记各个基因的起点和终点（DNA分子包含数百或数千个基因）。1965年，科研人员编辑成一本包含所有64个三碱基的“字典”。

其他科学家：罗莎琳德·弗兰克林

罗莎琳德·埃尔西·弗兰克林1920年7月25日生于伦敦。她富有的父亲最开始并不鼓励她对科学的兴趣，因为他认为高等教育和职业生涯会令妇女不幸福。然而，热爱科学的弗兰克林坚持在剑桥大学纽纳姆女子学院学习化学，并于1941年毕业。第二次世界大战期间，弗兰克林为英国煤炭利用研究协会研究煤炭分子的结构，1945年，因此获得剑桥的博士学位。

战后，弗兰克林在法国工作时学会X射线晶体照像法。她特别擅长用这项技术研究不能形成晶体的化合物，包括绝大多数生物化学物质。1950年，她把这项专长带到了伦敦大学国王学院威尔金斯的实验室。威尔金斯希望弗兰克林帮助小组找出DNA的分子结构。

弗兰克林成像的照片棒极了，其中一张帮助沃森和克里克解开了DNA结构之谜。沃森和其他人都曾说，如果弗兰克林有一个可以无拘无束地分享各种想法的科研搭档，她也能解开DNA的结构。

弗兰克林大约在沃森和克里克发表他们的第一篇DNA文章时离开威尔金斯的实验室，去了伦敦大学伯克贝克学院。之后，她将短暂的一生中的剩余时间用于研究病毒的结构。

1958年，弗兰克林死于卵巢癌，年仅38岁，这也留下一个遗憾，那就是她无法与沃森、克里克和威尔金斯分享1962年的诺贝尔奖。据弗兰克林的传记作者安妮·塞尔（Anne Sayre）说，弗兰克林在伯克贝克学院的上级，X射线晶体照像术专家伯纳尔评论她：“作为一名科学家，弗兰克林小姐非常出色，每件事情都清晰完美。她拍摄的照片非常漂亮。”

DNA的结构

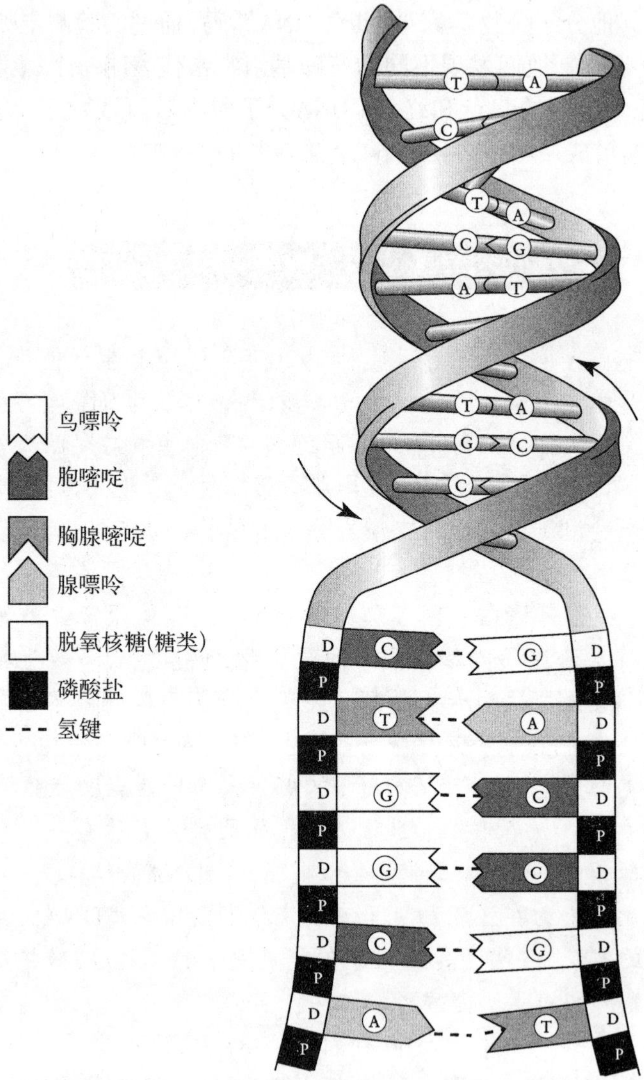

沃森和克里克1953年推导出脱氧核糖核酸(DNA)分子有两条"骨架",由磷酸盐(P)和一种糖——脱氧核糖(D)两种更小的分子交替组成。两条骨架都呈螺线管形,或者说像线圈似的,缠绕在一起。在骨架的内侧,就像梯子的梯级部分,是4种叫作碱基的小分子。碱基总是成对出现,由氢键连接。腺嘌呤(A)与胸腺嘧啶(T)配对,胞嘧啶(C)与鸟嘌呤(G)成对。

DNA的复制

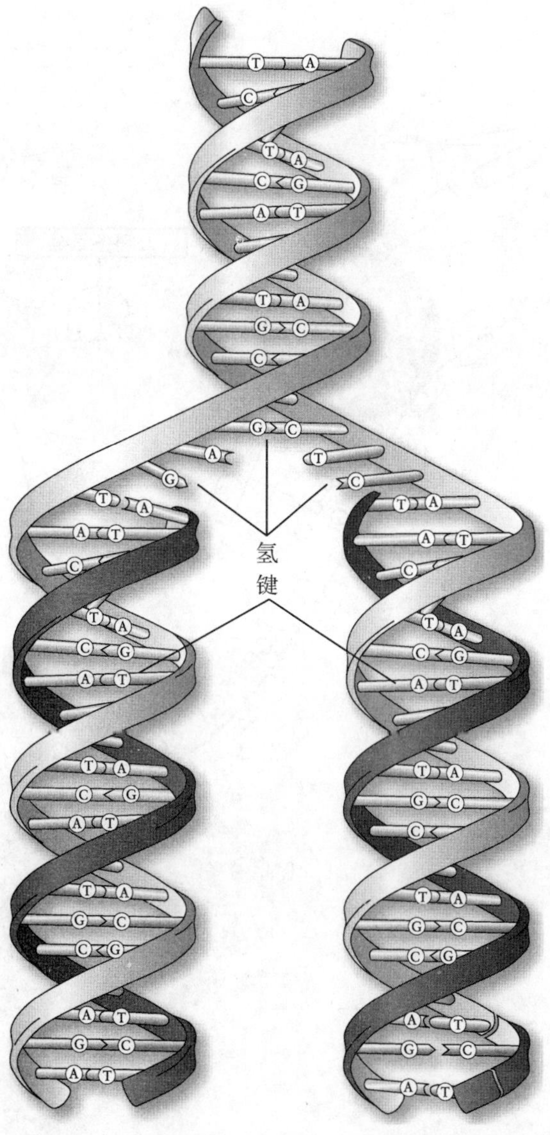

DNA的结构解释了它自我复制的本领。细胞准备分裂时，碱基间的氢键断裂，DNA分子在纵向像拉开拉链似的断裂。每个半个分子都从细胞中吸引碱基和骨架片段配对组装，形成同以前一样的碱基组。

蛋白质的合成

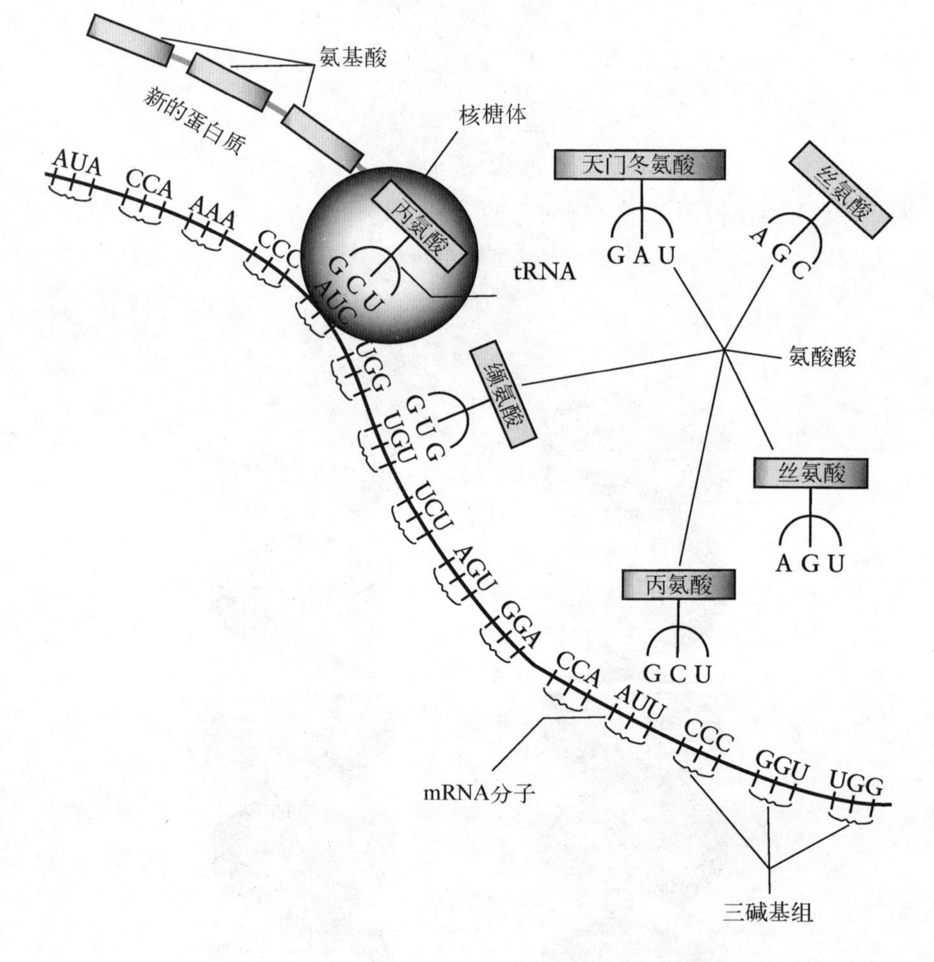

制造蛋白质的第一步，DNA分子的一部分（一个基因）以自己为模板形成一条匹配的信使RNA（mRNA）。信使RNA进入细胞质后，会吸引匹配的分子链较短地转运RNA（tRNA），每个转运RNA拖拽一个氨基酸分子。在一种叫核糖体的细胞器官的帮助下，转运RNA分子与匹配的信使RNA定点结合，它们携带的氨基酸就组合形成蛋白质。

密码的细节已经找到了，克里克、布雷纳等人开始研究DNA用编码生成蛋白质的机制。克里克和布雷纳提出，DNA以RNA形式生成自己的拷贝（核糖核酸），RNA与DNA的不同之处在于骨架中存在另一种糖类，并以尿嘧啶取代胸腺嘧啶。DNA通常不能离开细胞核，但是被称为信使RNA的RNA副本可以转移到细胞质中，细胞质是细胞较外层的果冻状物质。

在细胞质中,克里克和布雷纳认为，信使RNA遇到小小的核糖体。核糖体沿着信使RNA滚动，从细胞质中吸引氨基酸，这些氨基酸正是翻译成三碱基"字母"的DNA密码代表的。克里克认为，那时他叫作适配分子（后来称为转运RNA）的物质会拖拽氨基酸到信使RNA正确的位置上。氨基酸随后连接成蛋白质。信使RNA和核糖体释放蛋白质分子至细胞中。布雷纳等研究人员在20世纪70年代早期证明了这个理论基本正确。

分道扬镳

克里克终身从事科学研究。从20世纪60年代中期到70年代中期，他研究动物出生后的成长方式。1977年，他移居美国加利福尼亚拉霍亚的萨克生物研究所，开始研究大脑。他的工作主要集中研究哺乳动物的大脑处理视觉信号的方法和梦中处理信息的方法。他还写了许多科普著作，包括《生命本身：起源和本质》《惊人的假说：灵魂的科学探索》《狂热的追求：对科学发现的个人见解》等。2004年7月28日，克里克因癌症去世。

沃森与克里克不同，后来脱离了实验室转向事教学和行政工作。拿到诺奖后不久后回到美国。接下来的15年，他主要研究RNA的结构和这种核酸在蛋白质合成中的作用。1968年，沃森兼任纽约长岛冷泉港实验室（CSHL）主任。1976年，他离开哈佛到冷泉港实验室全职工作。在他的带领下，这个著名的实验室走向现代化，成为美国第一个遗传学实验室，并致力于从生物学角度研究癌症，癌症与遗传的关系。1994—2003年，沃森担任冷泉港实验室主席，之后担任名誉主席。

沃森很有文学才华。他的DNA竞赛回忆录《双螺旋》成为1968年的畅销书。一些评论家批评他对别的科学家的描述过于尖酸刻薄，特别是弗兰克林，但是读者喜欢他活泼的文风和书中科学工作的幕后照片。威廉·马伦（William Mullen）2004年发表在《芝加哥论坛报》的文章提到，与发现DNA结构相比，沃森更为自己的书骄傲自豪。"DNA的结构无论如何都会在两三年内被发现，”沃森说，“但是，我的书是我的作品，其他人无法取代。”沃森后来写了许多其他的书，包括第二本自传和一本备受好评的教材《基因分子生物学》。

1989年，沃森60岁时，美国政府委托他全面指导最新、最大的基因项目：国际人类基因组计划。这一计划也被誉为“生物学的登月计划”。1992年，沃森退休，但他仍然是基因组计划和基因研究强而有力的支持者。

《现代科学史教程》一书引用贾德森的话说，“生物学的发展靠‘开拓’”，而不是像物理学那样发生世界观的彻底改变。沃森和克里克DNA结构的发现如星火燎原。丹尼斯·L.布来欧在《美国医学学会期刊》发表了一篇关于沃森和克里克成就的文章，诺贝尔奖得主和科学史学家彼得·梅达沃（Peter Medawar）引用文中的话说，解开DNA的分子结构以及在此基础上的后续工作是“20世纪最伟大的成就”。

二

出品基因汉堡

——赫伯特·伯耶、斯坦利·诺曼·科恩与基因工程的诞生

从某种意义上来说，基因工程在熟食店起步似乎很合适。就像熟食店中站在柜台后的店员一样，基因工程师可以按菜单把基因分割，与其他生物的基因一起做成三明治，包装后“出品”。如此一来，他们创造出全新的生物体。

除腌牛肉之外的讨论

基因工程诞生的熟食店在夏威夷的火奴鲁鲁。1972年11月一天晚上，斯坦福大学的分子生物学家斯坦利·诺曼·科恩（Stanley Norman Cohen）和加州大学旧金山分校的分子生物学家赫伯特·韦恩·伯耶（Herbert Wayne Boyer），在结束了一整天的学术会议后走进一家熟食店。

科恩（1935年2月17日生于新泽西州珀斯安博伊）听了当天伯耶的讲话，想了解更多加州大学旧金山分校研究人员的工作。在狼吞虎咽地享用了腌肉和熏肉三明治后，他们逐渐意识到两人的工作专长就像DNA分子中的碱基对那样匹配。

伯耶是一个强壮的前高中橄榄球明星，来自宾夕法尼亚州的德里镇，生于1936年7月10日，比科恩小1岁半。伯耶在宾夕法尼亚州的圣文森特学院学习生物学和化学，1958年获学士学位。1960年他在匹兹堡大学获得硕士学位，1963年获得博士学位。在耶鲁完成博士后工作后，伯耶于1966年赴加州大学旧金山分校任助理教授。

在夏威夷一家熟食店里的谈话过程中，斯坦福大学的科恩开始计划一些实验，正是这些实验开启了基因工程的大门。

伯耶在熟食店里对科恩说，自己正在研究限制性内切酶，这是一种由细菌产生的化学物质。这种“分子剪刀”一旦找到了特定的碱基序列，就会剪断DNA链。细菌利用这种酶在病毒繁殖和杀死自己前消灭入侵的病毒。伯耶认为可以利用这种酶将很长很长的DNA分子分割成可控制又易处理的大块。通过不同的限制性内切酶，剪切出不同的DNA序列，所以分子生物学家通过决定采用哪种酶来选择怎样剪断DNA。

伯耶告诉科恩，很有意思的是相关限制性内切酶剪切时并不是非常锋利，会在断口的两端留下不完整的摇摆不定的碱基序列。就像DNA复制时一样，有些不稳定的碱基会强烈地吸引其他碱基，补全正常的配对。这意味着由同一种酶切割的两个DNA碎片将很容易首尾相接，即使这两个DNA来自不同的生物。另一种叫作连接酶的酶就可以将“黏性末端”黏合。

科恩告诉伯耶，自己对细菌的研究工作包括这些微生物的一些不寻常的特征。他提到，1965年，科学家发现细菌中除了有环形的大DNA分子承载大部分遗传信息之外，还常常有一些叫作质粒的小环形DNA分子存在。每个质粒只有几个基因。当细菌自我复制分裂成两个时，不但只复制主要的基因组，还会复制所有的质粒。

许多生物会因为基因的改变而改变性别，不过细菌不会。但是，细菌有时会在一种称为“接合”的过程中改变质粒。1971年，科恩发现了一种方法模拟接合，将质粒从一些细菌中移出，让另一些细菌接受这些小型DNA。他希望利用这种技术帮助其他科学家研究单个基因和DNA片断。科恩欣喜地意识到，伯耶提到的酶，可能就是他需要的那种工具，打开质粒的DNA环，插入他想复制的基因，再封上质粒。

首次基因拼接

伯耶和科恩吃完三明治后，便计划了一系列实验，这些实验巧妙地结合了两人的学科知识。1973年春，回到加利福尼亚后，他们开始尝试这些实验。在同事安妮·张（Annie Chang）和罗伯特·海利（Robert Helling）的帮助下，两人先用伯耶的一种限制性内切酶切断了科恩的一些质粒。正像科恩所希望的，这种工作质量不高的分子剪刀留下来的“黏性末端”得以使两个不同种类的质粒组成一个大质粒。科恩把新质粒叫作嵌合体，这个名字的英语单词原来指一种古

重组DNA

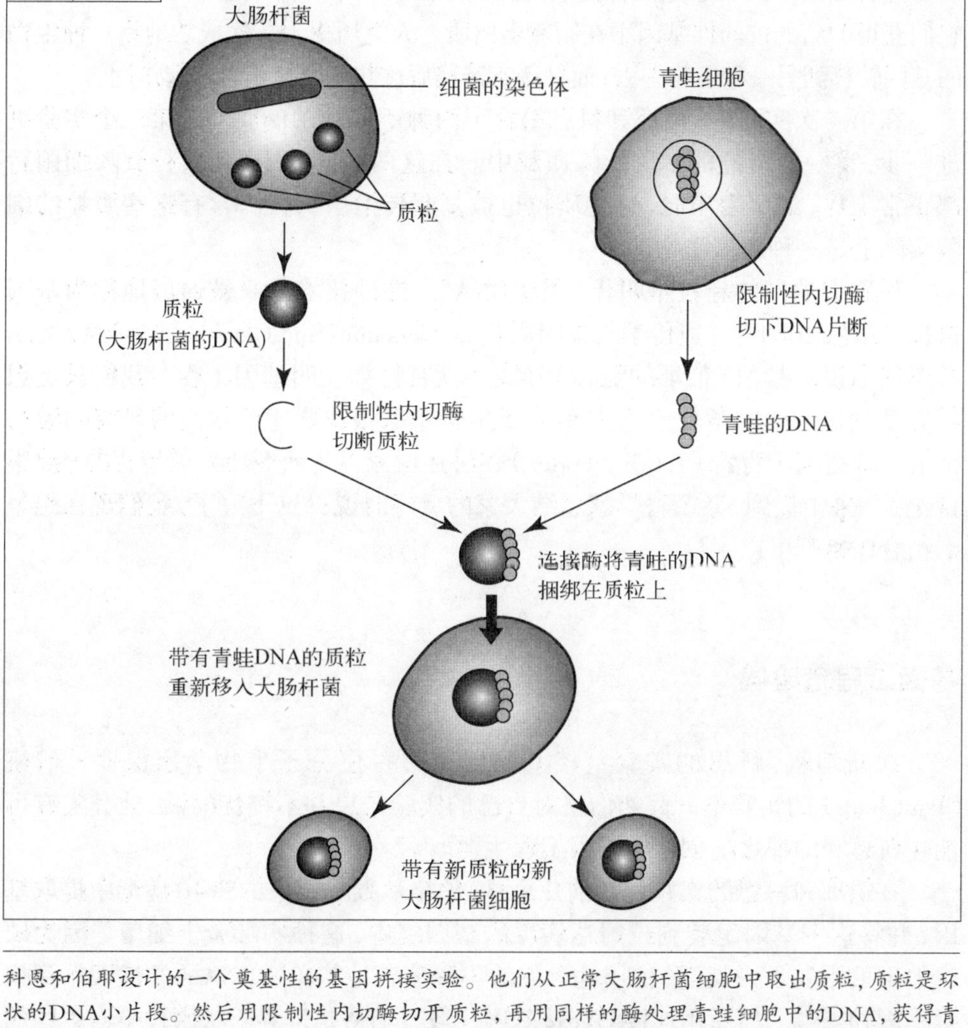

科恩和伯耶设计的一个奠基性的基因拼接实验。他们从正常大肠杆菌细胞中取出质粒，质粒是环状的DNA小片段。然后用限制性内切酶切开质粒，再用同样的酶处理青蛙细胞中的DNA，获得青蛙DNA片段。细菌和青蛙的DNA片段因为互补的单链DNA的“黏性末端”相互连接。伯耶和科恩再用另一种酶连接酶将DNA首尾连接，这样就制成新的既含有青蛙DNA又含有细菌DNA的质粒。研究人员接着把携带外源基因的质粒移入大肠杆菌，并证实外源基因可以正常制造蛋白质。细菌繁殖时，附加的基因也随着细菌本身的基因一同复制。

希腊传说中的怪兽，这个怪兽的身体一部分是狮子，一部分是山羊，一部分是蛇。

伯耶和科恩首次实验采用的质粒来自两株大肠杆菌，大肠杆菌是一种生活在人类肠道中常见的无害细菌。一种质粒包含一个使大肠杆菌对抗生素四环素产生抗药性的基因，另一种质粒使大肠杆菌对另一种抗生素——卡那霉素产生抗药性。伯耶和科恩将改造后的质粒移入一种正常情况下会被这两种药物杀死的细菌，然后将这种细菌放入装了这两种抗生素的培养皿。其中一些细菌活了下来，这证实它们获得的新的抗药性基因正在制造蛋白质。人类历史上首次成功地将一种生物的基因转移到另一种生物中去，而且证实转移后这些基因能正常地起作用。

在第二次实验中，伯耶和科恩组合了两种不同细菌的质粒。第三个实验更进一步，将一段青蛙的基因放入质粒中。在这两次实验中，新质粒放入细菌后都正常工作，细菌繁殖时，这些质粒也被复制传给下一代。含有这些质粒的细菌实际上是一种新型生物。

科恩把他们的新技术叫作“重组DNA”。这种技术后来被通俗地称为基因拼接。虽然2004年《遗传学与基因周刊》（Genomics and Genetics Weekly）引用科恩的话说：“赫伯（伯耶的昵称）和我并没有打算发明基因工程。我们只是想研究基础性的生物学现象。”其他分子生物学家很快联想到他们的研究的潜在价值。埃德温·肖特（Edwin Shorter）在讲述国家卫生研究所发展历程的《健康世纪》一书中提到，某个科学家总结大家的反应时说：“这下好了，我们现在想怎么组合DNA都可以了”。

基因工程危险吗

在斯坦福，科恩的实验室楼上两层是另一位分子生物学家保罗·伯格（Paul Berg）的实验室。假如伯格对自己的实验结果并不担忧的话，他其实有可能在科恩和伯耶之前创造出基因工程生物。

在伯耶和科恩的实验开始前几个月，伯格从猴子感染的SV40病毒中提取基因，并将这个基因组装到拉姆达病毒的基因组中，这种病毒袭击细菌。因为缺少伯耶的限制性内切酶，他用化学方法不辞劳苦地将单链DNA的黏性端粘到病毒基因的末端。然后用连接酶连接基因片段。伯格是世界上将两种不同生物的基因组合起来的第一人。遗憾的是，他没有把组合后的基因再放回某种生物体内，检验这些基因是否还能正常工作。

伯格计划用拉姆达病毒做遗传媒介（或者说载体），将SV40的基因插入大肠杆菌。当长岛冷泉港基因实验室的一位遗传学家罗伯特·波拉克（Robert Pollack）听说了这项实验进展后，致电伯格并提出警告。波拉克指出，SV40病毒对猴子是无害的，但会让小白鼠和仓鼠得癌症。波拉克担忧，将一种癌症致病病毒的基因插入存活在人体内的细菌可能会带来潜在的危险。

伯格听从了波拉克的警告，此后他取消了实验。当他听说伯耶、科恩和其他人正在做的事时，他也开始关注某些项目的安全性。

建立标准

1973年年末，伯格与另外77位分子生物学家联名致函著名的学术期刊《科学》。信中要求美国科学院关注重组DNA研究潜在的危险，并要求在这个新兴领域制订安全指导方针。

其他科学家：保罗·伯格

保罗·伯格（Paul Berg）1926年6月30日生于纽约市布鲁克林区，是一个服装制造商的儿子。第二次世界大战中断了他在宾夕法尼亚州立大学的生物化学学习，去了海军服役。1948年他终于获得学士学位。1952年，他在俄亥俄州克里夫兰的西储大学（现在改名为凯斯西储大学）获得博士学位。1959年调动到斯坦福大学工作之前，他在圣路易斯州的华盛顿大学医学院任教。

伯格的第一项主要研究成果，是他在1956年部分证明了克里克和布雷纳的蛋白质是怎样产生的理论。1955年，克里克和布雷纳提出，被称作适配分子的小分子拖拽单个氨基酸就位，并且使之连接形成蛋白质。伯格找出了第一种适配分子（转运RNA），验明它的正身，证实了这种转运RNA总是与一种甲硫氨酸连接在一起。

伯格在1972年到1973年之间的工作是沃森和克里克的发现的外延。这两位科学家解开DNA的结构后，提出双螺旋分子自我复制时会解开螺旋。产生的每个单链都会通过吸引细胞中自由漂浮的碱基，重组与自己配对的互补链。伯格证明短单链DNA确实黏住了互补的碱基序列。例如，一列C—A—A—T—G会联上一列G—T—T—A—C。

沃森（与安德鲁·贝里（Andrew Berry）合著）在讲述DNA研究历史的《DNA：生命的奥秘》一书中讲到，伯格计划进行实验，组合病毒的基因，并尝试让改造后的病毒将基因引入细菌内部，这是试图将哺乳动物的基因引入细胞的第一步。后来，沃森说，伯格希望将健康的基因用病毒载入遗传病患者的细胞中。大约20年后，安德森等人在发展基因疗法时采用了这种方案。

伯格1980年与他人共同获得诺贝尔化学奖，以表彰他在基因生物化学领域的开创性工作。他还获得了一些其他奖项，例如1980年的拉斯克基础医学奖和1985年的美国国家科学奖章。

1974年7月，科学家们发表了第二封信，发出进一步呼吁。伯格、伯耶、科恩与署名科学家一道，呼吁这个领域内的所有研究人员自愿延期或暂时停止某些基因改造实验，直到评估出这些工作可能带来的危害，制订出更加完善的安全条例。科学家们担心，细菌一旦被改造带上了危险的性状后（例如会引起癌症或造成抗药性），可能会从基因工程实验室中流出并感染人类。

争论焦点：对安全不懈的关注

现在，很多专家认为，危险的基因变种生物从实验室逃逸的可能性很小。特别是在2001年9月基地组织袭击后，但是，对于恐怖分子有意制造并散布某些致命微生物的恐慌情绪日渐增长。例如，20世纪90年代，苏联生化武器实验室的叛逃者透露，那些实验室用致病细菌进行基因工程实验。

20世纪初的那两项实验本身是无辜的，但是，这些实验也证明了要制造一种致命微生物是多么容易。2001年2月进行的第一项实验中，澳大利亚科学家改变了鼠痘病毒的基因，这次实验中意外地制造出一种新型病毒，这种病毒能使已经接受标准鼠痘疫苗的小白鼠死亡。

2002年6月，纽约大学石溪分校的科学家报道，他们利用因特网上的信息和邮购DNA服务，"涂鸦"式地创造出能引起小儿麻痹症的病毒，这种疾病会造成患者残疾。考虑到恐怖分子可能也会读到这类文章并采用文中描述的方式制造恐怖袭击，国会议员和一些科学家质疑此类研究工作的细节是否应该公开发表。

在这种安全忧虑下，1975年2月24—27日，第一次国际生物安全会议在加利福尼亚中部宁静的阿西罗马（Asilomar）召开。

伯耶不仅参与了基因工程开发，还帮助了现代生物技术产业的建立(阿尔伯特和玛丽·拉斯克基金会)。

阿西罗马会议经过激烈的讨论后，制定出指导不同类型基因拼接实验的方针路线。1976年，主要由美国政府资助的国家卫生研究所（NIH），在制定安全规定时采用了阿西罗马方针作为原型。获得联邦政府资助的所有科学家都要遵守国家卫生研究所的规定，大多数其他研究人员，特别是大学里的研究人员，也同意遵守这项规定。国家卫生研究所还设立了重组DNA咨询委员会（RAC），评估将来的基因工程实验。

这些政府措施平息了公众的恐慌。几年后，基因拼接实验没有出什么大问题，大部分NIH规定于1980年终止。不过RAC还是保留下来了，这个机构的主要工作是评估药物测试，在这些测试中某些改造后的基因会被送入人体内（基因疗法）。

细菌财源滚滚

虽然公众对基因拼接感到非常恐惧，但是新技术的应用前景也很激动人心。许多人希望用基因工程治疗疾病和增加世界粮食产量。此外，老谋深算的商人开始考虑基因改造可能会让他们大赚一笔。

伯耶是第一个抓住这个机会的科学家。1976年初，27岁的风险投资人罗伯特·斯万森（Robert Swanson）劝说伯耶跟他一起开办一家公司，实际应用基因工程技术的成果。两人将公司命名为“基因工程技术”，公司的英文名称是英语中“基因工程技术”三字首字母的缩写。

基因工程技术公司成立后，类似的公司如雨后春笋般出现，利用伯耶和科恩的发现，外源基因放入细菌后会制造出这些基因原本制造的蛋白质，即使这些细菌本身并不生产这种蛋白质。移入基因的细菌繁殖时，因为繁殖速度惊人，形成一个个微小的工厂，生产出大量人类所需的蛋白质。

成功的产品

基因工程公司的细菌工厂出品的第一种商业化产品是胰岛素，用这种人造蛋白质来控制人体内糖类代谢。正常情况下，胰岛素由胰腺的某些细胞产生，胰腺是位于腹部帮助消化的器官。如果这些细胞受损就会导致糖尿病，糖尿病患者如果不补充胰岛素就会有生命危险，补充胰岛素的方式通常是每日注射。

胰岛素可以从大量宰杀的猪和牛的胰腺中提取，所以糖尿病患者在基因工程之前就可以以相对低廉的价格获得救命药。但是，猪和牛的胰岛素与人的胰岛素并不完全一样，有约5%的人对这些动物产品过敏。而基因改造的细菌制造出的人造胰岛素与人自身产生的完全一样。虽然动物胰岛素过敏的糖尿病患者比例很小，但是伯耶和斯万森相信，5%的过敏患者也是足够带来利润的潜在客户。此外，他们觉得，他们的技术能制造出一种药物，那也能制造出别的药物。基因工程公司1978年首次生产人工合成胰岛素，并在与其他几家公司激烈的竞争中胜出。1980年9月，基因工程公司首次发行股票时，美国联邦食品和药物管理局（FDA）还没批准销售这种新型胰岛素，然而投资者对新技术的热情高涨，交易开始几分钟内，每股的股价就从35美元飙升到89美元。沃森在《DNA：生命的奥秘》一书中写道：“那是华尔街历史上最神速的价值增长。”1982年，获得FDA批准后，基因工程公司通过一家大型医药公司来销售人造人类胰岛素。

基因工程师的“基因三明治”产品列表此后逐年增长。列表中包括人类生长激素，用于治疗那些因缺少这类激素而不能长高的情况，还有TPA，组织型纤溶酶原激活剂，俗称抗凝血药。基因工程也用于制造保护人类免受疾病困扰的疫苗，例如B型肝炎疫苗，B型肝炎是一种会导致癌症的严重的肝脏疾病。基因工程公司陆续开发了许多成功的产品，包括美国食品和药物管理局（FDA）2004年批准受限制使用的抑制肿瘤血管生成的阿瓦斯汀。

细菌"工厂"

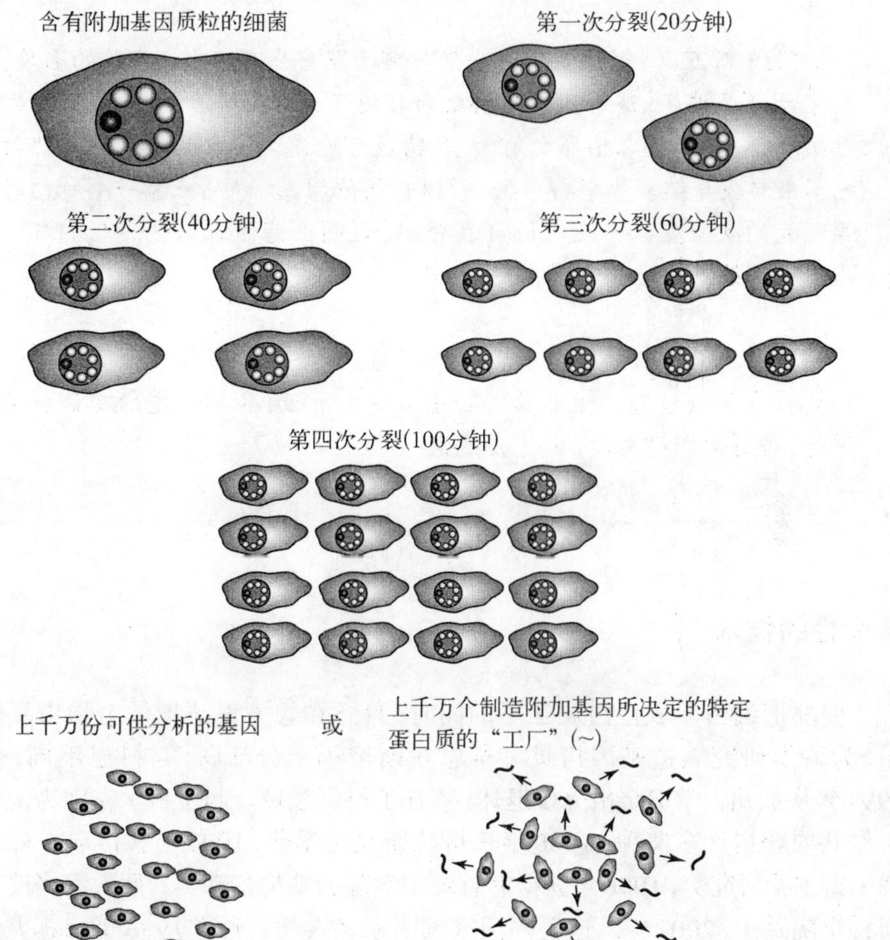

细菌可以每20分钟分裂一次。如果其他生物的基因已经加入细菌内，这些基因会随着微生物的每次分裂自我复制。在实验科学中，基因工程细菌可以用于制造大量需要的DNA片段，用于分析片段内的碱基序列。在生物工程工业中，工程细菌作为微型"工厂"，制造插入的基因决定的特定的蛋白质。

亲历者说：基因工程公司的建立

伯耶似乎喜欢在一些很随意的场所谈正经事。熟食店里与科恩的谈话，引出了他们著名的基因工程实验，而与斯万森的谈话，引出基因工程公司的成立，则发生在一家酒吧里。

“他（斯万森）说他收集了一张与阿西罗马公布的内容有关的名单，按字母顺序排序，这意味着伯格之前拒绝了他（在英语中，按姓氏的字母顺序排序，伯格在伯耶之前）。我猜我可能是名单上的第二个。他打电话来自我介绍。他想聊一聊，所以我叫他周五下午5点差一刻钟的时候到我的实验室来一趟。他自我介绍，说明他想做什么……我们那天晚上花了很多时间讨论。”

伯耶对怎样开公司一无所知。不过，斯万森会提供商业方面的专门意见和风险投资。伯耶其实心里有数。那天，伯耶把空的啤酒杯放下时，告诉休斯：“当然，为什么不呢？”

革命性的技术

伯耶把细菌变成蛋白质工厂的同时，科恩在想方设法把微生物当复印机用，为科学研究制造基因拷贝。科恩在斯坦福十分活跃，与科恩不同，伯耶1991年从加州大学旧金山分校退休，离开了科研领域。两位科学家因为他们的工作共同获得许多奖项：1980年获得拉斯克医学奖，1993年获得瑞士赫尔穆特·霍尔滕研究奖，1996年获得麻省理工学院的勒梅尔森奖。两人都当选为美国科学院院士，2001年入选美国国家发明家名人堂。科恩1988年荣获美国国家科学奖章，伯耶1990年也获得美国国家科学奖章，1989年两人同时荣获国家技术奖章。2004年，他们被授予奥本尼医疗中心奖，奖金高达50万美元，这是美国奖金数额最大的医学和生物医学研究奖项。

这个长长的获奖名单印证了伯耶和科恩在夏威夷熟食店里开创的技术是多么重要。基因工程创造了拯救生命的药物、新品种食物，还有一种全新的研究基因和人体是怎样运作的方法。“基因拼接是人类在原子弹爆炸后掌握的最有力、最可怕的技术。”《时代》(Times)记者弗雷德里克·戈尔登(Frederick Golden)1981年写道。多年后,在授予两人麻省理工学院的勒梅尔森发明奖时,麻省理工学院校长查尔斯·M.维斯特(Charles M. Vest)说:“伯耶和科恩的天才彻底改变了我们的生活方式。”

三

体内杀手

——迈克尔·毕晓普、哈罗德·瓦穆斯与发现癌症基因

著名的英国作家罗伯特·路易斯·史蒂文森(Robert Louis Stevenson)撰写的《化身博士》(The Strange Case of Dr. Jekyll and Mr. Hyde)是当时最受欢迎的神秘小说之一。书中的主角亨利·哲基尔医生受到大家尊敬,但是当他喝下一剂自己在实验室配置的药水后,变成了一个残忍的杀手。1976年,史蒂文森的小说出版90年后,加利福尼亚的两位科学家发现,隐藏在癌症背后的基因转变很像哲基尔化身成海德的转变。

一不小心成了科学家

约翰·迈克尔·毕晓普(John Michael Bishop)和哈罗德·埃利奥特·瓦穆斯(Harold Eliot Varmus)在他们的重大发现之前,这两位研究人员都正在经历自己的转型。两人年轻时都没想过要当科学家。1936年2月22日生于宾夕法尼亚约克镇的毕晓普,梦想成为一名音乐家。多年后,他在写给诺贝尔基金会的自传中说:"如果有来世,我想选择做一个音乐表演家,有着非凡的天赋,最好,在一个弦乐四重奏组合里。"感到自己无力成为一个音乐家后,毕晓普在宾夕法尼亚州的盖茨堡学院主修化学。1957年毕业。他在哈佛医学院学习期间对研究工作产生了兴趣。1962年,他获得医学博士学位,分别在国家卫生研究所和德国做博士后,他在德国的博士后工作是专门研究引起动物癌症的病毒。

瓦穆斯1939年12月19日生于纽约长岛的欧申赛德镇，在附近的弗里波特长大。年轻时爱好医学和文学。打算子承父业的瓦穆斯起初在马萨诸塞州的阿姆赫斯特学院读医学预科课程，不过后来转到了英语专业，1961年获得学士学位毕业。一年后，他获得哈佛大学17世纪英语文学专业硕士学位。但是就在那时，瓦穆斯发现他在医学院的朋友们"更接近现实世界"，1993年他对《纽约时代》杂志的记者纳塔利·安吉尔这样说道。1966年，瓦穆斯在纽约的哥伦比亚大学内科与外科医学院获得医学博士学位。1968年，美国公共卫生局派他到国家卫生研究所工作，在这里他对生物医学研究产生了兴趣。

瓦穆斯帮助证明引起癌症的基因是从正常细胞转变来的（阿尔伯特和玛丽·拉斯克基金会）。

毕晓普1968年到加州大学旧金山分校任微生物学助理教授。瓦穆斯1969年来到旧金山并"纯属偶然"地遇到毕晓普，1989年，瓦穆斯向《科学》杂志记者吉恩·L. 马克思这样形容道，两人"十分合得来"，就像沃森和克里克1951年在剑桥相遇时那样。毕晓普和瓦穆斯决定一同工作，瓦穆斯于1970年加入毕晓普在UCSF的实验室。

病毒恐怖分子

20世纪60年代晚期和70年代早期，毕晓普的实验室是众多研究致癌病毒的实验室之一。虽然还没人证明病毒会让人类患上癌症，但是大多数研究人员都相信会找到这样的病毒，而且这些病毒跟引起动物癌症的病毒会很类似。

弗兰西斯·佩顿·罗斯（Francis Peyton Rous），纽约的一位研究人员，1910年甄别出第一种可能由病毒引起的癌症。这种病毒会造成鸡长出肌肉瘤（恶性肉瘤），后来，这种病毒被分离出来，被命名为罗斯肉瘤病毒。其他各种引起家鼠、仓鼠、猫、猴子等动物患上癌症的病毒也被一一发现。这些病毒还能把实验室里一切正常的细胞变成野蛮复制类型的细胞，这种形式的细胞具有许多癌细胞的特征。

相关链接：从癌症到艾滋病

大多数导致动物患上癌症的病毒都属于一类罕见的叫作逆转录酶病毒（“反向病毒”）的病毒。它们之所以叫这样的名字是因为它们的基因材料是RNA，而不是DNA。大多数生物都将DNA拷贝成RNA，逆转录酶病毒反其道而行之，它们将RNA基因组拷贝成DNA，再插入受感染的细胞的基因组中去。被感染的细胞在分裂前复制DNA时，插入的病毒基因也会被复制。这样，更多的病毒产生了。

20世纪60、70年代，许多研究人员相信，迟早会找到感染人类的逆转录酶病毒。有的人认为这类病毒就是人类罹患癌症的最常见的原因。1981年，国家卫生研究所的罗伯特·加洛（Robert Gallo）发现了第一种人类逆转录酶病毒，并证实这种病毒可引发一种血液癌症——白血病。加洛把这种新型病毒命名为HTLV，是人类T细胞白血病病毒的英文首字母缩写。不久后，他又找到一种类似的病毒，命名为HTLV-2。

只有少数几种病毒被证实会引发癌症，而且这几种病毒引起的癌症都很罕见。不过，加洛等人关于逆转录酶病毒的发现对另一个问题大有帮助。大约在加洛发现HTLV病毒的前后，医学杂志上开始刊登一些报道，描述一种成群出现的神秘疾病的感染，受感染者都是同性恋男性。研究人员发现，这些受感染男性的免疫系统受到破坏。科学家猜测，引起这种疾病的罪魁祸首可能是逆转录酶病毒。

加洛和他的同事注意到，这种神秘的疾病看起来跟导致白血病的HTLV有同样的传播方式——感染同类细胞，加洛想知道这种新病况会不会是一种类似HTLV的病毒引起的呢？ 1983年，在之前有关癌症逆转录酶病毒方面的工作经验帮助下，他成功分离了病毒，这种病毒就是人们后来熟知的艾滋病（获得性免疫缺陷综合征）病毒。法国巴斯德研究所的拉克·蒙泰格那（Luc Montagnier）与同事也同时发现了这种病毒，后来被命名为HIV（人类免疫缺陷病毒）。正如加洛猜测的那样，HIV就是一种类似HTLV的逆转录酶病毒，之前对于引致癌症的逆转录酶病毒的研究成果，既帮助科学家研究HIV如何侵害免疫系统的细胞，也有助于开发AIDS的治疗方法。

研究人员在20世纪70年代发现一种不会致癌的罗斯肉瘤病毒。人们将这种病毒与正常病毒做比较后发现，致癌病毒在它小小的基因组末尾有一个大基因，而无害的病毒缺少这个基因。所以，科学家们推断，当病毒将那个基因插入细胞的基因组后，那个基因就会引起癌症。那个基因被命名为src，代表肉瘤（译者注：src是英语中"肉瘤"一词的前三个字母）。其他科学家也从其他致癌病毒中鉴别出不同的致癌基因。美国国家卫生研究所的分支，国家癌症研究所的罗伯特·霍布尼（Robert Huebner）和乔治·托德罗（George Todaro）将所有的这些基因命名为"致癌基因"，英语中的这个词借用了希腊语中意思为"肿瘤"的一个词。霍布尼和托德罗提出，当肿瘤病毒感染细胞时，病毒将致癌基因插入细胞的基因组，就像恐怖分子夹带炸弹炸毁建筑物或飞机一样。

不过，这些基因"炸弹"，有可能数百年都不爆炸。霍布尼和托德罗提出，正常细胞的基因组含有潜在致癌基因，他们把这类基因称为前病毒。研究人员从理论上说明，漫长的进化之路上，在久远的过去这些前病毒在病毒感染时就已经被植入细胞内部，而且跟细胞的其他基因一同传给子孙后代。前病毒只有暴露在改变DNA的媒介下，例如X射线或某些化学物质，前病毒被激活后才会引发癌症。

颠覆一套理论

毕晓普和瓦穆斯决定检验霍布尼和托德罗的理论。在他们的实验室工作的一位法国研究人员多米尼克·斯特赫林用罗斯肉瘤病毒造出src基因的副本。然后用一种放射性示踪物标记那个基因，再混合从健康的鸡的细胞中提取出单链DNA。如果鸡的细胞的基因组中含有某种形式的src，被标记的src会粘上去指出它的位置。

毕晓普说："我们带着我们的癌症的种子"（加州大学旧金山分校）。

1976年，斯特赫林与毕晓普和瓦穆斯实验室的其他人一起，在正常的鸡细胞里发现一个类似src的基因。使他们感到惊奇的是，进一步分析显示，类似src的基因是一个细胞基因，不是一个病毒基因。他们还发现这个基因在细胞里是活动的，即使这个细胞不是癌细胞。换句话说，

src，或者说一个几乎确定就是src的基因，看起来是，或者曾经是一个正常的鸡的基因。研究人员总结说，在肿瘤病毒变身恐怖分子之前，病毒是一个小偷，从细胞本身的基因中偷取了一个有潜力使人致命的基因。毕晓普和瓦穆斯把src的正常形式称为细胞致癌基因，因为这种细胞基因就像病毒形式致癌基因，在合适的环境下就会造成癌症。

重新审视霍布尼和托德罗的理论只是毕晓普和瓦穆斯的实验室带来的首个惊喜。与他们一同工作的另一个研究人员黛博拉·斯贝克特很快在鱼、鸟类和哺乳动物，包括人类体内发现了src。这种基因分布如此广泛，说明在漫长的进化之路上它一直保持不变。这种情况只有一种可能，那就是这个基因在正常细胞中是不可缺少的。

活动的致癌基因

20世纪80年代初，毕晓普和瓦穆斯实验室的科学家以及其他实验室，发现细胞形式的src和其他致癌基因在细胞生长和分裂的过程中起着重要作用。在大多数细胞里，这些基因只是偶尔被激活，但在癌细胞中，这些基因一直是“打开的”。这种持续的活动导致细胞不断生长。

癌症研究人员知道，即使是一个小小的突变，或者基因碱基序列的变化，就会把一个基因从健康的哲基尔医生变成致癌的海德先生。1981年，麻省理工学院怀特黑德研究所的罗伯特·温伯格（Robert Weinberg）在人类膀胱肿瘤中发现一种致癌基因ras，这是从人类癌症中分离出的首个致癌基因。温伯格和同事分析正常形式和致癌形式的ras基因时发现，两种形式只有一个碱基的差别。1983年报道的这个微小的差别，显然足以令这个基因制造的蛋白质产生重要变化。日光、X射线、致癌物质（引起癌症的化学物质）和病毒都能引起基因突变。

科学家发现，在其他例子中，细胞癌基因从一个染色体，或者染色体上的一点，移到别处时，就能引发癌症。例如，移动可能使一个致癌基因紧挨着另外一个基因，导致致癌基因被激活。当DNA伸长，启动区在基因前后插入时，细胞癌基因还可能会在错误的时间开启。激活细胞致癌基因的第三种方式是扩增，一个基因意外地出现多余的副本。这些拷贝都能制造蛋白质，因此与正常情况相比，这个基因决定了蛋白质生产过量。任何这些移动或者错位都可能在细胞分裂前复制DNA时发生。

癌症基因

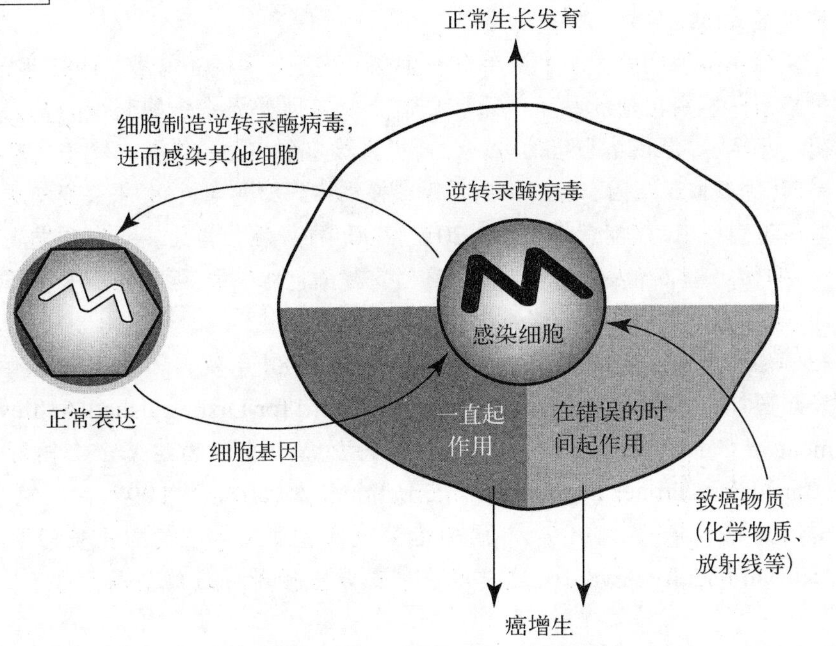

毕晓普和瓦穆斯发现会引起癌症的基因(或者说致癌基因)，是原本在细胞生长发育过程中扮演重要角色的正常基因。有些时候，逆转录酶病毒在感染细胞时偶然捕获这些基因。随着时光流逝，其他携带这些基因的逆转录酶病毒感染新细胞后，再将这些基因插回细胞的基因组，引发癌症。另一方面，致癌物质可能会造成突变将一个正常基因变成一个致癌基因。致癌基因与正常基因的不同之处在于致癌基因不断地制造它们决定的蛋白质，或者在细胞生命周期中错误的时间制造蛋白质。

其他科学家·罗伯特·温伯格

罗伯特·艾伦·温伯格(Robert Allan Weinberg)1942年11月11日出生，在宾夕法尼亚州的匹兹堡市长大。他的职业生涯基本上都是在麻省理工度过的，主要研究癌症。在毕晓普和瓦穆斯证明了致癌基因来自细胞而不是病毒后，温伯格的实验室开始在人类肿瘤中寻找这些基因。这些肿瘤由致癌的化学物质引起，不是病毒在捣鬼。具有讽刺意味的是，1981年，温伯格的小组在某种上述肿瘤中发现的致癌基因，与早先发现的病毒引起的家鼠肿瘤基因是一样的。这种致癌基因被命名为ras，意为“家鼠肉瘤”。

温伯格的实验室二十多年来一直立于致癌基因研究前沿。1983年，温伯格团队鉴别出使ras从一个正常细胞生长基因变成杀手的微小的基因突变。几年后，温伯格小组的另一位研究人员鉴别出第一个第二类型的致癌基因，肿瘤抑制基因。肿瘤抑制基因减慢或终止细胞生长，如果突变使这种基因失去作用，癌症就会发生。20世纪90年代，温伯格的实验室还发现了癌症中的一些其他基因，包括一种通过重建染色体末端，帮助细胞长生不死的基因，因为染色体的末端通常随时间流逝而变短。

温伯格的工作赢得了许多奖项，包括1984年获得布里斯托－梅耶癌症研究杰出成就奖（Bristol-Meyers Award for Distinguished Achievement in Cancer Research），1992年获得加拿大盖尔德纳基金会国际奖（Canada's Gairdner Foundation International Award）和1997年获得美国国家科学奖章。1999年，温伯格荣获麻省理工学院的吉里安教员奖（Killian Faculty Award），这是麻省理工学院授予教员的最高荣誉。

致癌基因的对手

20世纪80年代初，科学家们又发现了第二种在癌症发病过程中起一定作用的基因。这种基因与致癌基因正好相反：它们的正常工作不是促进细胞生长，而是抑制细胞生长。致癌基因过分活跃会造成癌症，而对于这类基因，它们没起作用时才会造成癌症。癌症研究人员称这种基因为肿瘤抑制基因。温伯格常说活跃的致癌基因就像汽车上被卡住的油门，少了肿瘤抑制基因就相当于少了刹车。

研究人员在一种只有小孩子才会得的罕见的癌症中找到第一种肿瘤抑制基因。这种癌症，叫作视网膜母细胞瘤，在眼睛里生长。如果一个婴儿得了视网膜母细胞瘤，医生通常不得不切除他的一只或两只眼睛以保全他的性命。

医生发现视网膜母细胞瘤有时候在家族中流传，但是在另一些病案中，患病的小孩并没有亲戚得过这种病。有性繁殖的生物通过遗传得到一个基因的两份拷贝，一份来自父亲，而另一份来自母亲。1971年，位于得克萨斯州的休斯敦健康科学中心的医学遗传学和小儿科教授小阿尔佛雷德·G.卡纳德森（Alfred G. Knudson, Jr.）提出，视网膜母细胞瘤患者的某些基因的两份拷贝都有缺陷，具体是哪些基因当时还不知道。他推测，家族中出现过这种疾病的小孩，遗传了一份有缺陷的基因，之后因为随机的变异丢失了第二份拷贝，这可能发生在出生后眼细胞迅速增殖的时候。另一方面，家里没人得过视网膜母细胞瘤的小孩，遗传得到两份正常的基因，但是变异造成两份基因都失去了活性。如果两个失活的基因都在同一个细胞里，那个细胞就会开始不受控制地繁殖造成肿瘤。

视网膜母细胞瘤

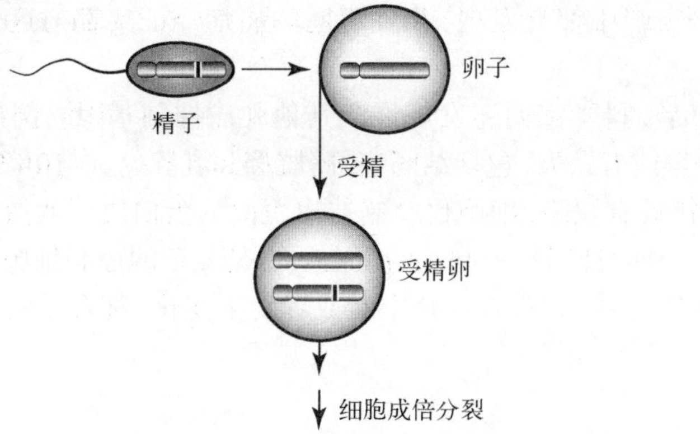

造成眼部的癌症视网膜母细胞瘤的受损基因有些是遗传得到的，有些不是。在这个例子中，一个小孩从父亲处遗传得到一个受损的基因（图中的竖条纹）。如果在出生前，眼细胞增殖过程中的一次突变破坏了健康的基因（从母亲处遗传得到的），发生突变的细胞将不受控制地生长，就会增殖形成一个肿瘤。如果来自父母的两份基因都是正常的，但在出生后受损，肿瘤也会发生。

可是，失踪的是哪个基因呢？1980年，明尼苏达大学医学院的约格·尤尼斯（Jorge Yunis）发现了一条线索，患遗传性视网膜母细胞瘤的小孩所有细胞中的13号染色体都有一部分丢失，而在非遗传性视网膜母细胞瘤小孩体内，只有肿瘤细胞有这种状况。采用类似毕晓普和瓦穆斯找出正常形式src基因的技术，几队科学家开始在13号染色体上搜索抑制细胞生长的基因。1986年，温伯格实验室的史蒂芬·H.弗兰德（Stephen H. Friend）终于找到了这个基因，命名为Rb，是英语中"视网膜母细胞瘤"一词的缩写。从那时起，Rb基因在各种不同组织中都有发现，几种不同的癌症经证实都与这个基因的遗失有关。

在发现Rb后，科学家们还发现许多其他肿瘤抑制基因。例如p53基因，在多种癌症中变异或者缺失，包括结肠癌、膀胱癌和乳腺癌。与Rb不同的是，即使只有一个p53拷贝有缺陷，细胞也会制造出歪曲的蛋白质。就像致癌基因制造的蛋白质一样，肿瘤抑制基因制造的蛋白质也是复杂的控制细胞活动系列信号的一部分。在这些系列中，有一处中断或者发生变化，都会导致整个系统不能正常工作。

引发癌症的多个步骤

研究人员已经知道，基因突变常常是癌症的开始。例如，20世纪80年代末，马里兰州巴尔的摩约翰·霍普金斯大学的伯特·沃格斯坦（Bert Vogelstein）发现，至少有4种不同的突变才会导致结肠（大肠）出现肿瘤。如果把癌症比作一把枪，第一次突变是将子弹上膛，第二个突变将保险打开，第三个瞄准目标，第四个开火。这些变化可能在不同的时间分别发生，由不同的原因引起，所以癌症常常是多年逐步发展的，这也是大多数癌症发生在老年人身上的原因。

有些时候，潜在的致癌突变发生在生殖细胞（精子或卵子）的基因中，这令下一代罹患癌症的概率增加。还有一种情况是，在人的一生中，环境因素例如致癌物质破坏了身体里的某些细胞。细胞通常能修复这种损伤，但是即使只有一个细胞的损伤无法修复，肿瘤也会发生。

大多数情况下，遗传和环境都会对肿瘤发生起作用。比方说，一个人可能通过遗传获得一个突变基因，但是还不会长出肿瘤，除非第二个或者第三个基因因为环境因素受损。实际上，对于大多数癌症来说，环境因素比遗传重要得多。

从科研到行政

虽然瓦穆斯和毕晓普一直以来都一同工作，但自1984年后，瓦穆斯在UCSF建立了自己的实验室，研究致癌基因和病毒，他在那里一直工作到1993年。

瓦穆斯和毕晓普几乎没有多少时间从事研究工作，因为两人都公务缠身。毕晓普1998年出任UCSF的校长。他还负责G. W.胡伯研究基金，是赫伯特·伯耶生命科学项目成员，大学教授，加州大学最高级别的教职员工。瓦穆斯于1993—1999年任国家卫生研究所主任。2000年后，他担任纽约市纪念斯隆-凯特林癌症研究中心（Memorial Sloan-Kettering Cancer Center）首席执行官，这个研究中心是美国历史最悠久且最大型的私人癌症研究所。

瓦穆斯和毕晓普获奖无数，多数是他们共同获得的。1989年他们共获诺贝尔生理学医学奖。1982年，他们获得拉斯克医学奖，1984年，他们获得了阿曼德·汉默癌症研究奖（Armand Hammer Cancer Research Prize）、通用汽车癌症基金会的阿尔弗莱德·P.斯隆二世奖和盖尔德纳基金会国际奖。毕晓普2005年年初被授予美国国家科学奖章。瓦穆斯2001年荣获两项著名奖项，一项是美国国家科学基金会的万尼瓦尔·布什奖，以表彰他在科学和公共服务方面的终身成就，另一项是美国国家科学奖章。

一幅复杂的图景

安吉尔在一本讲述20世纪70年代和80年代癌症研究的书《自然的困扰》中引用加州拉霍亚萨克研究所托尼·亨特（Tony Hunter）的话："我们预料这事（癌症研究）很复杂，实际上，这比我们想象的还要复杂得多。"新发现证明亨特是对的。比如说，2004年，加州和法国的研究人员发现第三种与癌症有关的基因——条件肿瘤抑制基因。这种基因有的时候会减缓肿瘤生长速度，有时会加速肿瘤生长，取决于它与细胞中某种蛋白质的相互作用。

不管癌症的成因多么复杂，这种恐怖的疾病背后的基本真相就是毕晓普和瓦穆斯1976年揭示的：无论是遗传的还是由环境引起的癌症，这种疾病是从基因的变化开始的。毕晓普和瓦穆斯获得诺贝尔奖时，《科学新闻》的一篇文章中，A.麦肯齐引述与他们同时获奖的戴维·巴尔的摩的话说："（他们的）工作让我们从一个新角度思考癌症。在他们的发现之前，只有一些猜测，癌症可能与基因有关。现在，这是确定的事了。"最后从基因研究的结论，癌症并不是外部敌人入侵造成的，而是体内疯狂的反叛造成的。正如毕晓普对安吉尔说的那样，"我们携带着我们的癌症的种子。"

四

更新基因

——弗伦奇·安德森与基因疗法

1958年，沃森和克里克解开DNA结构的5年后，一个哈佛的毕业生参加了一次研讨会。会上，他听到一位教授讲述在血红蛋白结构方面的新发现，血红蛋白是血液中携带氧气呈红色的蛋白质。在一本记录基因疗法诞生过程的《修正密码》的书中，拉里·汤普森（Larry Thompson）记录下那个年轻人当时说的话：

> 如果有可能找出正常血红蛋白的结构，那么或者也可以找出镰刀状血红蛋白的结构（镰刀状细胞贫血患者体内有缺陷的血红蛋白，是一种常见的遗传病），然后就能判断缺陷是什么。然后……可能可以放入正常血红蛋白的基因，使镰刀状血红蛋白恢复正常。

那位教授对这个新奇的想法一点兴趣都没有。“这是一次严肃的科学讨论”，他打断年轻人的话说，“如果你想做白日梦，自己慢慢做去吧。”

当然，被批评是让人难受的。但这并没有阻止那个学生——W.弗伦奇·安德森（W. French Anderson），他幻想通过修补受损的基因治愈人类疾病，并执着地追求基因疗法之梦，直到1990年梦想成真。那一年，第一次，一个患有遗传病的孩子通过改变基因踏上了康复之路。

少年时代的梦想

威廉·弗伦奇·安德森（William French Anderson），1936年12月31日生于俄克拉荷马州的塔尔萨，他的成绩在学校里总是遥遥领先。当其他同学在分级读本中苦读时，他正已经在阅读大学课本。五年级时，一个同学告诉他，他是学校里最不受欢迎的男生。

安德森决心改变这种状况。首先，为了标榜他全新的个性，他把自己的常用名字从比尔改成全名中间的弗伦奇。然后，他开始与自己差不多一样精力旺盛，做事果断的同学交朋友，正是这两种性格特征后来照亮了通往新的医学疗法坎坷不平的道路。到了七年级时，他看上去完全可以竞选班长了。

安德森10岁起就想当一名医生。读完高中后，他发现自己想做医学研究，而不是处理患者。1953年，他在申请哈佛大学的前夕了解到沃森和克里克发现的DNA结构，那时，他对自己许下两个诺言："我要亲身参与奥运会，我要治愈受损的分子。"（译者注：安德森1981—1988年间担任美国国家跆拳道队队医，并随队参加了1988年汉城奥运会）

安德森的职业生涯一开始，就同最顶尖的科学家一同工作。他在哈佛遇到沃森，1958年从哈佛毕业后，安德森到剑桥克里克那里读研究生。1960年，他获得剑桥大学的硕士学位后，回到哈佛，继续学习医学，1963年取得博士学位。1965年，他前往国家卫生研究所，加入马歇尔·尼伦伯格的实验室，尼伦伯格致力于解读基因密码。汤姆森在书中写道，安德森既稳妥又积极，很快成为尼伦伯格的"左右手"。

安德森领导的小组在获得批准后，首次对人类成功实施基因疗法（弗伦奇·安德森）。

安德森1968年第一次治疗遗传病——重型地中海贫血患者。这种罕见的血液病，就像比较常见的镰刀型贫血症一样，也是因为患者制造血红蛋白的一个基因损坏造成的。安德森发展了一种疗法，帮助重型地中海贫血症患者延长生命，但并不能治愈疾病或者从病根处下手修复有缺陷的基因。安德森1974年停止了这类研究，因为这不能让他接近他的目标——基因疗法。

毁灭性疾病

在20世纪70年代，基因工程发明时，安德森希望他的修复人类基因的梦想能因此更接近现实。可是，他与其他许多研究人员发现，对细菌十分有效的基因转移技术对人类细胞不起作用。1984年，麻省理工学院的理查德·穆里根（Richard Mulligan）利用逆转录酶病毒把基因成功地移入哺乳动物的细胞中。为了让病毒变成安全的，穆里根将病毒中掌管繁殖和引起疾病的基因去掉；然后用他想转移的基因取代病毒基因。病毒就会将剩下的新基因组插入细胞。

安德森马上开始计划采用穆里根的技术治疗遗传病。首先，他要选择一种疾病，这种病仅仅是由基因中的一个缺陷造成的，因为即使只是将一个基因插入细胞内，再让这个基因工作，都是一件十分棘手的事。这个基因的"身份"必须确定，这样才能在实验室中大量制备。最后，将基因插入相对而言比较少量的细胞中，这些细胞可以方便地从人体中取出来再放回去（例如血细胞），中选疾病必须能够通过这种方法治愈。

只有少数几种遗传病符合这些要求。安德森选定一种叫作腺苷脱氨酶缺乏症的疾病。这种疾病非常罕见，全世界大概只有40名患者，但是这种病是致命的。

腺苷脱氨酶缺乏症患者的细胞不能制造一种叫作腺苷脱氨酶（ADA）的化学物质，但是免疫系统（人体的防御系统）的某些血细胞必须有这种物质才能活下去。缺少ADA后，免疫系统无法起作用。就像患了艾滋病的人，患有腺苷脱氨酶缺乏症的小孩几乎不断地受到感染。大多数患者会在两岁前死亡。

向治疗迈进

了解到安德森对腺苷脱氨酶缺乏症的兴趣后，他的妻子凯西，一名儿童外科医生，介绍他认识另一位NIH科学家迈克尔·布利兹（Michael Blaese）。布利兹是一位ADA缺乏症和其他儿童免疫系统疾病的专家。他和安德森1984年开始合作。

安德森和布利兹希望通过将制造ADA的基因放入干细胞中治疗腺苷脱氨酶缺乏症，干细胞自身的寿命很长，位于骨髓中制造血液里所有种类的细胞，可惜的是，他们无法将基因放入这类细胞。

当小组的其他成员都在为ADA项目的技术问题埋头苦干时，安德森则着手解决政策方面的问题。在人类身上试用这种新疗法之前，他们必须获得联邦食品和药物管理局（FDA）、重组DNA咨询委员会（RAC）的批准，其中联邦食品和药物管理局监管所有医学治疗的人体实验。要想获得批准，安德森必须让这两个机构相信他的疗法是安全有效的。1987年，他第一次向重组DNA咨询委员会提出申请，但是被否决，理由是这种治疗还需要更多的动物实验。

不久后，安德森计划的另一个障碍出现了，一种治疗腺苷脱氨酶缺乏症的新药开发成功，这种新药看起来比基因疗法风险低得多。ADA本身在人体中迅速分解，所以不能把它直接制成药片或者针剂送入体内，北卡罗来纳州（North Carolina）杜克大学的一名研究人员将ADA同聚乙二醇化合。这样得到的PEG—ADA药物，可以在血液中存在，定期用药后可让一些患腺苷脱氨酶缺乏症的孩子开始过上比较正常的生活。不过，这种药物并不能帮助所有患有这种病的小孩。安德森仍然希望说服重组DNA咨询委员会，批准他对那些PEG—ADA不起作用的孩子尝试基因疗法。

小小的一步，巨大的飞跃

1988年，安德森和布利兹找到一种可能使基因疗法获得批准的捷径，在这个方案中基因疗法可能不需要牵涉任何疾病。这种方法跟NIH的另一位科学家斯蒂芬·A. 罗森堡（Steven A. Roseberg）有关，罗森堡是国家癌症研究所的主治医生。罗森堡发现一种免疫系统细胞会攻击肿瘤，他尝试采用一种方法加强这些细胞，先把这种细胞从患者的血液中分离出来，用不同的物质处理它们，然后再重新注射回人体。他有一小部分实验成功了，但是大多数都不成功，他想知道为什么。为了找出原因，他需要一种方法标记那些细胞，这样，当细胞被重新注射入患者体内后，就可以追踪它们的活动。

布利兹建议罗森堡在实验室里给这些细胞附加一个基因，也许可以起到他想要的效果。布利兹推荐一种能让细胞对一种抗生素——新霉素产生抗药性的基因。携带这个基因的细胞很容易确定，因为这种细胞可以在含有新霉素的培养皿中生长，而大多数其他细胞都不能。布利兹和安德森决定与罗森堡一同制造这种改造细胞。

这个抗药性的基因预计不会对患者和肿瘤有任何影响;他的唯一用途就是做标记。同时，罗森堡坚持他只会将基因改造后的细胞注入濒临死亡的患者体内，这一次重组DNA咨询委员会和联邦食品和药物管理局同意了他们进行实验。

1989年5月22日，罗森堡-安德森团队将第一剂改造细胞注入一个患恶性皮肤瘤的卡车司机体内，恶性皮肤瘤是一种致命的皮肤癌。里昂和戈尔纳在书中写道，那次治疗开始后不久，有人在安德森的实验室里竖起一个标语，“这是基因的一小步，但是遗传学的一大步。”

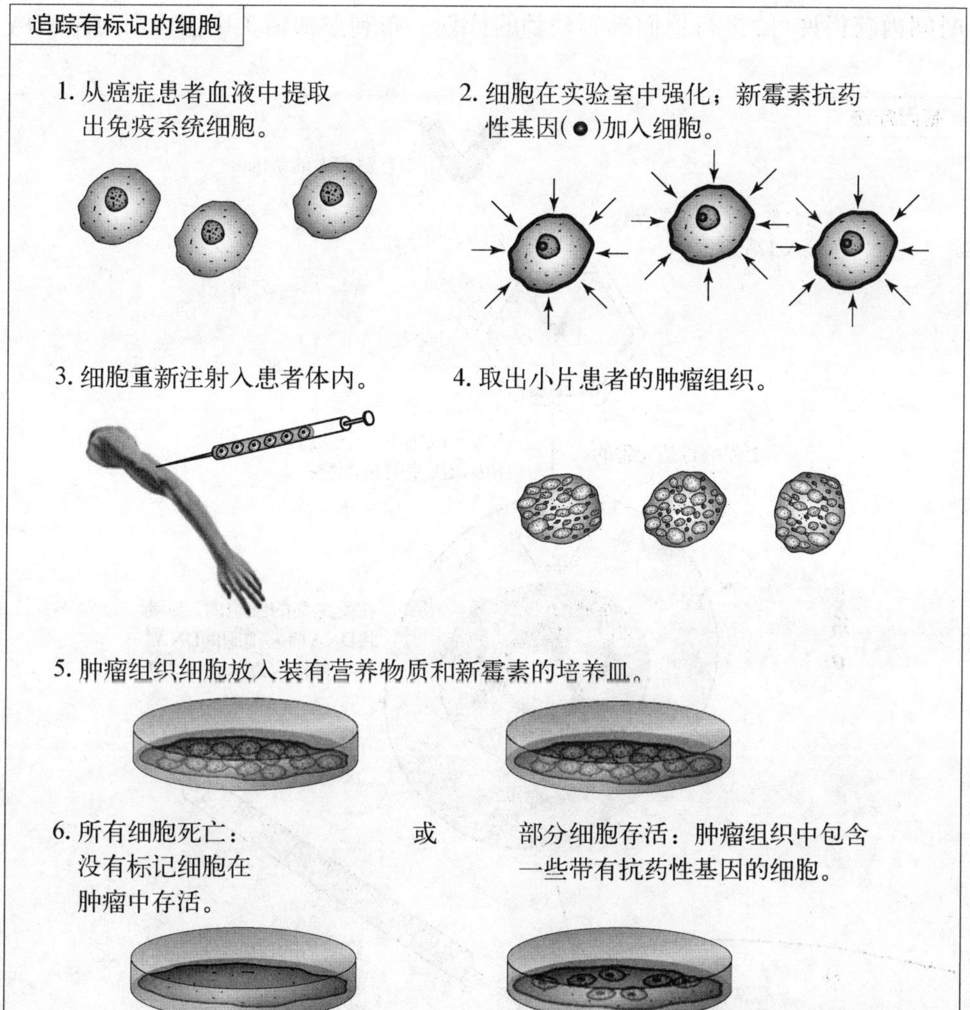

在首次基因改造细胞注入人体实验中，附加的基因只是标记物。作为癌症治疗实验的一部分，罗森堡试图强化对抗肿瘤的免疫系统细胞。在安德森的建议下，罗森堡从癌症患者的血液中提取免疫系统细胞(1)。罗森堡在实验室处理这些细胞时，给这些细胞加上一个基因，使它们对新霉素产生抗药性(2)。然后，他将这些细胞重新注入患者体内(3)。几天后，罗森堡取出一小片患者的肿瘤组织，放入含有新霉素的培养皿中(4)。如果他标记的任何细胞附在肿瘤上，那些细胞可以存活下来，但是没有抗药基因的细胞就会死亡(5)。罗森堡就能知道他强化后的细胞有没有进入患者的肿瘤组织。

一个名叫阿善娣的小女孩

基因工程细胞看来没有危害罗森堡的患者，所以安德森小组希望能在短时间内获得许可，进行他们雄心勃勃的计划。布利兹知道美国国内所有患ADA

基因疗法

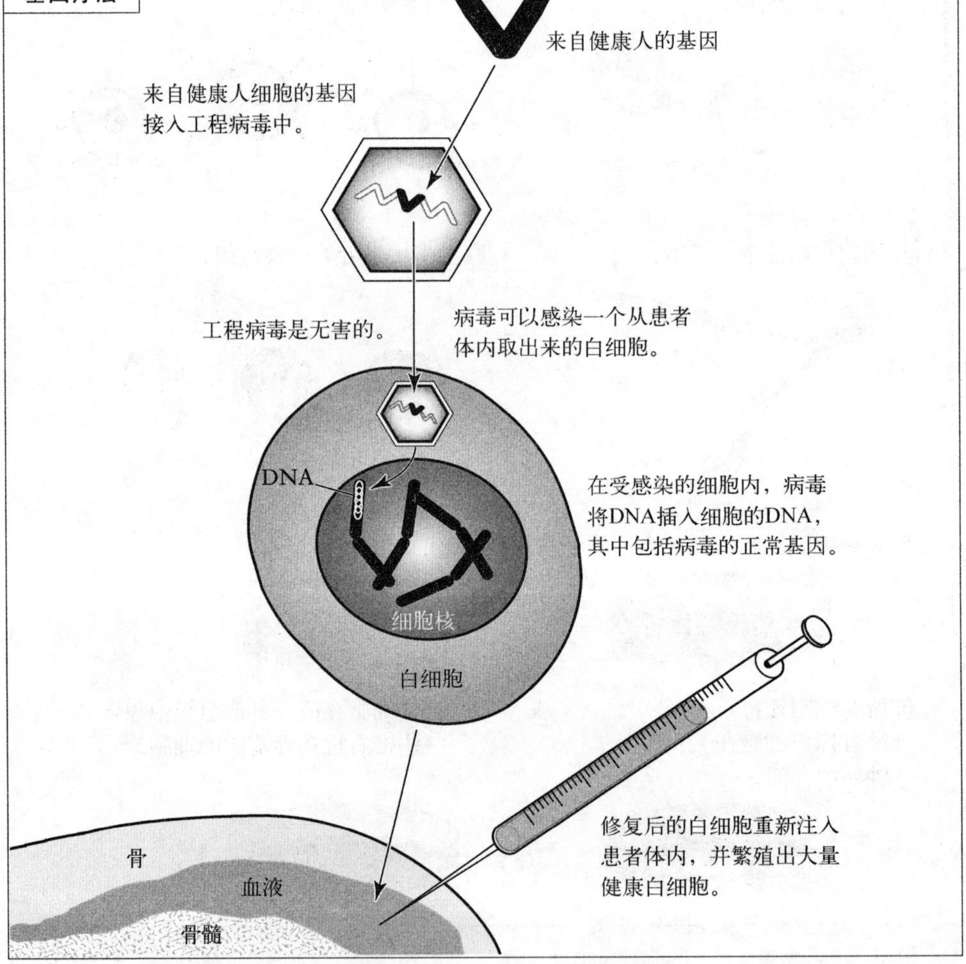

为了治疗德西瓦，安德森和他的同事利用基因工程技术，将制造ADA的人类基因（黑色线段）插入逆转录酶病毒的基因组中。这里用到的病毒的基因经过改造，使这些病毒既不会繁殖也不会引起疾病。白细胞来自德西瓦的血液，在实验室的培养皿中生长。把病毒加入培养皿后，感染部分细胞，将ADA基因连同病毒自身的RNA一起插入这些细胞中。当这些细胞重新注入德西瓦体内，新基因开始在她体内制造ADA，使她的免疫系统正常工作。

缺乏症的孩子，他从中选出一个最可能因基因疗法受惠的孩子。一个名叫阿香缇·德西瓦的3岁女孩，昵称阿香，和她的爸爸拉兹·德西瓦、妈妈范·德西瓦在俄亥俄州克里夫兰市生活，德西瓦先生在那里做化学工程师。阿香的父母把她留在家里，与别的小孩分开，希望这样可以阻止她从出生起就不断发生的感染。她有规律地注射PEG—ADA，最初，药物对她有效，但后来失效了。

布利兹和其他科学家1990年开始跟德西瓦夫妇沟通。在考虑可能带来的种种好处和风险后，其中的风险包括如果病毒将基因材料插入错误的位置可能引起癌症，阿善的父母同意让她接受治疗。重组DNA咨询委员会在1990年夏，联邦食品和药物管理局在9月初，批准了实验。

历史性治疗

德西瓦和她的父母1990年9月初来到NIH。安德森的团队9月5号从德西瓦胳膊上抽血，过滤出白细胞后，再将红细胞和血清送回她的体内。然后，他们把白细胞送到实验室，与含有ADA基因的病毒混合，再让细胞繁殖10天。

9月14日，德西瓦4岁生日刚过，她一边看着床边电视上播出的《芝麻街》节目一边经历着载入医学史册的历史事件。半小时过后，大约10亿个她自己的白细胞通过针管流进手上的血管。这个过程很像一次常规的输液。不过，德西瓦身边的安德森和其他科学家都希望，这次输液能带给阿善救命的ADA基因。

最初，德西瓦的基因治疗每个月都重复进行。她也注射PEG—ADA以防基因疗法失败。但是注射剂量渐渐减少至原先的1/4。1992年8月，在经过11次治疗后，安德森的团队停止了基因疗法，ADA基因已经进入了她体内一些寿命很长的

1990年9月，在德西瓦历史性的治疗后，她和安德森穿过医院走廊。

白细胞中，这些白细胞的后代已经充分取代了有缺陷的白细胞，保障她的健康。

德西瓦的免疫系统在基因疗法开始后稳步改善，一年内完全恢复正常。小女孩重获新生，也较少受到感染了。虽然她的病没有完全治愈，但是她开始上学，与朋友们玩耍，渐渐过上一个正常孩子的生活。1995年，安德森在写给《科学美国人》的一篇文章中说，“德西瓦已经从一个被隔离在家、总是生病、离开家就是去看医生的小女孩变成一个健康、充满活力、热爱生活、什么事情都想干的9岁小孩。”2004年的德西瓦已经是一位年轻的女士了，仍然健康，她体内1/4的白细胞携带正常ADA基因。基因疗法对第二个ADA缺乏症患者辛西娅·卡召尔（Cynthia Cutshall）的治疗结果也同样鼓舞人心。

社会效应：设计婴儿和超人类

约瑟夫·莱文（Joseph Levine）和大为·铃木（David Suzuki）合著的《生命的秘密》一书，介绍了现代遗传学的种种发现。书中写到，在德西瓦第一次接受基因治疗那天，安德森告诉记者，那个时刻是“一种文化上的突破……这个事件将改变以往我们作为一个群体思考我们自己的方式”。他还提到，从那时起，人们可以将基因视为有可能想变就能变的东西，而不是必须接受的遗产。

改变基因可以治愈或预防像德西瓦患的那样有可能致命的疾病，很少有人反对这种改变，但像杰里米·里夫金（Jeremy Rifkin）这样的批评家质疑，如果人类基因改造变得很容易，那么基因疗法将不仅限于治疗疾病。

涉及生殖细胞（精子和卵子）的基因改造时，伦理问题会更严重，生殖细胞的基因是唯一可以传给子孙后代的基因。迄今为止，还没有基因疗法这样做过。举个例子，如果德西瓦将来有子女，那么她的子女将不能通过遗传得到健康的ADA基因。许多伦理学家和科学家认为，种系或可遗传的基因绝对不能改造，即使是为了预防疾病。一个现在看似美好的改变可能会在几代人后变成整个家族的灾难。

虽然如此，基因增强和改造种系基因是有支持者的。基因增强的支持者认为，这事不会比小孩子矫正牙齿或送孩子去私立学校糟糕。有的人，包括遗传学先驱沃森，走得更远，认为改造种系基因将有利于全人类。

坎坷的基因疗法道路

在德西瓦里程碑式的治疗后，安德森和其他研究人员继续实验采用改变或取代基因的办法治疗疾病。他们探索的基因疗法，不但只是像ADA缺乏症那样的遗传病，还有那些与基因有关但是不会遗传的普通疾病，例如心脏病、癌症和艾滋病。

遗憾的是，德西瓦的案例只是少数几个基因疗法大获全胜的故事。有的治疗在早期取得可喜的效果，但后来又遇到问题。例如，一些患者的免疫系统消灭了携带基因的病毒，而这些遗传物质"运输卡车"还没能完成任务。另一些案例中，还有些患者对病毒过敏。

而两次灾难性的事件，使对基因疗法的热情在21世纪开始时降到了冰点附近。第一件事故，1999年9月17日，一个名叫杰西·基辛格的青年在接受一项遗传性肝病的基因疗法实验后死亡。2002年，法国的两个小孩因类似德西瓦的免疫系统疾病接受基因疗法后，罹患白血病。这种疗法已经治愈了孩子们的病，但是研究人员发现有的病毒将替代基因插入了错误的位点，激活了一个致癌基因，引发癌症。

这些悲剧动摇了基因疗法的根基。重组DNA咨询委员会和一些政府机构指责少数研究人员没有报告有毒副作用的案例。在法国小孩白血病确诊后很短时间内，联邦食品和药物管理局终止了美国国内的第三次基因疗法人体实验。

作为对基因疗法的批评的回应，基因疗法的研究人员也努力工作为之正名，同时改进计划内实验的安全性。例如，开发无须利用病毒导入基因的方法。2004年9月，美国基因疗法学会主席凯瑟琳·海伊（Katherine High）对《科学家》记者乔西·P.罗伯茨说"这个领域基本走上正轨了"。

争论焦点：多少风险是可以接受的

任何一种新疗法都有风险。为了确定可能的风险，研究人员在治疗人类之前在小白鼠之类的动物上实验新药物或新疗法。首次人体实验通常在少数几个志愿患者身上进行，通常别的治疗对这些志愿患者不起作用。这类实验的设计目标并不是治愈疾病，而是找出副作用（有害的或是无法预料的作用）。如果副作用很小，这种治疗就会推广至大量患者。任何疗法在获得联邦食品和药物管理局批准上市前，都必须通过三阶段的人体测试。

在开始新疗法实验前，研究人员会让志愿患者签署一张表格（如果他是一个小孩的话，则由其父母签署）。这张表格包括这种疗法的信息、已知的任何可能的副作用及产生原因等。签署完表格后，表示受试者“知情同意”，接受治疗的风险。对某些基因疗法实验的一项批评意见认为，包括基辛格事件在内，使用的同意表格隐瞒了之前实验中出现的不良反应。基辛格去世后，新管理条例强调表格必须完整清晰。

有的基因疗法研究人员认为，新管理条例在控制风险方面太严格了。这些科学家认为，一些不良后果乃至死亡，在像基因疗法这种革命性的治疗方式的早期都是不可避免的。“1 : 5 000的死亡率不应该视为一个不良安全记录”，布利兹在基辛格死后不久对《商业周刊》记者说。布利兹声称“每年有数千患者死于对阿司匹林的反应”，但是没有人要求禁止使用这种常用药。患者和他们的家人常说他们愿意承担实验性疗法的风险，因为他们别无选择。

保持乐观

基因疗法一路颠簸起伏，安德森一直相信基因疗法将会是治愈和预防许多疾病的最佳方案。当鲍勃·布尔克和巴里·埃普森准备写安德森的传记《W.弗伦奇·安德森：基因疗法之父》时，安德森的妻子告诉他们：“那是他的使命，他不会放弃的。他从没想过失败的可能。”

安德森本人继续工作着，希望基因疗法得到更多认同。1992年，他离开国家卫生研究所调任南加州大学凯克医学院，在那里他领导一个基因疗法实验室。同时，他还是医学院的生物化学和小儿科教授，马里兰一家名为基因疗法公司的生物技术公司的创始人。

安德森的实验室致力于使基因疗法的安全及高效。例如，他的团队正开发一些利用病毒的方法，完善疗法中的一些缺陷他们还开发一些技术将基因插入干细胞。引起更多争议的是，安德森提出当某些遗传病婴儿还在母亲腹中时就要采取治疗措施。他说，只有这类治疗才能在出生前阻止不可挽回的损伤。一些科学家和批评家反对这种治疗，因为这样会改变未出生婴儿体内的生殖细胞基因，而这些基因会传给子孙后代。

虽然各方对他的工作褒贬不一，安德森还是获得了许多奖项：1992年获得美国卫生和福利部杰出服务奖，1994年获得费萨尔国王国际医学奖，1995年获得美国国家生物化学奖，2003年获高特研究所医学奖。1997年，《时代》杂志评选他为“医学英雄”之一。1998年，安德森入选俄克拉荷马州名人堂。此外，他还获得过5个名誉博士学位。

基辛格死亡事件和法国小孩患病事件提示我们，基因疗法在很长一段时间内还不能成为一种常规的医疗手段。即使有一天成功了或者是在部分程度上获得成功，也绝不能忘记安德森的执着和决心。

五

家族中的死亡

——南希·韦克斯勒与遗传病基因

南希·撒宾·韦克斯勒(Nancy Sabin Wexler),1945年7月19日生于华盛顿,1968年8月,她23岁时,父亲米尔顿·韦克斯勒带给女儿们一个可怕的消息:他们的妈妈利奥诺刚刚被诊断出患有一种无法治愈的大脑疾病亨廷顿症。他向姐妹俩解释,这种疾病会遗传。韦克斯勒妈妈的3个兄弟和父亲都死于这种疾病,在10—15年病情慢慢恶化后,韦克斯勒的妈妈也会死于这种疾病。最糟糕的是,由于遗传法则,南希和姐姐爱丽斯均有50%的机会罹患同样的疾病。

大多数人听到这样的诊断都会崩溃。南希·韦克斯勒在最初的震惊和悲伤后,发誓要与威胁自己和自己家族的疾病做斗争。"她从阴霾中走来……想成为身穿闪亮盔甲的骑士,冲锋陷阵与恶魔斗争",韦克斯勒的父亲是一位心理分析学者,在一次采访中如此告诉劳伦·匹克,那次采访发表在1994年3月《美国人的健康》上。

一份致命的遗产

韦克斯勒的父母1964年离婚,但是韦克斯勒的母亲利奥诺仍把韦克斯勒的父亲当作朋友,常常向他倾诉各种问题。她曾经告诉韦克斯勒爸爸交警莫名其妙地指责她喝醉了,因为见到她过马路时步履蹒跚。当一个医生最后终于找出事实的真相时,她也告诉了他(译者注:亨廷顿症患者会无意识地四肢摇晃颤动)。

韦克斯勒的父亲接着告诉女儿们，亨廷顿症是根据乔治·亨廷顿（George Huntington）的名字命名的，亨廷顿医生1872年首次记录了这种疾病。全美有4万人受此影响。这种病的症状包括，个人行动从摇摇晃晃发展成一种风格怪异全身扭曲的"舞蹈"，丧失记忆、情绪暴躁或者有暴力倾向，沮丧，最后发展成精神错乱。所有的这些症状都是因为一个有缺陷的基因破坏了脑部一个虽小但很重要的区域造成的。

家族的悲剧激励韦克斯勒领导找出亨廷顿症致病基因的研究工作（亨廷顿症是一种破坏大脑的遗传病）。

这种残忍无情的疾病没有任何治疗方法。它最悲剧性的特征之一是直到三四十岁时才会病发，那时很多患者都已经生育小孩。人体内大多数细胞的基因都有两份拷贝，而生殖细胞与生育有关的细胞只有一份拷贝。在携带亨廷顿症基因的人体内，每个生殖细胞携带一个正常形式的亨廷顿基因或一个有缺陷的、会导致亨廷顿症的基因的可能性是一样的。虽然有四千多种遗传病都是隐性基因引起的，但是亨廷顿症是由显性基因造成的，这意味着任何一个遗传得到这个基因的人最后都会发病，即使他从父母的另一方得到一个正常基因也无济于事。

韦克斯勒的父亲也是一位斗士。在接下来的几年里，除了确保韦克斯勒的母亲受到照料，他尽其所能学习了亨廷顿症的一切。他还联络了马乔里·格斯，她是这种疾病最知名的受害者民谣歌手伍迪·格斯的遗孀。格斯1967年死于亨廷顿症。不久后，马乔里·格斯创立了抗击亨廷顿舞蹈症委员会。马乔里·格斯的组织致力于以更好的方式照料亨廷顿症患者。米尔顿·韦克斯勒则更希望找出治愈亨廷顿症的办法，所以他创立了自己的组织——遗传病基金会。南希·韦克斯勒自这个组织1968年创建时起就担任重要职务。她1983年成为基金会主席，直到2006年卸任。

当韦克斯勒父亲正着手筹办这个基金会的时候，韦克斯勒开始在安阿伯市密歇根大学攻读心理学博士学位。（1967年在拉德克利夫学院（Radcliffe College）获得社会关系和英语专业文学学士学位。）参考她自己的经历和她对其他亨廷顿症患者家庭的采访，她的学位论文论述了这样患病家庭对家庭成员精神上和情感上的影响。韦克斯勒1974年获得密歇根大学心理学博士学位。

大海捞针

遗传病基金会大约每年5次邀请对亨廷顿症研究感兴趣的科学家参加研讨会和聚餐，欢迎科学家在会议上发表有关研究的想法和成果。

1979年10月，麻省理工学院的大卫·霍斯曼（David Housman）和研讨会上的其他研究人员都知道在当时的情况下对抗亨廷顿症最好的办法就是确定这种病是由哪个基因引起的。找出这个基因后，就可以检查这种疾病，让人们知道自己是不是携带这种危险的基因。例如，这种信息可以帮助人们决定是否要孩子；找出亨廷顿症基因还可以更好地了解这种疾病；还有可能找到治疗或治愈的方法。在巨大的人类基因组中寻找一个基因简直比大海捞针还要困难。科学家们不知道亨廷顿症基因在哪个染色体上，这个基因制造哪种蛋白质。不过，霍斯曼在会上告诉大家，他听说有一种新技术可能可以确定基因的位置。

这种技术利用限制性内切酶，就是基因工程的无价之宝分子“剪刀”。分子生物学家发现，因为人与人之间的基因组成有微小的差别，某种特定的限制性内切酶从每个人的DNA上剪下的片段的长短并不是完全一样的。例如，从A的染色体上剪下来的片段可能是1.2万个碱基对，而从B那里剪下来的同样的片段可能是1.35万个碱基对。研究人员已经确定了一些这类遗传差异的位置。他们把这种现象称为限制性内切酶片段长度多态性，简称RFLP。

霍斯曼解释说RFLP可以当作标记，对于其他未知的基因来说，就像路上的路标。如果某种一定形式RFLP总是或者几乎总是与某个基因一起遗传，那么几乎可以肯定这个基因在很靠近RFLP的位置上。分析一个人的DNA，如果结果显示他或她遗传得到了与基因关联的那种形式的RFLP，那么这个人也很可能遗传了那个基因（这种结论永远都不可能完全肯定，因为当细胞分裂时，染色体偶尔会断裂，断裂点可能落在RFLP和基因之间，造成两者分离）。

相关链接：一种历史上著名的遗传病

大多数遗传病只会给单个家庭带来灾难，就像韦克斯勒家。但是，有一种疾病几乎改变了历史。这种病就是血友病，患者即使只是很小很小的伤口或损伤，都会流血不止。

俄国沙皇尼古拉的儿子亚历克西斯皇太子（Crown Prince Alexis），

1905年出生时就患有血友病。那个年代没人知道基因是什么，但是数百年来，医生就观察到这种造成血流不止的疾病在家族中流传。维多利亚女王的家族就是这样一个家族，19世纪大部分时间中，维多利亚女王家族统治英国。这种病在她的后代中十分常见，所以有人称这种病为“皇室疾病”。尼古拉的妻子亚历山德拉就是维多利亚女王的后代。不过这位俄国皇后自己并没有这种病——女性中几乎从不出现这种病，但是她把血友病基因传给了她的儿子。

亚历山德拉竭尽全力寻找治愈儿子的方法，这种病有好几次几乎要了儿子的命，似乎没有医生能帮助他。在亚历克西斯两岁大的时候，一个粗野的自称拉斯普廷的人出现在俄国宫廷。他说自己的圣人可以挽救王子性命。亚历山德拉和尼古拉可能十分信任他，送给他价值连城的礼物和在朝廷中不断扩张的权力。

拉斯普廷实际上并不能为亚历克西斯做些什么别人做不了的事，而且他自己常常滥用职权。俄国民众，无论贵族还是平民，对这个自称修道士的人的所作所为以及国王夫妇对他的袒护十分愤怒。历史学家称对拉斯普廷的不满是引起俄国革命的其中一个原因。那次革命1917年席卷这个国家，不仅夺去了皇室家族的皇冠，还夺走了他们的生命。

问题是，没人知道用研究RFLP的方法寻找亨廷顿症基因应该从哪里开始。当霍斯曼描述这个过程的时候，只有一个人类RFLP标记已知。持怀疑态度的人认为可能需要50年或者更长的时间才能找出与亨廷顿症基因相关的RFLP——如果这个标记能找到的话。

不过，RFLP想法比之前的任何想法都好。遗传病基金会同意支持霍斯曼的工作。韦克斯勒安排国会控制亨廷顿症委员会提供进一步资助，因为韦克斯勒1976年开始担任这个机构的执行主任。

访问委内瑞拉

霍斯曼和同事们开展研究工作首先急需一个有亨廷顿症成员的大家族。

这个家族必须有许多成员，既有健康的，也有患病的，他们都要接受检查，以确定有一种特定的RFLP总是与致病基因一同遗传。幸运的是，霍斯曼的团队了解到美国最大的亨廷顿症家族在衣阿华州生活。他们还了解到有一个比衣阿华家族大得多的亨廷顿症家族在委内瑞拉的马拉开波湖岸边生活。

巧合的是，韦克斯勒1972年就知道委内瑞拉的那个家族，并于1979年初已经访问过那个家族。

那是一次不同寻常的经历。韦克斯勒与一队美国和委内瑞拉科学家一同前往，大多数家族成员居住在3个村子里：圣路易斯、巴伦其塔和拉古尼塔。圣路易斯是一个穷困破落的小村庄，位于马拉开波市郊区。巴伦其塔在乡间，有几小时车程的距离。第三个地方拉古尼塔只能乘船到达。抵达拉古尼塔时，韦克斯勒一行人看到湖中沼泽般的水域上打着像高跷一样的木桩，小渔村里色彩鲜艳的房子就站在那些木桩上。

找出致病基因

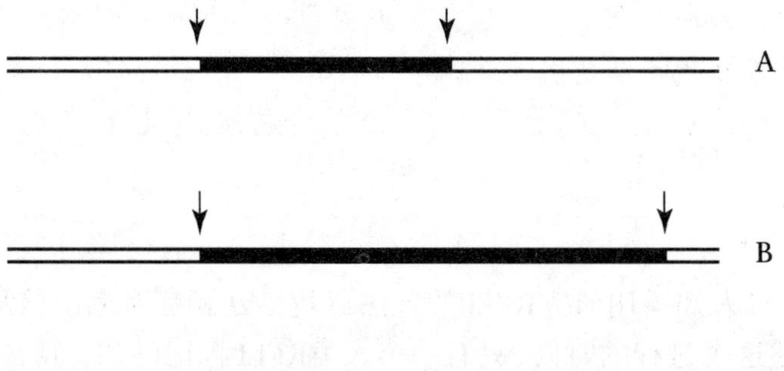

包含一种限制性内切酶片段长度多态性(RFLP)的一个DNA区域

研究人员采用RFLP（限制性内切酶片段长度多态性）帮助他们确定致病基因的位置。每个标记位于染色体上不同位置，处于同一个位置的标记有若干不相同的存在形式，但是不同之处是可以检测的，正如图中所示。某个家族常见亨廷顿症，科学家们检查许多家庭成员的染色体。一个染色体上的基因在产生卵细胞和精细胞时会重新排列，但是在这个过程中，原来靠得比较近的基因还是会比较靠近，与原来相距很远的基因相比，不太可能会被分得很开。如果研究人员能够找出患这种病的人，总是通过遗传得到同样一种RFLP，他们就能推断致病基因在这个RFLP附近。接下去，就能用测序和其他技术找出致病基因的准确位置。

韦克斯勒在拉古尼塔见到的第一个人是骨瘦如柴的妇女，她蜷缩在一间长脚房子门口。考察队的一个成员上前搭话时，那个妇女张开手臂开始扭动，这种状况韦克斯勒再熟悉不过了。韦克斯勒1994年告诉《时代》杂志的记者玛丽·默里："那太惊人了。我不知道自己身处何方，周围都是棕榈树，房子高高地建在水面上。然而，这里有个人看上去跟妈妈的症状一模一样。身处异国他乡却见到这么熟悉的场景——那太惊人了。"

血液、皮肤和DNA

RFLP项目1981年准备就绪，韦克斯勒再次来到拉古尼塔，为DNA测试采集当地家族成员的血液和皮肤样本（后来只使用了血液样本）。最初，那些人不明白韦克斯勒的小组为什么需要那些样品，特别是为什么需要从一些看起来还挺正常的人身上采集样本。有些人还担心采样过程会伤害他们或使他们更虚弱。

为了缓解这些忧虑，科学家召集村民开会，在会上讲解他们的工作。他们发现，即使指出韦克斯勒本人就像当地人一样有发病的可能性，也得不到他们的信任。不过，后来，小组中的一个名叫菲德拉·戈麦斯的阿根廷护士灵机一动，她举起韦克斯勒的手臂，让她绕场一周，让当地人看到韦克斯勒提供皮肤样本后留在手臂上的小伤疤。"看，看，看到了吗？她的那个小点！"戈麦斯高声说。在那之后，村民们就变得十分合作了。

当韦克斯勒团队中有人要启程返回美国时，他们就组织"采集日"采集血样。这样，研究人员可以及时带回样本。样本必须在采集后48小时内送达马萨诸塞州综合医院的实验室。在那里，霍斯曼以前的一个研究生詹姆斯·古赛拉存储并检验这些样品。古赛拉从那时起负责亨廷顿症RFLP项目。

在20世纪80年代早期，已经找出数十个人类RFLP。古赛拉开始检验已有的衣阿华州家族的样本，看看有没有已经确认的RFLP。令人惊喜的是，居赛拉在尝试第12个RFLP时发现了一些线索，一个被称为G8的标记，很可能跟亨廷顿症基因一同遗传。可惜美国的亨廷顿症家族没有足够的家庭成员让他彻底检验这个想法。

古赛拉转而研究委内瑞拉的样本。他发现家族里，几乎所有的亨廷顿症患者都遗传了一个G8标记，而健康的家庭成员遗传了另一种形式。亨廷顿症基因在这个标记附近的概率高于1 000：1。古赛拉本人和韦克斯勒都认为他们的运气实在是太好了，这么快就找到了要找的RFLP。古赛拉和同事们，包括韦克斯勒和赴委内瑞拉考察小组的其他成员，于1983年11月在《自然》杂志上报道了他们的工作成果。除了提供亨廷顿症基因定位线索外，他们的工作证明追踪RFLP是寻找基因的有效手段。研究人员第一次有望找出并确定引起人类疾病的某个特定基因——这是了解基因如何起作用的第一步，可能也是了解如何修复或替换基因的第一步。

古赛拉的发现最直接的医疗进步就是出现一种检查，有96%的准确率判断被检查人会不会得亨廷顿症。这种检查1986年开始投入使用。这使韦克斯勒本人面临一个困难的个人抉择。她想知道自己是否会得那种可怕的病，那个病当时已经害死了她的妈妈。如果她发现自己有那个基因，她会怎么想，她会怎样做？她已经决定生小孩，所以不需要为了这个原因去检查。韦克斯勒为了保护个人隐私，一直拒绝说出她是否去做过亨廷顿症检查，当然也没透露检查的结果。如果她决定不去做检查，那么她一点都不孤单。因为既使在亨廷顿症检查出现的10年后，有可能患病的美国人中只有13%选择检查。

基因猎人找到猎物

古赛拉等遗传学家一找到RFLP标记，就开始执行下一个任务：研究亨廷顿症基因本身。在确定了基因的位置后才能进行测序，确定它对应的蛋白质，了解这小段DNA如何造成致命的后果。为了加快速度，1984年，遗传病基金会说服美国和英国6个研究所的研究小组共同完成这项工作。他们不仅仅同意分享研究结果，还达成一致，只以他们集体的名义——以亨廷顿症联合研究团队署名发表科学论文。

这样的合作是前所未有的，特别是在遗传学变成一个竞争激烈的领域后。合作的过程并非一帆风顺，参与其中的研究人员都同意韦克斯勒是连接他们的纽带。她从一个实验室到另一个实验室，给科学家们鼓舞士气，平息纠纷。虽然所有的科研小组都竭尽全力，但是亨廷顿症基因在20世纪80年代仍然难以捉摸。1984年，团队发现RFLP标志，也就是说致病基因的位置，位于4号染色体短臂端。亨廷顿症基因是第一个仅仅只通过RFLP标志确定在哪个染色体上的。可惜在那之后，专家们的运气似乎不见了。

基因猎人最后终于在1993年初找到了猎物。玛希·迈克唐纳是与古赛拉一同工作的资深研究人员，她也参与对亨廷顿基因测序——揭示这个基因究竟出了什么问题。在靠近基因起点的位置，她发现一种分子重复，C—A—G（胞嘧啶—腺嘌呤—鸟嘌呤）碱基序列重复。这组碱基在基因密码中代表谷氨酸，这种氨基酸有时会损坏神经细胞，这个序列多余的拷贝意味着这个基因制造的蛋白质会包含多余的谷氨酸。正常人的这个基因包含11~34个C—A—G重复。但是，在亨廷顿症患者体内，重复次数是40，或者更多，有的甚至多达125 次（有35—39次重复的人有的会发病，有的不会）。研究人员最后发现，重复次数越多的人越早发病，病情也越严重。委内瑞拉亨廷顿病家族成员中有人在2岁时就发病了，另一种极端案例是，有的人直到84岁才发病。

亨廷顿症检查

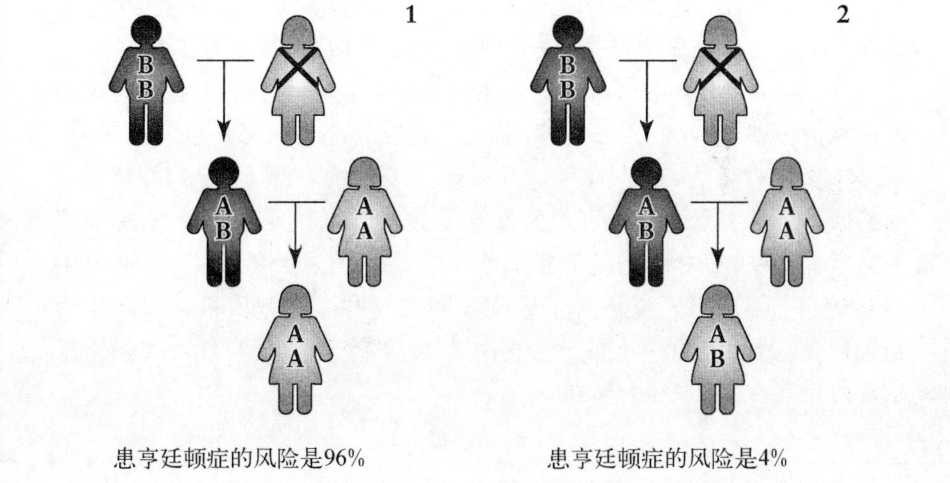

首次亨廷顿症检查用RFLP标记确定致病基因，那时还不知道致病基因是什么。不同的人可能会遗传得到若干种不同的标记（这里用A、B、C表示）。在这个例子中，一个从双亲处遗传得到了A型标记的妇女（最下面一行）想知道自己会不会得亨廷顿症。她的父亲（中间一行的男性图标）患有亨廷顿症；她的母亲（中间一行的女性图标）是健康的。她的父亲的父亲（最上面一行的男性图标）只具有B型标记，没有亨廷顿症。父亲的母亲（最上面一行的女性图标）已经去世，所以她具有的标记类型无法知晓（X）。在父亲的家族里，A型标记一定与亨廷顿基因有关。这个妇女从父亲处遗传得到一个A型标记，所以她有96%的机会发病。如果她从父亲处遗传得到一个B型基因，那么她只有4%的发病机会（她母亲的A标记与亨廷顿基因无关，因为在她母亲的家族里没人具有致病形式的亨廷顿基因）。

社会效应：基因歧视

韦克斯勒认为，应该允许人们检查像亨廷顿致病基因之类的基因。这类检查可以帮助人们规划未来，决定是否要孩子。但是，她也提出警告，检查也会是危险的。如果检查的是一种无法治愈的病，就像亨廷顿症，了解到自己携带致病基因后，有的人可能会很沮丧，甚至会考虑自杀。韦克斯勒说，基因检查前后人们都必须接受深入广泛的咨询。

检查致病基因或与疾病有关的基因越来越普遍，韦克斯勒担心会出现另一个问题。携带高风险基因的人，比如说心脏病或癌症，可能会发现自己很难找到人生伴侣或工作。很多健康保险条款不包括治疗"已存在病症"的费用——在保险条款生效前已经存在医疗问题。保险公司可能将倾向于导致疾病的基因视为已存在病症，即使这个人在投保时没有病，可能以后也不会得那种病。大多数大企业为员工提供健康保险，公司可能不愿招聘有健康问题，或者有可能出现健康问题的员工。

几十年后，人类基因组计划提供的信息可能会在一个人出生时就能读出他的全部遗传信息。这样的基因全图在某些方面可能会有所帮助，不过韦克斯勒认为，这也有可能导致基于基因的歧视大大增加。"我们的基因里不是有点这些东西就是有点那些东西，都会给我们带来麻烦。"韦克斯勒1994年对匹克说，"我们甚至会因此无法买保险。"从1989年到1995年，因为韦克斯勒对基因歧视的关注和人类基因组计划产生的相关问题，她当选为一个委员会的负责人，这个委员会监督人类基因组项目的伦理、法律和社会问题。

其他科学家：玛丽-克莱尔·金

亨廷顿症跟大多数遗传病一样，是由单一基因引起的，这是很罕见的。不过，基因跟许多常见病都有关系，例如癌症和心脏病。遗传得到某个基因的特殊形式，会增加这人得这些病的机会。

1974年，在亨廷顿症基因搜索开始前，加州大学伯克利分校的一位遗传学家玛丽-克莱尔·金就开始着手证实基因会增加妇女罹患乳腺癌的概率。而在当时，人们只知道少数几种癌症会遗传，很多癌症研究人员怀疑遗传在这些病中仅仅起一些很普通的作用。但是金注意到某些家族中，患乳腺癌的家庭成员多得反常，而且这些家族的妇女与其他妇女相比，发病年龄也早得多。因此她认为，这是遗传造成的。

金最终证明有5%的乳癌是遗传造成的。金的研究团队采用与韦克斯勒小组同样的标记技术，在1990年发现17号染色体下半部分的中部，很可能存在一个乳癌基因。犹他大学医学中心的马克·斯考尼克（Mark Skolnick）1994年确认了这个基因，并将之命名为BRCA1。

金现在仍工作在西雅图的华盛顿大学，探索其他类型的遗传特征，包括遗传性耳聋。除此之外，她还用基因追踪技术鉴别因战乱分散的祖父母和孩子，勘查人类迁徙过程图。

科学家确定了亨廷顿基因决定的蛋白质，命名为亨廷顿蛋白。这种蛋白质的确切功能还不知道，似乎会影响细胞产生能量的过程。致病基因的突变看来会使这种蛋白质的长链在神经细胞里形成块状团聚，破坏细胞。

无法估量的爱

在亨廷顿症研究紧锣密鼓进行的同时，韦克斯勒从另一个方面追踪这种疾病，她坚持每年访问委内瑞拉的那个家族，几乎把他们视为自己的亲人。除了采集更多的血样，她和她的团队还告诉村民们更多的有关他们的族谱的情况。现在，哥伦比亚大学医学中心韦克斯勒办公室的外墙上就挂着部分他们的族谱，韦克斯勒1984年成为哥伦比亚大学教授（在那之前，她是美国国家卫生研究所下属的国家神经系统疾病和中风研究所的健康科学管理员）。韦克斯勒现在是哥伦比亚大学医学院神经病学希金斯教授，也是哥伦比亚生物伦理学中心教员。

这个委内瑞拉亨廷顿病家族的族谱已有10代，家族人数共计超过1.8万人。据哥伦比亚2004年3月的新闻报道，委内瑞拉人组成了世界上最大的携带亨廷

韦克斯勒带给她研究的委内瑞拉大家族成员"无法估量的爱"，例如这个身患亨廷顿症的孩子(遗传病基金会。彼得·基特拍摄)。

顿症基因的遗传相关群落。韦克斯勒和同事还发现，他们大多数是同一个妇女的后代，这个妇女名叫玛利亚·康色普申·赛多，19世纪早期生活在那个地区。沃尔特·波德莫和罗宾·麦基在他们的《有关人类的一本书》中引用韦克斯勒谈论人类遗传学最新进展时说的话，"从那个妇女开始，一座巨大的受难金字塔即将延伸许多年。"

除了研究委内瑞拉亨廷顿病家族的族谱外，韦克斯勒和她的团队始终竭尽全力照顾那个家族。最早发现这个家族的是委内瑞拉医生阿米里柯·尼格里特，罗伯特·库克迪根在一本有关人类基因组计划的书《基因战争》中引用尼格里特写给一本委内瑞拉杂志的文章中谈论韦克斯勒的话：

带给他们(那个村子)药品和……社会福利项目……她(还)带给他们无法估量的爱……我见到她拥抱妇女，拥抱男子，亲吻小孩。没有表演作秀，没有虚情假意，没有扭捏造作。她的眼里流露出温柔的目光。

为表彰韦克斯勒的这种持之以恒的爱和对这一遗传病成因突破性研究的支持，韦克斯勒获得了1993年的阿尔伯特·拉斯克公共服务奖和1994年的J.艾琳·泰勒国际医学奖。

韦克斯勒对委内瑞拉这个家族的研究还在继续。2004年3月，她在研究中发现亨廷顿基因中C—A—G片段重复的次数并不是影响发病年龄的唯一因素。她认为来自某些其他基因的影响和环境因素都会改变疾病的发生时间。她认为，如果研究人员能够了解更多导致疾病推迟的因素，医生就可以帮助遗传了亨廷顿症致病基因的人推迟发病，甚至是完全不发病。韦克斯勒希望，如果这一天到来，委内瑞拉家族会恢复健康。一则哥伦比亚新闻刊物引述她的话说："这个委内瑞拉家族给了我们许多礼物，将来，他们应该首先从治疗中获益。"

六

永生的线虫

——辛西娅·凯尼恩与衰老的遗传学

大约在500年前，现在的波多黎各地区的印度人告诉西班牙探险家胡安·庞斯·德·里昂一个关于一眼神奇的泉水的传说。他们说，任何喝了这口泉水的人，都能永葆青春。里昂对此产生了浓厚的兴趣，1513年扬帆远航去寻找这口泉眼。最终他发现了佛罗里达，但是并未找到不老泉。

旧金山生物化学家辛西娅·凯尼恩（Cynthia Kenyon）觉得，她可能完成了里昂未完成的事业。她说，通向不老泉的路并不在热带沼泽地里，而在一种小到几乎看不见的线虫的基因中。

新的职业道路

凯尼恩1954年2月18日生于芝加哥，因为热爱法国号，她最初的梦想是当一名音乐家，在佐治亚大学读书时，又想成为一名作家。凯尼恩的父亲是一名大学地理教授，母亲是一所大学物理系的行政人员，但是凯尼恩本人的大学经历一开始并不愉快。她不能确定自己这一辈子要干什么，所以在取得学位前退学了。

正当凯尼恩思考自己的未来时，她的妈妈偶然带回家一本书《基因的分子生物学》，作者是DNA结构的发现者之一沃森。“我想，这太酷了，你知道，基因能开开关关。”凯尼恩在2004年的一次访问中回忆道。沃森的书使她兴奋不已，这种感觉令她对未来职业的思考转向一个新方向。她重新回到佐治亚大学，这次，改学生物化学。1976年，凯尼恩大学毕业，作为班上成绩最好的学生，她在毕业典礼上做毕业生代表发言。

凯尼恩对线虫的研究可能会提供一种新方法减缓人类衰老。

颇有价值的线虫

凯尼恩在麻省理工学院读研究生，研究破坏DNA的化学物质对细菌的影响。有一次，她去参观隔壁的实验室，科学家鲍勃·霍维茨（Bob Horvitz）向她介绍了自己研究的动物：一种学名叫作秀丽隐杆线虫的十分微小的虫子，单条秀丽隐杆线虫只有1毫米（0.04英寸）长，大约就是这句话结尾的句号那么大，不过这种小虫子的名气可比它的体形大得多。

秀丽线虫是线虫，或者叫作圆虫的一种。记者安德鲁·布朗在一本关于秀丽线虫研究的书《从线虫开始》中写道，线虫类“比地球上最多的动物还要多”。它们也是这个星球上最古老的多细胞生物之一。有的线虫是寄生虫，但是秀丽线虫却对人类无害，它们居住在土壤或肥料堆中，主要吃细菌。这种线虫圆柱形的身体十分光滑，身体两端逐渐变细。

20世纪60年代早期，在凯尼恩还是一个孩子的时候，一位出生于南非的生物学家西德尼·布雷纳（Sydney Brenner）最早开始研究这种线虫，并使这种原本默默无闻的线虫成为实验生物学中最著名的实验用动物之一。布雷纳和他的后继者发现秀丽线虫对科学家来说有许多好处。首先，这种线虫在装满它们最喜爱的细菌胶状物的培养皿中很容易饲养。这种线虫的繁殖速度简直跟它们吃细菌的速度一样快，每条线虫每3天就可以繁殖出300条左右的下一代。在大多数情况下，一条秀丽线虫既能制造雌性生殖细胞也能制造雄性生殖细胞，然后自体受精，这意味着一条线虫体内的基因突变会在它的所有后代中重复出现。每条线虫大概只有一千多个细胞，但是这个小小的数目包括了所有在人类或其他哺乳动物体内发现的各种细胞类型。因为它们几乎是透明的，很适合在显微镜下研究。布朗称线虫是“大自然的试管”。据布朗说，布雷纳认为“只要有一些牙签（用于挑起一些线虫），一些培养皿和一台显微镜，你就可以打开各类生物学的大门”。

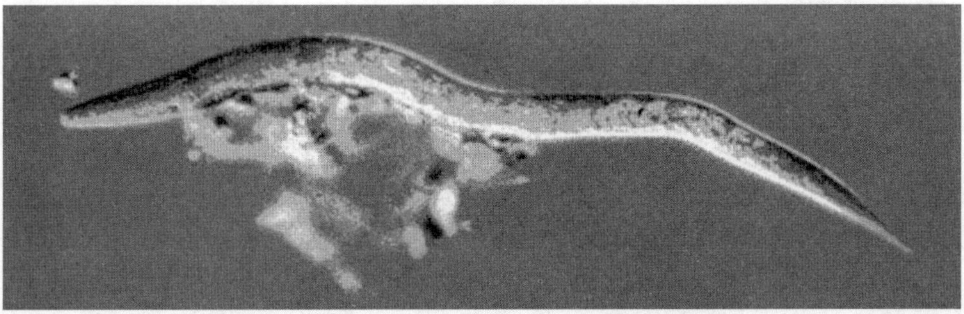

这种微小的秀丽隐杆线虫，在土壤中以细菌为食。科学家深入地研究这种动物的基因，揭示发育和衰老的重要信息。

把注意力集中在衰老上

凯尼恩发现这种线虫棒极了，可以追踪每个细胞的发育，她决定从研究细菌转向研究线虫。1981年，取得博士学位后，她去了剑桥大学，在布雷纳的指导下工作。凯尼恩花了5年的时间研究线虫在出生前是如何发育的，之后，她回到美国，在加州大学洛杉矶分校（UCSF）任助理教授。1992年，她晋升为生物化学和生物物理学全职教授。

那个培养皿里养着因为基因突变而繁殖不佳的线虫，所以里面的线虫没有像正常培养皿里面的那么拥挤。培养皿中剩下的大多数线虫都是“高龄老人”，接近它们为期20天的生命周期尽头。“我之前从未观察过一条老线虫。我以前甚至从未想起过老线虫。”凯尼恩后来告诉《美国新闻和世界报道》记者内尔·博伊斯，这位年轻的科学家很容易就辨认出这些年事已高的线虫：它们萎缩皱褶，也不像精力旺盛的年轻线虫那样动来动去。“它们真是可怜”，凯尼恩告诉博伊斯。她接着说，这些线虫让她想起自己也在变老。“就在那一刹那，我突然想到，‘天啊，啊，我可以研究研究。’”

其他科学家：西德尼·布雷纳

西德尼·布雷纳（Sydney Brenner）1927年出生在南非的约翰内斯堡附近，他的父母都是从东欧移居过去的犹太人。20世纪50年代末和

60年代早期，他在剑桥跟克里克一同工作，发现了细胞如何利用DNA分子中的遗传密码构建蛋白质。之后，布雷纳转而研究基因在动物出生前如何影响动物的发育，选用秀丽线虫作为实验动物。

在接下来的20年里，布雷纳和他的同事与其他受到布雷纳研究启发的实验室，逐个细胞地研究这种线虫的发育过程。通过研究突变，他们确定出哪些基因引导细胞到线虫体内的特定部位；哪些基因指导细胞分化为不同种类的细胞，例如神经和肌肉；哪些基因指导细胞死亡。研究人员在线虫的染色体上定位这些基因，还测出其中部分基因的碱基序列。这种测序在当时是一项既乏味又耗时的工作。根据布朗对秀丽线虫的研究历史的记录，布雷纳和他的同事积累起来的对这种小动物的知识，启发了对其他多细胞生物的类似细节的研究，最后导致了人类基因组计划。1998年，秀丽线虫成为世界上第一种有完整基因组序列的多细胞生物。

为表彰他在研究基因协调生物体发育方面所做的工作，布雷纳、约翰·萨尔斯顿（John Sulston）与霍维茨共享2002年诺贝尔生理学医学奖，霍维茨就是将秀丽线虫介绍给凯尼恩的人。

相关发明：青霉素的发现

凯尼恩并不是历史上第一个因为一个遗忘的培养皿而改变了研究方向的科学家。1928年，苏格兰微生物学家亚历山大·弗莱明正带一位朋友参观他的伦敦实验室，路过一堆因为度假刚回来还没来得及清洗的培养皿。格温·麦克法兰在传记《亚历山大·弗莱明：人与神话》中写道，弗莱明拾起其中一个培养皿，非常认真的看过后，对他的朋友说："这太有意思了。"那个培养皿里有葡萄球菌菌落，葡萄球菌是一种感染伤口的细菌。弗莱明注意到一个霉斑，或者是一些真菌，有点类似陈面包上的青霉，在这个培养皿中扎根了——在霉斑的周围是一片干净的区域，显然没有细菌在那生长。

弗莱明继续研究那个"扰乱"了他的正常培养皿的霉斑和霉斑杀

灭细菌后露出的底层。那种真菌属于青霉菌的一种，所以他把“霉菌的汁液”称为青霉素（盘尼西林）。1929年，弗莱明发表了一篇有关那些霉菌及其化学物质的文章，不过后来很长一段时间内他都没有继续这项工作。他认为盘尼西林在医学上毫无用处，因为他无法提纯这种物质，而不纯的青霉素会迅速失效。10年后，两个牛津大学的科学家，澳大利亚出生的病理学家霍华德·弗洛里（Howard Florey）和逃离纳粹德国的生物化学家厄内斯特·钱恩（Ernst Chain），看到了弗莱明的文章决定重新研究青霉素。钱恩采用改进后的技术，提纯了“霉菌汁液”中有灭菌作用的那一部分，弗洛里的研究小组证实提纯后的物质可以阻止危险的细菌在小白鼠体内和人体内生长。美国药厂自20世纪40年代早期开始大批量生产青霉素，这是第一种广泛应用的抗生素，在第二次世界大战中挽救了数以万计的生命，革新了传染病的治疗方式。

指挥基因管弦乐队

凯尼恩开始研究一种基因突变的秀丽线虫，这种线虫是由其他科学家发现的，比正常的线虫寿命长。她尝试改变线虫的基因，希望复制基因突变的效果。在1993年，她和同事发现daf-2和daf-16基因突变的线虫的寿命是正常线虫寿命的2倍。“这就像一个90岁的人，但是看上去只有45岁那么令人惊奇。”凯尼恩向史蒂文·科特勒解释说，2004年科特勒代表《发现》杂志采访她。

当凯尼恩宣布只要两个基因变化就能推迟衰老时，即使这是在线虫里的情况，很多研究人员都感到吃惊。当时，许多科学家认为衰老是生命过程必需的细胞和组织受到破坏的结果：实际上，身体只是疲劳了。还有部分研究人员认为，进化为生物编制了衰老和死亡程序，以免生物体在停止繁殖失去生物用途后造成资源浪费。几乎没人相信衰老是由基因直接控制，也没有什么措施可以延长寿命或者阻止与衰老有关的衰竭和疾病。不过，凯尼恩指出，蝙蝠能活上50年，但是同样是哺乳动物，而且与蝙蝠差不多大小的小白鼠，通常只能活两年。她坚信基因可以解释这种区别，尽管并非所有科学家都同意这种观点。例如芝加哥伊利诺斯大学的S. J.奥士安斯基就告诉《史密森》的记者史蒂文·S.霍尔：“没有死亡和衰老的基因——句号。”

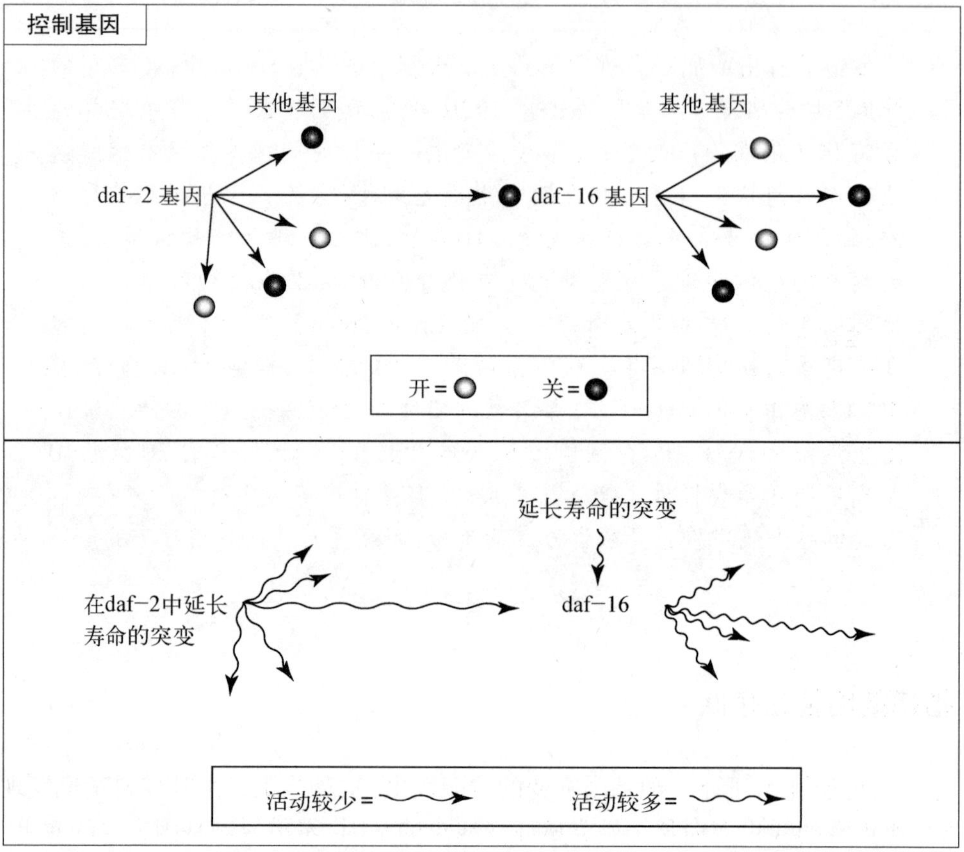

凯尼恩发现daf-2和daf-16两个基因都会影响线虫的生命长短，开启或关闭许多其他基因。它们彼此相反，当daf-2活动时，会阻止daf-16的大部分活动。延长线虫寿命的突变由两部分组成，一方面daf-2中延长寿命的变异使其较少活动，另一方面daf-16基因的变异使其较多活动。

衰老，不论在线虫中还是在人类中，都包括许多不同的变化，所以，daf-2和daf-16貌似是“主宰基因”，控制大量其他基因的活动。凯尼恩等人发现这两个控制基因大约影响共多达100个其他基因。“你可以把daf-2看成交响乐团的指挥家，指挥长笛、小提琴和大提琴。”凯尼恩告诉戴维·邓肯。这两个主宰基因似乎彼此反向，凯尼恩报道：daf-2中延长寿命的变异使这个基因活动较少，而daf-16中的变异增加这个基因的活动。凯尼恩后来戏称daf-2基因为“冷酷无情的死神”基因，而daf-16是“不老泉”基因。她认为这两个主宰基因在生命进化的早期就出现了，那时，首批生命在早期地球的风暴、猛烈的阳光和火山喷发之类的恶劣环境中挣扎求存。

截至2003年，凯尼恩等人已经发现了超过30种由主宰基因引导的其他基因，这些基因有助于延长寿命。实际上，研究人员正试图了解，基因交响乐团的每个成员演奏什么乐器，它们在长寿交响曲中如何起作用。凯尼恩说，有些基因防止细胞基因受到自由基的破坏，自由基由热和化学物质作用引起，随着年龄增长在生物体内堆积。另一些基因修复受损的蛋白质或改变身体利用食物和能量的方式，还有一些基因击负责退细菌引起的疾病。

细胞的控制链

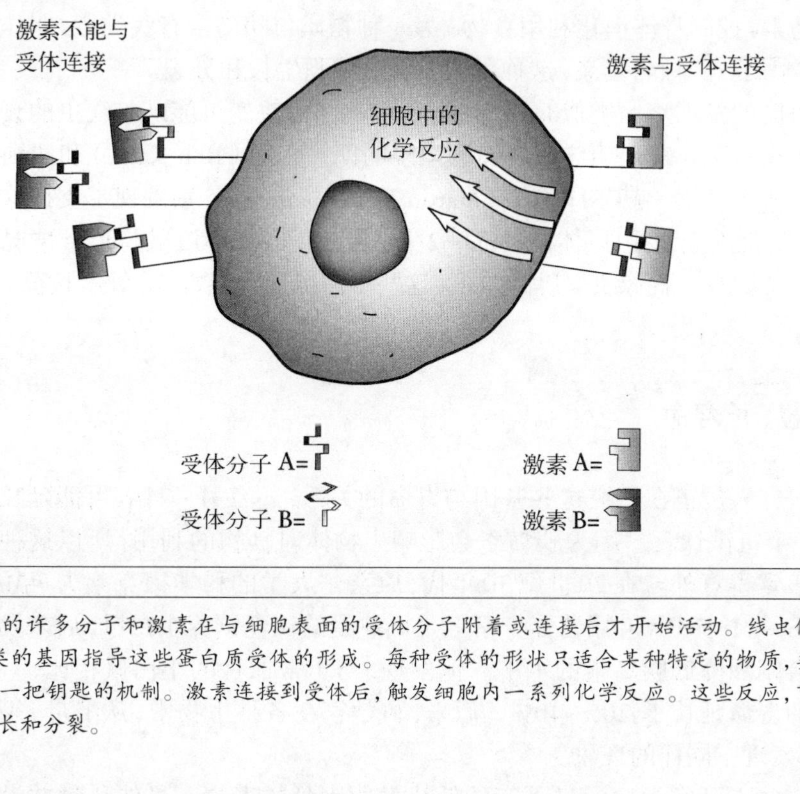

影响细胞的许多分子和激素在与细胞表面的受体分子附着或连接后才开始活动。线虫体内的daf-2之类的基因指导这些蛋白质受体的形成。每种受体的形状只适合某种特定的物质，类似一把锁对应一把钥匙的机制。激素连接到受体后，触发细胞内一系列化学反应。这些反应，可能造成细胞生长和分裂。

基因与激素

凯尼恩的发现激发了其他科学家研究基因与衰老之间的关系的兴趣，并且开始在其他动物体内寻找类似daf-2和daf-16的基因，从酵母到小白鼠，他们都有所发现。另一些科学家研究这项基因在生物体内究竟起着什么作用。他们发现daf-2在生物体内制造一种蛋白质，这种蛋白质位于线虫某些细胞的表面，是某种激素的受体。

激素是由身体的某些组织制造出来的物质，会影响其他组织的活动。例如，有些激素刺激生长，另一些控制性别发育和繁殖。这种化学物质只能对有受体的细胞起作用。激素与受体之间的搭配就像钥匙和门锁那样。两者匹配时，激素就会“打开”细胞中的基因引发一系列复杂的物理化学反应。Daf-16基因也会开启或关闭基因，但是作用机制不同。

哈佛医学院的科学家加里・鲁昆（Gary Ruvkun）在1997年证实，与daf-2制造的激素配对的受体与哺乳动物（包括人类）体内的另两种激素有关。一种是胰岛素，控制身体消化利用食物；另一种物质与胰岛素有些类似，叫作类胰岛素生长因子1。顾名思义，这种蛋白质促进细胞生长和分裂。

鲁昆的发现暗示类似daf-2和daf-16基因的改变可能既与线虫的衰老有关也与人类有关。2003年初，哈佛医学院的朗・卡恩（Ron Kahn）和法国生物化学研究所的马丁・赫尔泽伯格（Martin Holzenberger）分别发现了支持这种猜测的证据。他们让小白鼠体内的daf-2失去活性，这些小白鼠与正常情况相比寿命延长了26%。就像凯尼恩的线虫，这些小白鼠也青春常驻，健康长葆。

低热量，长寿命

研究人员正在研究这些基因与寿命的关系，还有另一种有可能延长寿命的方法：半饥饿饮食。因为胰岛素会影响生物体对食物的利用，所以这种联系并不让人觉得意外。在20世纪30年代，康奈尔大学的科学家克莱夫・M.麦克莱伦（Clive M. Mccay），用营养丰富但是低热量的饮食饲养小白鼠，后来发现这种处理会剧烈降低胰岛素的水平。他发现，与正常饮食的小白鼠相比，一半的小白鼠的寿命延长了 20%~40%。后来，科学家在各种生物中，从酵母、果蝇到鱼类，都发现了同样的现象。

一些人已经尝试通过平衡的低热量饮食延长寿命。虽然科学并没有证明这真的有效，但是即使真的有效，很多人也不愿意这样做。有的科学家认为，最后会有药物或者基因疗法提供与低热量饮食同样的效果，但是能免去低热量饮食的痛苦。另一方面，一些营养学家认为，减少饮食中碳水化合物的分量也能起到与低热量饮食同样的作用。低碳水化合物的饮食现在很流行，部分营养学家认为，这种饮食即使热量不低，一方面会让人们更健康，另一方面也有助于减肥。凯尼恩自己的饮食只含少量容易转化成糖类的碳水化合物。

寻找抗衰老药物

与此同时，凯尼恩继续摆弄她的线虫基因。2004年10月，她宣布创造了能生存125天的线虫——是普通线虫寿命的6倍。一个人如果受到相同疗效的治疗的话，他的寿命将超过400岁。就像她对自己观察的第一条老线虫充满同情一样，这次，凯尼恩说她妒忌这些长寿线虫。她对博伊斯说："我也想像那些线虫那样。"

凯尼恩在衰老的遗传学方面的工作带给她世界性的知名度。1997年，加州大学洛杉矶分校提名她为赫伯特·伯耶生物化学和生物物理学杰出教授。她领导学校的希尔布隆衰老生物学中心，2003年，她还当选为美国遗传学学会主席。1998年，她荣获埃利森医学基金会奖，2000年获得费萨尔国王国际医学奖。

虽然改变基因使凯尼恩的线虫活得更久，但是她并不认为基因疗法是延长人类寿命的最佳方案。正好相反，她觉得科学家可以发明一些药物，通过改变激素和受体的产生，模仿改变基因的效果。2000年，她与人在马萨诸塞州剑桥市共同创办了一家公司，名为万能药医药公司，致力于开发上述药物。这家公司已经在小白鼠身上实验了一些药物，凯尼恩为这些药物确定的第一个目标是推迟或阻止与衰老有关的会造成瘫痪的病症，例如心脏病、多种癌症和老年痴呆症，这些病会破坏大脑，使人丧失思考和记忆的能力。

真正的不老泉

凯尼恩认为她最有价值的发现是衰老并不是完全不可避免的。正相反，"我们开始把衰老当作一种可以治愈的疾病来考虑，或者至少可以推迟"。她和另一位万能药公司的创始人伦纳德·格伦特在一篇文章中写道，寿命的长短是两种力量竞争的结果，就是破坏瓦解细胞和保护维持还有修复细胞之间的竞争。她对邓肯说。在不远的将来，凯尼恩相信，一粒药丸可以真正实现印度人告诉德·里昂那眼神奇的泉水的作用——让人青春永驻那么她本人希望这样吗？比如说150岁？"当然"，她对邓肯说："健康且年轻会有人不愿意吗？"

社会效应：延长寿命的危害

没人会反对治疗心脏病和老年痴呆症，但是批评家，例如保守派伦理学家利昂·凯斯（Leon Kass）就质疑延长人类寿命的想法。这些反对延长寿命的人指出，地球已经超载了。他们声称，增加大量老年人，其中许多人将需要昂贵的医疗照料，会造成严重的经济和生态灾难。至少，大量延长了寿命的人会形成一个非常保守的社会，著名的哈佛动物学家爱德华·O.威尔逊1999年5月在《绅士》中写道：这些人将具有青少年的体能但……在文化、教育和情感上是老龄的……那些延长了寿命的人……不会支持改革。他们不可能是大胆的实业家或敢于冒险的探险家。

不过，凯尼恩认为，抗衰老治疗的发展速度会很慢，这样有足够的时间让社会适应这种变化。她告诉邓肯："如果每个人的年龄都慢慢地翻倍，老人跟年轻人的比例是不变的。所以，世界上充满颤颤巍巍的老人的状况是不会出现的。"相反她认为，寿命增加后人会继续工作，积极为社会做贡献。关于人口过多问题，凯尼恩认为，可以通过降低人口出生率解决——鼓励人们少生孩子或者晚点生孩子。"有了长生不老药后，出生率会再下降一些"。

七

你好，多利

——伊恩·威尔默特与克隆技术

1997年2月23日一只名叫多利的小羊羔出生的消息，登上了当天《纽约时报》的首页。在接下来的几个月里，播音员和作家对这头看上去极其普通的绵羊倾泻了无数激动人心的词汇。有的人甚至认为多利的诞生会改变我们作为人类的意义。

多利让大家这么兴奋是因为它是克隆出来的，它是一种精确的遗传拷贝。多利是第一个用成年动物的成熟细胞克隆而来的，对于科学家来说，这意味着细胞发育的时钟可以往回拨动，这一壮举之前做梦都没人想到有可能发生。不过，对于大多数人来说，一个婴儿可能是一个已有的成年人的基因复制品，多利的出生预示着克隆人的诞生——只是时间的问题。

伊恩·威尔默特（Ian Wilmut），是在苏格兰一个宁静的农业研究实验室里创造出小羊多利的科研小组的负责人，他并不想克隆人。他甚至本没打算克隆动物。

从水手到农夫到科学家

威尔默特最初的计划是当一名水手。1944年7月7日，他出生在英国的汉普敦鲁西，在约克郡工业区长大。他的父母都是教师，但是他崇拜的一个家庭友人在英国海军任职，作为一个小男孩，威尔默特希望追随那个男子汉的足迹。不幸的是，10岁时，这个梦想破灭了，威尔默特发现海军永远都不会招收他，因为他是色盲。

1997年，威尔默特宣布用一个成熟细胞制造了一头克隆羊，引发克隆人即将出现的忧虑（罗斯林研究所）。

威尔默特还很享受户外时光，而农夫的生活可以使他大多数时间都待在户外。他周末在农场工作，给奶牛挤奶，看它们繁殖小牛。那些经历让他对动物生物学产生了兴趣。

之后，威尔默特入读诺丁汉大学农学院，打算当一名奶牛场的农夫，但是他很快就发现自己并不擅长农业经营方面的事务。1966年的一份暑期工，正好在他四年级开学前，把他的思绪引向了另一个方向。威尔默特在克里斯托夫·普尔齐的实验室工作，这份工作使他接触到了胚胎——处于发育早期的生物。动物的胚胎用肉眼刚好能看到，但是在显微镜下，"它们是非常漂亮的小东西"，1998年威尔默特在网络教育组织成就学院的一次采访中对记者说。

威尔默特对发育的过程着了迷，他把注意力转向胚胎学研究，胚胎学正是研究发育过程的学科。1967年，他从诺丁汉大学毕业，并获得农业科学学士学位，之后他又回到普尔齐的实验室。普尔齐当时正在开发良种猪、牛和其他牲畜冷冻精液的技术，把家畜的精液存储起来以便日后人工授精时使用。

1971年，威尔默特获得剑桥大学达尔文学院的博士学位，在博士学习期间，他开发了用于冷冻公猪精液的技术。

威尔默特的博士后工作也是在普尔齐的实验室，参与了弗罗斯特的繁殖研究工作，弗罗斯特是世界上第一头采用解冻后的冷冻胚胎繁殖的小牛，1973年初降生。同年10月，威尔默特去了位于苏格兰的罗斯林爱丁堡附近一个乡村动物繁殖研究工作站的政府农业实验室。1993年，这个机构更名为罗斯林研究所。

转变研究方向

威尔默特在研究所的第一个项目，是尝试解释为什么那么多胚胎在完成发育前就死亡了，主要关于牲畜的遗传问题。例如，牛和羊大约1/4的受精卵不能产生成活的后代。对农民来说，这种大比例的损失代价高昂，威尔默特希望找出原因，这样就有可能找到减少损失的办法。

在20世纪80年代初，新的负责人罗杰·兰德（Roger Land）来到罗斯林研究所，他决定将研究所的研究重点转向牲畜的基因工程。兰德要求威尔默特停止他的胚胎研究，找出方法将人的基因放入牛或羊的受精卵中以创造一些新型动物，这些动物的奶水包含有医疗价值的人类蛋白质。威尔默特对被要求放弃研究了多年的项目十分气愤，以至于几乎要辞职走人，不过最后他还是决定留下来，因为他和妻子不愿离开他们在乡间的家，也不想让3个孩子换学校。

威尔默特很快发现（就像那时许多其他科学家发现的那样），将基因插入哺乳动物的卵细胞中，并不像把DNA放进细菌里那么容易。1980年，第一只基因改造的哺乳动物转基因小白鼠在出生，但是在小白鼠身上起作用的技术并不一定能用在大型牲畜上，因为还没有在这些动物身上找出这种实验必须用到的某种细胞。

一个受精卵产生一个生物体身体中的所有细胞，所以，这个细胞能变成皮肤、骨骼、肌肉或其他任何一种细胞。当未出生的生物体开始发育时，大多数细胞就已经丧失了这种功能，但是早期胚胎中少数几个名为胚胎干细胞的细胞还有这种功能。1981年，英国的两个科学家从小白鼠胚胎中提取出胚胎干细胞，并开发出让这些细胞在实验室中生长的技术。研究人员发现，如果改变胚胎干细胞的基因，再将这些细胞重新植入小白鼠胚胎，最后长大的小白鼠体内某些细胞会含有改造后的基因。20世纪80年代中期，威尔默特试图从牛和羊的胚胎中提取干细胞，不过从未成功。

一则克隆传闻

将改造后的干细胞重新放入胚胎中并不是大量制造基因工程动物唯一可能的方法。威尔默特在《第二种生物》一书中写道："我很快就想到了，如果我们首先让受精卵复制，得到几个或很多细胞，然后把新的DNA加入那些细胞，最后再用每个改造后的细胞培育胚胎。这种繁殖技术就是克隆。"利用克隆技术，每个成功的基因转移都可以制造许多胚胎，不会仅仅只有一个。

到20世纪80年代中期，科学家们得出结论，细胞核转移（可能其他任何克隆技术）都不能用于哺乳动物。

威尔默特也同意这种看法，直到1986年初，在一次科学会议上，他与一位同行长谈了数小时，那人告诉他丹麦裔科学家斯丁·威莱森用发育晚期的单个胚胎细胞克隆出一头小牛犊。这个消息让威尔默特大吃一惊，因为胚胎晚期的所有细胞都被认为是分化的。难道威拉德森最终找出了牛的干细胞——或者，更惊人一些，难道他找到了一种方法使细胞核转移对某些特殊细胞起作用？

在加拿大的威莱森并没有发表文章公开他的工作，所以威尔默特追到了加拿大拜访他。威尔默特问他传言是不是真的，他说是的。他表明自己的技术是采用未受精的卵子而不是受精卵，再用微弱的电流促使没有细胞核的卵子和体细胞融合。回到罗斯林研究所，威尔默特说服实验室负责人兰德同意他重复和延伸威拉德森的实验。

让细胞停下来

随着细胞不断生长和分化，它们进入细胞周期的不同阶段。在某一阶段，细胞复制DNA，在下一个阶段检查拷贝中的错漏。1990年前后，威尔默特实验室的研究生劳伦斯·史密斯发现，细胞核移植在某些细胞周期的成功率大于其他细胞周期。使用处于同一细胞周期的卵细胞和细胞核供体细胞也是关键之处。

1991年，威尔默特招聘了一位名叫坎贝尔的英国细胞生物学家，帮助他研究史密斯的发现。坎贝尔认为，为了找出细胞周期中哪些部分最适合克隆，他需要同时获得大量处于同一细胞状态的细胞。他觉得，能让大量细胞处于同一状态的方法，可能就是让它们挨饿。他知道，当细胞缺少营养时，为了保护自己会停止分裂进入一种平静状态，直到食物再次出现（这个休息状态是正常细胞周期的一部分，不过当营养缺乏时，这个阶段会延长）。坎贝尔觉得，要是限制培养皿中细胞的营养，那么所有的细胞都会进入休眠状态。

坎贝尔的计划成功了。营养匮乏不但使大批细胞进入细胞周期的同一阶段，而且，采用这些细胞的细胞核进行细胞核移植，似乎这些细胞核里的基因比以前那些更容易响应细胞质的重置。结果，大多数融合细胞都发育成了胚胎。而且，无论提供细胞的胚胎年龄的大小还是细胞在实验室中生长时间的长短，采用这种饥饿细胞克隆效果都很好。换句话说，就像威莱森的工作暗示大家的，已分化和未分化的细胞都能被克隆。

自始至终让人着迷的克隆

威尔默特和坎贝尔采用他们新的细胞核移植技术处理未受精的绵羊卵细胞，然后与一个发育晚期的绵羊胚胎细胞融合。融合细胞产生的大多数胚胎都没能存活下来，只有少数几个活下来了。当这些胚胎长得足够大以后，威尔默特和坎贝尔把它们移入代孕绵羊体内。1995年7月，罗斯林团队的第一只克隆动物出生了，两只雌性威尔士山地羊，名为梅根（Megan）和莫拉格（Morag）。

威尔默特和坎贝尔想知道他们能走多远。他们决定试试能不能重置成年动物的成熟细胞，看看这样能不能产生一个完整的胚胎。PPL治疗公司（PPL Therapeutics）（这个公司1987年为商品化罗斯林研究所的科研成果而创立）同意资助这项实验，希望克隆技术可以用来复制能生产药用蛋白质的基因工程动物。

多利诞生

威尔默特和坎贝尔决定从在PPL的冷藏室里找到的一个培养皿细胞着手，那些细胞碰巧是一只6岁大的芬兰多赛特母羊的乳腺细胞。他们用细胞核移植步骤处理这些细胞，为了对比，也同样处理了绵羊的胚胎和不同年龄的胎儿细胞（胎儿是未出生的生物，是胚胎之后的发育阶段）。

最后，在从胎儿细胞和胚胎细胞开始的实验中，他们得到7头小羊羔，但是由成体细胞开始的实验只有一头小羊羔一直活到出生。1996年7月5日，这个不寻常的动物降生。罗斯林小组给它起名为多利，这个名字来自英国歌手兼演员多利·帕顿（Dolly Parton）。

多利出生后的那几个月就像它出生时那样平平静静。威尔默特小组密切关注这头小羊羔，确保它的健康，他们还做了一些测试，证实它在遗传上与它的“生母”——那只芬兰多赛特母羊一模一样。他们没有在报纸发表他们的成果，因为久负盛名的科学杂志《自然》接收了他们关于多利的科学论文，不过，《自然》杂志有一条规定，在他们的刊物上发表的研究工作不能在文章出版日期之前公之于众。PPL治疗公司也希望此事保持低调，直到取得威尔默特和坎贝尔所用技术的专利为止。

创造克隆羊

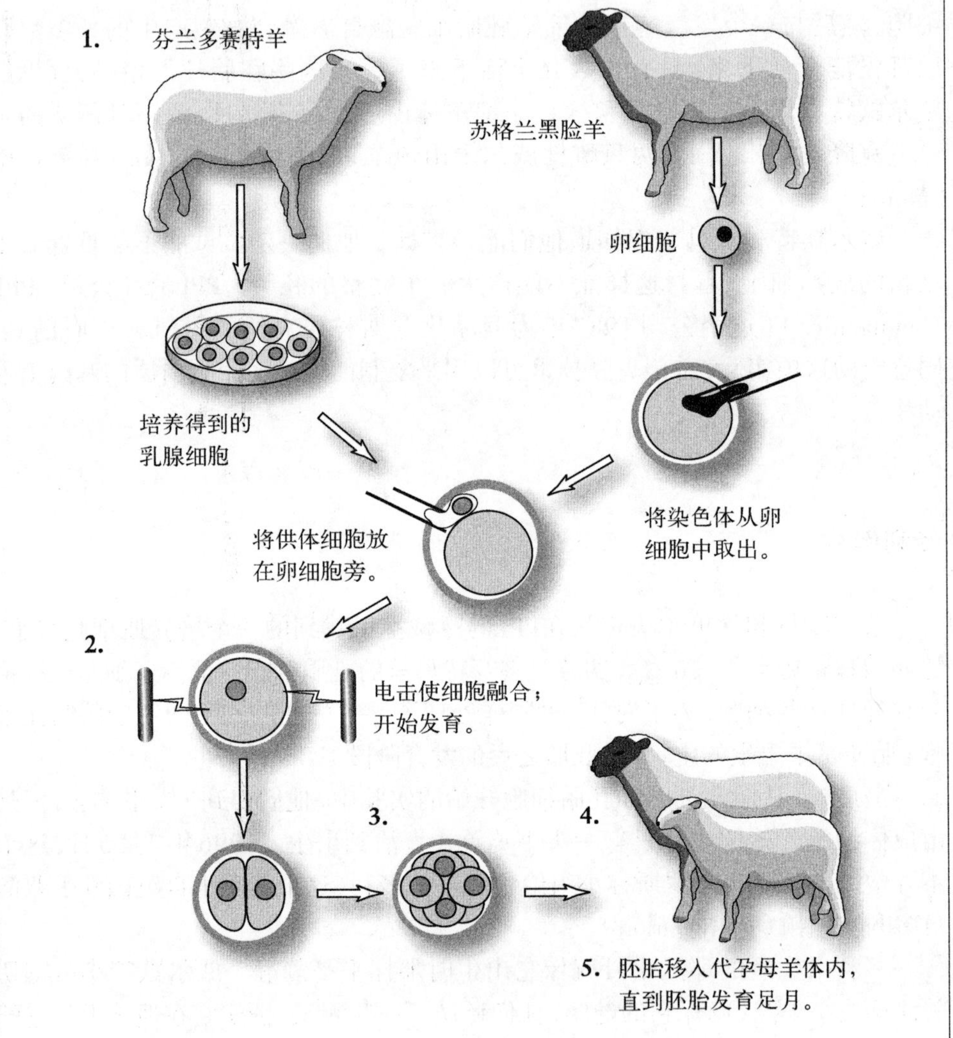

在制造克隆羊多利的过程中，威尔默特小组从正常母羊体内取出未受精的卵细胞，去掉含有DNA的细胞核（第一步）。研究人员用微弱的电流使这些卵细胞与一些成熟细胞融合，其中成熟细胞来自另一头成年羊的乳腺组织，在传统的培养皿中培养后，通过限制营养物质使之进入休眠状态（第二步）。融合后的细胞采用传统方法培养，直至进入胚胎发育的早期——胚泡（第三步）。然后，微小的胚胎被移入代孕母羊的子宫里（第四步）。在277个实验样品中，只有多利充分发育，存活至出生（第五步）。

媒体喧嚣

多利平静的生活突然中断了。伦敦的一家报纸《观察家》在1997年2月22日报道了这个故事，在时间上大约比《自然》的安排提前了一个星期。《纽约时报》不甘落后，第二天把这个故事放上头版。其他媒体也迅速跟进，多利出生的故事——某种程度上意味着人类克隆——传遍全世界。

相关发明：试管婴儿

在此之前，有一种改变人类生育方式的技术也像多利的出生那样，引起轩然大波。在20世纪70年代初，两个英国科学家，胚胎学家罗伯特·爱德华（Robert Edwards）和外科医生帕特里克·斯特普托（Patrick Steptoe）开发出一种方法，从妇女的卵巢中取出卵子，在实验室里用丈夫的精子授精。一旦胚胎开始生长，就移入母亲的子宫（有时是代孕母亲的子宫），继续发育成胎儿。这种技术叫作试管婴儿，是为帮助不能正常受孕的夫妇设计的，例如输卵管阻塞或受损的妇女。

第一个试管婴儿路易斯·布朗（Louise Brown）于1978年7月25日出生。就像多利一样，她是许多样品中唯一幸存下来的一个（那次人类实验中有102个失败）。正如多利出生后的情况，一些科学家认为这个过程太不安全，不适用于人类，一些宗教领袖声称制造像布朗一样的"试管婴儿"（其实"培养皿婴儿"一词更为准确）是不道德的，因为这将性与生育分割开来。

随着时间推移，试管授精变得更加可靠，正是这样，反对意见渐渐平息了。在北美洲和欧洲，随着这项技术的发展，20年间有近100万个试管婴儿诞生，这项技术现在应用得更加广泛。

威尔默特和罗斯林小组实际上已经预计到会有一些媒体关注，但是仍然被媒体的狂热程度震惊。"我们对上千个电话一点准备都没有，上百个采访、参观和合约的要求，还有一些指责（强烈抗议），可是我们本来不用担心这些。"威尔默特在《第二种生物》中写道。

作为研究团队的负责人，威尔默特必须回答大部分记者提问。最常见的问题是罗斯林的科学家是否计划克隆人类。威尔默特一次又一次地重复说他没有这样的计划，实际上，他觉得做这样一件危险的事情是很不明智的。

他指出多利是277个试验品中唯一一个成功出生的——至于克隆人类实验成功的可能性微乎其微。

大明星多利

在多利诞生后的几年里，世界各个地区的科学家克隆出各种各样的动物，比如说小白鼠，甚至还有猴子，都采用细胞核移植。这些克隆动物中的一部分过着正常的生活，但是另一些在出生后很快死亡，或是出现了严重的健康问题，这可能也跟克隆有关。

与此同时，多利自己似乎很享受媒体明星的生活。绵羊都很害羞，当人类靠近时都会远远地躲到一边去，但多利常常跑上前去向参观者致意。它把前脚放在羊圈的围栏上，摆好姿势让人给它拍照，欣然接受抚摸和喂养。实际上它吃得太多了以至于长得很胖。超重可能是它作为一只绵羊却过早患

多利看起来似乎乐于摆好姿势照相，就像这张它与威尔默特的合影（罗斯林研究所）。

上关节炎的其中一个原因。总体看来，它的健康状况不错。通过正常繁育方式，多利生下6只小羊羔。

不幸的是，多利大约7岁半时——中年晚期，以绵羊的标准衡量——它受到病毒感染患上一种无法治愈的肺病。2003年2月13日，这只世界上最著名的绵羊多利被施行了安乐死。

从绵羊到人

威尔默特的实验目标原本是找出克隆转基因牲畜的方法，他最终实现了这个目标。1997年7月，罗斯林小组宣布另一只小羊羔波利（Polly）诞生，它是基因工程的克隆体（由一个胎儿细胞得到）。波利的母细胞含有一个人类基因，这个基因使它的乳汁中含有凝血因子9，那是血友病患者必须补充的几种蛋白质之一。

威尔默特和他的同事以及其他实验室，都在尝试将人的基因插入猪的细胞内，这样猪的器官有可能移植到人体中，缓解现在严重的器官短缺。猪和人在遗传上很相似，但是两者的差异足以让人的免疫系统破坏放入人体内的猪组织。科学家希望附加基因制造的蛋白质能蒙蔽免疫系统，从而使人体接纳猪的器官。

2000年前后，威尔默特将研究方向从动物转向人类。虽然他仍然对克隆人的想法不屑一顾，但是他想克隆人类胚胎，以提供足够的胚胎干细胞和其他研究用细胞。这种胚胎只允许发育到数百个细胞大小。

社会效应：克隆人

关于利用克隆技术制造人类小孩的消息在多利诞生后蜂拥而出，特别有几个小组，从意大利生育专家塞维里诺·安蒂诺（Severino Antinori）到一个名为雷利安（Railians）的邪教组织，宣布（没有证据支持）他们正克隆或者已经克隆出人类小孩。1998年1月12日，欧洲理事会禁止这种被称为繁殖性克隆的克隆，至少有另外二三十个独立主权国家也禁止或中止这类活动。美国也通过一项法令禁止繁殖性克隆，但是有几个州已经在实验中，大多数美国人觉得这确实应该禁止。

对克隆婴儿的反对意见远远多于对安全问题的考虑。有的批评者认为克隆人是“玩弄上帝”。另一些人担心克隆婴儿的父母或孩子本人，会认为这种小孩只是一个产品，而不是独立的人类。克隆人的制造者希望看到与自己本人、失去的爱人或选用的著名人物一模一样的复制品。

克隆的支持者称克隆人只是推迟出生的双胞胎之一，与自然产生的双胞胎没什么区别。

英国法律允许这类人类克隆，专业上叫作研究性克隆或者治疗性克隆。不过，任何计划进行治疗性克隆的英国研究人员都必须获得英国政府人类授精及胚胎管理局（Human Fertilization and Embryology Authority）的许可。2004年10月26日，威尔默特在他的研究领域内再次拔得头筹，申请许可，官方于2005年2月8日批准。此后，管理局只向另外一个小组颁发了类似的许可。

威尔默特在申请时表示，他计划用患有肌萎缩性脊髓侧索硬化症（简称ALS，或称洛·盖赫里格症，在英国，这种病被视为运动神经元疾病中的一种）的人的细胞克隆出胚胎，这种不可治愈的神经疾病逐渐造成肌肉萎缩瘫痪，最终导致死亡。威尔默特打算从胚胎中取出干细胞，将它们培育成神经细胞。他希望了解由ALS患者的细胞发育成的神经细胞与正常胚胎细胞发育成的神经细胞有什么不同。这种信息有助于解开现在还没人知道的ALS成因，或者还有可能提供治疗方法的线索。

威尔默特因为他的工作获得了许多奖项，包括大英帝国勋章（Order of the British Empire 1999年）。其他奖项有基尔盖兰劳埃德勋爵奖（Lord Lloyd of Kilgerran Prize）和英国皇家农业学会研究奖章(Research Medal of the Royal Agricultural Society of England)。2002年，德国恩斯特·先灵基金会（Ernst Schering Prize）颁给他恩斯特·先灵奖。2005年荣获德国法兰克福大学保罗·埃尔利希和路德维格·达姆斯泰特奖（Paul Ehrlich and Ludwig Darmstaedter Prize）。

除了继续在罗斯林的研究工作之外，威尔默特到世界各地讲授克隆技术，讨论生物技术的伦理问题。他撰写了许多科学论文和通俗易懂的文章，还与人合写了一本书介绍多利的诞生及重要意义。威尔默特现在仍是克隆技术领域的领军人物，他在克隆对世界影响问题上的探讨也一直走在前面。

八

一生二，二生四，四生无穷

——詹姆斯·汤姆森与胚胎干细胞

有些动物有让人叹为观止的能力。如果小猫摁住了蜥蜴的尾巴，蜥蜴便会抛弃原来的尾巴逃之夭夭，以后再长出一条新尾巴。青蛙如果失去了一条腿，也可以重新长出来。一条线虫如果被拦腰截断，每一半都可以重新长成一条完整的新线虫。但是人类却不能重新长出任何失去的肢体。

那么那些动物为什么可以？有的研究人员认为，将来人类有可能可以更换在疾病或伤害中失去的组织，甚至还有器官。这个宏伟目标的秘密就隐藏在某种小小的细胞中，这些细胞就像传说中彼得·潘永不长大的情形一样。美国麦迪逊市威斯康星大学的一位科学家詹姆斯·汤姆森（James Thomson）找到了这些神奇的细胞。

万能细胞

汤姆森1958年12月20日生于芝加哥，在芝加哥市郊的奥克帕克长大。他的父亲是会计，母亲是秘书。他的一个叔叔是美国国家航空航天局（NASA）的火箭专家，受到叔叔的启发，汤姆森在很小的时候就决定投身科研事业。他在伊利诺斯大学的厄巴纳香槟分校学习生物物理，1981年获得理学学士学位，毕业时，他以优异的学习成绩成为美国大学优等生荣誉学会的会员。

当汤姆森还是一个本科生时，他就对生物出生前的发育方式很感兴趣。他了解到人类的身体包含神经细胞、肌肉细胞、皮

汤姆森找到的人类胚胎干细胞可能会带来全新的治疗手段，但是也有人反对研究这类细胞，因为必须破坏胚胎才能获得实验所需的干细胞（杰夫·米勒（Jeff Miller）/麦迪逊市，威斯康星大学）。

肤细胞等220种不同的细胞。每种细胞都有自己独特的形状、活动和一系列蛋白质。当一个细胞出现了某一类型细胞的特征时，这个细胞就是分化了的细胞。当时，大多数科学家相信，充分分化的细胞只能造出与自己同类的细胞，而不能再造出其他类型的细胞，即使身体里的所有细胞都含有相同的基因，都是同一个细胞——受精卵的后代。

只有受精卵才有本事造出一个生物体内各种各样的细胞，还有对生长中的胚胎起营养作用的细胞。不过，研究人员在20世纪50年代初开始怀疑，胚胎中可能含有一些全能细胞。这些细胞，虽然当时还未找到，被命名为干细胞，因为许多特种细胞都是从这些细胞起源或衍生来的。在英语中，干细胞一词中的"干"即意为起源。有的科学家预言，成年动物常常替换的组织，例如皮肤和血液，可能也含有干细胞。

1960年，加拿大安大略癌症研究中心的欧内斯特·迈克库鲁奇（Ernset McCulloch）和詹姆斯·蒂尔（James Till）在小白鼠中鉴别出第一种成体干细胞。这些位于骨髓中，制造血液里的各种细胞。1974年，麻省理工学院的霍华德·格林（Howard Green）和詹姆斯·莱茵瓦尔德（Jamse Rheinwald），从一个新生儿身上取得成熟的皮肤干细胞并培养成功（处于胚胎之后任何发育阶段的干细胞都视为“成熟的”）。

亲历者说：几片皮肤

在20世纪70年代末，格林和莱茵瓦尔德开发了一种技术，使皮肤干细胞在实验室中增殖成一片外皮（或者说表皮）。这种皮肤，像纸一样脆弱易碎，可以附在一片薄薄的纱布上，覆盖在烧伤或别的伤口上。一周后，这块新皮肤会与伤口周围的健康皮肤融合在一起，然后就可以去掉纱布了。

严重烧伤的患者常常需要切下自己身体上没有被烧伤的皮肤移植到烧伤部位，或者移植其他皮肤至烧伤区域。不过，在少数病例中，患者的烧伤面积太大，没有足够的健康皮肤可供移植。《普罗特斯效应》是一本记录干细胞研究的书，作者安·B.帕森（Ann B. Parson）在书中讲述了一起1983年发生在马萨诸塞州剑桥市的意外事故。5岁和6岁大的两兄弟及另一个孩子在涂鸦后用一种溶剂清洗自己，就在那时，其中一个孩子划着了一根火柴，溶剂被点燃爆炸，两兄弟全身95%以上烧伤，另一个孩子当场死亡。

约翰·雷门斯奈德（John Remensnyder）是施里那烧伤研究所的外科医生，事发后他向当时在哈佛医学院的格林求助，希望能从两兄弟身上取下小片健康皮肤培育成足够大片的皮肤以修复伤口。那时，格林已经在人类患者身上尝试过人工培养的皮肤，但只是在小型烧伤伤口上。他之前从来没有试过培养如此大面积的皮肤。虽然如此，他和实验室的其他同事都同意试一试。帕森记录：格林和他的5位博士后、两个技术员通力合作……他们要为一个孩子准备146片移植用的皮肤，为另一个孩子准备的移植用皮肤多达233片……每个皮肤接片大约7英寸见方。在做手术的那天早上，格林和他的同事早上5点就来到了实验室，这样才有时间将样品放置在纱布上以方便之后的操作，他们将处理好的样品放回培养皿中，再把培养皿打包装箱、充气密封以保证样品处在无菌空气中。最后把所有箱子押送到施里那……

在接下来的几个星期，施里那的工作人员目睹了一项奇迹出现。从两个孩子腋窝处取出的小片皮肤在格林的实验室里增殖了1万倍，这就是让两个孩子起死回生的希望。准确地说，是他们腋下表皮里存活的干细胞救了他们……莱茵瓦尔德说："这是第一次证明，任何种类的人类干细胞都可以通过培养充分扩张，用于永久性复原患者失去的组织。"

追捕一只难于捕获的猎物

汤姆森的朋友亲切地称他为吉米，20世纪80年代早期，他在宾夕法尼亚大学继续学习胚胎学时接触到干细胞。他在达沃·索特（Davor Solter）的指导下工作，索克那时正研究一种罕见的鼠类癌症——畸形瘤或畸胎瘤，本质上是一个发育彻底混乱的胚胎。一个畸形瘤包括各种不同的细胞——肌肉、皮肤，有时甚至还有头发和牙齿，不过这些细胞杂乱无章混成一团，而没能形成生物体复杂而有序的结构。20世纪60年代，研究人员发现畸形瘤中所有的细胞都来自一个细胞。

那时，关于胚胎干细胞，科学家所知的一切和所有猜测都来自鼠类畸形瘤的研究，因为研究人员无法从正常胚胎中分离出干细胞。1981年，汤姆森开始研究生学习时，英国剑桥大学的两位科学家马修·考夫曼（Matthew Kaufman）和马丁·埃文斯（Martin Evans）宣布他们在正常小白鼠胚胎中找出了这种细胞，并引导这种细胞在实验室培养皿中稳定增殖。这些细胞取自胚泡，胚泡是胚胎发育的一个阶段，细胞会组成一个中空的球，到那时微小的胚胎就可以移入母亲的子宫。干细胞堆积在胚泡的内壁上，向外突起。

1985年，汤姆森在宾夕法尼亚大学获得兽医学学位，1988年获得分子生物学博士学位。紧接着，他在新泽西州罗氏分子生物学研究所胚胎生物学家科林·斯图尔特（Colin Stewart）的实验室待了几个月，学习怎样提取小白鼠的胚胎干细胞。汤姆森告诉斯图尔特，他准备到比佛顿的俄勒冈州地区灵长类动物中心做博士后研究灵长类动物胚胎，两人探讨了从猴子等非人类灵长类动物中提取并培养胚胎干细胞的可能性。斯图尔特说，如果这一步实现了，在通向分离人类胚胎干细胞的道路上就前进了一步。汤姆森后来说："那是我第一次想到人类细胞（胚胎干细胞）。"

从小白鼠到猴子

在比佛顿完成博士后工作后，1991年6月，汤姆森前往威斯康星地区灵长类动物研究中心，参与一个分离灵长类动物胚胎干细胞项目，这个研究中心是麦迪逊市威斯康星大学的一部分，而胚胎干细胞刚刚被证实确实存在。汤姆森发现，无论是从母猴体内取出早期胚胎还是再从微小的胚泡中取出干细胞都十分困难，而让干细胞在实验室的培养皿中分裂而不分化成各类细胞（骨头、肌肉、神经等等，它们在正常的胚胎中本来就会不断分化）更加困难。汤姆森改进了埃文斯和考夫曼用在小白鼠胚胎细胞上的技术，将猴子细胞放在一层小白鼠细胞上，这层小白鼠细胞在培养皿中存活良好。底下的那层细胞，专业术语叫作"饲养细胞"，制造营养胚胎细胞的生长因子和其他物质。

1995年8月，汤姆森发表论文，报告从恒河猴胚胎中分离出干细胞，并使这些细胞在实验室中培养了近两年而没有分化。这是灵长类动物的胚胎干细胞第一次从胚胎中分离出来并以这种方法生长。

有争议的研究

汤姆森的突破不仅仅只吸引了科学家的关注。在那篇有关恒河猴的论文发表后几天，加利福尼亚赫洛生物技术公司的企业家迈克尔·韦斯特（Michael West）前来拜访汤姆森。韦斯特公司的名字来自希腊语中"老人"一词，暗示韦斯特希望找到阻止人类衰老的方法。他相信人类胚胎干细胞，如果能成功分离的话，可以用来实现这个目标。韦斯特说，如果汤姆森计划寻找这些细胞，赫洛愿意支付大部分研究经费。

寻找经费是很重要的，因为汤姆森无法像其他科学家那样从国家卫生研究所之类的政府机构申请经费。20世纪80年代末到90年代初，美国通过法律规定政府经费不能用于有关人类胎儿（发育7周后未出生的人类）组织研究，虽然这些法律没有明文规定，但是似乎也适用于胚胎方面的研究。因此，汤姆森如果想寻找人类胚胎干细胞的话，就需要私人赞助。

那些限制性的法律之所以获得通过，是因为有一派观点认为研究胚胎或胎儿是不道德的——甚至有可能是一种谋杀。持这种观点的人认为，未出生的小孩也是一个独立的人类，从受精卵形成那一刻起就具有全部人权。因此不能用于实验或杀死，但是采集干细胞必然会导致胚胎死亡。有些科学家认为，研究应该被限制在成体干细胞中，可以在许多组织中找到。不过，动物的成年干细胞，不能像胚胎干细胞那样能造出那么多不同种类的分化细胞。因此，包括汤姆森在内的另一些科学家认为，人类胚胎干细胞比成体干细胞在医疗方面更有效。

汤姆森在决定是否要把研究扩展到人类时，反复认真地思考了相关伦理问题。他还与校内的生物学家R.阿尔塔·卡洛（R. Alta Charo）和诺曼·福斯特（Norman Fost）讨论这个问题。福斯特对帕森说："吉米（汤姆森）非常关注自己做的事情是不是正确的。他很重视社会大环境，并且明白有些人可能会因他的所作所为心烦意乱。"

汤姆森计划使用的胚胎来自校内的不孕症诊所。在人工授精中，诊所通常会一次对许多卵子授精。2—3个最健康的胚胎会被移入母亲的子宫（移植几个胚胎是为了确保至少有一个胚胎会完成发育过程变成一个婴儿），余下的胚胎会冷冻起来备用。截至2003年，据估计仅美国就存储了大约40万个冷冻胚胎。如果不移入母亲体内，这些胚胎最终会被丢弃，或者，如果父母同意的话，可以用于科学研究。

汤姆森和学校的伦理学家们最终判断汤姆森的项目是符合伦理道德的。首先，因为干细胞可以用于培养移植用的组织，所以这项研究有可能帮助身患不治之症的人。其次，这项工作只会采用将被销毁的胚胎。与利用这些胚胎进行拯救生命的研究相比，"我觉得不把它们（胚胎）扔掉会比较好"，汤姆森2001年对《时代》杂志的记者弗雷德里克·戈尔登说。1995年底，学校的研究评估委员会也批准汤姆森进行他的计划，威斯康星毕业生研究基金会（WARF）则同意提供研究所需的其余资金。

公布一项突破性进展

汤姆森希望，就像小白鼠和猴子一样，人类的胚胎干细胞可能也位于卵泡的内壁。不过，不孕症诊所的胚胎带来一个在动物实验中不会出现的问题。不孕症诊所在授精后的那一天冷冻胚胎，据汤姆森所知，解冻后的胚胎只能在实验室培养两天左右，之后就会濒临死亡。可是人类胚胎在授精后要发育5天左右才能形成胚泡。

不能制造人类胚泡，汤姆森一直毫无进展，直到1996年5月，他发现澳大利亚科学家大卫·加德纳（David Gardner）发明了一种方法，使人类胚胎能够在实验室培养皿中发育足够长的时间并形成胚泡。经过不懈的努力，校内试管授精实验室的胚胎学家杰夫·琼斯（Jeff Jones），成功地使加德纳的技术适应汤姆森的需要。1998年1月，汤姆森的实验室采用这种技术培育出第一个人类胚泡。

汤姆森从这个胚泡中取出干细胞开始培养，最初，他采用与培养猴子干细胞同样的方法。对于猴子细胞，工作中最困难的部分是使细胞在培养皿中不断分裂但不分化。事实证明，要达到这个目的最好的方法就是保证每个培养皿中细胞数目较少，当一个培养皿逐渐变得拥挤时就要将一些细胞移到新的培养皿中。汤姆森在那6个月里每天都一大早起床，检查他的细胞，并根据需要移入新的培养皿。

1998年11月6日，汤姆森和同事在著名的美国杂志《科学》上发表文章，宣布他们已经让人类干细胞在培养皿中持续分裂而不分化长达5个月，并确定了5条独立的细胞系。

每个细胞系的所有细胞都是同一个前体细胞的后代，所以含有完全相同的基因。4天后，巴尔的摩市约翰·霍普金斯大学的约翰·吉尔哈特（John Gearhart）宣布他由原始生殖细胞（精子和卵子的前体）培育出胚胎干细胞，其中原始生殖细胞来源于因医学原因流产的人类胎儿。

媒体风暴

汤姆森公布实验结果的时间，仅仅在威尔默特的克隆羊消息披露一年半后，不出所料，他的实验立刻掀起了一场论战。许多科学家，包括国家卫生研究所主任瓦穆斯、威斯康星州州长兼乔治·W.布什（George W. Bush）政府的健康与福利部长托米·汤普森（Tommy Thompson），赞扬汤姆森的工作。威斯康星大学干细胞网站上特里·代弗特（Terry Devitt）的一篇文章中提到，瓦穆斯在汤姆森的研究工作发表不到一个月的时间里，对一位美国参议院议员说，"这项研究有可能革新医学惯例，改善人们的生活质量，延长人们的寿命。"另一方面，

人类胚胎干细胞

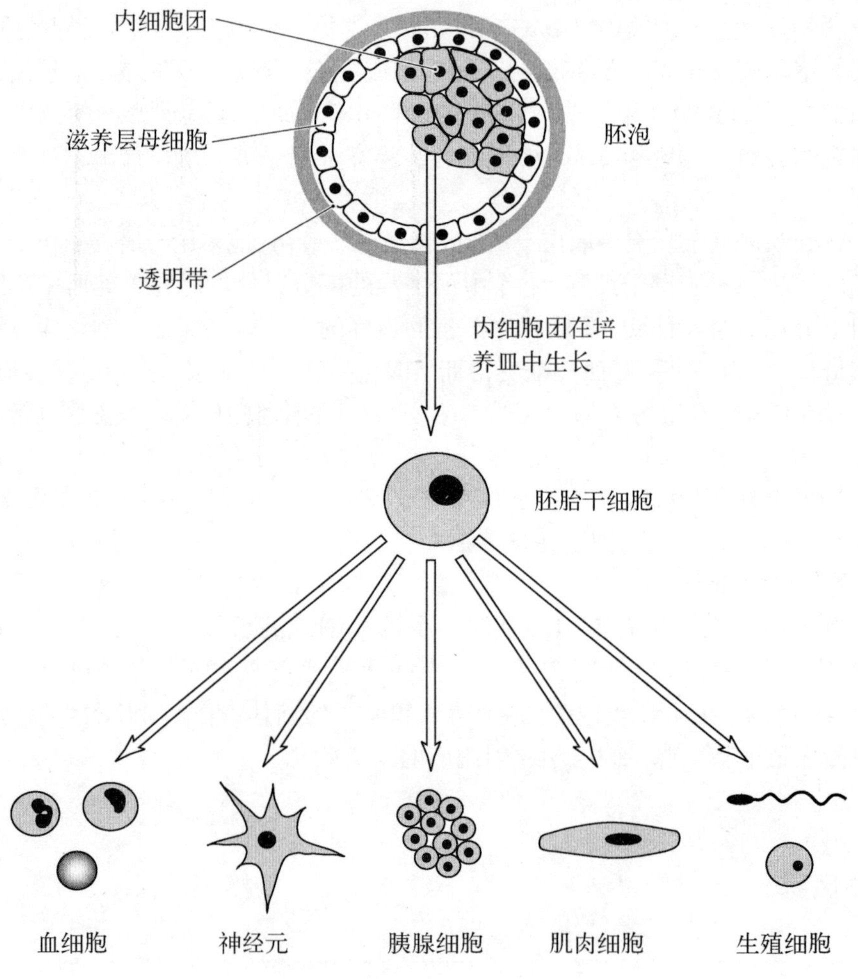

为了制造人类胚胎干细胞，汤姆森使用不孕症诊所中试管授精然后冷冻保存的胚胎。如果父母用不上这些胚胎，它们最终会被丢弃。汤姆森让这些胚胎在培养皿中发育，直至形成一个名为胚泡的中空的球。他从胚泡的内壁中取出干细胞，让这些干细胞在培育皿中继续生长。这些细胞可以被保存在一种未分化（未成熟）状态，也可以形成各种成熟细胞，例如血细胞、神经细胞和肌肉细胞。

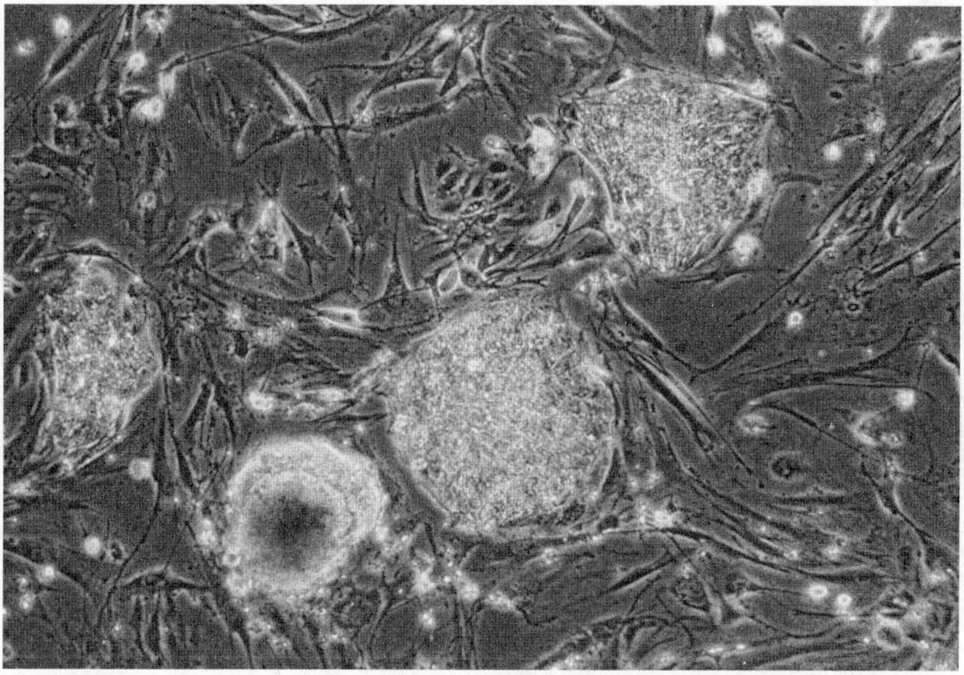

这张显微照片展示在培养皿中生长的人类胚胎干细胞，放大了10倍。圆形、密集的细胞团就是干细胞群。细胞团之间的长形细胞是一种小白鼠细胞，充当“饲养层”制造营养物质帮助干细胞存活生长（麦迪逊市威斯康星大学）。

“生命权利”组织声称对人类胚胎干细胞的研究是不合法的，因为在研究过程中，为了取得干细胞必须杀死胚胎。

汤姆森对伦理方面的批评大爆发并不意外，虽然一位校内熟人还给他起了个雅号叫“无情的平静”，但是他也感到十分困扰及烦恼，就像多利的诞生被公布后威尔默特遇到的狂热情形一样。汤姆森后来对代弗特抱怨说，自从他的研究受到关注之后，“最初的一两年（分离出人类胚胎干细胞后）几乎全部因为社会活动而浪费了。”

一些支持者的评论也像反对意见那样干扰汤姆森。一些胚胎干细胞研究的热心拥护者暗示，如果研究可以不受限制地进行，治愈糖尿病、老年痴呆症之类病症的方法几年内就能找到。但是，汤姆森认为医生至少在十年内都不可能用到这类治疗手段——如果有一天能用上的话，还需要许多改进才能让干细胞大批量生长，还需要更多实验验证干细胞是否真的可以取代那些因病受损的细胞。

总统妥协

2001年，布什总统上任后不久，他发表演说讨论采用人类胚胎的干细胞研究是否可以申请政府资助，试图在看好胚胎干细胞的医学前景和视破坏胚胎为谋杀的两种意见间开辟一条道路。布什总统在2001年8月9日宣布，对已有的64个细胞系的研究可以获得政府资助，但是政府资助不能用于确定新的细胞系，因为确定新谱系需要分解更多的胚胎。就像之前的禁令一样，科学家可以利用私人资助确立新的细胞系或进行其他胚胎研究，前提条件是只能使用不孕症诊所打算丢弃的胚胎。

争论焦点：胚胎排序

进入21世纪以来，对胚胎干细胞的研究讨论转向人体克隆，因为包括克隆多利羊的伊恩·威尔默特在内的部分科学家，计划用克隆的方式利用人类胚胎繁殖干细胞。威尔默特想利用某些患者的细胞制造胚胎，以达到了解疾病的目的。后来，又有一些研究者提议，把从患者身上提取的健康细胞克隆进可以繁殖生长的胚胎中，再用这些细胞繁殖出可以植入人体的组织器官。因为移植器官必须要和患者的基因一致，才能不被免疫系统破坏，就像从他人身上进行器官移植一样，所以器官移植的受体一定要服药以防止排异反应。

几乎所有的人都反对进行人体克隆，但对用于医学治疗和研究性质的克隆的态度，一直分歧很大。有些人赞成研究性质的克隆，认为这项研究有助于挽救生命；但也有人认为，为了毁灭胚胎而制造胚胎，比摧毁现存的胚胎更令人不齿。这个问题的讨论至今仍停止在理论层面上，因为到目前为止，还没有人在实验室中克隆出人体胚胎。

当时，汤姆森和多数科学家都欢迎布什的决定，因为这至少让部分胚胎干细胞研究可以继续进行。威斯康星校友研究基金会的常务董事卡尔·古尔布兰德森（Carl Gulbrandsen）告诉代弗特，“很多人不喜欢（布什的政策），但这是一个聪明的政治解决办法。”

不过最近，依靠政府资助的科学家正抗议被限制在陈旧的细胞谱线上，因为新确定的细胞系似乎对治疗人类疾病更安全更有效。

科学成果：脐带血存储

胚胎干细胞还不能用于医学治疗，但是某些成熟干细胞已经可以了。举个例子，骨髓中的干细胞制造血液里所有的细胞，几种因骨髓中干细胞缺陷造成的危及生命的血液疾病可以通过骨髓移植治疗。医生首先用药物或放射线杀死不正常的骨髓细胞，然后注入捐献者提供的健康骨髓细胞。如果一切顺利，移植的骨髓干细胞会重建患者的血液和免疫系统。不过，要使骨髓移植成功，移植的骨髓必须来自近亲，或者捐献人碰巧与患者的遗传基因十分相似。否则，捐献者骨髓中的免疫系统细胞会攻击接受捐献者的身体。

用患者存储起来的自体健康干细胞移植比移植亲戚的骨髓成功率更大。因此，一些父母会保存新生儿的脐带（即连接未出生胎儿和母亲子宫的一段血管）。脐带会与婴儿一起离开母体，可以冷冻起来存储在专门开展这项业务的公司，如果孩子需要骨髓移植，脐带血就可以派上用场了。

脐带血也有可能挽救他人的生命。研究表明非亲缘关系的脐带血移植与骨髓移植相比，较少出现免疫排斥。截至2004年，已经有数千人接受自己或他人的脐带血移植。美国国会也建议立法设立收集、保存和分配移植用脐带血的联网机构，就像美国器官分配网络（United Network for Organ Sharing）现在处理心脏、肺和其他器官那样。

创造新的细胞类型

汤姆森继续研究人类胚胎干细胞。他和丹·考夫曼（Dan Kaufman）在2001年底宣布通过将干细胞与小白鼠的造血细胞一起培养，得到多种血细胞。不久后，威斯康星大学的其他研究人员用人类胚胎干细胞制造出神经细胞和心肌细胞的前体。汤姆森的科研小组还学会了如何改变胚胎干细胞的基因，以使这类细胞充当人类疾病的实验模型。2004年，汤姆森将研究重点放在找出人类和非人类灵长类胚胎干细胞如何“决定”是否制造更多干细胞、是否制造分化细胞或是否走向死亡。

不久前，汤姆森告诉记者，他希望看到人类胚胎干细胞用于药物测试，详细揭示正常发育如何进行。他的长期目标是找出有效途径大批量培育干细胞，并培育在医学研究中有用的特种细胞，找出移植胚胎干细胞治疗人类疾病的方法。

汤姆森现在是威斯康星大学麦迪逊医学院约翰·D.麦克阿瑟解剖学教授、灵长类中心首席病理学家和维塞尔研究所科学理事。这个研究所是威斯康星毕业生研究基金会1991年成立的非营利性组织，用以支持校内的胚胎干细胞研究，为其他实验室分配胚胎干细胞，培训研究人员如何处理细胞。汤姆森获得不少奖项，包括1999年的美国成就学会的金盘奖（Golden Plate Award），2002年的洛伊斯·蒲柏国际生命研究奖（Lois Pope LIFE International Research Award），还有2003年的克里斯托弗·哥伦布研究员基金会的弗兰克·安南奇奥奖（Frank Annunzio Award）。2003年，威斯康星大学主管科研政策的副校长R.蒂莫西·莫克利（R. Timothy Mulcahy）对代弗特说：“汤姆森的发现把这个领域（干细胞）提升到以往想象不到的高度，并使这个领域中前人长期梦想的各种未来展望都变得触手可及。”

九

拯救眼睛的大米

——因戈·伯特利科斯与金水稻

每年，发展中国家有50万儿童失明，100万儿童因感染死亡，造成这些悲剧的主要原因是他们的饮食中缺少一种人体必需的营养物质：维生素A。两个在德国出生的科学家，一个在瑞士工作，另一个在德国工作，1999年宣布发明了一种方法，给需要维生素A的人提供富含维生素A的饮食。不幸的是，他们的辛勤工作换来的却是身陷生物技术公司和反对者的无休止的争论，生物技术公司大肆宣扬他们的工作是医治营养不良的万灵丹，而一些组织则认为基因工程技术，尤其是转基因食物，是人类健康和生存环境潜在的威胁。

饥饿的印象

实验小组的主要科学家之一因戈·伯特利科斯（Ingo Potrykus），实在是太清楚饥饿是什么滋味了。1933年12月5日，伯特利科斯生于德国希施堡，在第二次世界大战中长大。他的父亲是一名医生，在战争接近尾声时不幸遇难，德国投降后，伯特利科斯和兄弟们“不得不乞讨，偷窃和骗取食物”，《纽约时报》记者乔恩·克里斯滕森在2000年11月21日发表的一篇采访伯特利科斯的文章中引用他的话。

可能正是这痛苦的经历启发伯特利科斯研究食用植物。在科隆大学学习生物学后，1968年他获得位于德国科隆市（Cologne）马克斯·普朗克植物繁殖研究所植物遗传学博士学位（译者注：

伯特利科斯开发出一种转基因大米，支持者称这是发展中国家对抗常见营养不良的法宝，批评者称生物技术公司从中获得的好处比穷人们多（伯特利科斯）。

德国的马克·普郎克研究所系统类似中国科学院系统，简称马普所）。在20世纪70年代中期，在霍恩海姆大学工作了几年之后，伯特利科斯在位于拉登堡/海德堡的马普所植物遗传学研究所建立一个小型实验室。1976年，他调动到一个较大的实验室——瑞士巴塞尔的费德瑞克·曼斯彻研究所，这个实验室包括3个研究小组。接着在1982年，他获得了更高一级的植物学"特许任教资格"。

随后，伯特利科斯加入位于苏黎世的瑞士联邦理工学院（ETHZ），并在那里度过他职业生涯的其余时间，1986年晋升为正教授。在这个大组织里他和其他教授建立了一个新的分支，植物科学研究所，致力于利用基因工程技术增加发展中国家的食物供应（第一种转基因植物1982年诞生）。

维生素缺乏

伯特利科斯的实验室开始研究如何改变水稻的基因，1990年前后，水稻是世界上40%人口的主食。营养不良会使世界上相当数量的穷困人口寿命缩短，健康受损，主要由大米构成的饮食是造成营养不良的一个主要原因，因为人们爱吃的精米没有什么营养。白米经过脱壳或抛光，以去除谷粒外层棕色的麸皮，仅仅留下富含淀粉的胚乳部分。伯特利科斯希望他们能够通过基因工程增加胚乳部分的营养物质，改造后的谷粒能改善亚洲等以大米为主食的地区人们的营养不良状况。

维生素A是健康的眼睛、皮肤和免疫系统必需的，是精米缺少的营养物质之一。绿叶蔬菜和某些食物含有这种维生素或在体内可以转变成维生素A的物质，而饮食中缺少这些食物的人就会缺乏维生素A。世界卫生组织估计全世界有4亿人缺乏维生素A，包括1.24亿儿童，因为缺乏维生素A会导致儿童更容易受到感染，每年有一百多万儿童的夭折与之相关。这种营养不良也是发展中国家儿童可预防型失明的主要发病原因，每年造成50万儿童致盲。

美国洛克菲勒基金会有一个项目支持对水稻的生物技术研究，基金会食品

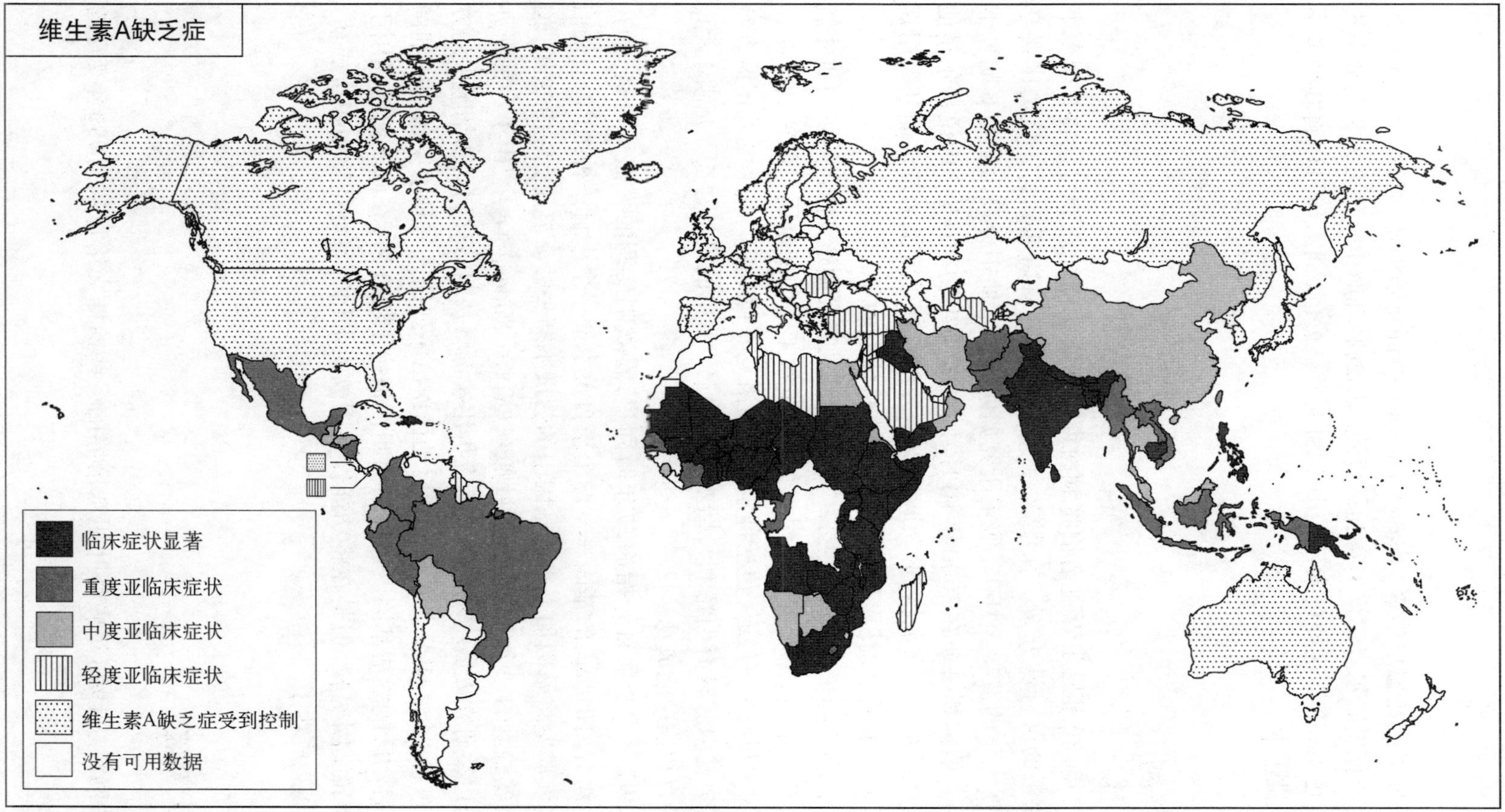

缺乏维生素A症，会造成患者失明并使儿童更容易受到感染，常见于许多发展中国家和部分发达国家。这张地图显示，2000年前后世界各个地区维生素A缺乏症的情况。

安全主任加里·托恩尼尔森（Gary Toenniessen）同意给伯特利科斯的工作提供部分资助。托恩尼尔森建议伯特利科斯使水稻的胚乳产生一种名为β胡萝卜素的微黄色色素，正是这种色素使胡萝卜和玉米呈黄色，而人体可以将β胡萝卜素转变为维生素A。

完美的搭档

1992年，托恩尼尔森邀请伯特利科斯等科学家前往纽约讨论将β胡萝卜素引入水稻的可行性方案。在那次会议上，伯特利科斯遇到另一位德国科学家，弗赖堡大学的彼得·拜尔，他正研究如何从黄水仙中分离出制造β胡萝卜素的基因。伯特利科斯在2000年10月号的《农业生物学观察》中说拜尔是他自身研究工作的“完美的搭档”。两人决定合作将拜尔发现的黄水仙基因用在伯特利科斯的水稻上，托恩尼尔森表示会支持他们的项目。

这个计划看起来着实令人生畏。水稻的胚乳需要制造3种新的蛋白质才能产生β胡萝卜素，这意味着需要引入3个能正常工作的新基因。伯特利科斯在《农业生物学观察》中写道，包括拜尔在内的洛克菲勒专家们几乎没人相信有希望引入3个基因。只有伯特利科斯本人对自己“简单的设计思想”充满“天真无知”，一直相信这能成功。

自1997年这个项目开始后，7年时间里，喜欢唱反调的人似乎总是对的。拜尔的小组分离出必需的基因——两个来自黄水仙一个来自一种细菌，但是伯特利科斯实验室将基因加入水稻基因组的尝试不断失败。终于，在1998年，伯特利科斯实验室的一个新进博士后叶旭东（音译：Xudong Ye）想出了一种新办法。类似以往研究人员将基因插入病毒再用病毒将基因转移到动物细胞中的方法，叶旭东将3个β胡萝卜素基因和启动区DNA序列插入一种感染植物的细菌中，其中启动区能激活基因。这种细菌叫作根癌土壤杆菌，在此之前已经用于其他植物转基因实验，但是在将功能性基因放入水稻等谷类植物中很少成功。不过，叶旭东成功了。

遗传学大突破

伯特利科斯1998年底将叶旭东培养的一些植株交给拜尔，1999年2月的一个夜晚,拜尔将这些植物的谷粒放入脱壳机中脱去麸皮。当他从脱壳机中取出米粒时,惊喜地发现米粒不是常规的白色,而呈现淡淡的黄色。化学分析证实米粒的胚乳中含有β胡萝卜素,拜尔发电子邮件告诉伯特利科斯实验成功了。

1999年3月31日,在伯特利科斯以65岁高龄从瑞士研究所退休时的荣誉座谈会上,叶旭东正式公布他的工作。伯特利科斯在《农业生物学观察》中说叶旭东的工作是"一次科学突破",因为之前从未有过组成完整代谢路径的多重基因编码插入植物。

伯特利科斯和拜尔在一个熟识的泰国商人建议下,将他们的新作物命名为"金水稻"。他们希望将文章发表在欧洲最著名的科学期刊《自然》上。在论文原稿的首页,伯特利科斯指出开发这种植物的重要意义大于科学原因。关于食品中转基因生物(GMO)的价值和潜在危险,全世界展开一场激烈争论,伯特利科斯说,金水稻是"GMO技术及时的、重要的、富有积极意义的成就"。不过,《自然》拒绝发表他们的文章。"我们觉得,《自然》对质疑而不是支持遗传工程技术价值的事例更感兴趣,"伯特利科斯在《农业生物学观察》中抱怨。

增长迅速的产业

20世纪90年代末,当伯特利科斯和拜尔正埋头工作时,农业生物技术已经从一门实验科学变成一项主要产业。1996年,转基因农作物首次在美国商业种植时只有400万英亩,而到1998年,这个数字上升了10倍。1999年,伯特利科斯实验室准备发表金水稻工作成果时,在五十多种转基因农作物中,至少有24种是食用农作物,已经允许在美国出售。全世界范围内,种植了1亿英亩这类作物,全世界大豆产量的一半和玉米产量的1/3都是转基因的。

但是,并不是所有人都欢迎转基因作物。来自欧洲的反对意见尤为强烈,欧洲人把转基因食物称为弗兰肯斯坦食物,因为人们担心转基因技术人员,会像1818年玛丽·雪莱(Mary Shelley)出版的小说《弗兰肯斯坦》中的科学家那样创造出危险的怪物。包括绿色和平组织、忧思科学家联盟和杰里米·里夫金经济趋势基金会在内的多个组织警告说,转基因作物可能带来环境威胁,因为这些作物的附加基因可能通过风媒传粉影响野生植物。这些组

金水稻

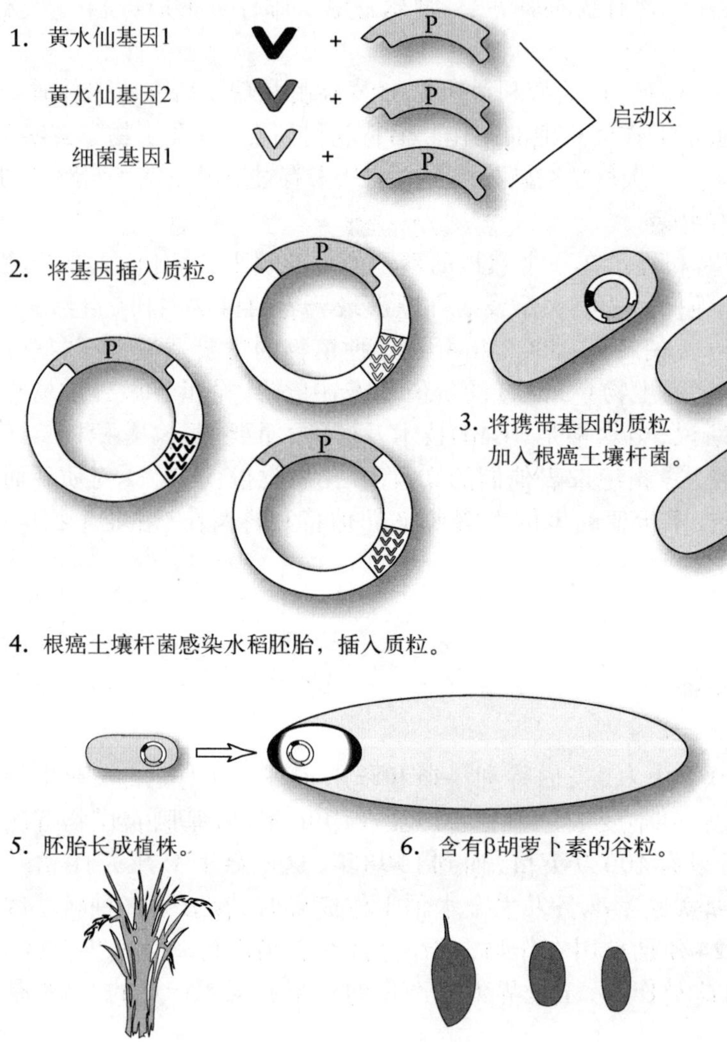

为了制成金水稻，伯特利科斯和拜尔的研究小组从黄水仙中分离出两个基因，再从细菌中分离出一个基因，这3个基因组合在一起才可能产生β胡萝卜素。然后，他们给这些基因加上启动区（使基因起作用的DNA片段）（步骤1）。科学家将基因—启动区组合物插入质粒，质粒是细菌中环形的基因组合物（步骤2）。他们将质粒放入一种感染植物的细菌根癌土壤杆菌中（步骤3）。当细菌感染水稻胚胎（种子）时，细菌将β胡萝卜素基因插入植物细胞（步骤4）。种子长成水稻植株。因为这些植株的谷粒携带附加的基因，所以这些谷粒能产生β胡萝卜素（步骤5）。

织还声称，转基因食物也有可能损害人体健康，例如人们对这类食物过敏。有些反对者甚至将试验田中的转基因作物连根拔起，就像1987年第一种转基因生物进行户外实验时的情形，当时实验的是一种喷洒在植物上的细菌。因为担心受到类似袭击，伯特利科斯小组将金水稻的后期实验安排在苏黎世郊区的一间温室里，这间坚固的温室甚至可以抵御手榴弹袭击。

未来趋势：农业生物技术的成长

在美国及世界其他地区，某些转基因作物已经十分常见。例如，目前美国种植的大多数大豆和棉花都是经过基因改造的。下列数字显示近年来美国栽种的几种常见转基因作物的增长。

年份	转基因大豆百分比	转基因棉花百分比	转基因玉米百分比
2001	68%	69%	26%
2002	75%	71%	34%
2003	81%	73%	40%
2004	85%	76%	45%

儿童的救星还是傻子的金子

圣路易斯密苏里植物园的彼得·雷文听说了伯特利科斯和叶旭东的工作，印象深刻。1999年8月，雷文安排伯特利科斯在一次国际生物学会议和一次记者招待会上介绍金水稻。他还敦促伯特利科斯小组尽快将金水稻的论文提交给著名美国科学杂志《科学》。

2000年1月14日，《科学》发表他们的文章。那期杂志还刊登了一篇评论文章，达特茅斯学院生命科学系玛丽·卢·葛瑞诺将伯特利科斯小组的工作称为“技术上的绝技”，“农业生物技术可以提供的最好例证”。葛瑞诺还表示希望“放弃短期利益，把这项植物转基因技术用于缓解人类苦难，将能获得政治上的接纳”。

因为欧洲的反对意见阻碍了未来商机，生物技术产业强烈希望“获得政治上的接纳”。实际上，丹尼尔·查理斯在有关农业生物技术发展的《丰收之神》一书中写道，“生物技术的支持者将这项革新视为投向落水水手的绳子。”2000

年7月31日,《时代》将金水稻作为封面报道,这令生物技术公司的主管们更加高兴,声称“这种水稻每年能挽救100万个孩子”。大型农业生物技术公司,例如总部设在圣路易斯的孟山都公司采纳了这种讨人喜欢的宣传策略,在他们的电视广告画面中出现微笑的亚洲儿童和泛着金色光泽的稻田。

转基因食品的反对派迅速反攻。2001年2月,绿色和平组织公开抨击金水稻是“傻子的金子”。他们声称,因为这种植物产生的β胡萝卜素含量非常少,以至于一个人每天要食用9公斤(20磅)煮熟的米饭才能达到推荐的每日摄入维生素A量的最小值。这个组织称,通常每人每日需要食用米饭300克(0.7磅),只能提供每日所需量的8%。绿色和平组织还指出,人体只有在饮食中同时含有油脂的情况下才能将β胡萝卜素转化为维生素A,但是多数贫困人口的饮食中并没有油脂。

印度活动家范黛娜·席瓦(Vandana Shiva)是转基因作物的反对者,她认为,对金水稻的关注掩盖了对抗维生素A缺乏症简单有效并且已经采用的方式,例如分发维生素补充剂,鼓励人们种植和食用含有维生素A或含有在人体内可以转化成维生素A的物质的蔬菜和水果。问题的关键是,席瓦等批评者认为,金水稻或其他企图用高科技解决世界饥饿问题的人,忽视了造成饥饿的真正原因,评论员们认为,真正的原因是贫困、战争、缺少土地、没有途径获得丰富营养的饮食。他们警告说,增加食物的质量和数量并不能解决这些问题。有的批评者甚至认为,金水稻真正的目的是为生物技术公司提供正面宣传效果,劝说人们接受转基因食物。

相关发明:抗霜冻细菌被冻结的实验

在冬季,当霜(冰晶体)在植物叶片上形成时,植物会严重受损。农夫通过覆盖作物或给作物加温阻止霜冻,例如橙子树,但是这种方法并不总是有效。在20世纪70年代,霜冻给美国农场主造成的经济损失高达每年15亿美元。

1975年,加州大学伯克利分校的一位植物病理学家(研究植物疾病的科学家)史蒂文·林顿(Steven Lindow)发现,一种常见细菌假单孢菌表面的一种蛋白质有助于冰结晶在叶片表面形成。他还发现,这种细菌的一个变异品种缺少促进结冰蛋白质的基因。林道觉得,如果能够制造更多这种“减冰”细菌，再将它们散布在植物上，这些变种细菌可能可以暂时超过正常细菌，保护植物不受霜冻。

林道和同事利用基因工程技术去掉正常假单孢菌的冰核基因。得到的减冰核细菌在温室实验中效果良好。1982年，林顿向重组DNA顾问委员会申请在户外测试基因改造细菌。如果获得批准，林顿的实验将是首次向环境中释放转基因生物。

经济趋势基金会主席里夫金自基因工程兴起时就是坚定的反对者，听说了这项实验申请，随即召集志同道合的人，包括一些环保组织和科学家，反对进行实验。这些组织担心释放到环境中的转基因细菌会取代正常形式的假单孢菌，破坏生态平衡。1984 年，《加利福尼亚杂志》发表了一篇保罗·施奥迪的文章，文中提到里夫金把那些实验称为“生态轮盘赌”。

里夫金等人提出的法律诉讼将林顿的实验拖延了5年，最终重组DNA顾问委员会最终还是批准实验。1987年春，就在实验开始前不久，反对者闯入试验田将试验用的草莓和西红柿连根拔起。林顿和同事只好重新栽种，继续实验。实验结果显示，转基因细菌确实有效保护作物不受霜冻，细菌也没有扩散到试验田外。

风暴中心

就像前面提到的威尔默特和汤姆森，伯特利科斯也发现自己处于媒体风暴的中心。绿色和平组织和其他组织对他进行人身攻击，声称他就是一个上了生物技术工业当的人，自己也许还不知道。作为回应，伯特利科斯在2001年3月《植物生理学》上发表文章为金水稻辩护，“在我看来，绿色和平组织的所作所为只有一个真正的目的：通过媒体效应募集更多资金。”他认为，绿色和平组织之类的组织正拒绝一种极具潜在价值的技术，而这些组织正是最需要这种技术的人，他们应该“为每年数百万可以预知的死亡和失明的贫困人口负责”。同时，伯特利科斯告诉丹麦记者基特·迈耶，“我不想成为（生物技术）公司公关活动的一部分。”他批评生物技术的拥护者暗示金水稻已经可以向全球推广，他自己知道这不是实际情况。

伯特利科斯也试着回答反对者的批评意见。他承认金水稻（至少现在的这个品种）只能提供维生素A每日推荐摄取量的一小部分。不过，他说，这一部分对失明和免疫缺陷者来说已经是足够的了。他还进一步指出，他从未说过金水稻将是或者应该是人们获取维生素A的唯一来源，更不认为金水稻是营养不良的完整解决方案。

金合约

受到环保组织的攻击还不是伯特利科斯唯一的困扰。研究一开始，他和提供研究经费的政府和私人慈善基金（包括瑞士政府、美国国家科学基金会、欧盟和洛克菲勒基金会）就希望将金水稻免费提供给需要的贫困人口，但是他发现这个决定可能不由他说了算。洛克菲勒基金会委托的一项专利搜索显示，金水稻涉及70项不同的专利（基因、生产过程等等），这些专利分别属于32家不同公司和大学，涵盖从事农业生物技术的所有大型跨国公司。并不是所有专利持有者都愿意将自己的技术免费提供给人道主义用途。

伯特利科斯和拜尔得出结论，仅凭他们两个人无法处理这样复杂的法律状况。所以，他们觉得他们"迫切需要一个强而有力的搭档"为他们谈判协商，伯特利科斯在《植物生理学》中写道。他们委托一家德国小公司格林诺威逊牵线搭桥，这家公司给他们联系了捷利康，英国最大的制药公司阿斯利康的农业部门。

根据伯特利科斯小组与捷利康2000年5月达成的协议，公司有权向发达国家，例如美国和日本，出售金水稻。另一方面，捷利康承诺向在种植出售水稻中获利1万美元以下的所有农民免费提供金水稻种子。捷利康也同意从其他专利所有者处获得必需的专利使用权，进行政府批准金水稻种植所需的环境和健康安全测试，同意伯特利科斯和拜尔将金水稻或其他携带同样插入基因的植物送给非营利性研究所，以便他们进一步培育或与本地品种杂交。在捷利康的协助下，伯特利科斯和拜尔建立了金水稻人道主义理事会，监督金水稻的进一步研究和谷物的最终分配。

考虑金水稻本身的价值，人们对伯特利科斯与捷利康的安排意见不一。有人认为，这是将来科学家与生物技术公司之间和谐统一的美好蓝图。另一方面，一个反对转基因生物的组织遗传资源国际行动2001年2月写道，"与阿斯利康的交易……不但出卖了10年公共资助的研究成果，而且——更重要的是——这加强了北半球（发达国家）在全世界的专利霸权。"

测试起步中

伯特利科斯清楚地知道，即使没人诋毁金水稻，他的发明也远远未能推广至全世界。金水稻还没有大量种植或在室外实验，所以没人知道它在农田里耐受性如何。虽然伯特利科斯认为，这种作物既不会破坏环境也不会损害人体健康，他也知道还需要多年实验证实这种大米是安全的。

2001年1月开始，伯特利科斯的金水稻理事会与国际水稻研究所合作，在菲律宾、印度、中国、印度尼西亚等13个研究所进行实验。金水稻属于一种不能在热带气候里良好生长的品种，但是许多发展中国家都位于热带，所以研究所将金水稻与其他品种杂交，使其更适应当地需要。美国的第一片试验田在2004年9月收割，这种水稻的商业产品预计从2009年开始在印度出售。

自从伯特利科斯从瑞士联邦理工学院退休后，他的大部分时间都用于向公众解释金水稻的好处，并监督它的测试和分配。他因此获得几个奖项，包括锦湖植物分子生物学和生物技术国际科学奖（2000年）、欧洲文化科学奖、美国植物生物学家领导学会科学公共服务奖（2001年）。

与此同时，拜尔等人正尝试增加水稻的β胡萝卜素含量，并加入其他营养物质，例如许多贫困人口饮食中缺乏的铁。2005年初，先正达公司宣布开发出一种新的金水稻，其β胡萝卜素含量比原来的水稻品种高23倍。而且，研究人员也尝试将β胡萝卜素加入发展中国家贫困人口经常食用的其他作物中，包括大麦、木薯、甜薯和香蕉等。

争论焦点：生物专利

1793年，美国国会通过一项法令规定“任何新的有用的技艺（技艺一词1952年变更为工艺）、机械、加工制造或物质组成”可以获得专利权。专利权授予发明人使用发明和在一定期限内出售发明专有权的权利。美国最高法院在1980年规定，经过人工改造的生物可以获得专利权。第一项基因改造植物专利在1985年颁发。批评者认为，允许以生物申请专利授予生物技术公司太多的权利，但是公司宣称专利保护对他们来说是必需的，这样才能收回开发有益人类的基因工程生物高昂的成本。

关于金水稻的相关专利，伯特利科斯真可谓一言难尽。2000年10月23日，他在《农业生物学观察》中写道：

我认为这是不能接受的，甚至是不道德的，一项成果基于公共研究所，仅仅使用公共资金，为人道主义目的设计，却在那些只是足够早申请专利授权的人手中……这样，无论公共研究在做什么，到时都在产业界（或某些大学）手中。那时（当他发现专利会限制金水稻分发时），我很想加入那些反专利激进分子的行列。

不过，在仔细考虑后，伯特利科斯重新表达他的想法：

我……意识到金水稻的发展可能只是一种可能，因为有专利存在。我采用的技术大部分都广为人知，因为发明者想保护他们自己的权利。其实大多数技术本应是保密的（没有专利，译者注：如申请专利，则必须公开相关技术）……如果我们想用所有的知识帮助穷人，与专利做斗争毫无意义。为明智地使用智力财产权而战有意义得多。

没人知道金水稻或其他转基因作物有多少用处，时间将会证明一切。绿色和平组织和席瓦之类的批评家的观点肯定是正确的，营养不良的问题太复杂，不能仅凭技术解决，更别说仅仅一项发明了。但是，除非这种作物会造成一些不可预见的危险，伯特利科斯和支持者认为，金水稻肯定可以作出它力所能及的贡献。

十

基因组竞赛

——弗朗西斯·柯林斯、克雷格·文特与人类基因组测序

常常有人将人类基因组计划（HGP）与20世纪60年代的首次登月计划相提并论。不过与探索太空中的星体不同，人类基因组计划的目的是深入研究人体，一个一个遗传字母地描绘人类自身的遗传编码蓝图：整个人类基因组的碱基序列。2000年

柯林斯领导国际人类基因组计划，这个计划旨在确定人类全部基因碱基序列（美国国家人类基因组研究所）。

6月26日是一个值得纪念的日子，那一天，全部碱基序列的草图宣告完成，美国总统比尔·克林顿（Bill Clinton）将这份遗传列表称为“人类绘制的最重要的、最惊人的地图”。

就像登月竞赛那样，测定人类基因组序列也是一场竞赛虽然参与其中的许多科学家说媒体夸大了其中的“竞赛”方面，但是基因组测序项目确实成了一种竞争，不仅仅是两组科学家之间的区别，还与资助者和科学风格有关：公共对私人、国内对国际、非营利性对赢利性的。双方的领导者，弗朗西斯·柯林斯（Francis Collins）和克雷格·文特（Craig Venter）两人本身就是这些差异的例证——不过他们也有许多共同之处,包括某些成功因素。

“大科学”

人类基因组计划在柯林斯和文特参与之前很久就已经开始了。1985年5月，罗伯特·辛西默在一次会议上提出，测出人类DNA分子中的所有碱基序列。那时，科学家们都认为这个想法不切实际或者根本不可能实现。当时装备最好的实验室每天大约能测序1 000个碱基对，而据估计人类基因组超过30亿对碱基。

虽然如此，不过这个目标是如此鼓舞人心，所以拥护者不断涌现。美国能源部（DOE）就是第一个响应的。这个部门的其中一项工作是研究核能带来的健康风险，美国能源部的卫生与环境研究办公室主任查尔斯·德里斯（Charles Delisi）认为，了解一个正常人类基因组的全部序列有助于确定辐射带来的突变。因此，在1986年，德里斯宣布美国能源部将资助人类基因组测序及制图工作。美国卫生研究所（NIH）领导人詹姆斯·温嘉登和DNA结构的发现人之一沃森，也对可能的测序计划产生了浓厚的兴趣。

人类基因组计划1989年启动，沃森出任第一任负责人。这个项目计划耗资30亿美元，需要15年时间完成。整个项目的经费将会来自政府资助，虽然美国会主管并承担至少一半的工作，但是项目将由各国共同努力完成。基因组项目是生物学以“大科学”方式进行的首次冒险，这种规模庞大且需要多国政府通力合作的科研方式是物理学家探索原子世界的标志性方式。这个项目最终涉及16个测序中心，分布于美国、英国、法国、德国、日本和中国。

人类基因组测序中心

美国

加利福尼亚州，沃尔纳特克里克市（Walnut Creek）

加利福尼亚州，斯坦福（Stanford）

华盛顿州，西雅图市

得克萨斯州，休斯敦市（Houston）

得克萨斯州，达拉斯市

密苏里州，圣路易斯市

马萨诸塞州，剑桥市

马萨诸塞州，沃尔瑟姆市（Waltham）

纽约州，冷泉港

英国

剑桥郡（Cambridgeshire），因格斯顿（Hinxton）

中国

北京市

法国

埃夫里（Evry）

德国

布伦瑞克（Braunschweig）

耶拿（Jena）

柏林市

日本

东京市

基因猎手

1992年，沃森因与当时的美国国家卫生研究所主管伯那丁·希利意见不合而离开人类基因组计划。希利在物色新的负责人时，希望这个人要像沃森那样，是一位备受尊敬的科学家，能领导、协调和激励项目中的各个工作团队。最终，他选择了柯林斯。“柯林斯是一个绝佳的选择”，沃森在记录20世纪遗传学历史的《DNA：生命的奥秘》一书中提到。

领导一个历史性的项目显然与柯林斯儿时的梦想相距甚远。柯林斯的全名叫弗朗西斯·赛乐斯·柯林斯，1950年4月14日，他在弗吉尼亚斯丹顿市出生，在弗吉尼亚州雪伦多亚河谷一个占地95英亩，没有任何室内管道的农场长大。柯林斯最初的爱好是戏剧或者音乐，而不是科学，这些兴趣来自于他的父母。他的母亲写剧本，他的父亲是附近一所女子学院的戏剧教授，在自家农场里搭建的剧场内上演他母亲的剧本。柯林斯7岁时，就自编自导戏剧版的《绿野仙踪》（The Wizard of Oz），他还会演奏好几种乐器。柯林斯的父母在家里给他上课，直到六年级，那时他在学业上比同龄的孩子领先两年。

长大后柯林斯渐渐疏远了艺术，对科学产生了兴趣。最初，与生物相比，他更爱好数学和物理，因为他觉得生物有些混乱和不可预见。1970年，他在维吉尼亚大学获得化学理学学士学位，1974年在耶鲁大学获得物理化学博士学位。不过，耶鲁的生物化学课程，让柯林斯觉得生物学才是最吸引他的。他尤其喜爱遗传学，遗传学是“如此优美，如此合乎原理，如此数码化，如此数学”，他对记者达纳·威尔基说，那次采访2001年9月3日刊登在《科学家》上。

塞莱拉基因技术公司的创建人之一——文特，1998年宣布这家私营企业可以比政府支持的项目更快更便宜地完成人类基因组测序。

放下物理，柯林斯到北卡罗来纳大学医学院学习，1977年获得医学博士学位。他的专长是医学遗传学，研究引起疾病或与疾病有关的基因。20世纪80年代初，当他在耶鲁做相关的博士后工作时，他开发出一种名为“定位克隆”的技术，这种技术可以使找出致病基因的速度提高5—10倍。利用柯林斯的方法，科学家们可以“跳过”一大段路程，而无需慢慢沿着DNA片段边“走”边找与基因有关的标记。

1984年，柯林斯到安阿伯市的密歇根大学任助理教授，领导一个实验室寻找与遗传病有关的基因。在那里，他与一个加拿大小组合作，1989年利用定位克隆技术共同发现了囊肿性纤维化致病基因，那个加拿大小组的负责人是在台湾出生的徐立之（Lap-Chee Tsui）。每2 000个小孩中就有一个受到囊肿性纤维化影响，导致他们容易受到肺部感染，这常常造成小孩夭折。柯林斯还找出了几种罕见遗传病的致病基因，在亨廷顿症致病基因的发现过程中，柯林斯起了主要作用，本书前面提到的威胁韦克斯勒家族的正是这种遗传病。

放牧一群猫

管理人类基因组计划需要一种特殊的领导才能，当柯林斯1993年接任这个项目的主任时，他证明了自己的能力。柯林斯说服HGP合作中众多好争论的科学家们的能力有目共睹，这个说服过程，柯林斯后来的对手文特对《工业周刊》的记者提姆·史蒂文斯形容说就像"放牧一群猫"。这篇文章还引用了能源部科学办公室副主任亚里斯泰迪斯·帕特里诺斯的话说："柯林斯……有领导一大群人的非凡才能。"柯林斯采用"自底向上"的领导风格，用技巧找出不同意见，再促成一致，例如安排主要测序中心领导之间的每周电话会议等。

在20世纪90年代初，人类基因组计划集中精力改进技术加速测序，降低成本，提高自动化程度。此外，研究人员开始绘制人类基因组草图，找出引导之后测序的标记。1995年前后，各个中心还开始对遗传学中研究多年的比较简单的动物进行基因组测序，例如秀丽隐杆线虫。了解这些生物的基因本身就很有价值，还可以作为人类基因组的参考资料。

1998年5月，那时只有3%人类基因组测序完成，人类基因组计划遇到了麻烦，就像沃森在《DNA：生命的奥秘》书中写到的"在分子生物学相当于一场地震"。一家新成立的私人公司塞莱拉基因技术公司宣布，他们将在2001年完成人类基因组测序工作（也就是说比人类基因组计划的2005年计划提前4年）而且成本较低。

在越南的蜕变

塞莱拉基因技术公司发出挑战的幕后人物就是这家公司的主席兼首席科学官约翰·克雷格·文特。

文特1946年10月14日生于犹他州的盐湖城（Salt Lake City）。他在旧金山附近体面的米尔布雷市长大，但是他从未对“体面”感兴趣。他觉得学校很沉闷，成绩总是很差。当文特从高中毕业时，他的梦想是当一名冲浪运动员。

20世纪60年代，文特应征加入美国海军并被派往越南参战，这段经历彻底改变了他。他在岘港当海军看护兵时，他突然意识到“只要我有专业知识，我可以挽救人们的生命”，他决定，如果自己在战争中幸存下来，会做一名医生，到发展中国家工作。

文特回到美国后，发奋学习，1972年在加州大学圣地亚哥分校获得生物化学学士学位，1975年获得生理学和药理学博士学位。他在《发现》的采访中说，他在本科时就发表第一篇科学论文并“开始创造主要的科学突破”。

就像柯林斯一样，文特也被遗传学迷住了，放弃行医转向研究工作。文特博士一毕业，就在布法罗市的纽约州立大学获得了自己的实验室。他在那里研究细胞表面的蛋白质受体、激素和其他物质通过它们与细胞通信。

测序的缺陷

文特1984年调往国家卫生研究所，对决定受体蛋白的基因碱基序列产生了兴趣。文特等不及大多数实验室采用的速度缓慢的测序技术，又没能说服他的上级购买新式的自动DNA测序设备，1986年，他用自己可自由支配的资金买了一台那样的设备。

文特自己动手进一步改进测序方法。他的第一项改进建立在他1990年前后从英国分子生物学家西德尼·布雷纳（Sydney Brenner）那里学到的一项技术上。生物体基因组中只有一小部分含有功能性基因；DNA剩下的部分似乎都是随机序列，通常叫作“冗余DNA”（如果说它有功能的话，那么这些功能至今还不为人所知）。当一个细胞准备制造蛋白质时，它只拷贝需要的DNA序列——基因——到指导蛋白质合成的信使RNA上。信使RNA因此可以代表大多数活动的DNA，或者说，将“冗余”剔除。利用一种逆转录病毒的酶，布雷纳细胞的信使RNA片段制成互补DNA（cDNA）拷贝，这个cDNA就可以测序并与已知基因库比较。文特和他在国家卫生研究所的一个进行博士后工作的马克·亚当斯（Mark Adams）发现，他们只需要测量每个cDNA片段的一小部分——大约500个碱基——就可以确定对应的基因。利用这些“已表达序列标志”，文特给起了名字，再加上一个电脑程序在基因库中检索，1990年，文特和亚当斯在脑细胞中找出了数百个基因。那时总共只知道3 000个人类基因，当时那是一项引人瞩目的成绩。

1992年，文特离开国家卫生研究所，用风险投资家华莱士·斯泰因贝格的资金，在马里兰建立了他自己的非营利性的基因组研究所（Institute for Genomic Research 简称TIGR）。在那，文特发明了第二种新测序技术，他将基因打散成许多小片段，然后让设备读出这些片段的序列。最后用复杂的电脑程序依靠片段之间的重叠部分将它们重新排序。《财富》杂志的梅雷迪思·沃德曼说，文特命名这种方法为全基因组随机测序法，就像把20本百科辞典

"冗余DNA"

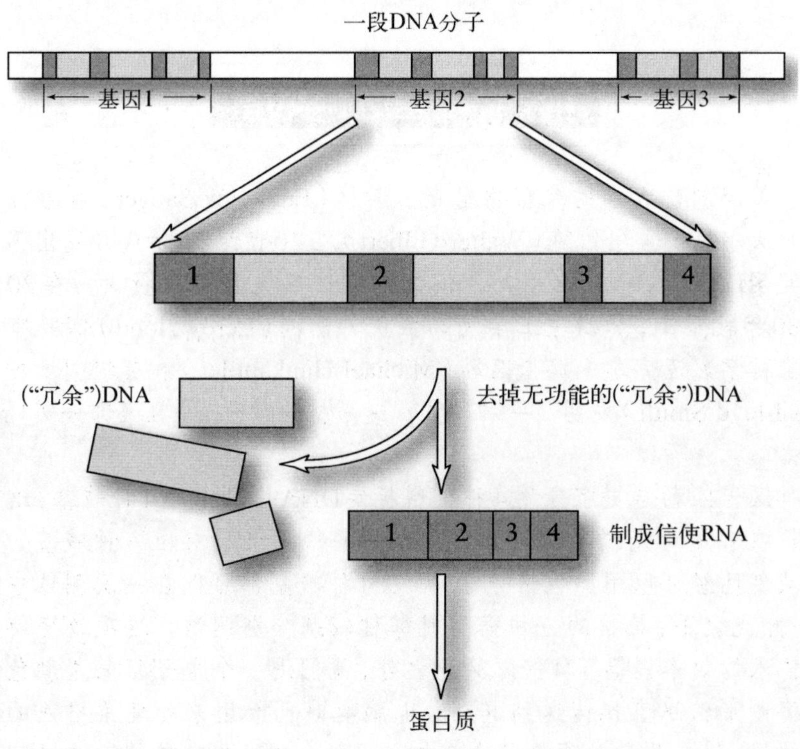

一个DNA分子的大部分编码并不制造蛋白质或执行任何已知的功能，因此，一些科学家称这些片段为"冗余DNA"。细胞在生成指导蛋白质合成的信使RNA时并不复制这类片段。布雷纳通过制作信使RNA的DNA拷贝，减少对"冗余"的测序，使基因组测序更简单。文特发现每个DNA拷贝只需测序其中一部分就可以确定基因。

撕碎再重新拼起来。1995年，采用随机测序法，文特和诺贝尔奖得主汉密尔顿·史密斯首次对某种生物的整个基因组测序。这个180万个碱基对长的基因组是流感嗜血杆菌的基因组，这种细菌会引起肺部和大脑感染（译者注：这种细菌常引起婴幼儿脑膜炎、肺炎等，最初被误认为是流行性感冒的病因，因此得名）。

虽然TIGR的工作人员没有人类基因组计划的工作人员多，但是文特在TIGR的成功说明他与柯林斯之间的一个共同之处：两人都是非常杰出的领导者。他们为自己的团队挑选最优秀的科学家，激励他们但不会过多地干扰他们的工作，文特和柯林斯对此都深感自豪。柯林斯在与组员的讨论中制定计划，而文特则与之不同，他在2000年12月告诉史蒂文斯，“我统筹全局，然后让他们（科学家们）放任自由，我信任他们的专业技能。”

科学成果：自动测序设备

英国剑桥大学的弗雷德里克·桑格（Frederick Sanger）和哈佛大学的沃尔特·吉尔伯特（Walter Gilbert）在20世纪70年代开发出第一代实用DNA测序方法，但是他们的方法速度慢且工作量大。在20世纪80年代早期，加州理工学院勒罗伊·胡德（Leroy Hood）实验室的两位科学家迈克尔·汉卡匹勒（Michael Hunkapiller）和劳埃德·史密斯（Lloyd Smith）发明了一种方法加速桑格法过程，并且大部分实现自动化。

汉卡匹勒与史密斯用4种染料标定DNA片段中的4种碱基，这些染料或者发荧光或者在激光下发光——每种染料对应一种碱基。因为碱基已经可以用颜色区分了，所以4种碱基都可以在一次测试中确定，相比之下，桑格的方法需要对每种碱基分别测试。这项改变使桑格技术的效率提高了4倍。除此之外，他们用一个电子眼采集颜色然后将图形信息直接传送到电脑。电脑有时已经用来处理桑格法的测试结果，但是测试数据必须手工键入，这一过程非常单调乏味且容易出错。

1983年，汉卡匹勒加入珀金-埃尔默集团旗下一家应用生物系统公司，这个公司开始制造他和史密斯设计的设备。文特在20世纪80年代末认识汉卡匹勒，那时文特对用机器做DNA测序很感兴趣。

汉卡匹勒觉得开办测序公司有可能赢利，并且为文特执着梦想的人类基因组测序所吸引，1988年，他邀请文特与他一同创建塞莱拉基因技术公司。那时，汉卡匹勒已经完成测序设备的重大改进。最后，塞莱拉公司和公共资助的人类基因组计划都采用了汉卡匹勒的设备。

文特1998年离开TIGR，与自动测序设备的技术发明者之一的汉卡匹勒一起创建一家名为塞莱拉的新公司，“塞莱拉”一词在拉丁语中意为“加速”。几个月后，塞莱拉闪亮登场挑战人类基因组计划。这家公司计划通过整合文特的随机测试法、300台汉卡匹勒最先进的测序设备以及沃森所说的“五角大楼外最专注的计算力量”，超越政府项目。

向终点前进

考虑到一家私人公司就能完成人类基因组测序，面临挑战，柯林斯等人类基因组计划的领导者重新考虑了这个计划的目标和时限。他们决定政府项目的目标从最初涵盖基因组90%的“绘制草图”转变为完整测序，全部工作也会在2001年完成，与塞莱拉宣布的时间相同。

在接下来的几年里，塞莱拉和政府项目组几次商议合作事宜，但是每次谈话都以破裂告终。双方的主要分歧在于获得的遗传信息如何发布这一问题。自1996年起，政府项目组在获得测序数据的24小时内将所有数据上传到互联网上一个公共资助的免费数据库中，对获取及利用这些信息没有任何限制。文特同意公开原始测序数据，但是他要求商业用户不得散布这些数据。据沃森在《DNA：生命的奥秘》一书中记录，塞莱拉还计划推迟3个月公布他们的数据，需要订阅才能提前取得。

大多数真正的测序工作（不是那些计算量巨大的将每个片段按正确顺序放回原位的工作）在1999年和2000年初完成，两个小组都争先恐后提前完成，在与克林顿政府商议后，2000年6月26日，人类基因组计划最初的测序及分析宣告完成。克林顿政府也曾施加压力要求柯林斯和文特至少暂时休战。帕特里诺斯在最后一分钟撮合了他们，两人都与克林顿一起出现在白宫东大厅（英国首相托尼·布莱尔（Tony Blair）通过卫星出现），宣布这项历史性的成就。这场竞赛，如果真是一场竞争的话，官方宣布平手。

挑战性的项目

柯林斯和文特在白宫历史性的一天结束后继续活跃在各自的工作岗位上。柯林斯继续领导人类基因组研究所和一个主要研究确定致病基因的美国卫生研究所实验室。例如，柯林斯的小组2004年3月宣布，他们发现某个基因的变异似乎会增加Ⅱ型糖尿病的发病概率，这种疾病常见于体重超重的老年人且后果严重。柯林斯获得了不少荣誉，包括当选为美国科学院院士，2003年，他获得美国能源部（DOE）部长金奖，这是美国能源部的最高奖项。

文特2002年1月离开塞莱拉。2004年10月，他建立了一所非营利性研究所J.克雷格·文特基金会，2005年1月他又建立了一家商业企业合成基因技术公司。与柯林斯一样，文特也当选为美国科学院院士并获得一些荣誉。美国费城科学信息研究所，通过其他研究人员引用论文数量为科学家排名，他们确认文特在分子生物学家中排名位于前0.05%。

文特现在的研究项目与他之前的所作所为一样让人吃惊。其中一个项目计划创造一种合成细菌，首先组合大约300个基因DNA片段，这些基因是生命过程所必需的，然后将它们插入已经去除了本身遗传物质的细菌中。文特设计这种基本细菌是希望它在环境维护方面有多种用途，例如，清理核废料、制造氢燃料。

社会效应：革命性的知识

柯林斯和文特之间不论有多少分歧，他们两人都赞同人类基因组计划（HGP）的价值。例如，在露辛达·M.奥尼尔（Lucinda M. O'Neill）的一次采访中，柯林斯把这项计划称为“有史以来人类最重要的生命科学计划”，那次采访发表在2002年10月《非常父母》。

两位领导者都反复强调，希望破解人类基因组密码可以革新医药。起初，基因组序列的成果可以大大加快人们找出遗传变异的速度，遗传变异或者会引起遗传病或者与一些常见疾病有关，例如心脏病和癌症。科学家一旦了解了与某种疾病有关的基因、蛋白质和相关过程，就可以设计药物修补或替换蛋白质而不伤害细胞，因此没有副作用，正如现在许多药物一样。几种这类靶向药物已经进入市场，还有多种正在设计测试中。

柯林斯和文特相信，从人类基因组计划中获得的知识也将改进医生处理患者的方式。他们说，10年、20年后，人们将能完整读出个人基因组信息，可能在出生时就可以拿到这份信息。这种信息能提示人们患上某种疾病的概率超过平均水平，个人就可以采取措施预防这些疾病。例如，某人遗传了一个会增加癌症概率的基因，那么他可以常做这种疾病的检查，以便及早发现。携带心脏病基因的人可以尝试健康饮食和有规律的锻炼。如果一个人生病了需要治疗，患者的基因概况将有助于帮助医生选择对他个人最有效、副作用最少的药物。

同时，柯林斯和文特都表示关注人类基因组信息的滥用及误解。确实，自人类基因组计划启动以来，科学家们一直担心这类问题。人类基因组计划预算中最初的3%和最后的5%都用于分析这个项目产生的信息涉及的伦理、法律和社会影响。两人极力敦促国会通过立法禁止保险公司和雇主因遗传组成歧视他人之类的事件发生。文特和柯林斯还提醒公众，基因并不能完全决定一个人的健康和行为。环境因素和个人选择与基因在塑造个人生活方面同样重要。

文特还驾驶他的游艇“魔法师Ⅱ”周游世界，每20英里便采集一次海洋微生物样品，然后运回他的研究所采用随机技术测序。他发表了2003年初在百慕大群岛（Bermuda）对马尾藻海（Sargasso Sea）的一次航海项目结果，通常认为那个海域里的生物品种相对较少，结果他的团队在样品中发现1 800种新生物和120万个新基因——这个数字是地球已知生物基因数的10倍。

终点与起点

2003年4月，沃森和克里克发表DNA结构文章50周年纪念之际，人类基因组计划宣布完成人类基因组测序的完成图。不过，参与测序的所有科学家都知道解读这座数据大山关键性的工作才刚刚开始。

基因组分析已经给人们带来一些惊喜。其中最重要的一个可能是人类基因的数量似乎远少于科学家最初估计的——少于2.5万个，项目开始时估计的数字是10万。另一方面，基因看起来比预期的更“全能”。数十年来，科学家相信每个基因只制造一种蛋白质，但是现在发现许多人类基因至少生成3种蛋白质。

柯林斯和文特以及两人领导的研究机构中，约数百人在破译人类基因组密码中起了重要作用，他们共同分享了荣誉。同样，公共组织和私人组织，科学团队的缔造者和爱冒险的个人主义者，能协调不同意见的人和天马行空的梦想家，肯定都是将来收获伟大发现所必需的因素。

数学的魅力

MATHEMATICS
POWEFUL
PATTERNS
IN NATURE
AND SOCIETY

王正科　赵　华/译

Part 2
第二部分

数学的本质是寻求观察世界的模式，并发展一套工具来让人们发现和创造新的模式。通常，有些模式是十分有用的，比如可以预测天气的变化。但是在某些情况下，仅仅是发现事物是如何相互组合的这种纯粹的精神快乐就已经足够了。

即使在远古时期，人们就已经像数学家一样行动了。他们能够比较动物皮毛的长短、能够发现冬天是否即将来临、还能够发现其他各种关系。伴随着第一个城邦的出现，“文明社会”便逐渐产生，并发展出了新的工具去发现和使用新的模式。这些新工具包括采用新的方式去计数，发展出一套数字系统、一种计算程序和一些测量工具。这些知识后来变成了几何学，它可以告诉农民农场应修在何处，以便离河流最近。当地的牧师可以通过观测星象来决定何时应该去种植。当然，国王和牧师，也很关注税收问题。同时，商人也必须计算不同商品和不同货币之间的相对价值，以便兑换。这些都需要用到数学知识。

本书介绍的数学家主要生活在20世纪。但是，我们所谓的现代数学家和科学家实际应该归功于繁荣的伊斯兰文明，因为发端于中东的伊斯兰文明改变了中世纪的欧洲。本书从来自意大利比萨的莱昂纳多（又被称为“斐波那契”）开始讲述。这位13世纪著名的“数学旅行家”把今天我们熟知的阿拉伯数字带到了欧洲，并承接阿拉伯数学家的工作，将古希腊的几何学著作也带到欧洲，并大大发扬。他还发明了代数学，对数论进行了有益的探索。斐波那契最大的贡献在于他对数列性质的探索，由这些数列能够推演出大自然中许多和谐的结构，比如花瓣的结构和树叶的排列。因此，可以说是莱昂纳多率先为欧洲数学家提供了观察世界的工具和模式。

本书接着跳到了19世纪至20世纪初期，强有力的新数学工具，比如牛顿和莱布尼兹的微积分被应用到自然科学，尤其是物理学领域。随着工业化时代的到来，现代国家需要用新的方法来收集和整理海量数据，以便能够有效地管理不断增长的人口和经济。他们需要新的数学工具，以便能够发现这些数据中的相互关系，以及相关的确定程度，从而做出正确的决策。这便是本书接着要介绍的卡尔·皮尔逊。他发展了许多新的统计方法，这些方法至今仍在被广泛使用。这位著名的数学家还研究过生物的进化，探讨过如何构建更加美好的社会。

当皮尔逊的职业生涯临近结束之际，一种新工具正在积极发展，这就是电子计算机。约翰·冯·诺伊曼是设计计算机的关键人物，至今我们使用的计算机仍在沿用其基本的设计思想和构建。冯·诺伊曼并不仅仅把计算机作为信息加工的工具，他认为计算机还具有更多潜力，它应该还能去想象、去模拟类似于人类交互作用的自然过程。

人类交互作用是约翰·纳什的主要数学兴趣,他在博弈论方面有极为重要的发现。对各种选择的权衡和对最佳策略的寻求广泛存在于各种情景,但是,纳什赢得的最重要的博弈是他运用自己的逻辑力量战胜了由于精神分裂而导致的幻觉。

接下来介绍的伯努瓦·曼德尔布罗发现了一个符合分形几何规律的世界,这个世界有着复杂的嵌套结构,每一层次都有着相似的模式。今天,分形已经被广泛应用于计算机绘图、数据理解甚至更加艰深的领域。

大约在同一时间,一位名叫爱德华·洛仑茨的气象学家希望能够通过建立计算机模型来创造更加可信的天气预报。他偶然发现云团变量的微小变化就能导致天气预测结果的巨大不同。洛仑茨成为同时代研究混沌现象的第一人。这种现象被自然法则支配,但是不能被人准确预测。混沌理论成为理解和研究现代科学最基本的工具之一。

另一条通往一般模式的途径是由被称作"解谜大师"的数学家约翰·康韦开辟的。1970年,康韦发明了一种被他称为"生命"的游戏,只需要简单的规则便可以构筑复杂的模式。由简单性导致的复杂性涌现的奇异现象,似乎从另一个方向暗示着自然的内在运行过程。

另外两位研究者循着这种"暗示"引导出了两个不同的研究方向。克里斯托弗·兰顿发展并普及了人工生命的研究领域。他通过计算机程序代码模拟细胞功能,并以此来模拟有机体的相互作用以及类似于达尔文自然选择的环境作用。这项研究已经被应用于复杂机器人的研究和软件主体的开发。

而一位年轻的物理学家斯蒂芬·沃尔夫勒姆制定了一个更加雄心勃勃的研究计划。在20世纪80年代,他把研究焦点转向数学计算和细胞自动机,在他出版的《一种新的科学》中大胆地宣称,通过寻找自然的模式和模式下潜藏的规则,我们能够更理解自然。这是用传统的方法——通过寻找与观察相应的拟合方程来理解自然——所达不到的。或许只有时间能够告诉我们沃尔夫勒姆的工作是否代表了真正的科学革命。

最后,我们介绍了罗杰·彭罗斯,通过这位与斯蒂芬·霍金一起工作的数学物理学家的工作,可以更好地理解黑洞的本质以及它们与能量和信息的交互作用。彭罗斯也试图勾勒出微观世界中的量子力学和超宏观世界中的相对论或许存在着的某种联系,还认真地思考着人类心智和意识之谜。

本书在编写过程中,选择介绍哪些数学家,是十分困难的。在现代数学史上,有许许多多的模式发现者和创造者,但是这些著名的数学家并不一定适合非数学专业的大众阅读。因此,那些富有革新性、启发性和思想刺激性的数学家成了作者的首选,他们的思想往往对科学和技术产生着持续的影响。

一

自然如何计数

——来自比萨的莱昂纳多发现斐波那契数列

大约1170年，一个名叫莱昂纳多的男孩出生于意大利北部的一个小镇——比萨。他的父亲——威廉·圭列尔莫，拥有一个昵称——波那契（Bonacci），意思是“美好的天性”。于是在莱昂纳多后来的著作中，他常自称为“斐波那契（Fibonacci）”，意思是“波那契的儿子”。在欧洲数学从中世纪向文艺复兴的转折中，莱昂纳多扮演了关键的角色。他留给数学界的宝贵遗产是一系列绝妙的数列。

当莱昂纳多12岁的时候，他的父亲被派往港口城市布日伊（位于当今阿尔及利亚北岸），作为意大利商人的代表管理比萨的商业侨民。富有活力且趋于成熟的阿拉伯文化扩展到了非洲北部，这为日益增长的意大利商业阶层提供了大量的贸易机会。同时，这种广泛交流也为欧洲人向阿拉伯数学家学习提供了机会。阿拉伯数学家往往继承了先辈的知识，而自从数百年前罗马帝国衰落后，这些知识在欧洲就已经失传了。年幼的莱昂纳多只有一位教师，是当地的，但这显然已经能够为他提供良好的教育背景，并激发了他对于科学的热爱。

来自比萨的莱昂纳多，被昵称为“斐波那契”。他把充满艺术性的阿拉伯数字带到了中世纪的欧洲。他还发现了一个著名的数列——斐波那契数列，这一数列与自然界中的许多现象都有着惊人的一致性，很快便为世人熟知。

十分有用的阿拉伯数字

以莱昂纳多家族为代表的意大利商人，用他们的方式成为欧洲最早的“现代”银行家。然而当他们在进行基本的算术计算时，却遇到了极大的困难。当时人们使用的罗马数字是用字母代表特定的数，比如用Ⅰ代表1，用Ⅴ代表5，用Ⅹ代表10，用L代表50，用C代表100，等等。这些字母简单地相加或偶然地相减，表示更为复杂的数，比如用ⅩⅩⅩ表示30，用Ⅸ表示9。

使用罗马数字是很困难的。要想使用罗马数字（比如用CCCⅩC表示390，用MDCL表示1 650）进行计算，必须把复合数字拆分成各个单一的部分，转换为单一数字。比如CCCⅩC表示390，计算时要拆分成C、C、C、ⅩC。新的商业形态，比如银行业和股份合作公司的复杂账目，需要一种简便准确的方式来计算。幸运的是，这种新的方法很快成了现实。

莱昂纳多1202年出版了《算术》（又称为《计算之书》）一书，他在回忆时谈到当时的情形：

> 我的父亲被委派到布日伊，作为公共代表管理比萨商人。在那里我打开了眼界，增长了见识。父亲让我留在那里，接受了学校的计算教育。在那里，通过精彩的教学，我学习了埃及、叙利亚、希腊、西西里和普罗旺斯（今法国东南部的一个小城）等许多地方各种形式的艺文和技术，但最令我高兴的是，我学到了来自印度的9个数字符号，并且开始慢慢理解它们的深刻含义。

由10个数字符号（包括9个基本的数字和一个占位符0）构成的数字表示系统，最初发端于印度，能够让计算变得惊人地简洁。在《算术》一书中，莱昂纳多谈论了这套数字表达系统（后来被称作“阿拉伯数字”）的价值。

这套数字表达系统运用了“数位”概念（比如“十”、“百”、“千”等），因此能够通过向左（或向右）移动计算珠子（或计算码），来进行“进位”（或“退位”）运算，使原本复杂的算术运算变得简单。并且显然，这套数位系统（以及革命性地采用占位符0）能够很容易地被熟练掌握。1228年，莱昂纳多出版了《算术》第二版，他为新的数学表达系统的逐步普及做出了卓越的贡献，尤其是在商业领域，其强大的影响力持续两个世纪之久。

实用数学

莱昂纳多的著作也向欧洲人介绍了阿拉伯数学的诸多成就，比如模拟线性方程，也就是某个变量的值能够通过它与其他变量的关系来加以确定。

《算术》一书内容极为广泛，包括许多解决实际商业问题的办法。比如，计算商业增长，很重要的就是要明确所有的开销，才能确定实际的利润。莱昂纳多还提供了一些程序来计算利润。另一个常见的问题是不同货币之间的兑换。当时一个基本的任务是“袖珍交易”（pocket change），即不同国家和城市之间的硬币兑换。与货币相似，重量和长度的度量衡都远未统一，需要进行合理的转换，以便维护交易的公平。

数学在欧洲的复兴

约公元1200年以后，莱昂纳多回到比萨，开始数学写作。除了《算术》之外，莱昂纳多还撰写了大量其他数学著作。由于还没有印刷技术，所有的书籍都不得不手写并手工誊写复制。流传至今的《实用几何》，精选了欧几里得曾经探讨过的几何问题，还为测量者提供了许多实用的方法，比如运用相似三角形的方法来计算远处物体的高度等。

当时，莱昂纳多的工作逐渐闻名于学术界。1225年，大罗马皇帝——腓特烈二世，在比萨接见了莱昂纳多和其他学者。

在那次会见中，一位名叫约翰尼斯·巴勒莫的朝臣提出了一系列数学问题来挑战莱昂纳多。莱昂纳多解决了其中的三个数学问题，并在他的著作《花》中公开了解决的办法，然后把这本书献给了腓特烈二世。1240年，比萨共和国发表声明，宣布每年为莱昂纳多颁发一定的奖金，以奖励他在数学方面作出的巨大贡献。

数　论

莱昂纳多的《平方数之书》，是他最重要的一本纯数学的著作。它探讨的问题今天被称为“数论”，书中主要探讨数的属性和模式。莱昂纳多特别关注“平方数”（比如4或者9，都是由更小的数自乘的结果），他展现了一种建构平方数列的方法，称为“毕达哥拉斯三元数组”。

许多人都记得，在几何中，古希腊数学家毕达哥拉斯证明了直角三角形（有一个角为90° 的三角形），斜边（最长的一边）的平方等于其余两条边（又称为直角边）的平方和。一个毕达哥拉斯三元数组由三个数字组成，各个三元数组之间有着相同的关系。比如：第一个三元数组是3、4、5，它们各自平方之后是9、16、25，两个三元数组都是等差数列。

在《平方数之书》中，莱昂纳多记述了他发现平方数构成之谜的过程：

我试图搞清所有平方数的起源，最后发现它们都产生于有规则的上升的奇数。最小的平方数1（最基本的单元）产生于奇数1；在此基础上增加下一个奇数3，就得到了第二个平方数4，它的平方根是2；如果在此基础上再增加第三个奇数5，就得到了第三个平方数9，它的平方根是3；以此类推，我们就能得到一系列有规则的平方数，它们都产生于前一个平方数有规则地加上一个奇数。[1, 4, 9, 16, 25, 36, 49, ……]

莱昂纳多还解释了怎样构建毕达哥拉斯三元数组：

当我希望寻找两个平方数，并且它们之和等于第三个平方数的时候，我可以先选择一个任意的奇数平方数，作为两个平方数中的一个，然后我把小于这个奇数平方数的所有奇数（从单位1开始）加起来，就能得到第二个平方数。比如我选择9作为两个平方数的一个，然后把小于9的奇数加起来，即把1、3、5、7加起来，其和为16，这便是第二个平方数。然后把这两个平方数相加，就得到第三个平方数25。这样就得到了一个三元数组（两个平方数之和等于第三个平方数）。

其他科学家：阿拉伯数学家们

到了中世纪，许多古希腊数学家（包括几何学家）的成果在欧洲都已失传或被遗忘了。而在此时，富有活力且日趋成熟的伊斯兰文明却在广泛传播，覆盖了中东、非洲甚至西班牙和中欧等地区。这种文明使用阿拉伯语作为其国际通用语，就像在欧洲使用拉丁语作为通用语一样。

阿拉伯的数学家大胆吸收了古希腊数学家的成果。事实上，今天我们知道的许多古希腊数学著作，都是经过阿拉伯学者的翻译才得以保存下来的。

阿拉伯数学家对于世界最重要的贡献是他们推广了一套十进位的数字表达系统，今天被称作“阿拉伯数字”。

代表阿拉伯数学家最著名成就的是阿尔·花剌子密所著的《*kitab al-jabr wa al-muqabalah*》一书，这本书叙述的是怎样建立方程来寻找未知变量。该书中译为《移项及集项的科学》，后来翻译到欧洲，又直接意译为《代数学》。

欧洲学术在12世纪到13世纪开始复苏，学者们开始学习拉丁语，以便能够从阿拉伯版本中，重新译回那些失传已久的古希腊数学和哲学著作。他们也得到了来自中东的犹太人的帮助，因为这些住在中东的犹太人已经通晓阿拉伯语。通过这种方式，欧几里得等许多古希腊学者的伟大著作又重现在欧洲的新式大学中；随同传入的还有阿拉伯学者的许多新成就，比如代数学等。

莱昂纳多还证明了关于数的其他定律，比如不可能存在同时满足X^2+Y^2和X^2-Y^2都是它们自己的平方这样的X和Y。

关于兔子的问题

莱昂纳多在数论方面的工作起着承前启后的关键作用，他承接了伟大的古代数学家（比如丢番图）的成就，又开启了近代欧洲数学家（比如皮埃尔·费马）的工作。莱昂纳多最值得纪念的成就是他的《算术》一书第三部分提出的“兔子问题”。问题是这样的：如果一对兔子在每个月能够生产一对幼仔，而幼仔一个月后又可以开始生产，那么把一对兔子圈养在一个封闭的屋子里，供给足够的养料，一年以后，屋子里共有多少只兔子呢？

如图中所示，繁殖的结果可以用一个连续相加的数列来表示，从1（单位是“对”）开始，后面的数都等于在该数之前的两个数字之和。即结果是1，1，2，3，5，8，13，……等等。这个简单的数列在许多领域都有惊人的应用。

尽管这个数列早在9世纪的时候就已经流传于印度，但是莱昂纳多将这个数列放在了一个更大的背景下，并应用到了更加广泛的数学领域之中。

自然界中的斐波那契数列

莱昂纳多之后的几个世纪，欧洲进入了文艺复兴时期。艺术家和科学家开始把目光投向现实世界，包括植物的结构、动物的躯体和人类自身。随着人们对结构研究的深入，斐波那契数列开始应用于测量领域。

“繁殖问题”：斐波那契数列

兔子的对数

成年兔子数	兔子幼仔数	总的兔子对数
1	0	1
1	1	2
2	1	3
3	2	5
5	3	8
8	5	13

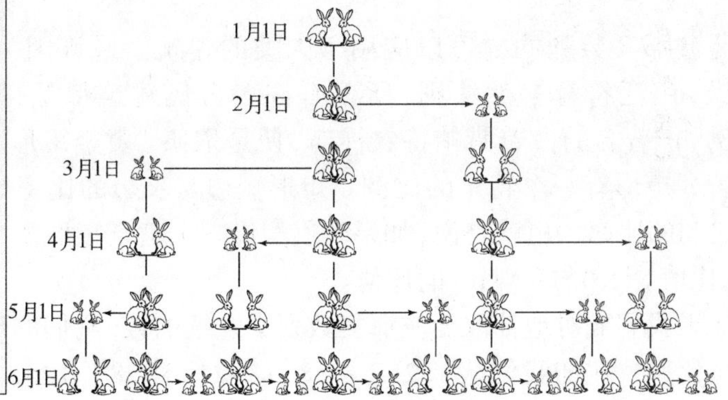

© 资料管理库出版

为了便于讨论，假设每对成年的兔子每个月可以生产一对幼仔，一个月后，幼仔又可以到达成年，开始生殖。那么若从一对成年的兔子开始繁殖，最后的兔子总数（成年兔子和幼仔之和），符合斐波那契数列。

例如，植物的生长过程通常是季节性的，它们随着供给生长的阳光和水分的周期性变化而发生季节性的“暴长”，结果形成了螺旋形的叶序结构。每一部分都有一定的长度，并按螺旋状排列，以便能够留出足够的空间，让其他叶片也能得到足够的阳光。研究表明，植物的“叶序比例”通常是符合斐波那契数列的。类似的螺旋比例还广泛存在于松果、朝鲜蓟、雏菊和向日葵等植物中。

雏菊螺旋状的结构生产出了一个斐波那契序列。其他许多植物的结构中也包含了斐波那契数列（图片来源：www.pdphoto.com）。

相似的螺旋也发生在动物的生长过程中。与植物生长中对空间进行螺旋切分不同的是，鹦鹉螺的贝壳在生长中保持“等角螺旋”，即在生长中贝壳内角保持不变。也就是说，鹦鹉螺的贝壳在生长中沿着一个固定的比率，逐渐长大。与之相同的结构可以在海星、沙滩银鲳，甚至其他多种蜘蛛网中发现，当然并不是所有的结构都符合斐波那契数列，但总体来说，有许多是符合的。

黄金比率

斐波那契数列同样可以应用于人类的建筑。或许因为它与生长比例协调一致，广泛符合自然法则，所以有许多古代建筑都是符合斐波那契数列的。例如，著名的古希腊帕特农神庙，便是依照“黄金矩形”建立的。

黄金矩形有一个特定的比例。矩形短边与长边的比率等于矩形长边与两条边之和的比率。也就是说，如果我们假设一个黄金矩形宽为A，长为B，那么A与B的比值等于B与（A+B）的比值。

如果我们成对地抽取斐波那契数列中连续的数，它们的比值将会越来越接近黄金比率。比如我们从1，2，3，5，8，13，21，55，89，144，233中，抽取13/21的比值为0.619 047，而当我们抽取144/233时，得到的比值为0.618 037。在斐波那契数列中，取越靠后的成对数的比值就越接近理想的黄金比率0.618 034。

建筑中的黄金比率

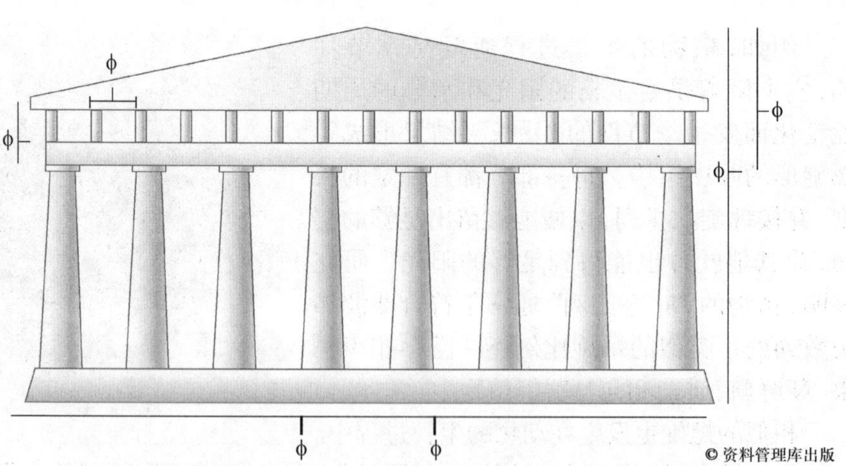

黄金比率（用希腊字母ϕ表示）能够带来美学上和心理上的愉悦。这里展示的是古希腊的著名建筑帕特农神庙的一部分（其中用ϕ标注了符合黄金比率的部分）。

学者们研究了古代的建筑，发现在许多地方都符合黄金比率（又称为黄金分割率）。它们的矩形长宽比大致等于0.618或者其反面1.618。有时候，这个比率仅仅是近似值，比如3/5（等于0.6）或者5/8（等于0.625），但是这种近似比率依然能够唤起人类视觉的美好感受。黄金比率也应用于现代建筑之中，比如修建于纽约的联合国大厦。从文艺复兴到19世纪的印象画派以后，黄金分割率都被广泛应用于绘画领域。

音阶等级，也与斐波那契数列相关。最常见的是自然音阶，采用八个音（称为八度，用八个音标记）。许多民族音乐则采用五度音阶（用五个音标记），而更复杂的古典音乐和当代音乐则使用了十三度音阶（用十三个音标记）。而5，8，13等数字是斐波那契数列中的一部分。

相关链接：数学与古希腊的哲学

古希腊思想家觉得，在自然界中发现数的构成模式和几何的黄金比率，一点也不奇怪，比如毕达哥拉斯和柏拉图。毕达哥拉斯坚信自然万物都是按照数学法则建构起来的。基于这种信念，他创立了一个神秘主义哲学学派。对于毕达哥拉斯学派来说，只有数才是绝对的真实，而自然万物不过是数的简单反应，只能近似地反应数学真理。

年轻的时候，毕达哥拉斯曾到过埃及，学习过一些基本的几何知识，并由此创立了非常著名的毕达哥拉斯定理。对于直角三角形来说，斜边的平方等于两个直角边的平方之和。后来他回到希腊的克罗托，并创立了毕达哥拉斯学派。他的学生都自称“数的信徒”。从此“数学”这个词“mathematics”便产生了。毕达哥拉斯学派的信徒将他们的数学知识与无边际的冥想、神秘的宗教仪式和奇怪的禁令混合在一起，比如严禁吃豆类，因为他们认为其中包含着人类的胚胎。毕达哥拉斯学派在音乐方面也作出了重要贡献，他们发现了音程与整数比例的关系。

古希腊哲学家柏拉图可能也受到过毕达哥拉斯思想的影响。毕达哥拉斯认为只有数才是绝对的真实，而柏拉图则区分了完美的“理念”和这些理念在现实世界中并不那么完美的表现，即自然界中可感知的具体形态。这种类型的哲学家有时被称作“二元论者”，因为他们往往分割了可思考的心智和可感知的躯体，即通常所说的思想世界和感知世界。

随着对数列的探索和对黄金比率有意识的应用，莱昂纳多引导欧洲的思想者们把目光重新投向毕达哥拉斯和柏拉图的理念世界，让他们认识到在自然结构和人类智慧中都潜藏着数学法则。古希腊的思想家们认为，数学主要是训练人的头脑，数学对于实际的几何工具而言，其帮助是很小的。但是莱昂纳多之后的几个世纪里，科学家开始认识到数学的重要性，并发展出更加系统的方法来细致地观察自然现象。

莱昂纳多的遗产

来自比萨的莱昂纳多、斐波那契数列和黄金比率，共同架起了一座贯通古今的数学桥梁。尽管我们对这位数学先驱的生平细节知之甚少，但他不朽的著作仍在广为流传，并培育了世人对于数学的兴趣，激发了人们观察和探索自然奥秘的热情。这种对于世界本质结构（包括对于人类自身）的好奇心，开启了一个新的时代——文艺复兴。

精妙绝伦的内在结构和探索世界的强大力量，注定了数学在这场崭新的科学革命中必定扮演关键的角色。它深刻地影响着艺术、建筑、工程技术、物理科学和医学等众多领域。莱昂纳多发现的简约模式和黄金比率仅仅是为未来数学领域拉开了一个序幕。

二

自然模式发现者的工具

——卡尔·皮尔逊与统计学

卡尔·皮尔逊(Karl Pearson)能够忆起的童年时代的第一件事情是:大人告诉他最好不要吮吸自己的大拇指,否则大拇指可能会萎缩。小卡尔坐在高高的椅子上,把自己的两只大拇指放在一起,经过仔细观察,发现被吮吸过的大拇指并不比另一个没有被吮吸过的大拇指短。他认为这个证据并不支持这个成年人的主张。皮尔逊渐渐地长大,并成为现代统计学的奠基人。现在,科学家可以使用统计方法去判断观察实验结果的显著性。

一个自由思考的头脑

1857年3月27日,皮尔逊出生于英国伦敦。父亲威廉是一位律师,家境相对富裕。皮尔逊的父亲笃信教育的力量,认为教育是确保人生道路上获得成功的最稳妥的道路。因此,他迫切希望并督促卡尔和他的哥哥亚瑟努力学习。然而,威廉和他的妻子芬妮之间关系不和,而男孩们的成长更容易受到母亲的影响。

少年时的皮尔逊是一个聪慧的学生,但是身体却比较孱弱,曾因健康问题退学回家。后来他被送到一个补习学校,花了一段时间,独自一人准备大学的考试。1875年,皮尔逊得以师从当时的数学名师劳思学习数学。尽管皮尔逊当时并没有准备好去接受那些高年级学院的学生才能接受的数学训练,但是他从劳思那里获得了对于弹性数学的兴趣。直到皮尔逊后来转向统计学，弹性——这个源自物理学的数学问题一直是他主要的研究兴趣。

卡尔·皮尔逊发展了许多基本的统计方法，这些方法广泛运用于现代物理学与社会科学领域，然而他对优生运动的倡导却备受争议（图片来源：Topham/Fotomas/The Image Works）。

尽管皮尔逊没有如愿以偿地进入剑桥大学三一学院，却进入了他的第二志愿——剑桥大学国王学院。在那里，皮尔逊的专业是数学，他通过一系列艰难的考试，以第三名的优秀成绩获得了学士学位。国王学院对文学和人文教育的重视，远胜于数学和科学教育。当时，皮尔逊对于哲学，尤其是德国哲学的兴趣与日俱增。

皮尔逊的优秀学习表现为他赢得了一笔奖学金，得以在德国继续深造。在那里，他并不把自己的兴趣局限于数学。1881年他获得了从事法律工作的资格后，他还广泛学习了物理、生物、历史、德国古典文学、艺术、社会与政治科学以及哲学。他还读到了卡尔·马克思的著作，这位伟大学者的经济理论给皮尔逊留下了深刻印象，以至于他把自己名字的首字母改为和卡尔·马克思一样（即从原来的Carl改为Karl）。总而言之，皮尔逊拥有广泛的智力兴趣和能力，这些表明他几乎是一位文艺复兴时期百科全书式的人物，出于对真理的好奇心促使他探索一个又一个学科领域。

获得博士学位后，皮尔逊回到伦敦。满怀激情的皮尔逊组织了一个俱乐部，可供青年男女自由讨论各种问题。与当时流行的法国巴黎的知识分子沙龙不一样，这个俱乐部允许青年男女自由地讨论各种政治和哲学问题，绝对没有维多利亚时代经常出现的“讨论中被陪护打断或阻挠”的现象发生。皮尔逊在俱乐部的讨论中讨论的问题范围很广，从马丁·路德到斯宾诺莎的哲学，再到卡尔·马克思的社会主义，无所不包。皮尔逊在俱乐部中获得了大量社交机会。

和他在科学上的精深造诣一样，皮尔逊宽厚的人文素养，也能从他的各种著作中得以窥见。他写过一部小说、一部戏剧和大量的散文，比如《自由思想的伦理》（1888年）和《死亡的际遇及进化论的其他研究》（1897年）。

科学的规范

1884年，皮尔逊任伦敦大学应用数学与力学系教授，开始了他的学术生涯。“力学”研究物理系统的运动。皮尔逊接手了一项工作：写一本关于弹性理论研究史的著作。他同时还完成了一本名叫《关于精确科学的基本常识》的著作，主要是向本科学生介绍数学在科学研究中的重要作用。这本书得到了各界好评，以至于1946年再版时，皮尔逊的忠实崇拜者、伟大的哲学家和数学家伯特兰·罗素亲自为该书撰写了序言。与此同时，皮尔逊的学术生涯也稳步提升。1907年，他荣升为伦敦大学应用数学系主任。

皮尔逊终其一生都对自然科学和科学方法抱有极大的兴趣，《关于精确科学的基本常识》只是其中的一个例证。这种兴趣在皮尔逊自己的著作《科学的规范》中达到了顶点。这本书出版于1892年。皮尔逊在书中将科学方法定义为“通过认识各种事实之间的关系和它们发生的序列，来对事实进行有条理的分类”。

20世纪上半叶，皮尔逊的《科学的规范》，在科研方法方面激发了许许多多的年轻科学家和青年学生的灵感。然而，当时许多科学家都对过去的学术权威极为尊敬，对权威的著作大加引用，皮尔逊的书却不随大流，其特立独行的风格与内容一度震惊了读者。1915年，一名俄国大学生耶日·内曼（后来成为著名的统计学家）和他的同学们阅读了皮尔逊著作的译本，内曼回忆：

> 阅读《科学的规范》是令人震惊的，因为……它毫不妥协地攻击着过去一切的权威……这方面在一开始就深深地打动了我们。什么意思呢？因为我们从来没有在任何科学著作中采用过这种口吻。这本书……仿佛带点愚弄……作者就像一个高水平的无赖……

其他科学家：弗朗西斯·高尔顿

弗朗西斯·高尔顿（Francis Galton，1822—1911）年轻时研究数学和医学，后来到了非洲，成为著名的非洲探险家和地理学家。从非洲回到英国之后，又重新开始了他的学术生涯。高尔顿逐渐对人类特质的测量抱有越来越大的兴趣，他希望能够用数学的方法来为他的表哥——查尔斯·达尔文的进化论提供论据支持。

高尔顿在统计方面的工作主要集中在“正态分布”（或“钟形曲线”）的研究上。用正态分布可以来描述大量测量数据的典型分布形态。他还解释了“向平均数回归”的概念，也就是过高或过低的个体将更可能向接近平均数的方向变化，有一种趋于平均的倾向。例如，一对很高的夫妇想生一个孩子，那么这个孩子仍会很高，但是会比他父母稍微矮一些；相反，一对很矮的夫妇生的孩子，尽管仍会比较矮，但会比他父母高一些。最后，高尔顿引入了“相关系数”的概念，用它来描述向平均数回归的程度。

高尔顿对优生学的支持是其极富争议的。优生学认为，应该鼓励素质优秀的人结婚生育，以便逐步地改良人类，而对于素质低劣（或低于平均水平以下）的人不应鼓励其结婚生子。

在每周的《犯罪现场鉴证》和其他犯罪现场我们都能够看到高尔顿最特别的贡献。高尔顿指出，每个人的指纹几乎是独一无二的，因此我们可以利用犯罪现场的指纹来寻找和确认疑犯。

测量密度

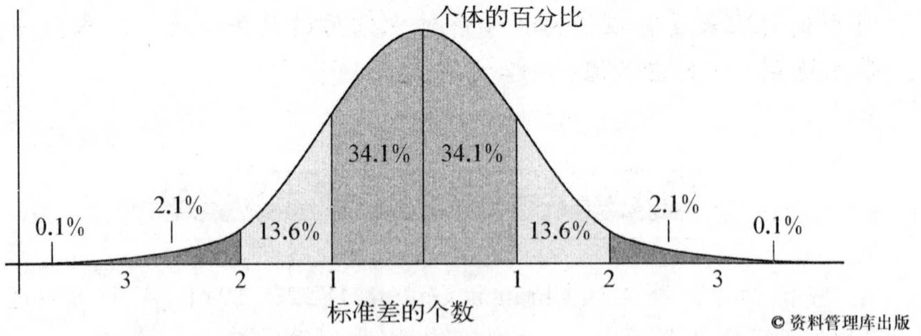

标准差是现代统计学的一个核心概念。它测量的是数据的分散程度或密度。在正态分布中，大约95%的数据会落在平均数周围两个标准差之内。

皮尔逊对科学方法的关注也影响到了他后来的数学工作。统计学家的工作就是发现各种模式和关系并对其进行检验的过程。作为一名数学家，皮尔逊发展出了一套极为重要的统计工具，如今，仍被应用于科学技术的各个领域。

统计的工具

尽管皮尔逊的兴趣广博多变，但后来他却逐渐致力于将数学方法运用于生物学，尤其集中在进化和遗传科学上。在他的一生中，他出版的著作超过了300种。其中，皮尔逊在英国皇家协会会刊上，围绕"数学对进化论的贡献"这一主题发表了18篇论文。这些论文包括了他在统计方法上最重要的贡献。

高尔顿和其他统计学先驱已经开始发现在各种测量的变化之下蕴藏着一般性的模式。与数学测绘上的理想世界不一样，现实世界获得的测量数据通常是真值的近似值，其中可能得到的不正常的极端数据必须舍弃。皮尔逊开发了一种曲线绘制方法，可以确定一个给定的值是否符合某种测量的可能性。哪怕极为仔细的测量，也会产生随机的结果，但是皮尔逊勾勒出了这种随机性背后蕴含的模式。

皮尔逊能够对测量本身进行估量。他通过测定以下4个关键参数来做到这一点。

平均数，或叫集中趋势、典型特征值，其他数据都围绕它而散开（这是钟形曲线中最肥大的部分）。

标准差，即整个测量数据以平均数为中心的分散程度。

对称性，表示的是整个分布中测量数据在平均数左右两边个数的分布情况，即测量数据主要集中在高分数段，还是低分数段。

峰度，即偶然出现的异常值距离平均数的距离。峰度越陡峭，异常值距离平均数越近，个数越少。

尽管后来的研究者发现，皮尔逊的分析系统具有一些局限，在许多情况下它并不适用，但皮尔逊对于分布形态的分析方法依然是现代统计学得以发展的基础。

在对测量数据分布的研究中，皮尔逊还作出了一个十分重要的贡献，即怎样确定实验观测的结果与理论预期结果之间的一致性程度（可以确定一个既定的实验得到的数据是否符合一个特定的理论或假设）。皮尔逊的拟合度检验被称为“卡方检验”，用希腊字母X（读作“卡”）表示拟合度的值。这个检验和其他更复杂的检验已经成为现代统计学家的基本工具，用以确定所得结果是否具有统计的显著性，而不是随机因素的影响结果。

1900年，皮尔逊与高尔顿、沃尔特·韦尔登联合创办了《生物统计学》杂志。标题Biometrical包括两个希腊词：bios（意思是作为生物学的“生命”）和metric（即测量）。这份杂志的目的在于鼓励和促进生物学中的统计研究，尤其是对于进化论和遗传学。然而这项工作的影响已经远超出生物科学，深入到了物理与社会科学领域。皮尔逊意识到，他发展出来的统计工具能够应用到涉及观察和实验的任何领域。

测量相关性

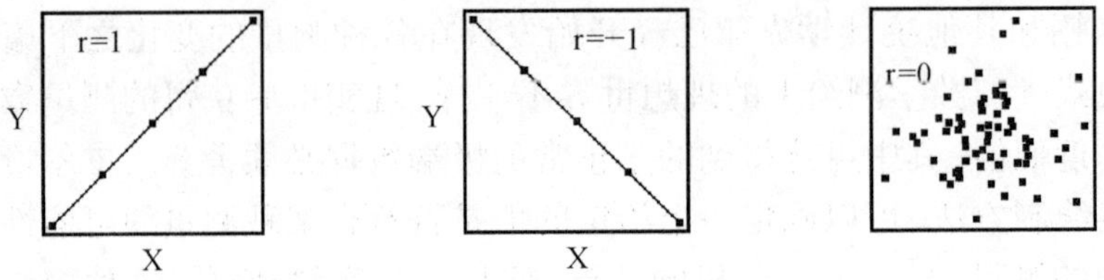

完美相关（完全正相关）　　反相相关（完全负相关）　　没有相关（零相关）

皮尔逊相关显示出变量之间的关系大小。相关值为1表示完美的正相关（两个变量同升同降）。相关值为−1表示反相相关，即完全的负相关（一个变量上升一个变量下降）。如果相关值为0表示正在探讨的两个变量之间根本不存在相关。

优生学与高尔顿实验室

1907年，皮尔逊继任国家优生学实验室主任。这个实验室由高尔顿创建，后来经过重新组织，命名为弗朗西斯·高尔顿国家优生学实验室。“优生学”意思是“优质而快乐地生育”，它很早以前就存在，但一直备受争议。

20世纪初期，达尔文的进化论开始被科学家接受。达尔文的中心思想是，在一个物种中，那些能够在掠食者中逃生，并适应恶劣环境的成员，才能生育，并把它们的特质传给下一代。

达尔文认为，尽管人类拥有独一无二的智力，但是人类依然和其他物种一样，面临着相同的自然选择法则。优生学的创始人高尔顿以及他的继承者们，比如皮尔逊，精确地测量了数百人的生理特征，来观察人类特质是怎样从上一代传到下一代的。但是当这样一门描述性的科学演变为一种社会行为的时候，产生了极为严重的争议。许多持优生学家观点的人鼓吹应该对人群按照遗传疾病和缺陷进行筛选，鼓励那些遗传优秀的人生殖，而限制那些遗传素质低下的人生育，甚至于存在极端倾向，使其绝育。

皮尔逊认为他作为一名科学家，其角色是研究清楚人类遗传的事实，而不是去干预社会政策。他在世的时候并没有看到纳粹的种族分子最令人发指的残暴行径。然而，皮尔逊在生命行将结束之际，写过一篇关于铲除“种族”概念的文章，竟被纳粹分子和一些极端的优生学家滥加利用。

争论焦点：科学的政治用途

在进行优生学研究时，高尔顿和皮尔逊小心翼翼地收集数据、评估证据的有效性。但现在看来，他们设立显著性的标准是十分粗糙的。在今天来看，他们对于人类智力、其他能力以及其他相关的理论要么是有问题的，要么是过于简单化了的。然而这些理论实实在在地影响着他们的测量。

高尔顿和皮尔逊进行的优生学研究实践，事实上是企图开展一项人类计划，想要稳步地改善人类的健康、能力和幸福。然而，他们用来判断人是否具有“适应性”的许多假定标准都是有局限的。进一步来说，他们用来描述人类特质的那些概念，以及其中蕴含的价值标准可能较适合于欧洲人的，而不一定适合其他种族。

除了科学程度之外，这一问题还存在着伦理和权利问题。这一问题远远超出了学术研究的范围。最极端的是，纳粹分子将“优生学”推向了可怕的境地，他们强制地对那些身体和精神上“不适宜”的种族进行绝育，然后推行所谓的“安乐死”，到最后就是残酷的种族灭绝。

科学发现通常成为政治话语中的一部分。而有时候，强有力的科学证据也不会引起政府的重视，甚至还可能被忽略，比如对于全球升温和天气变化等。

皮尔逊的晚年生活

在皮尔逊晚年时期，其多刺的个性对统计研究的新发展产生了消极的影响。作为《生物统计学》的编辑，皮尔逊是一个关键的把门人，决定着年轻研究者走向公众的机会及其职业生涯的提升。在什么样的研究有价值以及什么人能够获取进阶资格方面，皮尔逊固执己见。在一篇关于皮尔逊的演讲中，科普作家霍尔丹（J. B. S. Haldance）这样叙述：

> 一切权力都变质了！握有权柄的教授、重要杂志的编辑，几乎不可能找到一个没有任何腐败的！现在我们看到，甚至才华卓著的皮尔逊也会犯错误。他拒绝了许多有价值的研究报告，他利用他自己个人的能量，而让他研究中的下属们变得比他想象的更不重要。

皮尔逊对随后统计学发展的影响也许可以从他与R. A. 费舍的关系中清楚地看出。费舍是20世纪初期非常著名的统计学家。尽管费舍的许多原创性的研究工作都与皮尔逊的工作非常贴近，但是皮尔逊这位年迈的科学家还是斥责并压制了他。最后，皮尔逊给费舍在高尔顿实验室提供了一个职位，但是提供的研究条件完全在皮尔逊的掌控之下，费舍的研究与讲授主题都受到皮尔逊的控制。

费舍辞去了这个职位，并独立出版了一部有关分布和测量相关的重要论文，但是皮尔逊轻率地拒绝了这篇论文。随后，他还给《英国皇家统计协会会刊》的编辑施压，让他们拒绝了费舍的所有论文。但与此同时，皮尔逊款待同事却显得彬彬有礼与宽宏大量，比如对待数学家耶日·内曼。或许仅仅当皮尔逊感觉到自己的智力受到挑战时，他的粗鄙行为才会出现。

随着一批新的研究者（比如皮尔逊的儿子埃贡走向前台，皮尔逊开始渐渐淡出。他逝世于1936年，不久之后，计算机完全改变了统计的计算过程和结果呈现。

今天的许多学生对皮尔逊的了解仅仅是“卡方检验”和一些教材上关于分布公式的脚注。然而近年来，人们又开始对这位充满矛盾的思想家有了新的兴趣。皮尔逊把自己的一生都献给测量与统计世界。

三

猜测与模拟

——约翰·冯·诺伊曼让电脑转起来

20世纪30年代，数学领域发生了急剧的变化，可谓烦恼与希望交织，宣泄与激动并存。数学开始把目光转向自身，试图发掘自己内部的局限。例如，库尔特·哥德尔曾给定一些特定的数到某个数学命题中，创建了一种新的代数学，他证明了任何完备数学系统中的命题都不能由这个系统中的规则来加以完全证明，称为“哥德尔定理”。与此同时，阿朗索·丘奇和艾伦·图灵分别独立地发展出一套计算理论，他们认为“通用计算机”在理论上能够进行任何形式的运算。

事实上，计算机正在制造之中。约翰·冯·诺伊曼是第一位设计计算机的数学家，他坚信制造计算机的可能性。冯·诺伊曼还在纯粹逻辑、模拟与仿真、博弈论和量子力学等方面作出了卓越的贡献。

约翰·冯·诺伊曼不仅是一位多才多艺的数学家，还是一位具有开创性的计算机科学家。除了现代计算机的著名的冯·诺伊曼体系结构外，他还在量子力学、博弈论和模拟细胞自动机等方面作出了重要的贡献。

来自名城的少年天才

1903年12月28日，约翰·冯·诺伊曼出生于匈牙利首都布达佩斯的一个犹太家庭。除了经商传统之外，犹太家庭还十分重视智力的培养。他最初的名字叫亚诺什·拉约什·诺伊曼。

冯·诺伊曼很早就已经表现出了卓越的数学天赋。当他仅仅6岁的时候，就能够在头脑中进行8位数的乘除运算，并且他还以为其他人都能够做到。

这个男孩卓越的天赋并不仅仅局限于数学。大约在6岁的时候，他就能用古希腊语和他富有智慧的父亲交流了。他借助于图像式的记忆来学习，其阅读量十分惊人。当他才8岁的时候，就已经开始阅读家里收藏的44卷《世界通史》了。

19和20世纪之交的布达佩斯，逐渐成为一个科学与文化的中心，是一个适合这位小天才成长的好地方。冯·诺伊曼的传记作家诺曼·麦克雷（Norman Macrae）这样描述这座城市，"自从意大利文艺复兴以来，这里就不断地产生一代代耀眼的科学家、作家、艺术家、音乐家和许多旅居国外的百万富翁。"在这样的地方，冯·诺伊曼能获得足够丰富的刺激，而不至于迷失在数学和逻辑的想象世界中。比其他少年天才（比如罗伯特·威纳）更幸运的是，冯·诺伊曼的父母并没有给他施加太多的压力，没有强迫他仅仅是专攻某一门学科，进而学得又快又好。也就是说，他的生长环境是相对丰富和自由的。

最初的职业选择

1911年，冯·诺伊曼进入路德教会的高级中学，实际上是为尖子生准备的大学预科学校。在那里，冯·诺伊曼很快就表现出了很强的数学才能，当他学习大学水平的数学时，很快就远远超越了他的同学们甚至他的大多数老师。

尽管年轻的冯·诺伊曼在数学领域表现出巨大的天赋，但是他的父亲依然反对他从事纯数学方面的职业。因此，当冯·诺伊曼1921年进入柏林大学以及1923年进入享有盛誉的瑞士苏黎世的高等技术学院时，他所修专业为化学工程。因为通常在这个领域中，他能够获得一个较为可靠的职业。

同时，冯·诺伊曼仍然积极从事着他钟爱的数学。当他离开柏林去苏黎世之前，他在布达佩斯大学数学系保留着学籍，并参加了数学考试。令人吃惊的是，1926年，当他以近乎完美的成绩获得苏黎世的化学工程学位时，他也通过了布达佩斯大学的数学考试，并在集合论方面做了重要工作，获得了数学博士学位。接下来的几年里，他在柏林和汉堡大学做了义务讲师（一种不付报酬的助理教授）。

对物理学和数学的贡献

1930年，冯·诺伊曼应邀到位于美国新泽西州的普林斯顿大学演讲。到美国之后，他受聘为普林斯顿大学数学物理教授。随后不久，普林斯顿高等研究院成立，冯·诺伊曼受聘成为第一批研究人员之一。在他以后的职业生涯中，冯·诺伊曼曾为许多机构工作，还担任过美国政府顾问。

高等研究院机构的建立是美国物理学开始兴盛的标志。自此，美国物理学水平开始迈入世界一流，与欧洲的各大实验室和大学展开了全面的竞争。（许多顶尖的科学家，都在德国纳粹的迫害下，飞往美国，其中包括阿尔伯特·爱因斯坦。）

20世纪20年代以后，原子物理学领域成为竞争激烈的科学舞台。在对粒子运动行为的数学描述上，埃尔温·薛定谔提出的波动方程和维尔纳·海森伯格提出的矩阵方法展开了激烈的竞争。冯·诺伊曼证明了这两套理论在数学上其实是等价的，并在1932年出版了《量子力学的数学基础》一书。这本书至今还被认为是该领域的标准教科书。冯·诺伊曼还发展出了一套新的代数学，用"算子环"去描述量子力学所涉及的维度空间。

冯·诺伊曼早期的数学成就还包括他关于集合论悖论的博士论文。伯兰特·罗素曾提出了一个著名的集合论悖论——罗素悖论：一个包含所有不是它自己的集合，是否包括这个集合本身呢？无论说是还是否，最终都将陷入矛盾之中。如果这种表述理解起来有点困难的话，让我们来看罗素悖论的一些更为通俗的描述，如理发师悖论。某理发师发誓"要给所有不自己理发的人理发"，现在的问题是"理发师该不该给自己理发"？首先，若理发师给自己理发，那他就是一个"给自己理发的人"，依其誓言，"他不给自己理发"；其次，若"他不给自己理发"，依其誓言，他就必须"给自己理发"。

然而，冯·诺伊曼用两种不同的方式证明了没有任何一个数学集合能够是它自己的元素，为罗素悖论提供了一种解决方法。冯·诺伊曼进一步发展了这一思想，并将其与哥德尔的不完备定理对应起来，认为这同样表明了一个数学公理系统不能证明自身的完备性。

经济学与博弈论

在更新、更复杂的数学工具使物理学发生急剧变革的时候，冯·诺伊曼又把这些方法运用到了经济学领域。

1928年，冯·诺伊曼写了一篇关于"博弈论"的论文，他在文中开门见山地写道：

如果给定外部条件和具体情景中的参与者（假定参与者都能按照自己的意愿作出决定），只要人们仔细考察条件对参与者的影响，就会发现任何事件都是一种特定的策略性游戏。

他考虑到一种特殊的博弈形式——“零和博弈”，就是所有参与博弈的人都知道所有可能的策略和最终可能的结果，但是最后竞争者中必定有失败者。即参与博弈的各方，在严格竞争下，一方的收益必然意味着另一方的损失，博弈各方的收益和损失相加总和永远为“零”。双方不存在合作的可能。理论上就像tic-tac-toe游戏（一种传统的打井游戏，你和你的对手轮流在一个3×3的格上画上自己的符号，谁先把一横、一竖或一斜杠画上自己的符号就算赢。类似于现代的五子棋游戏——译者注），或者更进一步，就像两个旗鼓相当的象棋大师之间的对决，结果必有胜负。冯·诺伊曼指出，在这种类型的竞争中，每个参与者都要选择一种策略，使自己的损失最小化，而让对方的损失最大化。知识经验丰富、富有理性的参与者往往能够更快地找到这种最优化的策略。

随后，冯·诺伊曼和数学家奥斯卡·摩根斯特恩一道，将这一理论推广到多人在不完全信息下的博弈。1944年，他们合作出版了《博弈论与经济行为》一书，奠定了现代博弈论的基础。

争论焦点：冯·诺伊曼与原子弹

20世纪30年代后期，冯·诺伊曼受聘成为美国军方顾问，并涉及物理学和高能炸药的设计。20世纪40年代初期，在曼哈顿计划中，冯·诺伊曼运用他的智慧在炸弹透镜方面作出了重要贡献，可以使常规炸药爆炸产生的巨大能量压缩原子弹的钚核，使其达到并超过临界质量，从而引发原子弹核爆炸。冯·诺伊曼也计算了常规炸弹和核武器在地面爆炸可能产生的最大破坏力。他还很早就建议发展氢弹。和当时其他许多核科学家不一样，冯·诺伊曼从来没有对发展核武器表示过后悔，他也因此而受到了批评。

如果科学发现和发明被误用而成为毁灭性的力量，那么科学家是否应该承担责任和承担怎样的责任呢？这是一个复杂的问题。当时的其他科学家，比如罗伯特·威纳，这个与冯·诺伊曼相当的数学天才，得出了一个迥然不同的结论。这些科学家最终拒绝做与军事相关的工作，他们转而撰写了大量文章和书籍，试图劝导公众认识到掌控在人类手中的技术的危险性，因为许多人并没有理解或者说不关心这些技术可能造成的毁灭性后果。

1954年，冯·诺伊曼被艾森豪威尔总统邀请加入原子能委员会，这个机构的主要职能是控制核材料，并发展民用核能源工业。接受这个职位后，冯·诺伊曼表示，核领域的科学家们都有责任去控制这项技术。他还出证国会，表示政府没有混淆“来自科学家的技术主张”和“政治意图”，没有像许多不同政见的科学家随意主张的那样，取消至关重要的忠诚调查，这类调查是针对参加核研究这类秘密工作人员进行的。

对计算速度的追求

20世纪30年代后期，科学和技术对计算数字长度和复杂度的需要不断增长。这让当时的计算人员们疲惫不堪。当时的计算人员美其名曰算术机器，是军队中专门进行计算的工人，主要由妇女构成。

科学家对设计一种可以更快速计算的机器表现出了浓厚的兴趣，这种机器应该具备执行一系列复杂的步骤（即程序）的能力。艾伦·图灵和阿朗索·丘奇从理论上证明了这种可能性，制造一种通用计算机来进行任何计算，这是能够从数学上加以证明的。然而，采用何种技术来让这种机器变成现实在当时还是不清楚的。

由于冯·诺伊曼在弹道学、空气动力学以及核武器研究方面等多个领域都有过十分专业的工作，所以他对英国的计算器研究和美国的“马克1号”（被称为Harvard Mark Ⅰ）计算机都十分熟悉。“马克1号”是由美国工程师霍华德·艾肯（Howard Aiken）设计，体积十分庞大，采用了数量庞大的电子机械装置传递信息（类似于自动电话交换机）（这台计算机使用了三千多个继电器，又称继电器计算机——译者注）。

随后不久，冯·诺伊曼得知宾夕法尼亚大学的两位工程师在设计一种新型的计算机。这两位工程师是普雷斯伯·埃克特（Presper Eckert）和约翰·莫克利（John Mauchly），他们正在制造世界上第一台电子数字计算机，采用电子管来

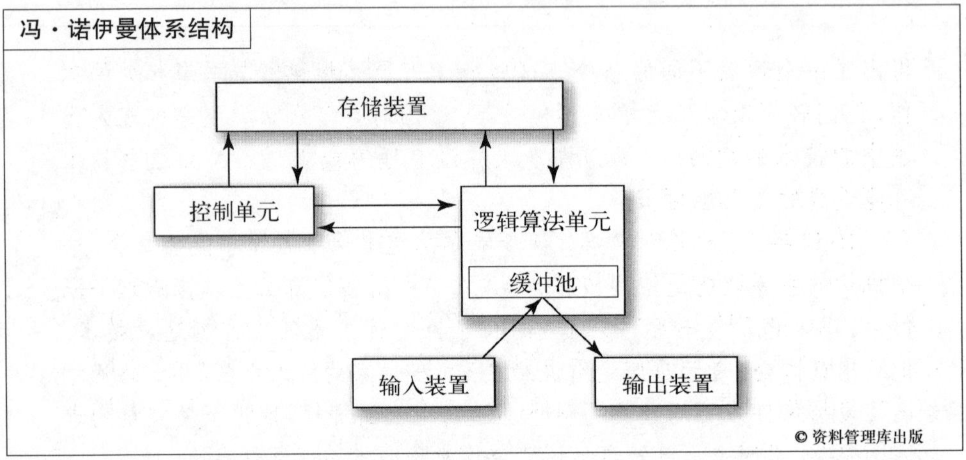

冯·诺伊曼设计的计算机结构最关键的特征是将运行程序存进内存之中，这样就允许计算机程序自己修正指令。

进行信息交换和储存，史称“埃尼阿克”（ENIAC）。这台计算机的运算速度比先前建造的马克1号快一千倍以上。尽管“埃尼阿克”已经在建，宾夕法尼亚大学摩尔学院仍然邀请冯·诺伊曼作为该项目的顾问。

数字计算机的诞生

最早的计算机（比如马克1号）采用打孔的指令卡片或指令带的方式阅读程序指令，使用过的指令卡片和指令带就只有丢弃。那就意味着，如果要反复执行一串相同的指令，就必须在实际中一遍一遍地制作和安放指令带，并一遍一遍地运行。随后的电子计算机“埃尼阿克”能够很快地阅读指令带，以至于机器没有足够的能力来保存这些信息。所以只得设计数千个元件来存储这些指令和一些常量。这套冗长的程序意味着这台机器除了给人带来巨大的麻烦外，事实上什么也不能干。这种状况持续了好长时间。

就在此时，冯·诺伊曼提出了一个至关重要的创见：计算机的工作记忆（俗称“内存”）不仅可以储存运算所需的一批批数据，也能用来储存程序指令本身。一旦程序本身储存在内存之中，循环运算和其他指令的执行就只需要简单地从内存中的一处跳往另一处即可。

因此，所有的现代计算机的储存装置都由两部分构成：一部分用于储存指令，是运行相对快速的记忆；另一部分用于储存巨量数据和运行的结果。在当今的PC机（家用计算机）中，执行这两种功能的分别是RAM（内存）和硬盘。

冯·诺伊曼还构想了一种更加自然的方式来操作和储存数据，所有的电子机器都可以采用二进制的方式，即用“1”和“0”表示“开”和“关”两种基本状态，在储存中，两种标记状态的载体可以是磁信号、电信号或其他现象。尽管计算机已经从电子管到晶体管到现在的大规模集成电路，但这种设计逻辑完全独立于具体硬件的发展，一直被沿袭下来。

1945年，冯·诺伊曼起草了《关于离散变量自动电子计算机（EDVAC）的草案》，1946年，他又撰写了更为全面的《电子计算机程序设计逻辑的初稿》。至此，冯·诺伊曼建立了现代电子数字计算机的基本结构体系和设计原则。这些设计思想和方案很快就被成功运用到了计算机的设计中，比如名字古怪的计算机曼尼埃克（MANIAC）。

埃克特和莫克利以及他们的支持者随后声称，他们早就有了这种内存设计思想，并且已经将这种思想运用在内存的设计之中，将之称为一种“水银延迟线（a mercury delay line）”。无论这种声明是否属实，事实仍然承认是冯·诺伊曼为现代计算机构建了完整的理论体系结构，因此被称为“冯·诺伊曼结构”。另外，冯·诺伊曼的报告流传甚广，直接导致了世界各地计算机研究的蓬勃兴起。

继战时使用的ENIAC之后，美国军方又建造了EDVAC，作为新一代的数字计算机。EDVAC计算机1951年开始运行，其设计融入了冯·诺伊曼关于计算机体系和运行结构的思想（图片来源：美国军方）。

离开EDVAC计划后，冯·诺伊曼回到普林斯顿高等研究院，和赫尔曼·戈尔斯坦、亚瑟·伯克斯一道，设计制造了名为“高等研究院电脑”，又称“阿艾斯机（IAS）”，其中体现了冯·诺伊曼的设计原则。这台计算机的设计和研究引起了计算机研究的大发展，此时研制计算机的包括著名的兰德公司，洛斯·阿拉莫斯国家实验室，以及其他国家，包括澳大利亚、以色列，甚至苏联。这一设计最终被IBM（国际商用电器公司）商业化，制造出了第一台商用计算机IBM 701。

在随后的岁月中，冯·诺伊曼继续

探索着计算理论。他试图研究出一种方法去设计自动机。希望在没有确定信息的条件下,这种计算机依然能够保持稳定可靠的运行。

研究自我复制的自动机

在20世纪60年代早期,冯·诺伊曼开始研究一种能够与环境交互,自动生长甚至繁殖的机器。如果能够实现,冯·诺伊曼认为人们可以称这样的机器为"有生命的(alive)机器"。

冯·诺伊曼认为在现有技术条件下要制造一个具有这种功能的真实自动机是不可能的。他转而设计了一种虚拟机器,这种机器符合自动机的逻辑,能够用来演示生命过程。随着他工作的不断推进,其设计也变得越来越复杂,已经很难清晰地把握机器的行为,因为它具有数以百计的构成部分。

与此同时,另一位伟大的数学家,斯塔尼斯拉夫·乌拉姆正在计算机模拟方面做着开创性的工作。乌拉姆设计了一个程序,可以让计算机在一个规则集合的引导下,在方形的栅格中绘出各种图案。这些图案常常是惊人地复杂,却又美妙绝伦(比如,一个规则集合能够在一个方形栅格中绘制出一幅精美的珊瑚生长图)。

一台"自我繁殖"机器

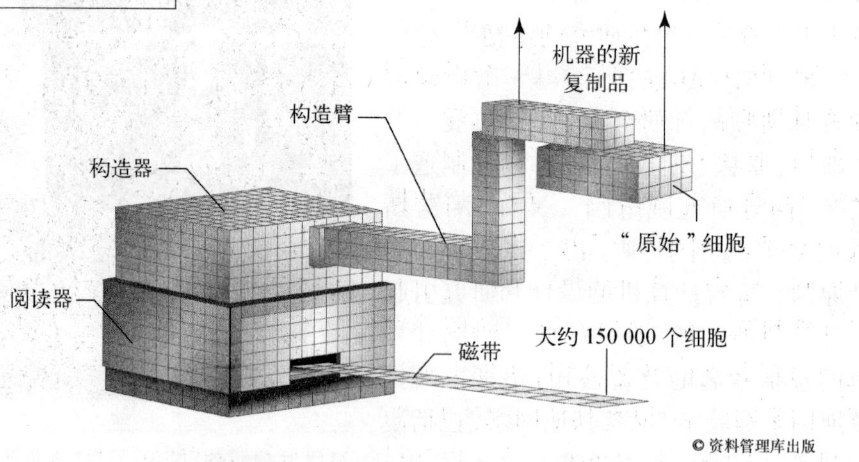

冯·诺伊曼设想的"自我繁殖"机器的一种示意图。假设通过一条很长的磁带来与机器交流,机器由磁带接受指令。按照这些精确的规则,机器逐渐在仿真环境中利用数据细胞建造出一个与自身相同的复制品。

乌拉姆和冯·诺伊曼一起工作，并将冯·诺伊曼的“有生命的机器”的概念运用到一套规则集合中，以便能够在计算机上进行操作。乌拉姆和冯·诺伊曼希望有一天至少能够在计算机上模拟“有生命的机器”，将制造真实的“有生命的机器”留给未来的人们。

冯·诺伊曼进一步推进了乌拉姆的工作。他最终设计的“有生命的”自动机十分复杂。这个自动机拥有20万个细胞，就像人类体内的细胞一样，拥有不同的特殊的功能（比如有些负责信息复制，有些负责生长，有些负责繁殖）。每个细胞可以有29种状态——分别用不同的颜色表示。由于使用了许多由自动规则控制的独立细胞，所以这个模拟有机体被称为细胞自动机。

尽管冯·诺伊曼能够从数学上证明这样的自动机能够成为现实（只要能够将构成它的各部分制造出来），但是他的健康却每况愈下，最终他没有机会将其理念进一步发展。然而随后的研究者却发展出了许多其他类型的细胞自动机。

艰难的命运

在许多方面，冯·诺伊曼的成功都远远超越了生命本身。除了他勇敢的智力探索和在学术与政治上的优势表现外，他还喜欢美食，爱好饮酒，乐于参加各种社交活动。1957年2月8日，冯·诺伊曼逝世，死于骨癌。

冯·诺伊曼由于对美国科学和技术作出的多方面贡献，获得了许多奖励和荣耀。其中包括1947年获得的优秀公民服务奖，1956年获得的美国总统自由奖章和恩里科·费米奖等。

其他科学家：斯塔尼斯拉夫·乌拉姆

斯塔尼斯拉夫·乌拉姆（1909—1984）是一位波兰籍美国数学家。他受冯·诺伊曼邀请，在第二次世界大战中参加了秘密制造原子弹的工程。在那里，乌拉姆发展了一套计算机模拟技术，它是基于随机数的重复产生而设计的。随机数是依照自然的分布法则自动生成的。

乌拉姆还在其他数学领域作出了重要贡献，包括集合论和拓扑学。随着职业的升迁，乌拉姆逐渐跳出具体的数学工作，而专心研究和寻找数学概念与物理以及生物现象之间的联系。

在为冯·诺伊曼撰写颂词时，乌拉姆回忆了他们之间的一次会谈："……技术持续不断地向前发展，改变了人类的生活模式。然而在历史的长河中，似乎已经出现了某种接近本质单一体的迹象。就像我们所熟知的那样，人类社会总有一天会在某处不再向前继续……"

也许对于一些针对冷战核政策的批评者来说，冯·诺伊曼至少是释放核魔鬼的帮凶。然而，对于数学家和物理学家来说，他是一个富有创造性和原创观念的榜样。对于计算机科学家来说，冯·诺伊曼或许是这种不可思议的机器最重要的设计者。因为有他，今天我们的桌面上才能摆放着计算机；因为有他，计算机才作为一种通用工具，引入了仿真模拟领域。

四

微妙的均衡

——约翰·纳什与博弈论

20世纪70年代，普林斯顿大学的学生们早晨走进教室，有时会发现教室里的黑板上，神秘地写满了各种深奥的数学公式和未知的符号。根据校园里的口头传言，在学校的走廊中，夜里经常能够看到一个幽灵漫步，有时还会从某个教授的办公室门缝里挤出一些纸片，纸片上面写满了数理逻辑的演算。

学生们（甚至大多数教员）不知道，这个幽灵乃是一位数学家，名叫约翰·福布斯·纳什（John Forbes Nash）。二十多年前，纳什曾改变过世人对博弈论的理解，他清晰地指出了竞争的参与者如何选择策略，并达成最终的结果。这同样适合于商业交易中的参与者和劳动纠纷中协调的双方。"博弈论"现在已经改变了经济学。但是它的创始人却迷失在妄想的世界中（精神分裂症），这位世界级的伟大数学家，艰难地求索着，想要回到正常人的生活。

约翰·福布斯·纳什就像一颗闪耀的流星，划过20世纪50年代的数学天空，放出耀眼的光芒，尤其是他在研究博弈论时发现的"纳什均衡"。随后纳什与精神分裂症开始了长达数十年的抗争，终于逐渐康复过来，并于1994年获得了诺贝尔经济学奖。

一个与众不同的孩子

1928年6月13日，约翰·纳什出生于美国西弗吉尼亚州布鲁菲尔德的阿巴拉契亚镇。他的父亲（和他同名）是当地公共事业公司的一名机电工程师，他的母亲玛格丽特是一位教师。父母都聪明能干、遵纪守法且精力充沛。

纳什在他的诺贝尔获奖传记中写道，“布鲁菲尔德是一座小城，处在地理上相对偏远的阿巴拉契亚山脉。这里不是学者云集之地，也不是高新技术之都。”然而，这里却是一个相对重要的区域性商业中心。

当地的学校教育是完备的，但所开课程却相对有限。然而，小纳什却从父母和祖父家中的百科全书和其他书籍中大大获益。他还得到了妈妈的细心教育。这位经验丰富的教师饱含兴趣和极富耐心地辅导了他整个高中阶段的学习。父亲也对孩子的教育极富兴趣，他乐于回答纳什的各种问题，并送给小纳什许多科学方面的书籍。

然而在学校中，年幼的纳什在适应社会方面却很差，往往不守规则，行为举止方面常有不良记录。他常常不等放学就跑回家，他还把他的房间变成了一个实验室。在那里，他修理收音机和其他小电器，还做一些化学实验。有一次他和其他两个男孩曾试图制造并引爆各种各样的炸药。

后来，纳什在美国公共广播公司发表的自传文章《美丽心灵》中回忆道：

> 有时，人们认为我是一个奇才。有时，人们又认为我“脑子有毛病”。因为我有想法，但是这些想法往往是疯狂、怪异和不完美的。

纳什的父母让他参加各种活动，比如儿童军事训练营、星期日圣经班、舞蹈学校和青年俱乐部等，希望他能够很好地转变。他们甚至劝说纳什的妹妹带他去参加放学后的各种社交活动。在参加这些活动时，纳什并没有公开地表示反叛，但这些对他来说是一种煎熬，直到他回到他的实验室，这种煎熬才结束。

当他的同学们和这个难以相处的高个子开玩笑时，收到的回应往往是纳什对自己智力的炫耀，甚至是一些粗俗的玩笑。若干年以后，纳什的同事也遭遇到了相同的尴尬和傲慢。

走向数学的道路

在高中时候，纳什曾饶有兴趣地阅读了一本书——《数学家们》，这是贝尔用浪漫的手法，为世界著名的数学家撰写的一本经典的传记集。纳什的父母安排他到附近的布鲁菲尔德学院学习一些数学课程，但是他仍想追随他父亲从事机电工程方面的职业。在最后一年时，他赢得了威斯汀豪斯奖学金，每年仅有

10个人能获此奖学金。

纳什走进了位于匹兹堡的卡耐基工学院（后来改名为卡耐基—梅隆大学）。他一开始决心学习化学工程专业。由于他的精细操作能力很糟糕，所以面对枯燥繁杂的实验室工作，纳什逐渐感到灰心丧气，失去了兴趣。最终，由于一位教师发现了他在数学领域的才能，帮助他转到了数学专业。在求学期间，他在数学方面获得了大量荣誉，并一举获得了学士和硕士学位。

优异的学业成绩，让纳什在毕业时获得了两个学校的奖学金，哈佛大学和普林斯顿大学。由于普林斯顿大学出的奖学金更高，且离他在布鲁菲尔德的家更近，最后，纳什决定去普林斯顿大学攻读博士。

普林斯顿的生活

纳什在他的同学中十分突出，并且常让大家感觉不舒服。他在普林斯顿的同事，梅尔·豪斯勒（Mel Hausner）在《天才的疯狂》中这样记述：

> 当约翰走进房间时，你一定知道他走进来了。我想他可能认为自己是一个最聪明、最优秀、最有数学天赋的天才。我们通常都会高估自己和他人，但约翰是成倍地高估了自己。约翰十分明显地表现出了这种过分的自我高估。

纳什常常打断上课，要求老师讲一些有价值的原创性的东西。他总是有意地避免从他人那里学习一些具体的知识。他想要应对最困难的问题，最好这些问题曾经击败过最优秀的数学家。

另一方面，纳什卓越的智力和想象力也给同学们留下了深刻的印象。玩游戏在普林斯顿大学数学系的学生中十分普遍。他们玩象棋、军棋和来自亚洲一种叫作“Go”的策略性游戏，它们在这里都是十分流行的。

当纳什到达普林斯顿大学不久，他就发明了一种策略性游戏，并将其命名为“纳什”。游戏在六边形的棋盘上进行，其中黑白双方在菱形边上摆放石子，直到某一方将某一边的石子摆满为止，则该方获胜。（后来有人指出在纳什之前，这个游戏就由名叫皮阿特·海因的丹麦人独立地发明了，后来命名为“赫克斯”，即“六角棋”）。纳什从数学上证明，处于任何一边的游戏者，只要不发生失误，先走的一方就总能获胜。

博弈论与纳什均衡

纳什对于游戏的兴趣急剧增长，以至于在饭后的一小时休息中都沉溺在游戏之中。最大的游戏无疑是那些被称为“经济”“市场”和“商务谈判”之类的事务。纳什对于经济学的兴趣始于他在卡耐基学院修过的一门经济类课程。然而令人遗憾的是，那时候的高级数学家们几乎不怎么关心经济问题。其中只有一个例外，就是冯·诺伊曼和奥斯卡·摩根斯特恩，他们共同创立了博弈论。

博弈收益矩阵

		第二个参与者	
		坦白	拒绝
第一个参与者	坦白	2,2	4,0
	拒绝	0,4	3,3

“博弈收益矩阵”表示的是博弈各方基于各种可能的选择导致的不同结果。这里呈现的矩阵结果是著名的“囚徒困境”博弈的结果。这个博弈中的纳什均衡出现在两名参与者都坦白承认的情况下，他们都被宣判为两年徒刑。

游戏结果的树形展开

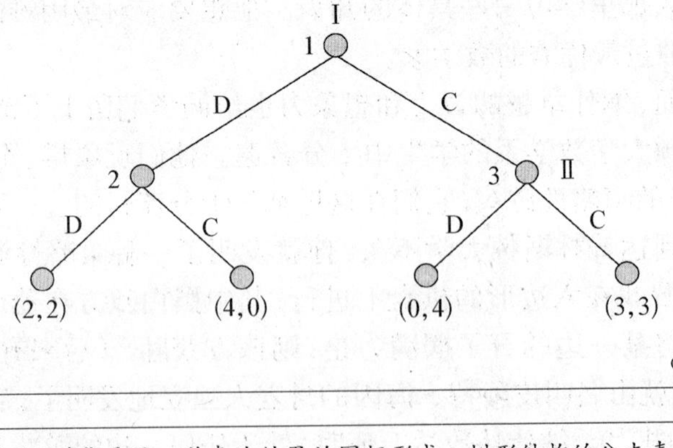

在博弈论中，“树形展开形式”是另一种表达结果的图标形式。树形结构的分支表明博弈各方策略的所有可能组合（本图展示的仍然是前面的表格中已经呈现过的“囚徒困境”的博弈结果）。

当纳什到普林斯顿大学时，冯·诺伊曼早已声名显赫，他在众多领域都作出了令人称道的贡献。从数学到物理学，从核武器的设计到经济分析，无不留下了他深深的足迹。纳什聆听过了冯·诺伊曼的一次讲座，他迅速地抓住了博弈论，并且考虑到了它在人类开拓的各个实践领域的多种可能的应用。纳什也看到，尽管冯·诺伊曼和摩根斯特恩的工作是十分深刻的，但是尚未完善，还有大量问题尚待解决。这些问题包括经济学家面临的真实博弈情景，比如市场中的多人博弈、不完全信息博弈和"非零和"博弈解决等。

在他的第一篇博弈论论文《讨价还价问题》中，纳什仔细地研究了交易问题，即人们如何达成协议，并完成金钱、商品和服务的交换。这是经济学的基础。纳什认为，谈判的基本特征是"双方有机会合作去实现共同的而不是某一方的利益"。各方可能有各自不同的目标和期望，但他们必须提供给对方需要的条件才能实现自己的目标。为了最后的成功交易，双方最终将在共同利益最大化的情况下实现自己的需求（比如金钱或商品）。

传统数学最常见的方法往往是从一个定理开始，寻找一个解决办法，而纳什不这样，他把目光转向过程的分析。他从数学的角度，将"成功交易的条件"定义为双方都满意，即对于交易双方来说都能够获得最大利益的一种解决方式。

在更加广泛的博弈语言中，纳什证明，博弈中的每一个参与者都有一个特定的策略，用于对抗其他参与者采取的策略。在这种意义上，博弈将达到一种平衡——现在称为"纳什均衡"。纳什从数学上证明，这样一个必然存在的均衡，让博弈论一下子可以应用到许多现实的经济情景中去。

然而，若干年来，大多数经济学家对掌握在他们手中的这一工具的力量并未给予充分的认识。这一方面是因为多数数学家往往更关心这位世界级数学家在代数几何学和微分方程中的成就，而对纳什在博弈论方面的工作不感兴趣。另一方面的原因是因为纳什自己曾在数学界销声匿迹了许多年。

人生的低谷

纳什在麻省理工学院获得一个稳固的讲师职位，但是他那生硬粗暴的性格时常妨碍他的工作。他不仅与同事关系十分紧张，而且与亲友的关系也非常糟糕。他遇到一位名叫埃莉诺·施蒂尔的护士，并与之约会。后来当他发现这位护士怀上了他们的孩子时，纳什拒绝抚养这个孩子，甚至连分娩的费用也绝不支付。纳什一直为此事保密。此后的许多年中，他的儿子约翰都在与他父亲毫无关联的情况下默默成长。

后来纳什和他的一名学生、物理学专业的艾丽西亚·洛佩斯-哈里森·德拉尔德恋爱了。艾丽西亚时年21岁，身上带有异国情调，富有吸引力，并且对她自己领域内的各种科学问题十分感兴趣。1957年2月，纳什和她结婚。

1958年初，纳什似乎爬到了世界的顶峰。《财富》杂志把他列为当今世界数学天空中最明亮的星星之一，他还有一个和他享有许多共同志趣的娇妻。然而纳什已经年过30，传记作家西尔维亚·纳萨这样写道："对于一位数学家来说，年过30意味着什么呢？就好像对一个芭蕾舞演员和一名运动员一样，年龄是你的敌人！"

纳什总是在自己前进的道路上为自己设立最高的栅栏，后来，他终于觉得自己开始跌落了。经过大约十来年最有光彩的工作，纳什最终没能获得享有盛誉的菲尔兹奖，这一奖项就相当于数学界中的诺贝尔奖。后来他又加倍努力地试图证明黎曼猜想。这是一个关于复数和素数的极其难以证明的猜想，至今仍然未被证明。

亲历者说：令人发怒但又聪明绝顶

传记作家和参访者们询问纳什在麻省理工学院的同事，要求他们描述自己与纳什的相处经验，结果冒出来了许许多多的形容词。在《天才的疯狂》一书中，费利克斯·布劳德称纳什是一个"不折不扣的放荡不羁以至于有些不知羞耻的杰出人才"。齐普拉·莱文森说纳什"十分傲慢，十分自负，十分自私，十分自我中心。他的同事们十分不喜欢他，但是都容忍着他，因他在数学方面的确太聪明了"。

还有许多人评价纳什时常常充满敬畏。唐纳德·纽曼回忆道：

我在想一个问题，想要从中得出一点什么，但是我不能，我不能，我不能。然后我就去睡觉了。后来我做了一个梦。我并没有直接梦见问题的解决办法，而是在梦中遇到了纳什。我问纳什这个问题如何解决，纳什告诉了我答案。最后我终于完成了这篇论文。我应该把荣誉给他，因为这个问题不是我自己解决的，而是纳什解决的。

濒于崩溃的边缘

尽管有时问题的解决办法可能就在眼前,但是纳什最终没能证明黎曼猜想。过度的努力让他的身体严重透支,精神极度抑郁。这样的状况将使那些有潜在精神问题(比如精神分裂症)的人一下子精神崩溃。

1958年新年前夕,纳什到一个同事家里去参加盛装晚会。他穿着一个尿布,把自己打扮得像一个婴儿。尽管婴儿是庆祝新年的一个传统符号,但是纳什的实际行为与正常行为相比,看起来十分古怪,甚至于像是捣乱。几周以后,纳什走进麻省理工学院的休息室,大声宣布外星人通过《纽约时代周刊》给他传送了秘密电码信息。类似的奇怪宣称不断继续发生:纳什说他登上了《生命》杂志封面,假扮教皇约翰二十三世——23是他最喜欢的素数。后来,纳什声称麻省理工学院里的许多人是共产主义阴谋集团的成员,因为他看到这些人都打着红色的领带。类似的奇思怪想接二连三地从纳什的脑子里冒出来,看起来根本没有什么联系。还有一次,纳什拒绝了芝加哥大学一个显赫的职位,他解释道,他已经被安排出任南极洲的国王了。

数学系主任希望纳什仅仅是暂时的神经短路,于是就让他停止教学,给他放了一个月的假。纳什驱车到了华盛顿,他把信件投递到各国大使馆的邮筒中,试图给各国政府写信。妻子艾丽西亚越来越担心,她咨询了精神病医生,医生认为纳什应该住院治疗。

然而,纳什反对进入麦克林医院,这是位于波士顿郊外的一个私人精神病诊所。医生诊断纳什患有妄想型精神分裂症,给他服用了镇静剂,并让他接受精神分析治疗。

在那些阴暗的日子里

大约50天后,纳什获准出院,从医院里释放出来。他到了欧洲,事实上他是想离开艾丽西亚,进行一场超现实的旅行,他想要避开他想象中的共产主义者和阴谋的反共分子。9个月以后,美国大使馆的官员将纳什送回美国。

纳什的情况并没有好转。他第二次进入了医院,这一次是新泽西首府特伦顿州立医院,这里的条件可比他第一次住过的私人医院差多了。医生对纳什施行了胰岛素休克疗法,想要“重组”大脑的代谢功能。由于这一疗法备受争议,当时已经被许多医院禁止采用。

治疗眼看有一点起色却又伴随着新一轮的发作，病情改善似乎成为一种幻象。艾丽西亚感到自己无力应对纳什的糟糕状况。1962年，她最终申请了和纳什离婚。

相关链接：数学与疯狂

长期以来，人们有一种基本看法，那就是智力越高的人，他们患精神疾病的可能性也越高。

一些逸闻趣事常常为这种看法提供了支持。两位著名的象棋大师，保罗·莫菲（Paul Morphy）和威廉·施泰尼茨（Wilhelm Steinitz），都是在精神病院中结束了他们的职业生涯，更不要说行为怪异的波比·费希尔（Bobby Fischer）了。

在数学家中，最著名的精神失常的例子可能要数格奥尔格·康托（Georg Cantor）。这位德国数学家开创了集合论，并证明了数学中不止唯一的“无穷”，所有的“无穷”之间是不相等的，因为它们作为集合其成员不是一一对应的。康托晚年遭受了反复发作的严重抑郁。虽然有一些数学家（比如保罗·厄尔多斯）行为古怪，但是仍然没有足够的证据说明数学家比其他类型的学者更易患精神疾病。

斯坦福大学的康尼·M. 斯通（Connie M. Strong）和特伦斯·A. 凯特尔（Terence A. Ketter）最近的一项研究表明，有一种特定的精神疾病叫作“双相情感障碍”，个体通常是在两种极端情绪之间波动。这种障碍可能与某些特定的人格特质相关，比如开放性和想象力，这些特质通常在那些富有创造力的人中表现比较突出。约翰·纳什患的是精神分裂症，与双相情绪障碍完全不同。纳什的数学能力在他与疾病做斗争的过程中，同时起着助长疾病和压制疾病的功能。在最开始的时候，纳什的思维能力一直在发挥积极作用，使他的身体感觉和精神体验保持一致，延迟了他精神分裂的首次发作。然而后来，当第一次发作之后，纳什遭受了妄想的折磨，数学这种精确的数理推理形式，又帮助纳什精确地描述他构建出来的关于阴谋的一套套理论。最后，虽然纳什试图用他的数学逻辑能力去对抗他的精神妄想，但他明显的婴儿装束却表现出了逻辑和妄想之间的矛盾。

顽强地站起来

纳什的同事、普林斯顿大学、麻省理工学院并没有遗弃纳什。他们给纳什安排了一个工作强度轻微的学术职位，安排了公寓，供给他稳定的生活，并定期安排他去看精神医生。然而纳什再一次发作，跌入了妄想的世界之中。1970年，在纳什最需要帮助的时候，艾丽西亚决定作为朋友而不是妻子，回到纳什身边，照顾纳什。

纳什均衡已经成为理解经济交易和商务谈判的一个中心概念，其影响涉及商业合并、拍卖、劳资谈判等十分广泛的经济活动。许多经济学家纳闷，为什么博弈论一直没有能够获得经济学领域的诺贝尔奖呢？但经济学家没有明白处在瑞典首都斯德哥尔摩的诺贝尔奖评审委员会的苦衷。评委们认为，如果要给博弈论颁奖，那么就必然不能少了约翰·纳什，因为他在这个领域扮演着关键的角色。然而对于这样一个精神不稳定的人来说，怎么能够接受这个奖项呢？无论是颁还是不颁，评委会都承受着巨大的公众压力。

但是事情在纳什身上慢慢地好转起来，他开始系统地质疑存在于他头脑中的声音幻觉，并用数学般的严谨来询问这些声音的要求。他开始拒绝这些声音。这些声音虽然并没有完全离开，但他开始拒绝聆听脑内的幻听。就像纳什在《美丽心灵》中所说的那样，“我下了决心，我决心开始理智地思考。”

纳什开始重新接触现实世界和他的同事们。虽然大家建议纳什服用一些更有效的新药，但是事实上纳什从1970年，就开始停止服药了。

手捧诺贝尔奖杯

20世纪90年代，纳什康复的消息不胫而走。诺贝尔奖评审委员会决定为纳什颁奖。1994年10月10日，已经66岁的纳什在斯德哥尔摩获得了诺贝尔经济学奖，同享殊荣的还有其他两位博弈论专家。

2001年，纳什和艾丽西亚复婚。纳什回到麻省理工学院继续从事数学研究。同年，根据西尔维亚·纳萨1998年的纳什传记《美丽心灵》改编的同名电影正式公映。这部影片介绍了这位数学家的奇特生活和与公众的痛苦战斗。尽管电影生动地描绘了纳什与精神疾病的斗争过程，但是对于这位数学家伟大学术工作及其意义的介绍却显得过于简单，或者忽略了大量细节。

在诺贝尔奖自传中，纳什认为他的创造力在某些方面是由于他的疯狂才得来的：

> 现在，我认真地再三思考着科学家的人格特质。一个人能够从疾病之躯恢复到健康之躯，这绝非玩笑之词。然而，在个人与宇宙的关系上，理性的思考的确会强制地设置某种概念的限制。

大家一般认为，恢复神智的纳什已经66岁了，不太可能有能力去做更多的数学研究，更难取得什么新的数学成就。可是，纳什却觉得过去的几十年中，他那“部分偏瘫的思维”就像是给他的大脑放了一个长假。

随后几年，纳什承担了一个研究项目，想要开发一种计算机程序，可以基于他博弈论的思想来运算。他使用的工具之一便是斯蒂芬·沃尔夫勒姆（Steven Wolfram）开发的mathematica程序。

无论如何，纳什留给世人的财富无疑是巨大的。纳什的工作揭示了竞争的动态过程，让合作双方甚至竞争双方都能够去寻找一种最佳的解决办法——均衡，以便他们都觉得自己获得了事实上最好的结果。另外，纳什通过不懈的斗争，来维持其内在平衡，最终战败了非理性的毁灭力量，赢得了精神的胜利，也给世人树立了光辉的典范。

五

永无止境

——伯努瓦·曼德尔布罗开启了分形世界的入口

英国的海岸线究竟有多长？我们可以拿出一份地图，参照它的标尺，用一把尺子来对英国海岸线的长度进行粗略的估计。但如果我们用一把刻度更小一点的尺子，重新测量，将得到一条更长的海岸线。如果我们驾驶飞机沿着海岸，从空中截取图片来测量，将看到海滩和海岸曲曲折折，有的向内凹陷，有的向外突出，最终测得的结果将会更长。最后，我们还可以以我们自己的步子为尺度从海滩出发，开始测量。

无论是英国还是加利福尼亚的海岸，都具有一种特殊属性，如果不断地放大，就能不断地增加细节的程度，永远没有尽头。海岸线的长度看起来几乎是无限的，至少可以不断地放大，直到原子程度。

数学家把对这种可以无限细节化的客体描述叫作分形几何学。在探索这种层次无限但又具有自相似结构的固定模式的新几何学时，伯努瓦·曼德尔布罗（Benoît Mandelbrot）在看起来似乎混沌的自然现象背后，发现了潜隐的秩序。

伯努瓦·曼德尔布罗倚靠着一幅著名的分形背景图。这幅分形图是他创造的，具有可以无限展开的结构。

在战争的阴影下学习

1924年11月20日，伯努瓦·曼德尔布罗出生在波兰首都华沙。他们家是犹太家庭，祖籍立陶宛，曼德尔布罗的父亲是一个服装制造厂商，母亲是一位内科医生。

曼德尔布罗早年一直在家里接受教育，因为他的母亲担心当时的流行病会传染给他。曼德尔布罗很快就掌握了阅读技能，并在象棋方面表现出了很强的天赋，曾经获得过同龄组象棋比赛冠军。

1936年，曼德尔布罗12岁时，希特勒制造的阴影开始威胁欧洲，他们一家搬到了法国巴黎。曼德尔布罗的叔叔佐列姆·曼德尔布罗（Szolem Mandelbrot）是一位大学教授。他开始教授小曼德尔布罗学习数学，曼德尔布罗也有机会接触许多数学家，听到各种各样的数学演讲和讨论。年轻的曼德尔布罗开始对几何学越来越感兴趣。他的叔叔一直从事高级分析（微积分学）的研究，并不支持曼德尔布罗朝几何学方向发展。因为当时许多数学家都认为几何学几乎到达了一个死胡同，不适合初学者学习。

1939年秋，德国入侵波兰，发动了第二次世界大战。第二年春，德国入侵法国，并迅速占领了法国大部分地区，包括巴黎。曼德尔布罗一家被迫搬到法国乡下，此后频繁搬家，躲避纳粹对犹太人的迫害。这种状况下，曼德尔布罗无法接受任何正规的学校教育。正如他在接受《数学人》采访时回忆：

> 我经常跟着一位兄长搬来搬去。我带着一些旧书，一切都靠自学，我常没有什么理性地去揣度许多事情，甚至没有什么道理地去做许多事情。最终居然获得了极大的独立性和自信心。

不同寻常的数学道路

1944年巴黎解放，曼德尔布罗通过了国家的大学入学考试。尽管从来没有接受正式的代数学或微积分教育，但是曼德尔布罗发现，他对几何学以及对形状的熟知程度可以帮助他很快将其他方面的数学问题转化为自己熟悉的形式。

1945年，曼德尔布罗的叔叔佐列姆从美国回来了，他到美国主要是为了躲避战争。家中为年轻的曼德尔布罗的未来发展方向展开了激烈的争论。叔叔佐列姆支持一个名叫布尔巴基的数学学派，主张在数学分析中推行一种正式、严格和文雅的作风。年轻的曼德尔布罗并没有采纳他叔叔的建议，而是选择了一个边缘粗糙、质地复杂的世界——不断变形的几何世界。

曼德尔布罗最初进入了巴黎高等师范学校，但很快就离开了，因为那里的人们对于几何学不感兴趣。后来,他在巴黎综合工科学校遇到了一位与他有着相同志趣的数学家保罗·皮埃尔·莱维(Paul Pierre Levy),莱维是一个概率论专家,在物理学中涉及概率方面的研究,比如微粒随机运动产生热能的现象。莱维帮助曼德尔布罗从现实世界中寻找数学现象,而不仅仅从那些先辈数学家建立好的抽象概念中去寻求数学现象。

曼德尔布罗的职业生涯发生了一个重要转折。他在加州理工学院获得了航空工程学硕士学位和职业资格。回到法国后,他加入了法国空军,并在那里工作多年,后来终于又在巴黎重返学术研究。

1952年,曼德尔布罗在巴黎大学获得博士学位。他的博士论文是《博弈中的数学理论》,试图将热力学、控制论(由罗伯特·威纳创立的交流与控制的科学)和冯·诺伊曼创立的博弈论结合起来。后来,曼德尔布罗说这篇论文组织得不好,书写得也不理想,但是其中包含了一种十分重要的理念——结构,这在他随后的工作中体现了出来。结构是一种能够不断自我复制的东西,可以不断地细化细化再细化,就像一棵树有枝干,枝干又有小枝。

1953年至1954年期间,曼德尔布罗在美国普林斯顿大学高等研究院继续从事数学研究工作。该研究院由冯·诺伊曼主持,当时这里就像是许多流亡的欧洲数学家的家。在这里,曼德尔布罗接触到了对他后来的工作至关重要的一个概念,被称作"豪斯多夫-贝塞克维奇维",这个数字观念揭示的是围绕一维直线的二维动画(他研究的一个实际例子是流体中分子的微小而激烈的布朗运动)。曼德尔布罗回到欧洲以后,曾从教于瑞士的日内瓦和法国的里尔。

不可思议的聚合

1958年,曼德尔布罗接受了IBM公司开放实验室的研究职位,他的相关研究兴趣最终开始走向整合。IBM公司开始成为计算机行业的领导者,并且和贝尔电话公司一样,它有一种宽松的政策,就是提供经费设立实验室,以支持科学新锐们相对自由地从事他们感兴趣的研究。尽管他们资助的研究工作可能与计算机没有直接或即时的联系,但是这些研究成果最终可能推动技术的巨大进步。

1961年,IBM公司委托曼德尔布罗分析电话线路中经常出现神秘噪声的问题。IBM公司认为这些噪声产生的原因可能是工人们维修系统的工具。然而,曼德尔布罗注意到,这些噪音有一种类似于布朗运动的特殊结构。他仔细分析英国的海岸线有多长?

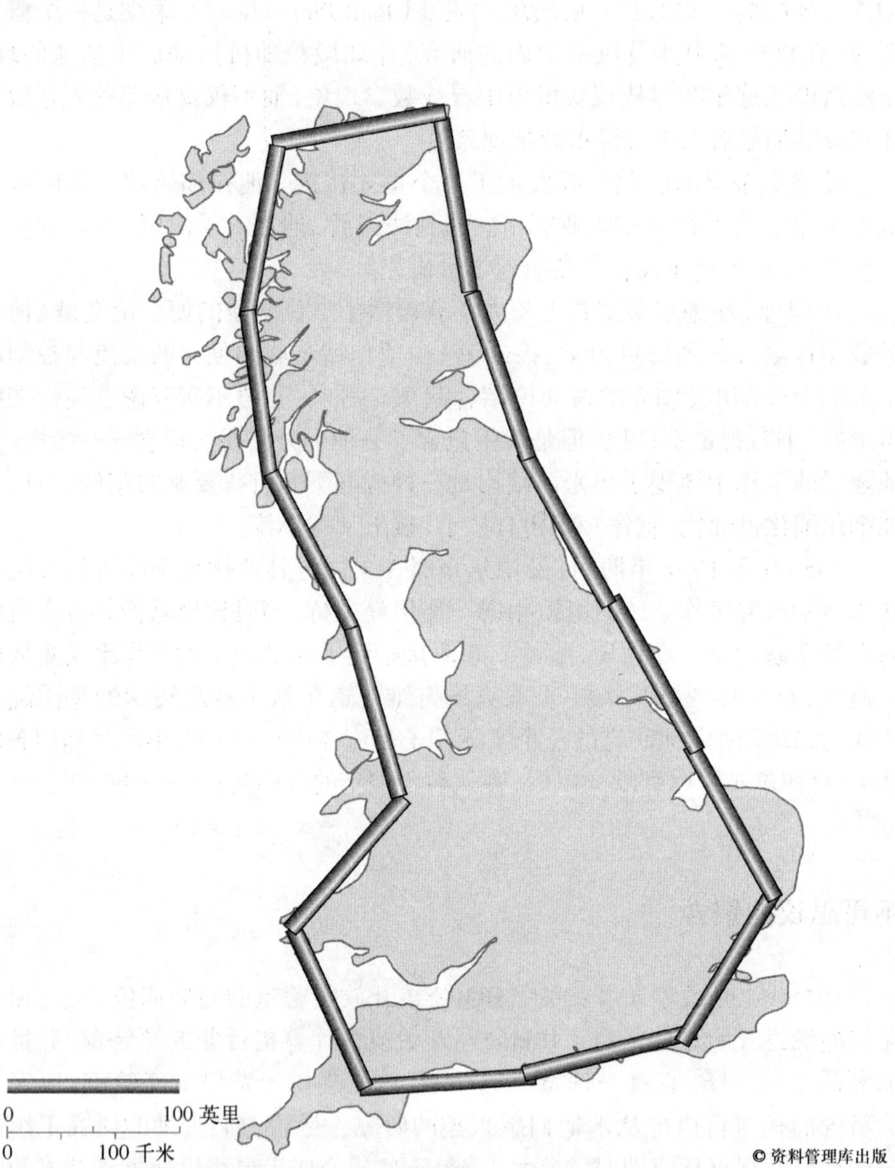

曼德尔布罗在他著名的分形论文中一开始就问,“英国的海岸线有多长?”用长度固定的小棒沿着地图上海岸线边缘摆放,能够测到一个海岸线的大致长度。然而,海岸线的任何一个区域都可以被“吹胀摊开”并重新测量。曼德尔布罗声称海岸线是一个分形的结构,其长度事实上是无限的。

噪声时发现，一个大的噪声爆发背后往往是若干更小的噪声爆发的集簇。这些噪声是这种线路结构自身固有结构的产物。基于曼德尔布罗的工作，IBM取消了一项昂贵而无效的反噪声项目。

与此同时，曼德尔布罗开始将目光从研究“噪声”这类随机值转向其他类型的数据。尽管他在经济学领域没有任何背景，但他认为这一领域有着大量的随机数据资源，因为通常能够查到数百年价格变化的详细记录。大多数经济学家认为商品价格的变化（比如棉花）通常受两方面因素的驱动。一方面是一些可以解释的因素，比如坏天气导致棉花产量下降，结果造成价格上涨。另一方面的原因则是不确定的或者说是随机的价格波动，可能每天甚至每小时价格都会有微小的变动。

经济学家认为如果将随机价格波动绘制在一张图中，那么将会呈现一种著名的钟形曲线模式。当我们用字母A—F来给曲线分段标定等级，就会发现处在两端A等和F等的个体很少，而处在B等和D等的相对多一些，处在C等的最多。钟形曲线在C等中央凸起，向A等和F等两个方向依次变小，直至消失。也就是说，曼德尔布罗期望大多数价格都在平均价值附近盘旋。

曼德尔布罗应哈佛大学经济学教授亨德里克·霍撒克之邀请，访问哈佛大学并给学生做演讲。当曼德尔布罗走进霍撒克办公室的时候，看到黑板上的一幅图竟然似曾相识。原来，曼德尔布罗曾经画过一幅人群收入的分布图，他发现收入图并不是一个完美的钟形曲线，它们趋向于在尾端有一个更长的、更夸张的聚合。霍撒克的图看起来和曼德尔布罗的图极为相似，尽管他的图表达的是棉花价格而不是人群收入的分布。

混沌与分形

这种奇异的现象不仅出现在收入与棉花价格的波动上，也出现在物理学中的布朗运动和湍流以及大气运动模式，还出现在曼德尔布罗早期关于电话噪声的研究中。在几何学中，这体现为一种表面看起来是随机分布构成的细小集簇而构成的模式。这种模式并不像欧氏几何那样具有整齐的直线和平滑的曲线。这种模式具有自相似的结构，也就是说，如果把这个模式放大，其中每个部分看起来都是整体的一个缩影。使用更小的尺度，可以无限制地做下去。曼德尔布罗用“分形”（fractal，意思是破碎的或者被打碎了的）这个词来描述这些几何模式。

曼德尔布罗集

20世纪60年代，计算机开始从真空电子管向晶体管转变。当时计算机还是一种十分昂贵的商品，曼德尔布罗和他的助手们不得不花上数周来计算分形模式，而这些计算在现代的家用电脑上仅仅需要几秒钟。

曼德尔布罗的研究中最复杂最美丽的发现是后来被称作曼德尔布罗集的著名图案。若干年以前，曼德尔布罗曾手工绘制了它的草图，主要是基于20世纪初期两位法国数学家的工作，他们是加斯顿·朱莉娅（Gaston Julia）和皮埃尔·费图（Pierre Fatou）。曼德尔布罗在大学时代曾阅读过他们的论文，当时仅仅是一些对于数学朦胧的好奇心。

现在计算机已经让一系列朱莉娅集的实现成为可能。曼德尔布罗程序在一个类似于高中几何中学过的笛卡儿坐标系的栅格中绘制图形，不同的是它包含着复数——这一他们想象的成分。他设计程序的原始版，只能绘制出一些对称的圆盘状图形。后来，程序的改进版大大增加了运算量，但曼德尔布罗好像发现了细微图点的模糊集簇。起初，他以为是计算机的数字程序出了问题，随后他把程序放在更大的IBM机器上运行，结果发现这些模糊的点，竟然可以分解为一系列错综复杂的螺旋形的卷须状图形，就像用一个更好的望远镜观察银河系的星云一样。

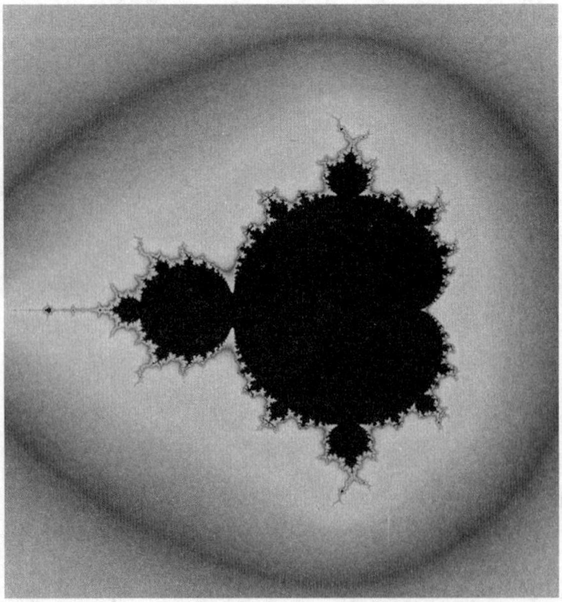

这个曼德尔布罗集是用Fractint for Windows程序产生的。许多软件包（大部分是免费的）都能够产生分形图案。

构建分形结构

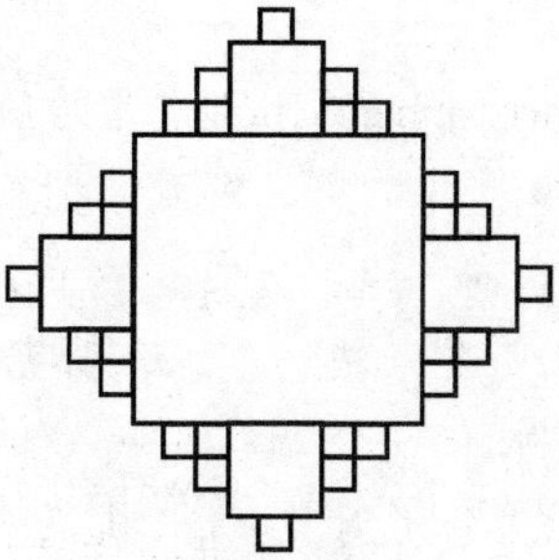

图形 1

图形 2

上例中呈现的是构建分形结构的简单方法，可以不断地重复绘制矩形，每个矩形的边长都是前一层次矩形边长的三倍。图2是将图1中的内部矩形擦去，以便更清晰地呈现分形结构。

20世纪80年代，曼德尔布罗成为一位公众演讲家。自从1967年在一篇论文中介绍过海岸线分形以来，他常常用英国海岸线作为快速理解分形几何的一个经典例证。海岸线虽然被无限放大但褶皱依然存在着，是一个十分形象化的例子，便于公众理解。海岸线是分形的，和仅仅拥有一维的线不一样，它拥有一个分形维度，大约是1.2。换一种说法就是，海岸线在它的单维空间中有许许多多格外突出的锯齿和曲折。

应用价值的发现

尽管我们已经能够在媒体中看到各种五彩缤纷的分形图案，但是许多科学家对曼德尔布罗集应用价值的认识十分迟缓，甚至很难接受。因为毕竟既存的统计方法已经能够近乎完美地处理大多数的应用问题，并且传统统计结果的图表工整又便于理解。分形和混沌理论涉及一些怪异的形状和不可预测的分布，是一种新的数学。

20世纪70年代，曼德尔布罗和其他研究者将分形几何学和混沌行为理论应用到自然的许多方面。例如，在生物学领域，分形可以应用于分析蕨类植物的结构，分析细菌的繁殖与生长，甚至于分析人体循环系统的分支情况。天文学方面，发现土星环和银河系的星体聚合具有分形结构。

其他科学家：克里斯托弗·肖尔茨

地球学家克里斯托弗·肖尔茨（Christopher Scholz）开始研究从20世纪60年代以来的地震分布。肖尔茨和地震学家了解到有时候地震爆发的频率往往有一种以不同规模聚合的倾向。没有人知道这种聚合模式的意义，也没有人明白这种聚合的成因。肖尔茨决定作深入研究。

1978年，肖尔茨看到了一本书，这本书包含着各种美妙的图案和生僻的方程。这本书就是曼德尔布罗的《分形对象：形，机遇和维数》。面对曼德尔布罗提出的一系列惊异的观念和思索，肖尔茨一开始并不敢确定能够应用那些观念来解决地震问题。但是他开始用分形的眼光来分析地球，他仔细地考察了地表和地下的全部裂缝与凸起，包括地震的结果，以及各种液体流动和压力造就的分形杰作。分形几何学是描述这些结构和交互作用的理想工具。在詹姆斯·格莱克的《混沌：开创一种新的科学》一书中，肖尔茨指出：

> 这是一个能够让我们对付地球——这个维度不断变化的物体——的模型。它给予你数学和几何工作，你可以用之来描述和预测。一旦你越过了这座小山峰，理解了这个范式，你就能用一种新的方式来测量和思考事物。你将会用完全不同的眼光看待它们，从而拥有新的创见。这种视角与传统完全不同，它更开阔。

基于分形学，也发展出了许多实用技术。比如，可以运用分形辨别图片是自然图片还是人工图形，因为自然图片具有分形结构。分形技术可以用近似方程代替重复的结构，还被应用于数字图像的压缩。

分形学的大众化

曼德尔布罗在分形学大众化方面作出了显著的贡献。他写了两本书《分形对象：形，机遇与维数》（1977年）和《大自然的分形几何学》（1982年），书中包含了大量例子，比如雪花、山峰，当然也包括海岸线等。在后一本书中，曼德尔布罗解释了他如何坚定不移地研究这一新现象：

> 我开始寻找一些被认为是科学垃圾的现象，因为我怀疑这些观察并不是例外，而可能是更为普遍的现象。我喜欢参加各种演讲会，并翻阅一些不太流行的杂志，这些杂志大多数出版量很少甚至已经停刊，但是却常常能从里面发现一些有趣的事情。这种求学和研究方式是博物学的传统，而不是现今流行的理论家的方法。但最终我在博弈中获得了胜利。

亲历者说：自我与需求？

曼德尔布罗的努力曾经受到过其他数学家的阻挠。他们认为曼德尔布罗自我中心、自高自大，其兴趣是在自我推销。一些人认为把他的研究看作是革命性的实际上言过其实了。

在詹姆斯·格莱克的《混沌》一书中，他认为曼德尔布罗意识到自己是一个在数学家看来没有什么希望的人，对自己的地位产生了强烈的不安全感：

> 毫无疑问，这些年来，他完全是一个职业的异端者。他对科学排位的欣赏几乎胜过了对于科学成就本身的欣赏。有时候当有文章出现分形几何学概念时，他就会打电话或写信给作者，抱怨为什么不引用他的文章和著作。

格莱克引用了曼德尔布罗的同事大卫·芒福德的陈述，"当然（曼德尔布罗）有一点自我夸大的倾向，他就是有这样一个膨胀的自我，但是正是这个自我成就了他的研究，所以大多数人都容忍他，任凭其发展。"但是另一个同事对曼德尔布罗的行为提出了另外的评价：

> 由于面临着来自其他数学家同僚的众多压力和困难，他不得不让自我变得更强大。采取这种策略，或许仅仅是为了能够生存下来。如果他不这样做，他就不能这样坚定地确信自己走的是正确的道路，自己拥有的是正确的观点，最终也绝不会成功。

入选《名人录》时，曼德尔布罗这样评价自己：

如果科学像体育比赛一样在所有方面都引入竞争，或者如果完全放弃狭窄的专业定义而试图重新理清科学竞争的规则，那么科学将会逐渐崩溃。那些挑选出来的为数不多的游牧状的学者，对于稳固的学科来说，是不可或缺的智力财富。

曼德尔布罗的成就

随着各个领域的人们逐渐认识到曼德尔布罗工作的重要性，他获得了一系列的荣誉（包括1985年的巴纳科学杰出贡献奖章）。1982年他入选了美国艺术与科学院院士，1987年又入选美国国家科学院院士。

1987年，曼德尔布罗从IBM退休，加入耶鲁大学数学系从教。2005年从耶鲁大学退休后，他加入美国西北太平洋国家实验室，成为一名研究人员。后来他又获得了一些新荣誉，包括1993年的沃尔夫物理奖章、2003年的日本奖章和2006年美国数学学会颁发的爱因斯坦讲席教授称号。

纵观曼德尔布罗漫长的职业生涯，他始终在坚持不懈地寻求新的方法，应用分形学去分析各种现象，既包括自然的，也包括经济的。

当把分形放在混沌理论这个更大的背景下时，我们不得不认真对待曼德尔布罗的思想。只有这样我们对周围这个动态世界的理解，才能取得革命性的突破。

六

站在蝴蝶的翅膀上

——爱德华·洛仑茨与混沌理论

在日常语言中，“混沌”一词是大多数人都希望避免的，“混沌”意味着随机无序和没有意义。

然而，从20世纪70年代开始，有一群数学家和科学家开始用完全不同的方式来谈论“混沌”。为了发展一种可以计算机化的天气预报，一个名叫爱德华·洛仑茨（Edward Lorenz）的气象学家努力工作着，但他突然发现：原来设定的有序计算完全被打破了，疯狂涌现的是变化杂乱无序的数据。就在这时，混沌从有序中爆发了出来，一种新的有序又在混沌中出现了。“混沌理论”革新了科学家对许多完全不同的现象的观察方式，对当今的诸多问题（比如全球变暖问题）都有着深刻的影响。

气象学家爱德华·洛仑茨在他早期的计算机天气模型中发现了一些奇特的现象：十分微小的输入变化可以导致完全不同的输出结果。他随后的深入研究导致了混沌理论的发展（图片来源：麻省理工学院博物馆）。

云朵与计算

1917年5月23日，爱德华·洛仑茨出生于美国康涅狄格州的西哈特福德。孩童时代，他对天气变化十分着迷，每天都把温度计悬挂在屋外，坚持记录每天的最高气温和最低气温。年轻的洛仑茨对数学难题也十分感兴趣，他有时还和他父亲一起讨论如何攻克某个数学难题。

所以并不奇怪，他在达特默思学院的专业为数学，并于1938年在那里获得了数学学士学位。随后他便到哈佛大学攻读硕士，并于1940年拿到了硕士学位。

天气预报与气象学

第二次世界大战打乱了洛仑茨的数学道路。美国空军派他去做天气预报工作。当时，空战的狂涛席卷了大西洋和整个欧洲，如果能够知道未来几天的天气情况，对于空战的胜利是至关重要的。精确的天气预报决定着空军战队能否准确地找到并轰炸目标。

第二次世界大战结束离开军队以后，洛仑茨在麻省理工学院继续学习，并于1948年获得了博士学位。期间，麻省理工学院有两位著名的气象学家深深地影响了洛仑茨。他们是卡尔-古斯塔夫・罗斯比（Carl-Gustaf Rossby）和威廉・皮叶克尼斯（Vilhelm Bjerknes），他们开发出了世界上第一个动态系统天气模型。

洛仑茨获得博士学位后，留在了麻省理工学院气象学系工作。在这期间，洛仑茨同样有机会在其他机构开展教学和研究工作，其中包括位于美国亚利桑那州佛赖格斯达夫的洛厄尔天文台、美国加利福尼亚大学洛杉矶分校、奥斯陆的挪威气象局和位于美国科罗拉多州博尔德的国家大气研究中心。

1950年洛仑茨作为访问学者在哈佛大学工作时，研究了大气动力平衡问题。他回到麻省理工学院以后，扩展了自己的研究，试图整合麻省理工学院和加利福尼亚大学洛杉矶分校的力量，共同开发一种天气预报的统计模型。

预测天气的新方法

尽管星罗棋布的天气站和天气预报帮助盟军赢得了战争的胜利，但是20世纪中期的天气预报仍然是十分不准确的。气象学家研究出了一些通用理论，来描述气团的形成以及它们在各种条件下的相互作用。但是，依据他们的理论对实际数据进行应用时，多数时候都是依据“经验法则”，并不能保证预测结果的准确性。

20世纪60年代，计算机终于开始应用于实际的科研领域，一些合适的科研项目在计算机的帮助下只需要较少的研究人员即可完成。洛仑茨对计算机非常钟爱，并开始设想运用计算机较强的计算能力，将天气预报中涉及的众多因素，比如空气和水的物理特征、温度、压力和云层活动等，运用到天气模型中，实际地运算。在一个这样的给定模型中，天气预报员可以将当前的风速、空气压力、云层覆盖率和其他变量输入计算机，计算机模型就能运用一系列反映各种变量自然规律的方程式，计算出未来的结果，最终就能对明天、后天的天气（甚至下周的天气），做一个精确的预测。

在计算机刚刚兴起的时候，研究者（比如艾伦·图灵，尤其是冯·诺伊曼）相信计算机这项新技术将有能力运用海量数据来精确模拟，洛仑茨决定检验一下他们是否正确。

由于当时计算机十分昂贵，并且储存能力有限，所以洛仑茨不得不把他的计算天气模型简化成一个包含12个方程的方程组。随后，他将这组方程在计算机上运行，就像一个经验丰富的气象学家一样，可以向计算机输入给定的数据——风速、风向、温度和其他变量。然后，洛仑茨配备了一台粗陋的图形系统——点阵打印机。通过点阵打印，可以在一卷展开的纸上，描绘出各种天气变量的波动趋势。

难道是计算机疯了吗

科学总是充满着意外惊喜，就像亚历山大·弗莱明在培育细菌时偶然发现了盘尼西林一样。洛仑茨的惊喜出现在1961年冬天。洛仑茨想再次运行一次天气模拟，以便考察一下“调节（Tweaks）”效应。但还没有等到所有初始数据都纳入重新计算的时候，洛仑茨就把数据结果的纸片输出取下来了，此时大约仅仅进行了整个过程的一半。他认为将另一半的数据输入计算机运算完成后的结果，大概是当前这份结果的简单复制罢了。于是他便继续后面的运算。

洛仑茨输入相应的数值后，开启机器运算。大约一杯咖啡的工夫，洛仑茨回到计算机前。他看到卷纸上打印出来的运算结果和原始运行的结果完全不同。

难道是计算机发疯了？出故障了？不！机器一切安好。当他认真地对照原始数据再一次输入核对时，他发现原始运算时输入数值的小数位数是6位，而第二次运算的记录显示本次输入的小数位数仅仅只有3位（由于计算机储存自动精确到3位小数）。

但是结果不可能发生这么巨大的差异啊！气象学家假定，天气是一个线性系统。如果输入的数据仅仅是千分之十或更小变化的话，那么根据天气模型运算出来的结果，也应该只有微小的变化。洛仑茨经过仔细的比对之后发现，新旧两次输出的结果最开始是一样的，后来其中一条曲线开始落后于另一条，之后它们就突然完全分离了，差异越来越大，然后就再也没有重叠过。

1972年，洛仑茨用了一个现代十分流行的隐喻来解释这种现象——“蝴蝶效应”。洛仑茨发表了一篇演讲，标题叫作“一只蝴蝶在巴西扇动翅膀能否导致德克萨斯州的一场风暴？”这种现象应该叫“对初始条件的敏感性”，但这个隐喻后来被美国科学促进会形象地称为“蝴蝶效应”。很快，人人都开始称它“蝴蝶效应”。

天气预报的局限

从20世纪60年代到70年代，天气预报者满怀信心地认为天气预报将达到一个更加精确的新水平。因为他们拥有了超级计算机和气象卫星。前者超强的运算能力可以让当时天气模型的复杂程度远远超过洛仑茨早期的工作，后者则可以提供更加精确、全面和适时的天气数据。

新一代计算机当然也被用于其他科学领域和工程领域，科学家试图为一切事物建立模型，从潜艇的推进器到喷气式飞机的机翼，再到商品价格变化的预测。起初，几乎没有人意识到洛仑茨疯狂漩涡状的天气计算模型的意义。一次小小的意外——微小的输入变化能够导致完全不同的结果输出——让我们知道所有计算模型的精确性都是有局限的。这种局限绝不可能因为拥有计算能力强大的计算机而简单克服。因为这种局限仿佛是一种天生固有的，它广泛存在于各种各样涉及测量和建模的系统之中。这便是数学上的混沌。洛仑茨将他的这个发现发表在一篇晦涩的论文中，标题是《决定性的非周期流》，刊载在美国《大气科学杂志》上。因为这主要是面向气象学家的一种特定刊物，所以大多数物理学家和数学家并没有看到这篇论文，更不要说抓住它的理论精髓了。

未来趋势：当今天气预报的发展趋势

自从洛仑茨在20世纪60年代早期的天气模型撞上混沌以来，天气预报又有怎样的进展呢？一方面，现代仪器可以提供更为全面和精确的数据。气象卫星使人们可以从22 000千米高的太空中观察和研究暴风系统。最新的尖端雷达能够更加精确地测定气团的运动方向和速度。

用于计算输入数据的天气模型的质量也得到了显著改善。至少可以说，现在我们已经用足够复杂的方程组将混沌现象化解了一些，使之比较平顺了，然后又使用超级计算机来对海量的数据进行运算。

另一方面，虽然短时天气预报已经变得十分精确，但是长时预报（几天以后，甚至更长）和气候预报依然是十分困难的。其中有一部分原因是科学家对气候形成规律的认识要远远少于对于日常天气的知识。

当涉及长时气候问题（比如全球变暖问题）时，这个问题就变得更为复杂了。然而，随着更多历史数据的收集和整合，随着我们更好地认识其运行机制（比如大气、洋流和温室气体如何交互作用），大多数科学家都从统计上认识到，地球在不断变暖，人类活动是导致全球变暖的主要原因。

混沌的实验演示

洛仑茨继续着他的研究，他跳出天气模型，试图寻找其他可能存在这种缺乏规律性或周期性的现象。他发现了三个相当简单的方程可以用来描述对流模型的一个方面，对流就是热液体或气体上升的过程。洛仑茨还发现了一个更为简单的混沌系统：一种将水注入一系列水桶的老式水车。起初，每个水桶都装满，水车平滑转动；水车受重力作用向下运行的过程中，将会把桶里的水倒空。但是如果水流的速度在经过某一个特定的点时增加的话，水车将没有足够的时间将水桶里的水完全装满或倒空。水车的转动将变得十分古怪和难以预测——甚至可能在某些时间调转转动方向。

研究混沌的另一种工具是钟摆。大约400年前，伽利略解释了钟摆的整体

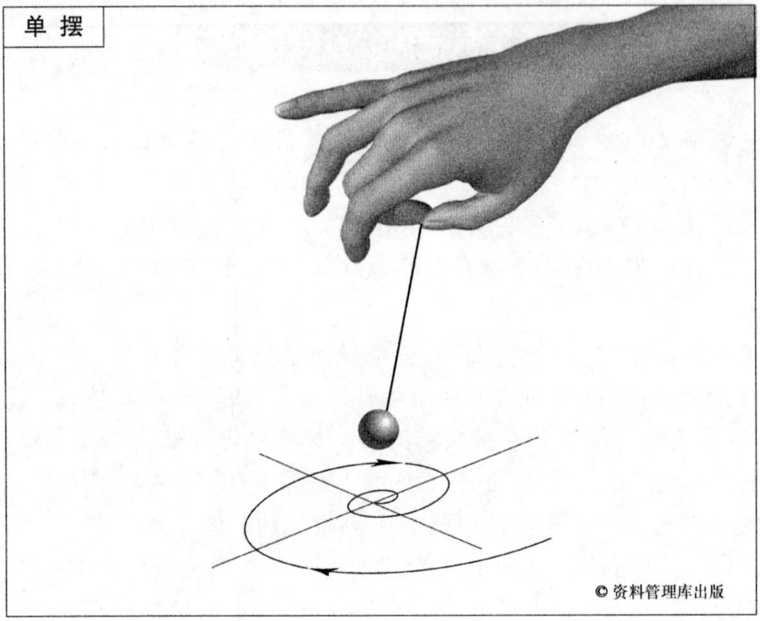

单摆是一个极为简单的“吸引子”的例子——当它开始运动后，它的运动轨迹就会绕原点会聚。

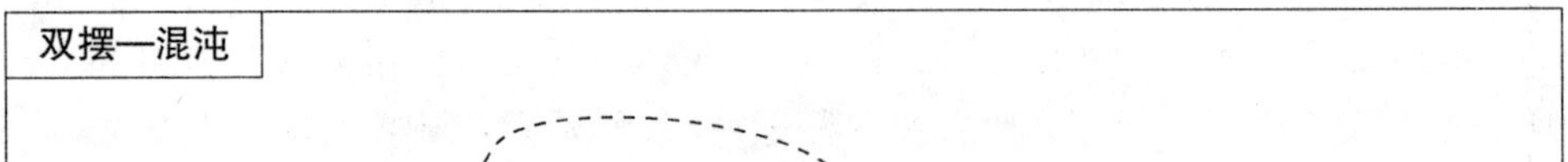

当施与它一个较小的力，产生较小的运动时，双摆的行为是可以预期的；但如果一开始就施加一个较大的力，导致其产生较大的运动，那么它就会产生不断变化的混沌的运动轨迹。

运动。然而，洛仑茨和其他混沌理论家开始关注双摆的运动。双摆就是一个大单摆下面系着一个小单摆，小单摆实际是绕着大单摆运动的。有人可能认为双摆的两个运动可能会联合组成一个复杂的运动，应该仍有规律。可是，双摆却表现出了混沌状的、不可预测的运动轨迹。

奇异吸引子

大众通常有一个错误的观念，认为“混沌”与“随机”是一回事。然而，正如洛仑茨在他的《混沌的本质》一书中指出的那样，“从山上坠落的石头的翻滚”或者“被海岸击碎的浪花”，许多类似的过程虽然看起来是随机的，但事实上并不随机。这便是他为什么要使用“决定性的混沌”来描述这些现象，因为在任何一个给定的点上，变化的结果（客体的位置，输出变量的结果）都是被特别的力量决定着的，都是能够被计算出来的。然而，任何人都不能以它先前的运动为基础来简单地预测下一个位置或输出结果，因为整个运动过程是非线性的。用科学的术语来说，就是不能根据X与Y的变化情况画出一条规则的直线（或曲线）：输入变量X增加，输出变量Y也跟着相应的增加。但是，这并不意味着上一个点与下一个点之间的变化完全没有模式或结构。

曼德尔布罗发现了分形结构。在分形中，尽管每一层的细节都是不同的，但是有一个相同的结构在每一层中递归出现。与之相似的是，洛仑茨也发现，尽管混沌动力系统表面看起来行为毫无章法，但是如果有人在一个称作相对空间的栅格上绘制出混沌方程的解，就会发现这些点的运动轨迹将会聚成一个特别的形状——洛仑茨将其称为“奇异吸引子”。

当洛仑茨把他的对流方程绘制出来的时候，发现它们围绕着一个吸引子会聚成一个近似于蝴蝶的形状。这个吸引子又被称为洛仑茨吸引子（Lorenz attractor），这种吸引子同样出现在水车和电动发电机的运动模式中。

其他科学家：米切尔·费根鲍姆

米切尔·杰伊·费根鲍姆（Mitchell Jay Feigenbaum）生于1944年，是一位对混沌理论的发展作出重要贡献的数学物理学家。费根鲍姆涉足混沌领域的研究是从他在洛斯·阿拉莫斯国家实验室的工作开始的。在那里他研究物理学中最艰深的问题——湍流。

1975年，费根鲍姆发现了一个方程。它看起来是线性的，也就是说，输出值伴随着输入值的增加而平滑地增加。然而当他使用他十分信任的计算机HP-65继续进行计算的时候发现，当输入参数达到一个确定值，输出结果将会突然分裂或“分叉”，并且开始在两个完全不同的值之间振荡。事实上，这种分裂发生在整个系列中，每对数变量值都远远地分离开来。费根鲍姆发现能够导致变量之间发生双周期分叉的比率是同样的数字——大约是4.669 2。

随后，费根鲍姆从数学上证明这种分叉行为（以及4.669 2的比率）能够发生在更高范围的各种不同的数学函数中。因为大多数这些函数都与自然界和人类社会的混沌行为有关，所以费根鲍姆的结果实际上证明了混沌理论具有十分广泛的应用性。

费根鲍姆同样研究过分形几何学，并将分形运用于计算机绘图和地图制作。多才多艺的费根鲍姆还乐于帮助他的同事们，尤其是当他们遭遇疑难问题的时候。对于洛斯·阿拉莫斯的数学家来说，“和费根鲍姆一起散步”几乎成了一种备受欢迎的思想资源。

混沌：一种新范式

20世纪80年代，越来越多的气象学家、物理学家、生物学家、化学家以及其他领域的科学家开始相信，混沌理论就是这样一种新的世界模型，或者说是认识世界的一种新范式。持这种观点者的部分证据是因为，混沌理论看起来能够处理各种各样可能的现象，而这些在过去用传统的概率、统计和线性计算的方法是无法很好应对的。也就是说，混沌理论广泛的应用性可以让科学家在各种科学领域之间建立起新的更加广泛和紧密的联系。

在混沌理论消除物理学确定性堡垒的同时，它也提供了一种新的更加令人激动的物理学。尤其是对于那些没有足够资源支付巨大的粒子加速器的科学家来说，面向当下“大科学”，混沌理论似乎提供了众多的工具。

到了20世纪90年代，混沌理论已成为一种趋势，虽然人们并不总能精确地

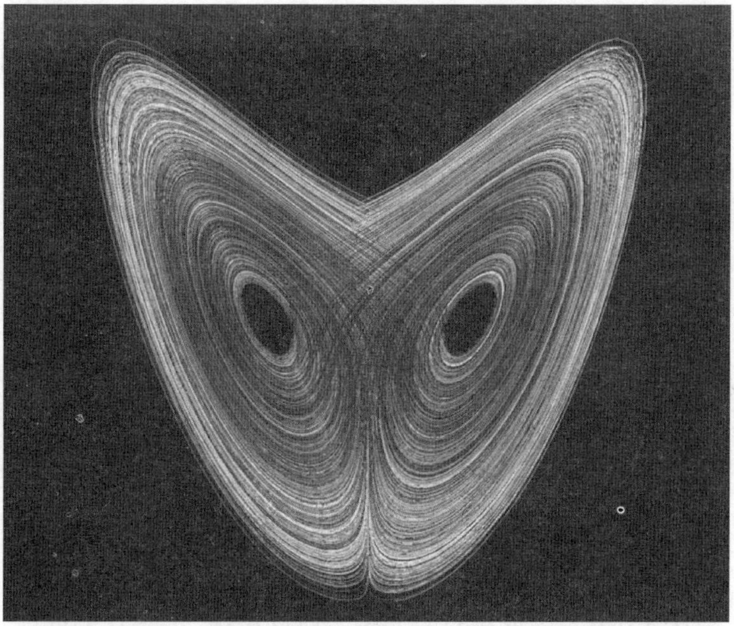

这个用 Fractint for Windows 程序产生的模拟图形显示的是洛仑茨吸引子。它类似于蝴蝶的形状看起来十分容易理解，因为蝴蝶翅膀的扇动常常被作为一种隐喻：初始条件的微小变化就能导致巨大的、不可预测的结果。

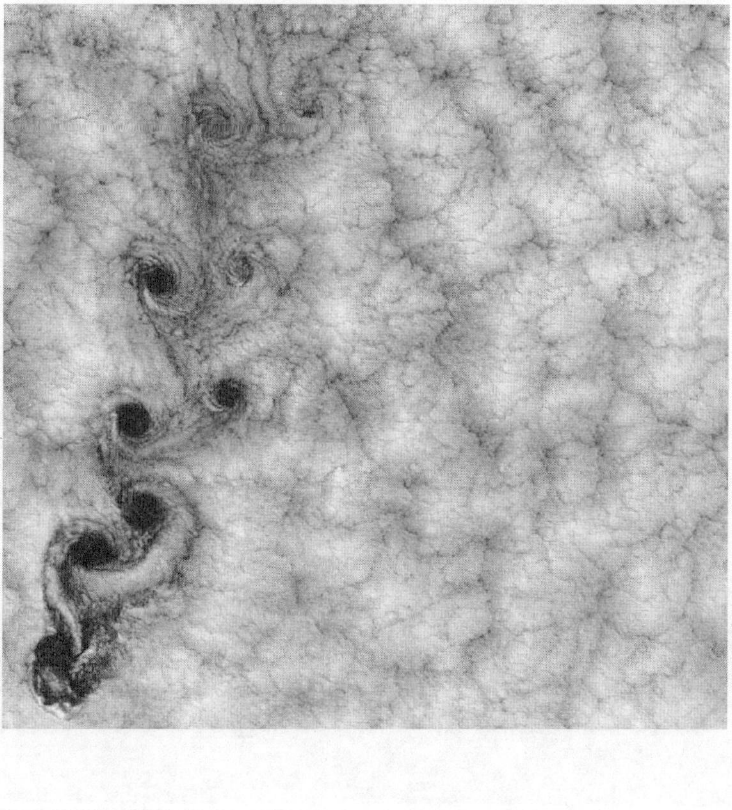

这幅图显示的是一种急剧动荡的、混沌状运动的云层系统（图片来源：美国国家海洋和大气管理局）。

说出这种新的科学与传统科学有什么不同。格莱克的著作《混沌》带给许多科学爱好者有关混沌和分形几何的故事，令人着迷。洛仑茨1993年出版的著作《混沌的本质》也为人们了解他的工作提供了一个良好的导引。

获得认可

20世纪80年代后期，洛仑茨从一个特殊的、幽暗的科学角落进入了科学主流，甚至于公众的视野，并开始持续不断地获得各类奖励。从这些大量的奖励中可以看出人们对其工作的肯定。1969年，洛仑茨获得美国气象学会颁发的卡尔-古斯塔夫·罗斯比研究奖章、1975年他入选美国国家科学院、1983年他获得了瑞士皇家科学院颁发的古拉夫德奖章。

1991年，因为在建立天气和气候预报的理论基础方面，以及在建立基于计算机的天气物理学和气象学方面的卓越贡献，洛仑茨获得了京都奖。颁奖委员会引用了洛仑茨最著名的成就："通过发现'决定性的混沌'这一基本原则，他深刻地影响了当下各门基础科学，给伊萨克·牛顿（Isaac Newton）爵士建立起来的对于自然科学的一般看法带来了极为巨大的变化。"

洛仑茨八十多岁时，依然坚持每周都到麻省理工学院自己的办公室工作数日。2005年，他还出版了两篇科学论文，一篇是《设计混沌模型》，另一篇是《对初始不确定性增长的精密研究》。

争论焦点：理论与时尚

对于任何理论来说都存在这样一种趋势，无论是原创的还是扩展性的理论，它们不仅会成为科学术语，而且会渗透入大众可触摸的范围。例如，罗伯特·威纳的控制论和克劳德·香农的信息论都在20世纪50年代成为大众流行语。它们不仅被应用到工程领域，还被广泛应用到心理学、社会科学，甚至商业管理领域。

在一个新理论进入公众视野并且开始传播之后，通常争论的问题就不再是这一理论是否正确了，而在于它是否在使用的过程中被曲解。在《混沌入门》一书中，数学家兰·斯图尔特（Lan Stewart）认为：

“混沌”一词已经超出了它原始本意的范围，这样做已经使它贬值。对于许多人来说，它和“随机”并没有什么两样，不过是一种新的流行说法而已。如果能够列举一些不怎么显见的混沌模式，宣称这便是混沌的例子，一下子它就能进入智力的疆域，取代并摆脱传统统计学造成的烦扰。混沌成为一种隐喻，而不是通常被误用的隐喻。

另一位数学家，彼得·艾伦（Peter Allen）则认为在复杂系统的研究方面，混沌被过分强调了。他说：“事实上，在复杂系统中，影响其结构和组织的产生与演化的重要因素不是那些存在于奇异吸引子敏感性的细微变化。”然而，艾伦接着认为“混沌或许能够证明‘噪声’总是伴随着各种适应性和惊异出现”。

毫无疑问的是，混沌理论的概念（和更大的复杂涌现系统的研究领域）将继续提供研究各种现象的重要工具。

七

“涌现”的游戏

——约翰·康韦，“生命”与其他游戏

20世纪60年代，凡是到剑桥大学数学系访问的人都会在公共休息室看到一些奇特的景象。绘图纸堆满了桌子和地板。各种贝壳、计算筹码、硬币以及黑白交错的石头，以一种十分难以理解的复杂模式摆放在数百个方形栅格中。一个学生可能盯着一个特殊的模式凝视，一会儿之后，他（她）突然迅速地移动其中的部分方格，便构成了一个完全不同的模式。其他同学可能在热烈地讨论一些稀奇古怪的事情，比如闪光警戒灯、蜜蜂农场和滑翔枪等。你或许会问：这世界到底怎么了？

学生们都在玩一种被称为“生命游戏”的东西，这并不是一种普通的游戏。它的规则远远简单于象棋的规则。这个游戏没有胜方也没有负方。它的发明者——约翰·霍顿·康韦（John Horton Conway），则想用它来演示最复杂的事物——可能甚至是活生生的生命，是如何从最简单的规则中演化而来的。

“我想要成为一名数学家”

1937年12月26日，约翰·康韦出生在英格兰的利物浦。康韦的父亲是一名实验室助教，在当地的利物浦男子学校工作，所以约翰在很早就开始接触科学和数学了。幼时的康韦很快就表现出处理复杂计算的超人能力。他的母亲后来回忆说，康韦在年仅4岁的时候就能计算出2的各次乘方（比如2，4，8，16，32……）。在随后的几年中，康韦常常自己考自己，比如随机选

约翰·康韦在严谨的正统数学和趣味数学方面都有许多重要的贡献。但他最有名的发现或许是既简单明了又错综复杂的细胞自动机——生命游戏(图片来源:卡罗尔·巴克斯特(Carol Baxter))。

择过去或未来的10个日期来计算它们分别是星期几。11岁的时候,他接受进入高级中学的面试,被问到长大了想要做什么时,他的回答是“剑桥大学的一名数学家”。

为什么在他少年时数学对他有如此强大的吸引力呢?一次,在接受纽约《时代周刊》的记者吉纳·科拉塔(Gina Kolata)专访时,康韦道出了个中缘由。“真正能够让我兴奋不已的是事物之间的神秘联系。那是一个由逻辑和各种复杂连接构成的精彩世界,难以直接触见。我能够看到树木、小猫和人,但是看不见的是一个无比强大的逻辑世界。”

剑桥与超实数

康韦学习成绩一直十分优异。1959年,他在剑桥大学获得学士学位,主攻方向是数论。1964年，他获得了博士学位，并获得了"十分聪明但是略显古怪"的名声。与此同时，他热衷于双陆棋，是一名十分熟练的棋手。

康韦还经常看到其他数学家玩一种极为精巧的木板游戏，这个游戏来自亚洲，叫作Go。尽管他从来没有亲自玩过这个游戏，但是他注意到游戏中小石头的摆放模式和数论中的某些部分十分相似。考虑到这些，康韦给"数"进行了重新定义，比原来的定义更加广泛，不仅包括整数、有理数和实数，而且还包括被19世纪德国数学家格雷戈尔·康托尔发现的"无限数"。这一新的定义让所有的代数工具能够始终如一地应用到所有形式的数中。康韦的一位同事，计算机科学家唐纳德·克努特（Donald Knuth）甚至基于康韦的新框架写了一本相当奇异的小说，取名叫《超实数》。

在24维空间之中

1968年，康韦积极地寻求机会，以便使自己能够在世界数学舞台上占有一席之地，当时他已经结婚并有了四个女儿。后来他在接受吉纳·科拉塔的采访时说，"我知道自己是一名优秀的数学家，但是这个世界却未必了解。"康韦还在他的职业生涯中多次遭受过抑郁症的困扰。

康韦得知，多年以前，有一位数学家曾发现了一种存在于24维空间中的对称体，十分令人着迷。

了解这项工作的数学家希望它能够推进群论，并让我们更好地理解对称性（客体在特定的维度内拥有与自己的两部分如镜像般完全相同）。然而，在能够对一个客体进行数学描述与初步地把握这个客体的有用性之间，依然存在着巨大的鸿沟。康韦被这种数学上的可能性深深地迷住了，他希望自己能够在这方面取得一点突破。四个孩子慢慢地长大，然而他却只有微薄的收入。康韦不得不首先考虑生计问题，而没有时间和精力献身于深奥抽象的数学思考中。

可是，康韦依然决定将每周三晚上和周六的大部分时间都抽出来，研究这种24维的群论。在第一个星期六，康韦开始工作了，他一坐就是12.5个小时，直到把24维客体构想出来。这个构想出来的结构后来被称为"康韦群"，并将康韦提升到了世界级的数学家队伍之中。在他针对科拉塔专访的回忆中说道："它把我弹射进了喷气式飞机，我一下子飞到纽约进行了20分钟的演讲，又飞了回来。"

然而，与约翰·纳什不同，康韦一开始的巨大成功并没有让他为维护自己的地位和保住最高的教授席位而焦虑。相反，康韦告诉科拉塔说他发现的康韦群"……拥有巨大的心理效应。它治愈了我的抑郁症，也带走了我过去的雄心壮志。因为我曾经这样成功过，但是在某种意义上说我对此并不在意……我觉得更应该让自己在其中获得享受"。

难题与娱乐

康韦是一名伟大的趣味数学创造者。他宣称受欢迎的名声不是来源于曲高和寡无人能懂的深奥理论，而是以难题和游戏的形式呈现出来的形式多样的数学观念。(康韦发明的数学游戏可以从他的两卷本著作《数学游戏中的取胜之道》中找到。书中包含了许多引人入胜却又名字古怪的游戏，比如"癞蛤蟆与青蛙(Toads-and-Frogs)"和"砍击树丛与热补(Hackenbush Hotpatch)"等。)然而，康韦在接受《科学美国人》杂志的记者马克·阿尔珀特(Mark Alpert)的访问时强调，"我更感兴趣游戏背后的理论而不是游戏本身"。

康韦常常将一叠纸精细地折成一定的形状，然后让旁观者设想是什么形状。在创造游戏时，他常用到几何学或拓扑学的知识。有一个名叫萌芽(Sprouts)的游戏(该游戏是由康韦和米歇尔·斯图尔特·帕特森合作发明的)，规则十分简单。游戏在一张画有任意两点的纸上进行。游戏者可以在纸上画出任意两点(也可以是两个重叠的点)，然后将其连成一条任意形状的曲线，要求这条曲线不能和任意的已有曲线相交。游戏者选择的其中一点必须是已有曲线上的一个端点。当其中一名游戏者不能画出一条不与其他曲线相交的线或某个点已经有三条曲线与之相连时，游戏结束。

另一个让康韦十分喜欢的游戏是哲学家的橄榄球(Philosopher's Football)或叫"哲球棋(phutball)"。游戏使用Go游戏的棋盘和石头。黑色的石头代表球，被放在木板的中央。游戏者轮流将一颗白石子放在棋盘上任意的十字交叉处，可以阻断对手棋路可能的移动路线，同时能够将这个石子跳过1个或多个石子，与跳棋有些类似。最后谁先把自己的全部棋子跳到对方的棋盘边上(即目标线)就为胜方。

伴随着他对于各种事实、数据和模式的巨大好奇心，康韦的创造力似乎无穷无尽。他曾花了一年的时间来研究所有可见星星的名称，也曾专门记忆圆周率小数点后1 000位的数字，他对一切事物都是如此痴迷！

生命游戏

康韦最著名的（或许也是最有意义的）游戏来自他对于细胞自动机的兴趣。早在20世纪50年代，约翰·冯·诺伊曼和斯塔里斯拉夫·乌拉姆就率先研究了细胞自动机，并用简单的规则来模拟细胞的生存模式。然而，冯·诺伊曼和乌拉姆创造的细胞自动机十分复杂，每个细胞有29种可能的状态，因为他们想要设计出能够自我复制的细胞自动机。

康韦则想看看在极为简单的虚拟世界中会发生怎样的变化过程，在虚拟世界中，细胞仅仅拥有两种状态："存活"与"死亡"，或者用"on"和"off"来表达。每个细胞都受它周围的8个细胞影响，并且只依据一套极为简单的法则作出反应。最终的结果是细胞可能存活或者死亡。细胞的变化将会构成一定的模式，这些模式可能生长，可能死亡，也可能生死相互交织，或者生与死在方形栅格中交替循环。

为了在一个规则下生成最有趣的结果模式，康韦尝试设计了许多不同"生"或"死"的规则。最终他创立的规则是这样的：

- 从1个栅格中的细胞考试（就像在一张绘图纸上进行一样）。
- 给特定的细胞做上"生"与"死"的标记。为了方便起见，硬币或Go石头等物体可以用来标记细胞的初始状态。
- 仔细观察栅格中的每一个细胞。计算它周围邻居存活细胞的个数。
- 如果细胞周围邻居存活的细胞数目为2，则该细胞的现有状态不变。（也就是说，如果它原来是活着的，它现在依然活着；如果它原先是死亡的，现在它依然死亡。）
- 如果细胞周围邻居存活的细胞数为3，则当前的细胞将存活，即使它原先是死亡状态。
- 如果细胞周围邻居存活的细胞数目既不是2也不是3，那么这个细胞将死亡，即使原先是存活状态。

每一次全面地检查在栅格中的所有细胞，以便确定所有细胞的生命状态的过程，称为"生成"或"一代（generation）"。每一代生成的生命模式又成为下一代生成的起点。

康韦和他的学生发现，根据这个游戏开始时的初始状态不同，这套简单的游戏规则将生成各种各样令人惊异的模式。如果从一排三个存活细胞开始，将会交替出现竖直或水平的生成模式。如果三个细胞呈现L形排列模式，将会出现四个细胞一组的模式，并且将永远保持这种模式。而某些模式，比如四

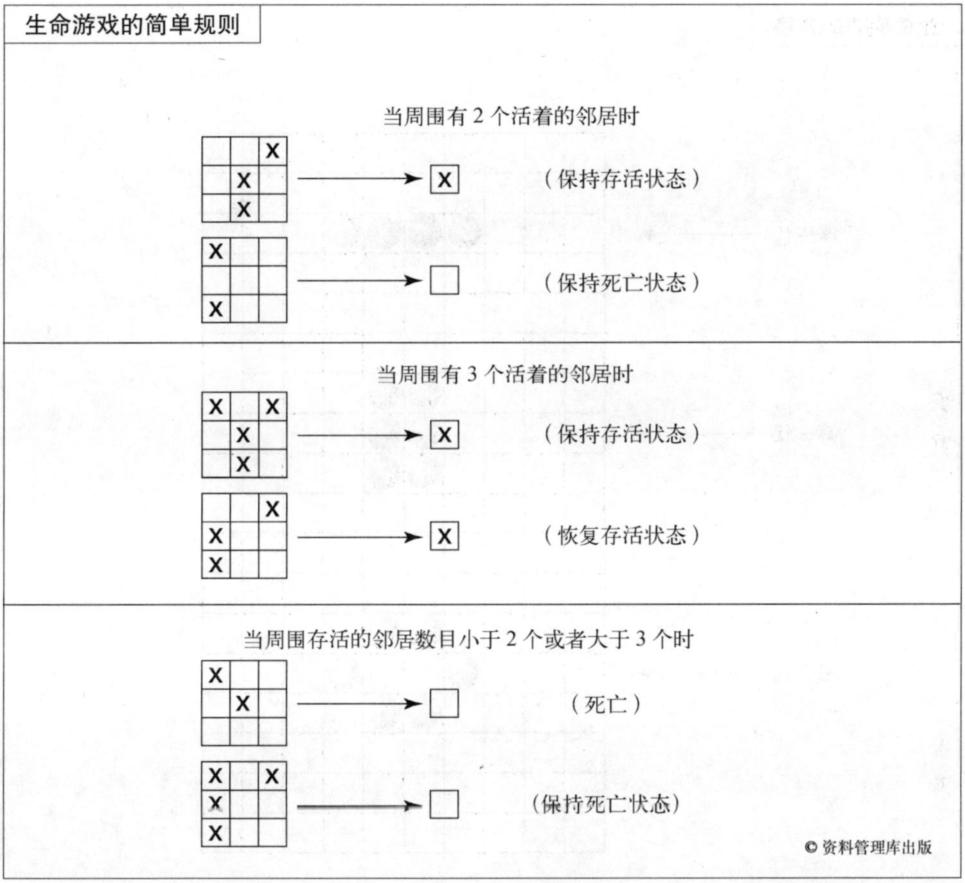

生命游戏的规则。这幅图显示的是中间那个细胞怎样依赖于周围细胞的影响而存活，在周围有2个、3个或其他数目的邻居时保持存活状态。

个细胞以T形排列，结果则会在一代又一代的生成中出现混乱得难以捉摸的模式。

康韦把他的这种生成模式称作“生命游戏”，并撰写了两篇文章，并发表在1970年和1971年的《科学美国人》杂志上。很快人们便纷纷写信告知他自己新近发现的生命模式。20世纪70年代以后，越来越多的学生和业余爱好者开始有机会使用计算机。生命游戏能够很简易地转换成计算机程序，在计算机屏幕上演示栅格内细胞的生长模式，或者将其打印在纸上。1974年，《时代》杂志评论道，“当时有数百万美元的计算机资源被一大群痴迷者浪费在这个游戏上”。

生命模式的转换

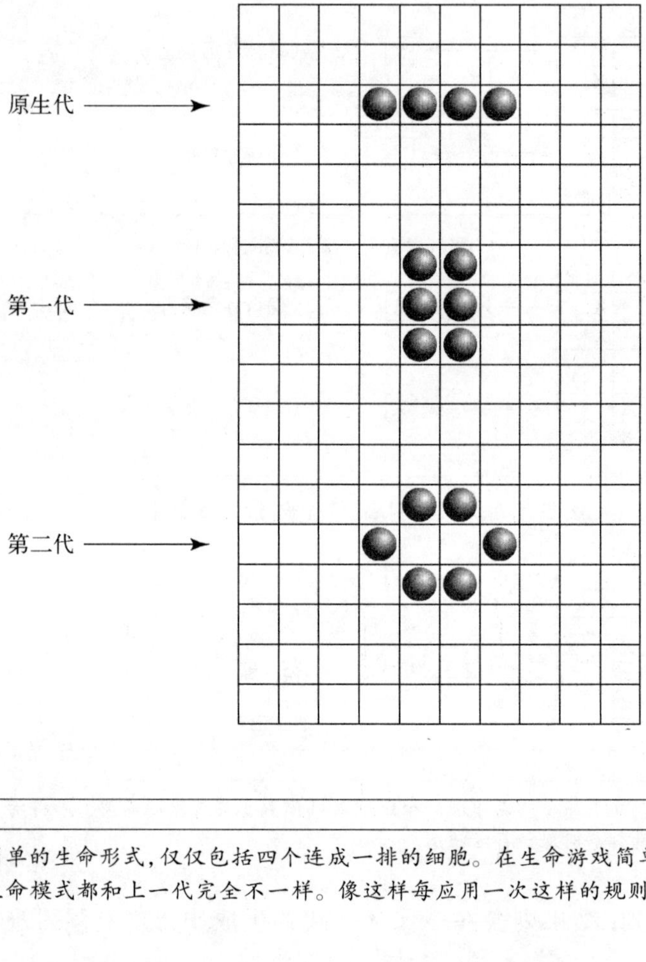

© 资料管理库出版

这是一个简单的生命形式，仅仅包括四个连成一排的细胞。在生命游戏简单规则下，每一代生成出来的生命模式都和上一代完全不一样。像这样每应用一次这样的规则进行一次生产叫作“一代”。

没有终点的生命吗

生命并不仅仅是娱乐和游戏。面对生命世界，严肃的数学家开始提出一些更有意思的问题。生命模式会变得越来越大而永远没有终结吗？每一种生命模式会最终消亡吗？每种生命模式最终会转变为一种稳定的模式吗？这种稳定的模式虽然会永远不停地转变和运动，但是就像“闪光警戒灯”一样，会永远地重复相同的模式序列——模式本身并没有改变。

一天，康韦的一位同事，理查德·盖伊在生命游戏棋盘边上，突然惊奇地叫道："啊！天啊！看，好戏上演了！"他发现了一种生命模式，由5个细胞构成，经过一系列的转换之后，最初的生命模式又重新在一个新的栅格中出现了。这种生命转换被称为"滑行"。从理论上来说，这种滑行将能够永远持续下去。

康韦坚信，如果能够设计出一种能够持续生长的生命模式，那么将会在简化冯·诺伊曼的"有生命的"机器方面向前迈进很大一步。于是，康韦在《科学美国人》的马丁·加德纳的数学游戏专栏进行了征集，试图挑战读者的智慧，以便设计出能够持续生长的生命模式。

其中有一位名叫威廉·高斯帕（William Gosper）的读者，接下了康韦的挑战。高斯帕是麻省理工学院人工智能实验室一位著名的计算机专家。他十分痴迷于生命游戏，曾经在实验室的计算机上对某些生命游戏进行了数千次转换。高斯帕和他在麻省理工学院的同事大约花了一个月，终于创造出了一种名叫"滑翔枪"（glider gun）的生命模式。该模式能够不断地生成新的"滑翔枪"，就像生出新的生命一样。不幸的是，这种"滑行"最终可能撞上其他对象，或者在创造新对象的时候把这把枪摧毁了。然而，高斯帕通过适当地替换某些对象，消除掉那些迷途的碎片，他最终创造出了能够永远生长下去的滑翔枪。

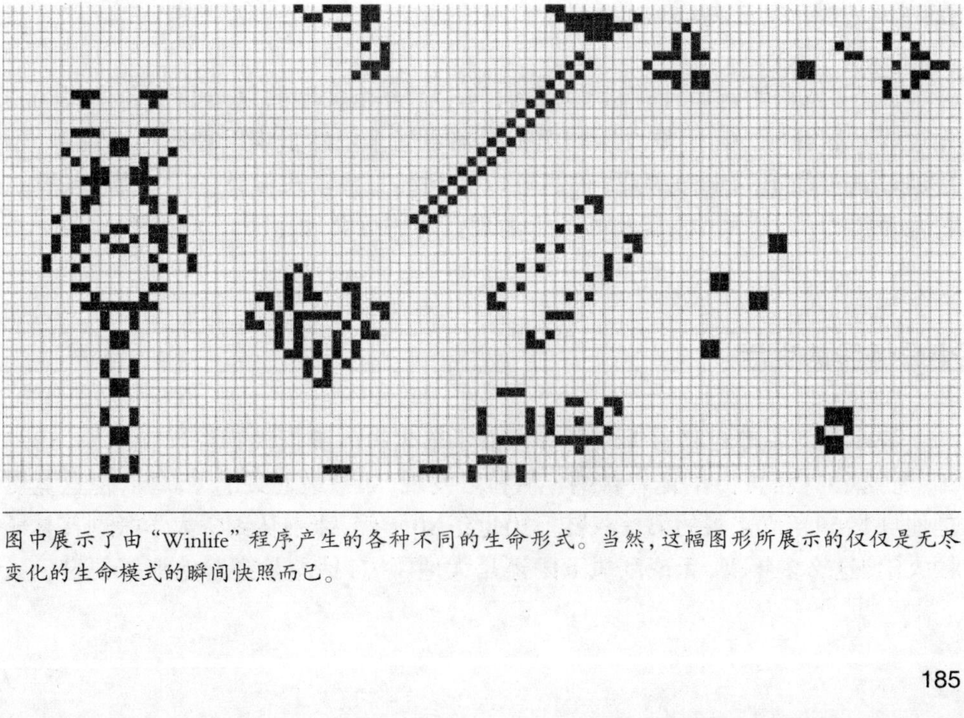

图中展示了由"Winlife"程序产生的各种不同的生命形式。当然，这幅图形所展示的仅仅是无尽变化的生命模式的瞬间快照而已。

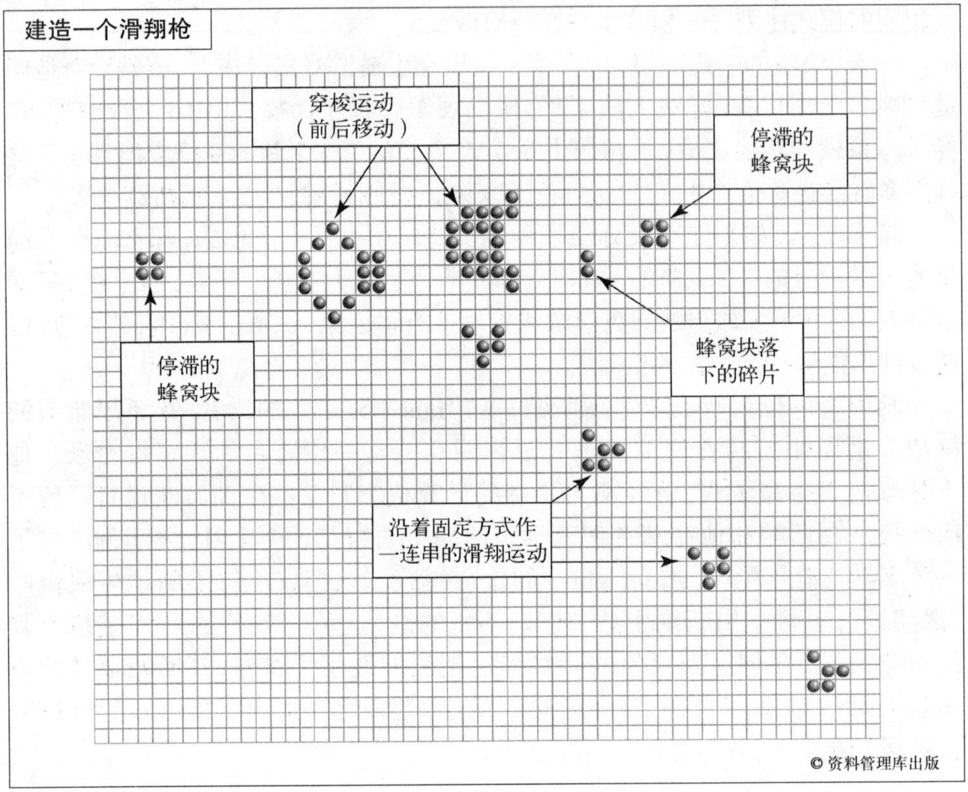

图中展现了滑翔枪的生命游戏结构图

最终，高斯帕运用计算机，为我们演示了一个大型的复杂的生命模式的演化过程。尽管冯·诺伊曼设想的虚拟机器看起来依然是难以理解和实现的，但是通过这类简单的生命游戏，我们可以看到细胞自动机设计的一个崭新领域，它也为新的"人工生命"实验和关于涌现行为的综合理论铺开了道路。

十分怪异的生活

许多访问者都对康韦那略显古怪而不落尘世的脾气大为惊异。比如，1993年，纽约《时代周刊》的记者吉纳·科拉塔发现，康韦最近买了一双鞋，但这竟然是他自1969年以来买的第一双鞋。20世纪80年代，康韦从剑桥大学搬到普林斯顿大学，这么多年来，无论刮风下雨还是大地飘雪，他总是穿着他那双便鞋。另一件与之相似的是，康韦最近拜访了一位理发师，准备放弃他的马尾辫。要知道过去多年来他一直保持着这个马尾辫发型，并定期地会把发梢上的部分剪掉。

康韦的工作习惯也是同样富有个性。他对马克·阿尔珀特说，“不可能让我走进办公室，说‘我今天要写出一个定理来’。通常我的头脑中装有许多事情，比如各种游戏和难题。偶尔，当我觉得的确有点过意不去的时候，我才开始做一点有用的事情。”

理查德·盖伊是加拿大卡尔加里大学的一位数学教授，在剑桥大学时和康韦是同事，曾经和康韦合著过好几本书。他在描述康韦时这样说道：

> 康韦有着令人难以置信的凌乱。在剑桥大学纯粹数学和数理统计系的办公室里，康韦的桌子上高高地堆满了各种论文、书籍、没有回复的信件、各种笔记、模型、表格、图纸，还有各种废旧的咖啡杯和各类小古董，它们堆满了整个地板和所有的椅子。如果谁走进这间屋子，不可能找到一个地方坐下，可以说已经没有插针之地了。如果你走近屋子里的黑板，会发现有许多的彩色粉笔，但是黑板上却没有空间可以写画了。他在其他学院的办公室也与之类似。尽管他有着惊人的记忆能力，但是依然常常找不到他在几天前写有重要发现或重要计算结果的纸片，因为它们被记得到处都是。

当然，如果康韦不能继续创造出令人瞩目的数学成就，他的那些怪癖和习惯也是没有人关注的。美国电话电报公司贝尔实验室的罗纳德·L. 格拉厄姆博士在科拉塔的文章中说“康韦是一位最具有原创性的数学家……他毫无疑问是世界级的数学家，并且他还拥有孩子般的热情。他有足够的信心去做他想做的任何看起来疯狂的事情”。

康韦继续探索着新的数学疆域。他一直试图在寻找一种最好的办法把一系列球面压缩在一个特定的空间（一个八维空间）之中。这个看似抽象的问题事实上在计算机八位数据组块编码方面有着重要的应用价值。八位数据能够被表征为八维空间中一个给定的点。康韦惊呼，“我发现我感兴趣的这个纯粹的几何问题是那样可爱，它对于人们的实践多么有用啊！”这和其他数学家的发现一样，往往最抽象的数学是真实世界运转的一面镜子。

1996年，康韦与人合著了《数字之书》，这是一本类似于数字寓言故事的书籍，包含了大量不同寻常的奇怪数字和各类数字模式。它可能会引导许多对数学感兴趣的年轻人步入数论研究的职业生涯，也可能会给那些对隐秘的数字模式感兴趣的人们带去无限的启发和乐趣。

其他数学家：马丁·加德纳

马丁·加德纳（Martin Gardner）生于1914年，是一位数学家兼作家，他在20世纪晚期开创了趣味数学产业。他最著名的工作可能是他1956—1981年在《科学美国人》上开辟的“数学游戏专栏”。在那个专栏中，他通过游戏的形式向公众介绍了许多数学知识，比如通过康韦的生命游戏介绍细胞自动机，介绍了由海因与纳什分别独立发明的游戏赫克斯（Hex）和纳什（Nash），介绍了各种数学难题，比如“波利诺米诺斯（Polynominoes）”，还介绍了十分复杂的彭罗斯的铺砌（Tilings of Roger Penrose）和分形世界。

除了撰写大量的文章介绍数学难题和游戏之外，加德纳还以一名理性拥护者的角色撰写了不少书籍和专栏，来反对伪科学。他在《科学名义下的时尚与谬误》一书中描述了伪科学及其实践者的特征。在这些书中，加德纳广泛涉猎了物理学、宗教仪式、不明飞行物（UFO）以及创世论等。尽管有些批评者认为加德纳的怀疑批判有时候缺乏足够严格的证据或者过于宽泛，但是事实上他的书中包含的大量证据都是经过仔细考察和批判思考的。

虽然大众往往只了解康韦的生命游戏和其他数学游戏，然而他在数学界同样是久负盛名，获得过许多荣誉。1981年，康韦入选了享有盛誉的英国皇家协会。1987年，电气电子工程协会（IEEE）授予康韦“杰出论文奖”，伦敦数学协会授予他“波利亚奖章（Polya Prize）”。2000年，美国数学协会授予康韦“勒鲁瓦·斯蒂尔奖（Leroy P. Steele Prize）”。

其他数学家：威廉·高斯帕

在计算机界，威廉·高斯帕和比尔·盖茨一样有名。他从20世纪60年代初期开始进入这一领域，当时数学家和计算机程序设计者几乎没有什么可以交流的工作语言。

1961年，高斯帕进入麻省理工学院，主攻数学专业。但是很快他便成为闻名于学院的计算机黑客（在当时，这一词语类似于我们现在说的"计算机奇才"）。高斯帕在创建程序工具方面作出了重要的贡献，程序工具能够让程序设计者自由地操作数学符号。另外他还在开发高级工具方面做了重要工作，比如他开发的里斯普（Lisp）计算机语言和数学代数计算系统Macsyma。

当康韦的生命游戏公之于众之后，高斯帕应征设计了一个能够无限生长的生命模式。高斯帕设计的这个生命模式被称为"滑翔枪"，极具独创性，能够不断移动并复制自己的模式。通过细心地处理掉一些有可能给整个系统带来毁灭性影响的碎片，这个生命模式就能永远生长下去。

八

从宇宙到大脑

——罗杰·彭罗斯揭示隐含的内在联系

在20世纪中期，数学探究自然模式的能力被大大增强了。如果那些远古的几何学者看到这一切，必将大为惊愕，甚至迷惑不解。

人类生存的经验世界大约介于亚原子与超银河的尺度之间。尽管科学如此发达，但人类尺度上最大的秘密——意识之谜，依然没有解开。人类如何拥有意识？人类又如何能够对自己的意识有意识？如果数学物理学家罗杰·彭罗斯（Roger Penrose）正确的话，那么或许量子世界和人脑中神经细胞的运行模式之间真的有着某种精妙的联系。人脑就是最终的量子计算机。

一个人才辈出的家族

1931年8月8日，罗杰·彭罗斯出生于英国埃塞克斯州的科切斯特镇。他的母亲是医学博士，父亲是遗传学家。彭罗斯的兄弟们自小表现都十分出色。彭罗斯的哥哥奥利弗（Oliver），是物理学家和数学家；彭罗斯的弟弟乔纳森（Jonathan），是心理学家，还是英国国家象棋队队员。

1939年，为了躲避即将到来的战争威胁，彭罗斯一家搬到北美洲。彭罗斯的父亲受聘到加拿大安大略省伦敦市的一个医院工作。

彭罗斯的父母都对数学尤其是几何学十分感兴趣。和年长的哥哥奥利弗一样，年幼的罗杰顺理成章地很快也迷上了数学。在接受《今日数学》的采访时，罗杰回忆道，“我大概10岁的时候就开始尝试制作各种各样的几何多面体……”

转向数学研究

1945年第二次世界大战结束以后，彭罗斯一家回到英国。他父亲受聘为伦敦大学人类遗传学教授，彭罗斯则进入了伦敦大学附属中学学习。尽管彭罗斯对数学的兴趣日益浓厚，但是父母都希望彭罗斯继承他们的医学职业。因为这所学校开设的课程是分科组织的，所以彭罗斯不得不在生物学（作为学习医学专业的前期知识准备）和他最钟爱的数学之间做出选择。在接受《今日数学》的采访时，彭罗斯回忆道：

> 我记得当时我们不得不选择一个专业作为最后两年的主攻方向。每个人都被一个一个地叫去见班主任。班主任会说“好吧！说说你在接下来的两年中想学什么专业”。当问到我时，我说“我想学习生物学、化学和数学”。他说，“不行！那不可能——你不能同时学习生物学和数学，我们不提供那样的选择！”然而因为我不想丢掉我钟爱的数学，于是我又说“数学、物理学和化学”。当我回到家后，父母都非常苦恼，我的医学生涯也就被打断了。

在以最优异的成绩获得伦敦大学数学学士学位之后，彭罗斯便转入剑桥大学学习高等数学。

数学、物理学

在剑桥大学求学期间，彭罗斯被数学、物理学深深地吸引了。后来，彭罗斯对数理逻辑这门课程也产生了浓厚的兴趣，其中包括图灵关于可计算性的研究和哥德尔关于数学公理系统不完备性的研究。彭罗斯哥哥的一位朋友丹尼斯·夏默（Dennis Sciama）也给他讲述了物理学方面许多令人激动的新进展。

在完成了一系列重要的矩阵方程论文之后，1958年，彭罗斯获得了剑桥大学博士学位。在接下来的几年里，他开始了一系列重要的研究工作，并让他成为一位世界级的数学物理学家。他早期的论文主要涉及在接近光速的情况下以及常规重力情况下特殊几何图形的变异情况。

物理学家罗杰·彭罗斯背后的黑板上展示的是宇宙"扭曲"模型。除了在宇宙学方面的杰出工作外,彭罗斯还创造了精巧绝伦的数学"铺砌"结构,还探索过量子效应与人类意识经验之间的可能关系(图片来源:安东尼·霍瓦士)。

黑洞与霍金

1965年,彭罗斯用他卓越的数学才能研究一种奇特的物理现象。一个质量巨大的物体(比如一颗星星)在重力的作用下,如果发生坍塌,会是什么样子?

在夏默的研究小组中,彭罗斯遇到同学斯蒂芬·霍金(Stephen Hawking)。霍金发明了一个奇特的概念来描述这种神秘的物理现象,即现在已经广为人知的"黑洞"。然而,霍金并没有足够的数学能力将他用直觉发现的这种现象进行精细的研究,进而发展出一套详尽的理论。

来自彭罗斯的帮助对于霍金来说是正当其时。彭罗斯用数学的方法发展了一个概念——奇点,这是一个体积无限小(极限为0)而密度无限大的点。结果从数学上来说,没有任何物体,甚至包括光,能够从黑洞的疆域(或"视界")中逃离出来。

而霍金则用直觉做出了更大的跨越。他问道:宇宙本身是否可能起源于一个奇点,而后在一场大爆炸中徐徐展开呢?

彭罗斯提出了“宇宙监察假说”。他认为一个纯粹的“裸奇点”不能单独存在，它由于黑洞包裹而拥有了自己的视界，可以将自己与宇宙剩余的其他部分分离开来。

然而，1969年，彭罗斯宣称黑洞事实上也并不是和周围的空间完全隔离的。如果一个粒子接近黑洞，它将分裂为两个粒子。其中一个被卷入黑洞，另一个则可以逃离出来，转化为一些围绕黑洞旋转的能量。

扭曲的空间与精巧的铺砌

从20世纪60年代开始，彭罗斯对于宇宙学的兴趣远远超出了黑洞，他提出了不少全新的理论。他从数学结构的角度研究过一种没有任何物质的客体，称为扭量（twistor），它既具有线性动量又具有角动量，能在特定的扭曲空间中移动。彭罗斯试图证明整个现代物理学都能够被整合入扭量之中。他在《旋量与时空》一书中提供了对扭量理论最详尽的描述。

与此同时，1974年，彭罗斯提出了一种创新性的想法，名叫“铺砖法”，意思是用一种规则的图形，在适当的重复铺排下，能够填满任意的整个空间。数学家知道可以用三角形、正方形和正六边形经过适当的重复，填满给定空间的全部范围（例如，用正六边形构成一个蜂巢）。然而将三个正五边形的三个边放在一起时，就必然会留下一个缺口。研究晶体的科学家都知道几乎没有呈五重对称的晶体结构。

彭罗斯发明了一种新的铺砌方法。他首先将两个菱形组合成一个规则的平行四边形，然后将平行四边形的对角线按照黄金比率进行分割。这样菱形思维都没有被原样重复，改造之后，整个平面能够被填满。这种铺砌几乎能够达到完美的五重对称。

其他科学家：斯蒂芬·霍金

斯蒂芬·霍金（1942—2018）是著名的世界级物理学家。尽管他患有严重的肌萎缩性侧索硬化症（ALS，又称为卢·格里格症（Lou Gehrig's disease）），霍金还是通过自己的努力革新了人们对于宇宙的认识。

霍金和彭罗斯通力合作，发展出了一套基于数学模型的奇点理论，用于描述具有无限密度的黑洞。霍金和彭罗斯还共同创造出一个新的时空模型——扭曲而没有边界，开始的一端是大爆炸，而结束的一极或许是大收缩。在最近的一些研究中，霍金对他早期的黑洞理论进行了一些修订。特别值得一提的是，霍金现在认为一个物体被吸入黑洞之后它特有的信息事实上并没有消失，它会以其他形式歪曲地显现出来。

霍金完全瘫痪后，还是拥有十分丰富多彩的生活。他得到了他的首任妻子简的精心照料和帮助，随后又有很多护士在照料他。另外，一个设计精巧、操作复杂的轮椅，一台配置有语音合成装置的计算机，都是他最亲密的朋友。

霍金认为大家都应该理解和欣赏新宇宙学，并由此欣赏奇妙绝伦的宇宙，因此他积极投身于面向大众的科普教育活动。1988年，他出版了《时间简史》一书，随后又被搬上银幕，受到了惊人的欢迎和各界的好评！

彭罗斯铺砌

这是一个“车轮”。是用十边形经过彭罗斯铺砌而成的。十边形上每个顶点都被它周围的十边形围绕着。

“彭罗斯铺砖法”起初仅仅是一些数学专栏中的趣味话题，比如由马丁·加德纳在《科学美国人》上主持的数学专栏。然而在1984年，以色列的结晶测绘专家丹尼·舍希特曼（Dany Schechtman）和他的同事们（在美国国家标准局工作），在快速冷却的铝锰合金结晶的过程中，发现了五重对称结构。这种准晶体结构的结晶物是彭罗斯铺砖理论有效性的有力证据，它也大大地激发了科学家对其进行深入研究的科学兴趣。

意识的物理本质

20世纪80年代末，彭罗斯进入了一个完全不同的研究领域——关于人类意识的物理本质。1989年，彭罗斯出版了《皇帝的新脑》，书中说，“意识……是一个奇迹，它让人们能够真正理解宇宙为何存在。”数十年前，量子物理学家（比如埃尔温·薛定谔）已经证明，任何观察者都无法从其描述的世界中独立出来，观察者的角色对于现实描述来说是十分重要的。但是在观察过程中，心智活动的背后隐藏着怎样的物理过程呢？

20世纪80年代，有一个科学领域的研究者们认为他们已经有了关于上述问题的解答。人工智能专家，比如约翰·麦卡锡（John McCarthy）和马文·明斯基（Marvin Minsky），认为只要通过适当的计算机程序和运算法则，超级计算机就有能力复制出人类大脑。从原则上来说，在未来技术发展到一定程度的时候，人类（比如一个数学家）和计算机在解决问题方面并不会有十分显著的差异。

相关链接：相对论和量子力学的统一

20世纪和21世纪物理学宏大叙事的大幕早就拉开了。无数的物理学家希望能够寻找一个合适的途径将量子力学和爱因斯坦的广义相对论统一起来。前者是处理极为微观的原子世界，而后者则超越了牛顿力学，将时间、空间和运动整合成一个综合的理论。

量子力学和相对论应用在各自的领域都能够得出十分精确的结果。一旦把它们结合在一起，就会出现难以调和的矛盾。比如对于引力的解释，在广义相对论里引力将人类、星球和其他可见物联系在一起；而如果在亚原子水平上，引力看起来几乎可以忽略不计。

20世纪末期，人们在将量子力学和相对论结合起来创造宏大的统一理论方面取得了部分的成功。量子领域相关理论的发展已经能够解释原子核的强相互作用和弱相互作用以及电磁力作用。

第四种基本作用力——引力，至今为止还没有被整合进来。彭罗斯曾为之努力探求过一段时间，留下了他著名的扭曲几何学。现在看来能够统一引力的理论很可能是弦论。该理论认为基本粒子在时空中进行微循环时，将会以特定的共振频率振荡，结果便产生了各种巨大的结构和效应（比如引力）。然而，令人沮丧的是，至今为止弦论（包括超弦理论）都还处在数学构想中，虽然看起来很合理，但还不知道如何通过实验去验证它们。

然而，彭罗斯的观点与之相反，他在《皇帝的新脑》一书中声称，人工智能学者的观点从根本上来说是错误的。他指出，哥德尔早就证明不可能存在"一个完备的公理系统……能够通过数学法则推演出所有的数学真理"。这就是说，理解数学真理的过程本身就涉及许多超越数学系统自身的限度。彭罗斯认为，大脑总是能够把数学真理看成一个适当的整体，而不是简单地应用一系列运算法则得出一个最终的结论。

彭罗斯的观点仿佛古希腊大哲学家柏拉图的思想的现代回响。尽管现代许多人都认为可以通过数学来抽象化或理想化地表征现实世界，然而柏拉图早就指出，我们知觉到的现实是不完美的，现实不过是对完美数学真理的扭曲反应。和柏拉图一样，彭罗斯认为人类之所以能够知觉到数学真理，是因为人类大脑的真正结构正好反映了这种真理。

大脑是一架量子计算机吗

如果大脑运动完全不同于计算机，那么它运作的基础和机制是怎样的呢？在1994年彭罗斯出版的《大脑的隐秘》中，彭罗斯试图说明大脑是如何以一种整体的非线性的方式思考的。传统的计算机（甚至现在的多处理器并行计算机）都是按照线性过程进行操作的。每个记忆单元仅仅和一个或两个其他单元相连。而对于大脑来说，数以万亿计的神经元和它周围的邻居有数百条不同的链接路径。

人工智能的研究者认为人脑和电脑的差别主要在复杂性方面，而这些是可以被攻克的。一方面可以在计算机上模拟人脑的链接模式（现在被称作“神经网络”），另一方面可以运用更加高效的处理器和更有效的运算逻辑规则。或许这还需要一个巨大的数据库，以便能够存储一个人（比如一个五岁的孩子）对于这个世界的所有知识。

争论焦点：彭罗斯和他的批评者们

罗杰·彭罗斯有关意识本质以及他关于大脑运作与量子物理学之间的可能联系的理论是富有争议的，引来了各式各样的评论。其中一个批评者是物理学家马克斯·蒂格马克（Max Tegmark），他计算过神经元受到刺激并在微导管中传导使用的时间，发现这比在大脑中发生的任何量子过程的时间至少慢100亿倍。

与此同时，人工智能的研究者还攻击彭罗斯理论的其他方面——尤其是彭罗斯声称电脑不能复制人脑的思维过程这一观点。大多数人都不相信人脑能够做量子计算，因为即使人脑能够做量子计算，那也没有理由认为，在未来的任何时候电子计算机都不能具备与之相同的能力。另外，发明家和未来学家雷·库兹威尔（Ray Kurzweil）指出，因为计算机的运算能力是呈指数级增长的，所以虽然当前看起来人脑比电脑似乎要复杂数千倍，但是或许仅仅只需要数十年，计算机的运算能力便可以超过人脑。

其他人工智能专家则认为，彭罗斯忽略了许多新的技术手段，我们可以借助更好的逻辑和运算法则，窥见成功的希望。其中有一种“自下而上”的设计理念，认为复杂的行为都是从相对较为简单的行为中涌现出来的，可以通过一套相对简单的规则和遗传（或进化）算法程序来加以实现。从原则上来说，这些技术并不需要设计者真正地理解他们试图模拟的智力本质，设计者只需要创造出适当的条件开启机器的进化过程即可。

最后，彭罗斯的老同事斯蒂芬·霍金也加入了争论中。他在彭罗斯的《大、小与人类心智》一书中，以“对恬不知耻的归谬者的异议”为题写了一章。其中霍金从哲学的角度，称彭罗斯是一个柏拉图主义者，而他自己则是一个实证主义者，他认为各种理论中的理念不过是现实世界的近似模拟，人们总是希望有更好的理论以便能够对现实作出更好的描述和预测。霍金进一步指出，关于量子物理与意识之间有密切关系的观点，彭罗斯至今为止还没有找到任何实际的证据来支撑他的奇妙观点。在争论中的另一端，面对着各种批评者的彭罗斯，并没有放弃自己的主张。争论还在继续，要解决它，或许需要更多的实验证据。

然而，彭罗斯认为在人脑的结构和发生在量子水平上各种效应之间一定存在着某种联系。如果真是这样，那么人脑就像一台量子计算机，它们都是在整体水平上发挥作用。研究者已经可以开始设计量子计算机。和传统计算机储存方式（在某个时刻点只能保存一个数据）不一样，量子计算机的每个存储单元能够同时储存多个量子比特。

因为任何一个细小的神经元事实上都远远大于量子物理学家们研究的亚原子粒子，所以许多科学家都不相信量子效应对人脑操作的研究有什么显著意义。然而，彭罗斯主要关注神经元中的微导管结构。他和医学专家斯图尔特·哈默洛夫（Stuart Hameroff）一道，试图建立一个“量子相容”模型，以便能够应用到相对较大的结构，保证大脑能够同时维持多种状态。

主要成就

彭罗斯获得了许多显赫的科学荣誉。1972年彭罗斯入选伦敦皇家学会会员。1988年他和斯蒂芬·霍金分享了沃尔夫物理学奖。1990年，彭罗斯获得了阿尔伯特·爱因斯坦奖章，以奖励他在相对论方面作出的杰出贡献。1991年他获得了伦敦数学学会颁发的内勒奖，2004年获得了该学会颁发的德·摩根奖章。1994年，彭罗斯还被伊丽莎白二世封为罗杰爵士。

微导管——意识的驱动力?

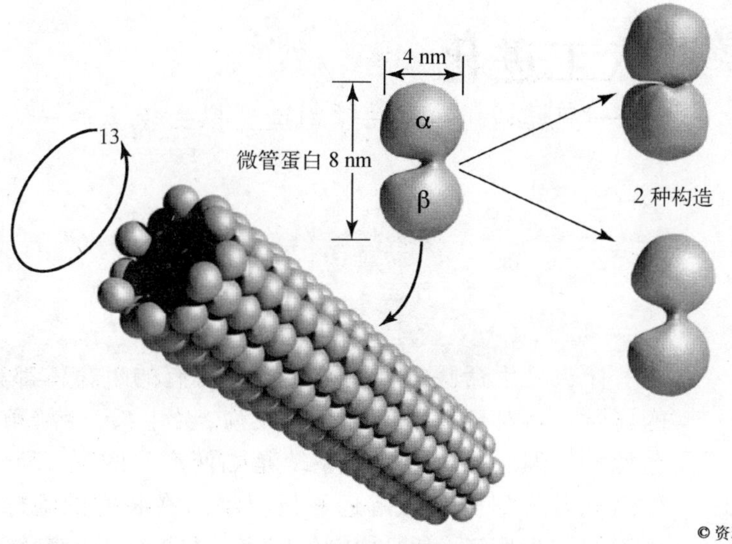

彭罗斯认为大脑中一种被称为“微导管”的结构充当着量子计算机的“转换单元”。彭罗斯相信正是这种能力导致了意识的产生,而这又是现在的计算机或机器人远远不能复制的。

伦敦数学学会在记述彭罗斯时,引用了他的一系列重要的贡献,其中包括他在广义相对论、黑洞和扭量理论等方面的创见,以及他那独一无二的令人惊叹的铺砌方法。

九

人工进化

——克里斯托弗·兰顿创造虚拟生命

什么是生命呢？有人可能会说所有的生命体都具有下列的属性：会对环境的变化做出反应，会生长，会繁殖，最终还会死亡。但是第一个生命系统是如何产生的呢？科学家对于生命问题的研究和理解远不仅仅停留在我们的地球上，同样也不仅仅局限于一种进化的历程。或许有一天宇航员（或宇宙自动探测器）会为我们带回来和地球现有生命截然不同的生命形式，当然也可能带回来比较相似的生命形式。然而是不是如果不到那时，科学对于生命的认识就注定只能是十分局限的呢？

其实完全没有必要那么悲观。20世纪中叶以来，随着计算机技术的蓬勃发展，这种工具已经不仅仅可以用于特殊的计算，而且还可以用来对任何能够详细界定的系统进行模拟。从20世纪80年代开始，由数学家和计算机程序专家克里斯托弗·兰顿（Christopher Langton）领导的一个研究小组开始执行一项宏大的研究计划：准备在计算机虚拟环境中创造人工生命。

科学作家斯蒂芬·利维（Steven Levy）的《人工生命》这本有趣的书中，引用了兰顿关于人工生命的一些描述：

> 研究人工生命的最终目标是想用一些其他方法与媒介创造出“生命”。其中理想的媒介能够把生命本质抽象成为执行各种指令集合的独特模型。我们将创造出各种类似生命的模型，这些模型就成为生命本身的范例。

计算机科学家克里斯托弗·兰顿让人工生命领域的研究流行起来。其中涉及创造或模拟各种生命有机体，这些有机体可以相互竞争、合作与进化。

当一个业余爱好者获得了一台电脑之后

1948年，克里斯托弗·兰顿出生于美国马萨诸塞州坎布里奇市。兰顿的父亲是一位物理学家，母亲简，拥有天文学学位，是一位儿童故事作家。

兰顿在高中时代会偷偷溜进父亲工作地方的计算机室，他听高中老师说伊利诺伊州北部的罗克福德学院可能会购买极为昂贵的计算机。兰顿认为罗克福德学院是一个不错的去处，然而当他真正进入这个学院之后，才发现这是一个十分因循守旧的机构。他蓄着长长的头发，强烈反对如火如荼的越战。当他离开罗克福德学院时，他被征集入伍了。然而兰顿强烈的反战态度让他最终没有走上战场，而是在位于波士顿的马萨诸塞州立医院从事服务工作。

一开始，兰顿被安排做医院太平间的助手。在做了一周的尸体看护者之后，他又被安排进了尸体解剖室，后来他强烈要求安排做其他工作。随后兰顿被安排到了专门进行精神病研究的斯坦利·科布（Stanley Cobb）实验室。

兰顿在这个实验室成长很快，他学会用一台DEC PDP的微机来解释大脑扫描结果和其他数据。看到这台机器能够如此惊人地分析数据并将这些数据转化为各种有价值的信息，兰顿十分高兴。后来，兰顿被委派建造一台虚拟机器，以便使PDP能够运行本来是为其他计算机编写的程序模型。在这个过程中，兰顿的计算机编程能力迅速上升。

发现“生命”

不久，一些从麻省理工学院参观回来的程序员带回来了约翰·康韦的生命游戏。兰顿迅速被屏幕上“闪光警戒灯”“滑翔枪”和其他各种生命形式的奇异进化深深地吸引了。一天晚上，兰顿一个人待在实验室中，他在机器上运行了生命游戏，而自己又去做其他工作。突然，他感到屋子里有奇特的存在物。仔细观察屏幕时，他发现屏幕上出现了由一些“发光细胞”构成的未曾预料到的新图形。后来他告诉科学作家斯蒂芬·利维：

> 这是第一次发现硬件本身和它支持的行为之间存在着巨大的鸿沟……这个小小的人工生命世界，它在随着时间的推移而进化。你会真切地感受到在这背后隐藏着一些神秘而深刻的东西。生命游戏是否没有终结？我们曾对此进行过广泛的讨论。我们能够创造出一个进化着的人工生命世界吗？

1972年，医院的计算机实验室被关停了。兰顿被迫离开之后，进入了波多黎各，为加勒比海的灵长类研究中心做计算机程序工作。在那里，兰顿发现动物的行为比机器更加引人入胜。于是在业余时间兰顿便开始观察动物的行为。

兰顿开始意识到，他现有的关于人工生命的观念是十分模糊的，如果他想要继续发展这一观念的话，他需要更多的正规科学训练。他在波士顿大学选修了一些数学和物理学课程，随后他申请到亚利桑那大学读书。期间，他爱上了悬挂式滑翔这项运动。一次运动中，兰顿在着陆时被卷入了风车片中，撞上了地面，摔坏了手臂和腿，损伤了面部，还伤害了他的肺部。

兰顿不得不在病床上躺了几个月。养伤期间，他开始贪婪地阅读许多领域的文献，包括进化论、遗传学和哲学等。兰顿被生命系统的复杂精妙和其他奇趣的自然现象深深地迷住了。每个领域都知道许多有关生命的属性，但是事实上，对于生命究竟是如何起源、如何按照系统的方式运作的，似乎还没有统一的综合认识。

当兰顿最终结束他在图森的旅程，进入亚利桑那大学时，他知道自己想要做的事情是：研究和创造计算机模拟生命。这将是一个横跨多个学科领域的项目，其中涉及生命科学（生物学、分子生物学、进化论、遗传学和生态学等）、计算机科学，还有大量数学知识、一些物理学知识和少量的哲学知识。

遗传编程

最早的遗传编程开始于20世纪60年代，是由一位名叫约翰·霍兰德的计算机科学家完成的。这套程序将会运行程序中的每一个代码组，然后评估该代码组是否很好地完成了预计的工作。就像自然界的生命体一样，最具有适应能力的代码将会被复制，而相应的适应力较弱的代码则被剔除。兰顿在计算机上模拟进化的计划最初就沿着这个方向进行了下去。

在《第三极》一书中，兰顿写了一篇文章，题为“一种动态的模式”。其中他认为，尽管遗传编程对于生物进化的研究来说并不是十分有效的工具，但是遗传编程这种形式有特殊的应用价值。兰顿指出：

> 遗传算法从传统意义上来说，具有很强的人工选择性。一些设计者提供了外在的运算标准，来决定哪些实体能够生存、婚配和繁衍。而在现实世界中，这一切完全由自然选择来操纵。自然将根据所有生命有机体之间的交互作用，以及他们于自然物理环境的相互作用来决定哪些有机体得以生存和繁衍。如何将自然选择纳入我们在计算机中创造的人工生命世界，还需要大量的实验研究。

紧跟冯·诺伊曼的脚步

在寻找更有效的进化模式的过程中，兰顿偶然发现了约翰·冯·诺伊曼的工作。冯·诺伊曼曾经在20世纪50年代早期设计过一种能够自我繁殖的自动机。尽管冯·诺伊曼的模拟从来没有能够在计算机上真正地实现过，但是对类似于真实生命的计算机模拟生命来说，它绝对是一个极佳的原型。

兰顿从一个开彩色玻璃店的朋友那里借了1 500美元，购买了一台苹果Ⅱ型微型计算机。每天白天，他在玻璃店工作以便偿还债务，在下班之后还做挖掘水沟的工作。晚上，兰顿在极少的睡眠后，便仿照冯·诺伊曼的模拟思想，花上数小时来编写自己的模拟程序。

冯·诺伊曼设计的细胞有29种状态。另外一位计算机专家科德（E. F. Codd）将其简化为仅仅只有8种状态。兰顿想在他的苹果机上运行模拟程序，他决定即使只有8种状态也太多了。冯·诺伊曼曾经坚持认为自己的虚拟有机体就是艾伦·图灵定义的“通用计算机”，它能够执行所有能被精确定义的运算。

但是兰顿并不这样认为。在莱维的描述中，兰顿认为“生命绝不是像最早人们设计的能够自我复制的细胞分子，其中假设所有的生命体都有充足的起源证据，其中似乎包含了最通用的指令……”换句话说，生命进化的模拟应该从一些类似于细菌的简单东西开始，而不是从类似于数学家的复杂东西开始。

兰顿环

为了创造出一种只需要能够自我复制的简单生命体，兰顿设计了一个精巧的生命结构，这个结构后来被称作“兰顿环”。和冯·诺伊曼的自动机与康韦生命游戏中的模式一样，兰顿设计的有机体同样包含了存在各种确定状态的细胞，而这些细胞的状态同样由它周围细胞创造的环境决定。兰顿环拥有两层结构：绝缘的外层细胞和内层细胞，其中外层细胞的状态不会被周围细胞改变，内层细胞的模式将会按照一定的规则随着生命体结构信息的变化而变化。

细胞的状态由周围的细胞状态来界定，比如如果当前细胞的状态是3，而它的直接邻居的状态是5，则它的状态便改变为7。这套规则和交互运行的最终结果是让当前的这个环创造出另外一个新环，并且新环和当前的环具有相同的形状，就好像吸取了建构一个环所需的信息而自动生长一样。最终新环又使用它所继承的建构信息将繁殖过程继续进行下去。

坐在计算机屏幕前面，兰顿开始运行程序，并观察着这个起始环的活动。莱维抄录了兰顿的一些工作笔记，上面记录着接下来发生的事情：

> 我看到它了！它看起来又要自我复制了。我希望新建构的手臂足够地

长……这个“女儿”复制得很完美！新造的手臂也完成了！长度十分精确！这个“女儿”也开始自我复制了！我们离开了！

尽管发生在兰顿苹果Ⅱ型计算机上的事情对于一个生物学家来说可能算不了什么，但是它的确模拟了细胞的自我复制。兰顿环中的信息和细胞DNA中的信息是一致的。将环中细胞的信息复制到一个新的细胞（“女儿”）的过程和染色体的分裂与复制是一致的。最后，复制指令的执行和蛋白质的直接合成一样，结果是创造了一个完整的新有机体。

当兰顿设计出了能够自我复制的人工有机体之后，下一步便是让它们组成群体，繁殖，然后发生相互作用。换句话说，兰顿想要模拟一个自然的环境，

兰顿的自我复制环

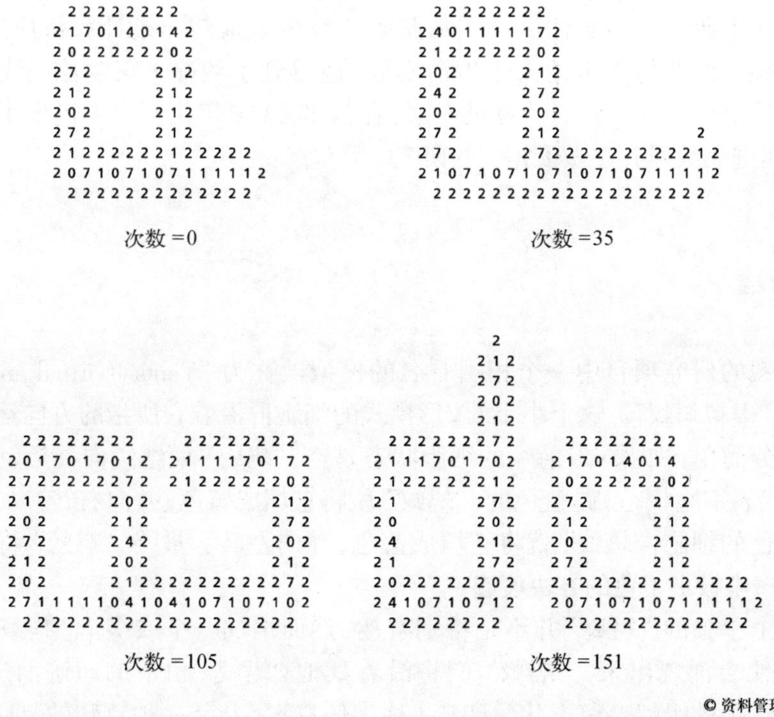

这个能够自我复制的细胞自动机被称为兰顿环。小数字代表每种细胞8种状态中的可能状态，如果是第8种状态则标记为0（空）。“次数”的数字代表的是规则运行的次数或者叫生成（generation）的“代”数。

或者叫虚拟生态系统。设计者并不给这些基于计算机程序的模拟生命某种特定的任务，而是让它们自由地相互作用，它们需要寻找虚拟食物，对付捕食者和其他威胁。如果它们能够生存下来，就能够将“基因库”的信息传递到下一代。

尚未命名的领域

兰顿的工作证明，他想设计的将是一种更为有效的研究生物学的计算机模型。然而在他获得研究生学位后，没有任何人给他奖学金以便使他能够在一个无人知晓的领域做研究工作。最终，密歇根大学的一项名叫计算机逻辑小组的研究项目资助他，专门为他设立了一门特别的研究生课程。

后来，计算机逻辑小组的研究项目逐渐减少，兰顿不得不面临由此带来的困难。这个研究小组关注的焦点从基础研究更多地转向了计算机应用研究。但是兰顿继续坚持着他的人工生命实验，他得到了约翰·霍兰德的支持。约翰·霍兰德是一位有名的计算机专家，在20世纪60年代便率先提出了遗传编程（或叫进化编程），并做了相关的研究。

虚拟蚁群

兰顿的研究项目中一个相当有名的模拟被称为“Vants（virtual ants）”，又被称为“虚拟蚂蚁”。这个小小的V形模式的细胞群沿着它所指的方向运动。其规则十分简单：如果V形前端的细胞状态是空，“蚂蚁”便继续向前运动。如果方形（代表细胞状态）是蓝色的，“蚂蚁”就将它填成黄色，并向右转。如果遇到一个黄色的细胞，“蚂蚁”就将它填成蓝色，并向左转。最终，“蚂蚁”将在它身后留下一串被上了色的方块痕迹。

一个单独的“蚂蚁”并不是特别有趣，然而增加一个或多个“蚂蚁”，有趣的行为便会涌现出来。“蚂蚁”们将沿着其他“蚂蚁”留下的印迹前进，这和现实中真正的蚂蚁会留下化学印迹（称为信息素，乃是一种特殊的气味）并沿着化学印迹前进一样。有时候两只“蚂蚁”的印迹可能会相互交织，结果构成一个螺旋形的轨迹。兰顿感到非常惊讶，不知道现实世界中的社会性昆虫比如蚂蚁是否也和活动的细胞自动机一样，只需要按照极少的简单规则就能建构出一个十分精妙的族群。但是无论如何，兰顿相信，他的工作证明了人工生命模拟拥有强大的力量，能够创造出类似自然的行为，并且这一领域值得深入研究。

相关发明：人工生命与计算机动画

从20世纪80年代开始，计算机工作站的运算能力已经变得十分强大，足以用来创造虚拟的仿真动画（称为CGI），这项技术对电影制作产生了革命性的影响，比如著名的《星球大战》系列影片，都大量地运用了计算机仿真动画来制作各种特效。计算机仿真动画的困难在于很难创造出一套“自上而下”的算法将每个人物的行为特别化。同时，运行这套算法需要耗费极其巨大的计算机资源。

1987年，计算机动画程序员克雷格·雷诺（Craig Reynold）设计出一种名叫Boids的人工生命群体程序。它只用三条简单的规则（第一种为避免与邻近的鸟相撞；第二种为与邻近的鸟保持一致的飞行方向；第三种则为与邻近的类鸟群保持接近），结果就创造出了一个虚拟的鸟群，和真实的鸟群一样，能够在飞越各种障碍物时保持步调一致。

细胞自动机中使用的各种技术为电影动画制作提供了理想的工具，可以用它们来创造出极为逼真的奇异军队和壮观的宇宙战争。相似的技术还能用在更为精细的水平上，在电影中运用各种逼真的肢体语言，模拟出人类的各种行为特征。

信息就是生命

然而，兰顿仍旧没能获得他的博士学位。密歇根大学计算机科学系是倾向于应用性研究风格的，他们并不支持兰顿按照他的人工生命实验去写一篇博士论文。

兰顿阅读过斯蒂芬·沃尔夫勒姆的论文，其中将细胞自动机按照他们的生产新形式的能力进行了分类。兰顿受到启发，迅速将沃尔夫勒姆的思想运用到他的人工生命实验中。兰顿提出一个问题，“是什么特征让生命——人工的或自然的，得以生生不息地繁衍？”

兰顿认为信息流至少是生命得以成功延续的一个十分重要方面。他设计实验运用数学方程来控制从上一代传到下一代的信息量。兰顿发现，要让生命系统良好运行，信息量的λ参数值必须设定得恰到好处才行。如果λ参数值太低，上一代的所有信息都原封不动地传给下一代，那么这个系统就会相对静止，不会变化，就像晶体一样。如果λ参数值太高，上一代和下一代之间的信息传递就会十分无序，结果呈混沌状态，失去了原有的可解释的生命模式。这种情况可以比作“气体”。而一个相对适中的λ参数值，就能既提供适当的变化，又保持相对的稳定，能够创造出类似生命的现象。我们可以把这种状态看作“液体”。兰顿创造了一个非常有名的短语来描述这种十分重要的状态，称为“混沌边缘的生命”。或许，数百万年后，地球的条件就将到达这样一种状态，将会发生一场生命的大爆长。

洛斯·阿拉莫斯会议

1985年，兰顿访问剑桥大学，当他遇到唐·法默（Don Farmer）之后，职业生涯发生了重要转折。法默和兰顿有着相似的研究兴趣，在洛斯·阿拉莫斯国家实验室工作。尽管兰顿事实上还没有拿到博士学位，但是法默还是雇用了兰顿。

兰顿在洛斯·阿拉莫斯实验室的首要任务是要搞清楚那些分散的研究者在细胞自动机、遗传编程和人工生命方面撰写的各种论文，这些文章散落在各种杂志上，甚至没有人真正知道其他研究者做的是什么研究。后来兰顿在接受斯蒂芬·利维的采访时说：

> 他们只是利用他们自己拥有的资源从事研究工作。他们绝不会和其他人分享自己的观点，他们甚至也没有想过去寻找那些可能和他们正在从事相似研究的人。这个领域的研究是存在的，但是这个领域是内隐的。

最终，兰顿组织筹备了人工生命领域的第一次国际会议，并将这一领域称为“合成与模拟生命系统的跨学科研讨会”。会议在1987年9月召开，就像1956年在达特茅斯召开的首次人工智能领域的会议一样，1987年的会议激发了许多与会者的研究热情，各种相关研究项目开始上马了。各种有关人工生命的学报、论文和杂志在接下来的十年中如雨后春笋般兴起，人工生命一下子成为一个异常活跃的研究领域。

过了一段时间以后，进化生物学家开始关注兰顿和他同事们的工作了。理查德·道金斯（Richard Dawkins），一位世界级的进化论专家，在他的麦金塔（Macintosh，苹果公司于1984年推出的一种新型微机）上撰写了一个进化模拟程序，他希望用它来演示他在《盲眼的钟表匠》中提到的某些观念。道金斯希望这个程序能够提供一些例证来说明，在完全没有任何外在设计者的干预下，进化过程是怎样自动地进化出一些极其复杂的有机体的。他故意让事情简单化，仅仅提供给程序极为简单的形状，希望能够通过这些简单的形状进化出一些类似于植物的东西，但是结果却让道金斯大吃一惊。后来他在书中回忆道：

> 当我编写这段程序时，我只想进化出一些类似于树的形状，但从来没有想过能够进化出一些超越于此的形状……结果屏幕上出现的实际形状完全超出了我作为一个生物学家的直觉，完全超出了我20来年计算机编程的经验，甚至超出了我做梦能想到的东西。我已经不能精确地记起是在哪

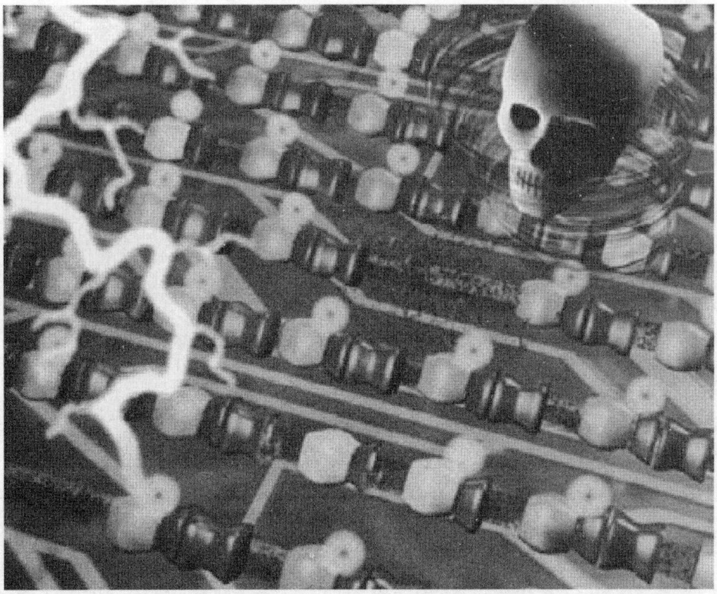

本图展示的是数字环境中的人工生命。各种颜色和灰度的几何图形代表自我繁殖的计算机程序。"道路"代表程序运行完毕的记录，亮光代表能够导致细胞突变的资源。头骨是冷酷无情的收割机，它将删除那些过于陈旧或有缺陷的程序。（图片来源：无重力实验室）

次运行之后开始进化出一些类似于昆虫的形状。我惊诧不已，然后开始饲养这些昆虫，让它们一代一代地繁衍，这些从孩子们眼中看来就是一只只昆虫。我对于原有知识的怀疑和眼前的进化一样徐徐展开……当我第一次看到这些精致的创造物在眼前涌现的时候，我欣喜若狂。那种激动至今仍难以隐藏。我分明地感到《查拉斯图拉如是说》序曲那胜利的旋律在头脑中响起。我茶饭不思，我的那些昆虫们成群地聚集在我的眼皮下面，直到我最后疲惫不堪地睡去。

相关链接：人工智能与人工生命

在《第三极》中，兰顿讨论了人工智能和人工生命的关系，它们同属于计算机科学领域，是两个十分迷人的研究领域。这两个领域既有相似性又有较为明显的区别：

我并不认为人工智能和人工生命是两个完全不同的研究领域，但事实上它们的确在实际操作上有所不同。它们都极大地依赖于计算机，并试图在计算机上合成与模拟自然的信息加工过程。我甚至发现很难在生命和智能之间划出界线来。人工智能和人工生命都研究生命体内存在的信息过程，这些内在的信息过程决定着生命体自己的行为。

兰顿指出，人工智能试图完成一个十分复杂的目标——复制人类智能。在取得了初步的成绩之后，人工智能的研究遇到了一些困难。对于人类来说看起来十分简单的事情，比如面孔识别、行走、接球等，对于计算机来说却是十分困难的。另一方面，人工生命则从一些相对简单的系统着手，采用一些简单的规则，试图观察更加复杂的行为怎样从这些简单的系统中涌现出来。

在实践中，人工智能的研究采取的是“自下而上”的方法。比如麻省理工学院的机器人设计者罗德尼·布鲁克斯（Rodney Brooks）和辛西亚·布雷泽尔（Cynthia Breazeal），他们在20世纪80年代和90年代设计了各种机器人，其行为都是从一些相对简单的系统层次开始的，其中涉及与环境的交互作用以及机器人之间的相互作用。

人工生命与意识

数学能够被用来发现无生命世界的各种模式，也能够被用来发现生命世界的模式。我们可以通过兰顿的工作发现，数学法则还能用来模拟生命系统，并以此来产生新的行为模式。意识可能与复杂的量子力学有一定联系，或者意识仅仅是简单地起源于一些相对简单的系统的复杂交互作用。

在兰顿的《第三极》中，他问道：

> 自然创造出意识的诀窍在哪里？我们仍然一无所知。因为我们至今为止还无法理解由如此之多的简单交互的神经元构成的广泛分布的、巨大的平行网络拥有这样的能力。我们并不知道它们能够产生哪些可能的行为。我们需要进一步地研究它们。或许有一天我们能够更好地理解这些未知的现象，这些现象将成为人类破解智力之谜的关键。

和人工智能一样，人工生命领域的研究有一片光明和备受欢迎的时候，也有困难重重和幽暗无光的时候。斯蒂芬·利维出版《人工生命》的时候是1992年，这一领域仅仅只有十来年的发展历史，却已经显得比较稳固了（就和分形几何学、混沌理论和其他数学与科学运动一样），它甚至已经开始被转化为技术，自然也成为人们理解自然的新视角。

一方面，人工生命一词在21世纪的头十年并没有像它在过去的20年间那样频繁地出现在各种媒体上。但是这并不意味着兰顿和其他研究者的工作已经无用。相反，基于人工生命的研究发展起来的各种技术已经渗入今日世界的方方面面，从在线角色游戏的各种复杂人物的设计，到能够帮助人们寻找到所需信息或商品的软件主体，再到疾病控制中心运用模拟系统演示世界流感大流行以便能够提前调控，无不体现着人工生命的思想和技术。从反面的例子来看，人工生命最有效的例子就是流行于当今计算机和网络的各种病毒和蠕虫。

当数学与生物学相遇后，人类试图理解生命本质的愿望日益强烈，其研究的脚步也会永不停歇。

十

一种新的科学

——斯蒂芬·沃尔夫勒姆与通用自动机

自从伽利略时代之后(更准确地说,是继牛顿之后),人们就开始用数学这个工具来描述我们身处的这个有机的动态的自然。

有一位数学物理学家把目光转向程序设计,成为一名软件开发师。他就是斯蒂芬·沃尔夫勒姆(Stephen Wolfram),他用自己的研究和思想向现有的科学提出了广泛的挑战。通过对细胞自动机的广泛研究,沃尔夫勒姆开始意识到,通过对观察数据的计算得出方程的方式对于研究自然现象可能不太合适;自然很可能是通过一些简单规则的集合而涌现复杂行为,我们需要寻找这些简单的规则,以及探究它们如何涌现出复杂的行为。这一点在生物学领域尤为突出。最终沃尔夫勒姆认为,自然就像一台计算机,仅仅运用许多简单的但是强有力的程序就能衍生出一切复杂行为。他也开始用这种方式来研究自然,试图引起一场新的科学革命。

斯蒂芬·沃尔夫勒姆创造了Mathematica程序,将数学符号的强大力量搬到了桌面上。他在广泛地研究了细胞自动机之后,提出了一种备受争议的科学研究新范式(图片来源:大卫·蕾丝,沃尔夫勒姆研究所)。

少年物理学家

1959年8月29日,斯蒂芬·沃尔夫勒姆出生在英国伦敦。父亲是一位极为成功的小说家,母亲是牛津大学的哲学教授。20世纪60年代是太空时代,沃尔夫勒姆和许多生活在这个时代的孩子一样,对太空探索、天文学和物理学等十分着迷。他常常骑着自行车往返于当地大学的图书馆，阅读各种物理学著作。

沃尔夫勒姆13岁的时候，他获得了伊顿公学（Eton College）的奖学金。这所著名的学校以体育见长，在这里读书就意味着将来会获得极大的财富和社会地位。年轻的沃尔夫勒姆既没有什么社会背景，也没有兴趣去适应伊顿学校的氛围，相反，他对科学却情有独钟，以至于忽略了其他许多的功课。曾经有一些富裕但对学术不感兴趣的同学出钱让沃尔夫勒姆帮他们做数学和物理作业。

年仅15岁的沃尔夫勒姆对自己充满信心，他写了一篇有关高能粒子的物理学论文，并投给牛津大学和剑桥大学的教授。教授不仅认真地审评了该文，还将其发表在物理学杂志上。

16岁的时候，沃尔夫勒姆到了牛津大学，他想看看物理学的世界究竟是怎样的。后来他对科学作家斯蒂芬·利维回忆道：

> 第一天我看了第一学年的课程，发现它们很糟糕。第二天我浏览了第二学年的课程，发现它们和第一学年的课程一样糟糕。第三天我翻阅了第三学年上半年的课程，发现它们都是那样的令人生厌。于是，我觉得无法继续看下去了。

牛津大学在课程和教学上都给予学生十分宽松的环境。只要能够通过学年末的考试，对于学生在学校究竟干了什么，学校并不过分在意。沃尔夫勒姆公开承认，他对于著名的牛津大学的教授并没有多少尊重。当考试来临的时候，他不仅能顺利通过，还总是全班最优秀的。沃尔夫勒姆做的研究远远超过了当时的许多研究生同学，在不到两年的时间里，他发表了不止25篇科学论文。当沃尔夫勒姆获得理论物理学博士的时候，年仅20岁。

在加州理工学院研究计算机

后来，沃尔夫勒姆到加州理工学院，师从著名的物理学家默里·格尔曼（Murray Gell-Mann）。1981年，沃尔夫勒姆接受了由麦克阿瑟基金会颁发的令人羡慕的“天才”奖。设立这个奖项主要是为了给那些在科学和艺术领域具有非凡创造力的人足够的经费，以使他们有足够的条件和时间继续从事他们的研究项目。

一个装满规则的工具箱

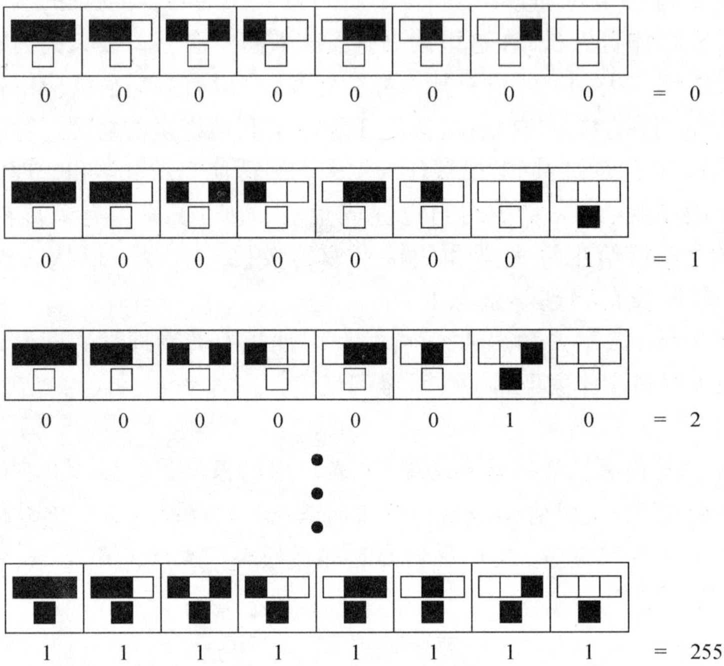

© 资料管理库出版

沃尔夫勒姆运用一个由256种可能的规则构成的集合创造了各种各样的细胞自动机模式。通过将各种结果的颜色转化成一个二进制数，每条规则都被标定为一个数字。

拥有了120万美元经费的沃尔夫勒姆决定干他想做的事情：用计算机去探索和模拟如何从简单的运算法则涌现出惊人复杂的行为。他现在认为他曾经在物理学和宇宙哲学中研究过的复杂性结构不可能用复杂的方程来完美地表达，相反，计算机能够帮他走上一条完全不同的解决道路。

沃尔夫勒姆的许多同事都对这位前途光明的年轻物理学家的想法感到失望，但是沃尔夫勒姆坚信，用一种新的方法来借助计算机去模拟和理解自然系统是非常有意义的，甚至值得他放弃他现有的物理研究生涯。

沃尔夫勒姆发现既有的工具在计算机上处理符号化的数学问题存在许多不足，于是他便自己编写了新的程序，称为SMP。然而后来当他准备将自己的程序推向市场的时候，加州理工学院却声称拥有对该程序的知识产权，因为沃尔夫勒姆编写该程序时，是这里的一名研究人员。沃尔夫勒姆将加州理工学院告上法庭，但最终败诉。1982年他离开了加州理工学院。

研究细胞自动机

离开加州理工学院以后，沃尔夫勒姆到了普林斯顿大学高等研究院。和加州理工学院不同，这里提供给他自由的研究氛围，并且可以自由地将自己创造的任何东西推向市场。

当时，沃尔夫勒姆对细胞自动机特别痴迷，可以通过简单的规则系统产生出各种惊人复杂的模式。20世纪40年代末50年代初，约翰·冯·诺伊曼首先提出了这一思想，并进行了探索。到20世纪70年代，约翰·康韦创造出了最简单却又最丰富的细胞自动机，即著名的“生命游戏”。然而，沃尔夫勒姆告诉科学作家斯蒂芬·利维说，“当我开始研究细胞自动机的时候，关于这一领域至少已经有200篇论文。可是把这200篇论文放在一起，总起来看，这已有的所有研究真是多么的苍白啊！”（批评者或许会指责沃尔夫勒姆，说他并没有认识到或至少没有公允地评价其他数学家的工作。）

不管怎么说，沃尔夫勒姆想要对细胞自动机进行综合系统的研究，他要研究的不是一个，而是数百个细胞自动机。沃尔夫勒姆先集中精力研究了一种单维的细胞自动机，这种细胞自动机每次生成就是在方格内画线。后来他意识到每个细胞与它邻近的两个细胞（前后各一个）之间的相互作用可以定义出256种可能的规则。

举个例子来说，被沃尔夫勒姆称作110的规则，开始顶端只有一个黑色方框的栅格。然而，当计算机将这些黑白方框构成的行列进行数千次生成之后，结果会出现错综复杂的模式，其间既充满各种规则图形，又包含着大量令人惊异的模式。

开发Mathematica数学分析软件

1987年，沃尔夫勒姆离开学界，创立了沃尔夫勒姆研究公司，专门从事数学软件的开发。当时，计算机已经被广泛地用于计算工作（许多PC机搭载各种电子数据软件被推向市场）。同样，科学家和工程师们也广泛地使用着各种专门定制的程序软件，达到数千种之多。

人们通常认为，数学家会花很多时间来进行实际的计算，但事实上并非如此。数学家真正做的事情是摆弄各种符号，并操作各种代数和微积分的程序，甚至更加深奥的数学内容。数学家的黑板上总是填满了x、y、z，以及其他各种各样的字母符号。他们总是喜欢简化各种表达方式，转换各种方程。事实上，用于处理符号数学的计算机程序已经拥有足够的能力来处理各种计算和命令。

1988年，沃尔夫勒姆和他的开发团队，一群计算机专家和数学家，发表了Mathematica程序的第一版。从那以后，这套程序一直在不断地扩展和改进。这套系统包括"内核"和"前端"两部分，"内核"能够利用各种运算法则进行数据转换和数值计算，"前端"可以自由选择和设定，主要是向用户提供打印和图形显示服务。后来沃尔夫勒姆对该软件进行了升级，使之能够在Web服务器上运行，并可通过网络浏览器访问，那些手持掌上设备的人也可进行访问。

通往复杂性的捷径

与此同时，沃尔夫勒姆研究的细胞自动机越多，他看到的模式也越多，他越来越坚信他所观察到的现象具有广泛的适应性。随后他在自己写的《一种新的科学》中谈道，"最终人们将看到，通过这个简单的程序，我们这个宇宙中的一切细节都可以用某些规则表达出来，并且我们看到的一切都可以通过这个程序涌现出来。"

沃尔夫勒姆观察到一个很重要的现象：从细胞自动机中产生复杂模式的过程具有计算不可约减性。这就是说没有办法创设一个方程，通过增加方程中的某些规则，来获得细胞自动机2 000次生成之后的状态。如果要想看到它2 000次生成之后的状态，唯一的方法就是让它自己生成2 000次。沃尔夫勒姆认为，自然界中的许多现象也具有相似的计算不可约减性。如果真是这样，那么研究自然最合适的方法就不是去提出适合某种现象的方程，而是去寻找相关的规则。

然而，有些科学家并不认同沃尔夫勒姆的观点。奈杰尔·戈尔登菲尔德（Nigel Goldenfeld）就是其中一位。他是伊利诺伊大学厄巴纳-香槟分校的物理学家，主要研究雪花的构造和温泉石灰岩的沉积。他和他的同事们发展出一套研究复杂系统的方法，用该方法在识别更宏观的模式时，可以忽略许多更加偶然和无关紧要的细节。戈尔登菲尔德和他的一个同事纳沃特·伊斯拉利(Navot Israeli)将这种“粗糙的方法”应用到沃尔夫勒姆研究的256种类型的单维细胞自动机中。他们发现,如果将系统中的单个细胞集合成超级细胞(包含8个或10个单位细胞),他们可以产生出整体的模式。后来他们又发现,即使不能精确地描述细胞自动机将来的状态,但是他们仍然能够预测在这些宏观模式中可能发生的变化。这种方法目前已经被其他研究者用来化简复杂的、混沌状态的系统,比如金融系统。

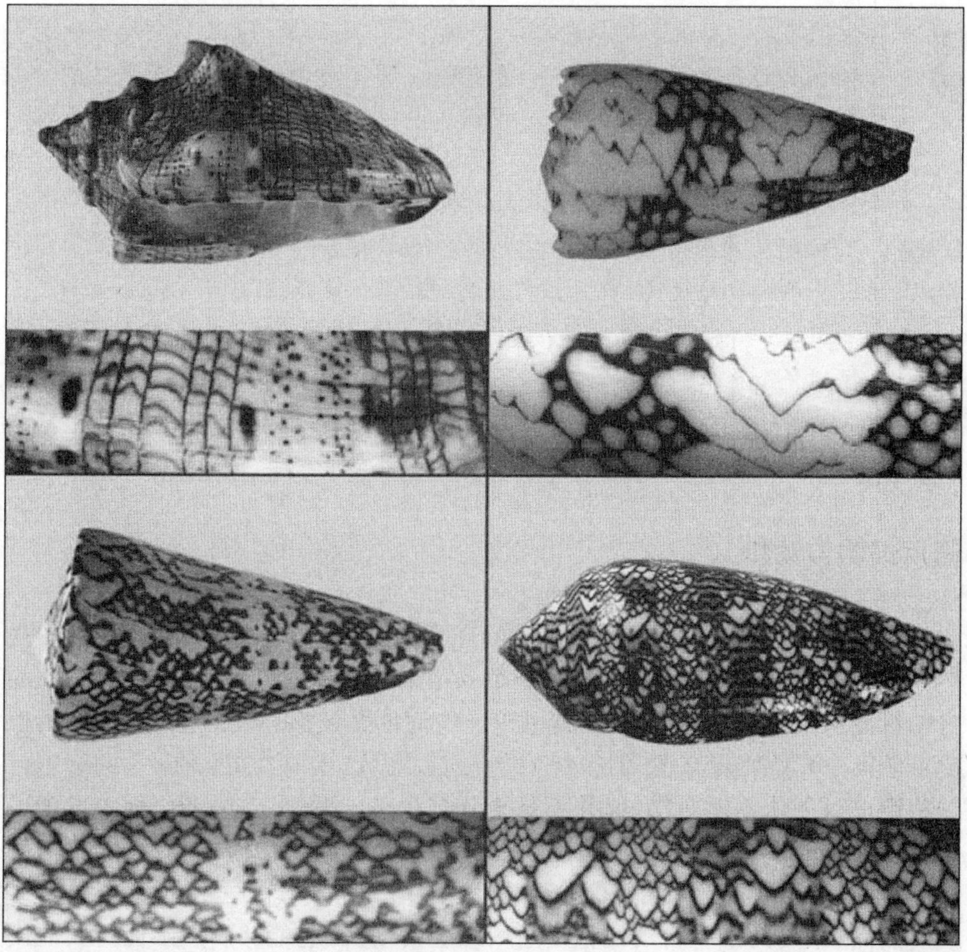

这些软体动物的贝壳图片展示了自然界中在一定规则下的生化作用,其结果酷似沃尔夫勒姆和其他研究者发展出来的细胞自动机(图片提供:沃尔夫勒姆研究所)。

相关链接：沃尔夫勒姆思想的应用

在《一种新的科学》中，沃尔夫勒姆认为他的通用细胞自动机能够被应用到许多领域，比如：

- 数学领域：可以提供更加有力的新方法，来设立数学方程；可以克服现有数学系统的局限。
- 物理学领域：可以提供一种方法，从相对简单的相互作用中建构基本理论。
- 生物学领域：可以建立有机体生长和交互作用的模型（沃尔夫勒姆认为达尔文的自然选择理论并不能完美地解释进化过程。持创世说的人更不能触及进化问题的核心，因为沃尔夫勒姆的系统中并不存在外在的“设计者”）。
- 计算机领域：可以提供新的计算机结构和新的软件设计方法。
- 人工智能和人工生命领域：由于相对简单成分及其相互作用可以涌现出复杂的行为模式，就可以打破传统的“计算瓶颈”。
- 艺术领域：细胞自动机可以产生出丰富多彩的新模式，艺术家正好可以与之相互补益。

通用细胞自动机

在考察细胞自动机许多不同类型的规则时，沃尔夫勒姆发现存在着各种截然不同的规则类型。其中一些规则导致的结果是固定不变的模式（这种类型的自动机显得十分枯燥）。有些规则可以产生周期性或循环性的行为（这种类型的自动机一开始比较有趣，但很快就令人生厌了）。有一类“混沌状”的细胞自动机则可以无休止地变化，但并不是十分有意义。最后，在复杂规则中发现了一种母脉（mother lode），它能够产生足够多的有意义的结构，同时还能保持足够多的变化，以便看起来始终保持趣味性。

然而，最终的细胞自动机将是通用细胞自动机，它能够产生出任何其他模式，包括其他细胞自动机。这种观念可以追溯到冯·诺伊曼，后来约翰·康韦设计的生命游戏也提供了一个简单的例子。沃尔夫勒姆设计的通用细胞自动机简明易懂，能够应用到各种规则之中。

一种新的科学

经过十多年深入而孤独的研究，沃尔夫勒姆最终于2002年出版《一种新的科学》。从最表面层次上，乍一看，这本书就像普通咖啡桌上的闲书一样，然而书里描述了由细胞自动机生产的各种复杂结构。

在该书的前言中，沃尔夫勒姆做了一些大胆的宣言和预测。他宣传他的工作将导致一场新的科学革命：

> 三个世纪以前，人们认为可以用数学方程来描述自然世界，在这个观念的指引下，科学发生了剧烈的转变。现在我写这本书的目的就是想发动另一场类似的转变，我想引入一种新的科学。这种新科学基于这样的观念：许多复杂的一般性规则都可以具体表达为简单的计算机程序。

沃尔夫勒姆继续坚持他的新科学主张，认为他的新科学“能够渗透到现存的每一个科学领域，极少例外”。尽管他意识到会有许多人抵制他的这些观点，但沃尔夫勒姆坚信，它们最终在科学、技术和其他领域中扮演着关键的角色。

如果你打开这本书并细细品读的话，一定会发现其中包含着各种富有煽动性的观点，它们会阐明各种各样的物理现象、生物现象和其他科学现象都可以用细胞自动的行为加以重新解释，只是其中有些规则是我们现在尚不知晓的。其中许多讨论内容也将引导读者（无论是科学家还是非专业人士）产生各种各样的思考：沃尔夫勒姆的观念对于解决具体问题和实际应用是否有价值呢？

学界对该书的评价可谓毁誉参半。一方面，在一次接受《科学家》杂志的采访时，沃尔夫勒姆说，许多生物学家给他发电子邮件，索要相关的细胞自动机产生模式。“这是生物学领域的一个进展。看起来阁下的方法能够让我们更好地理解生物学。你对此有何评价？”

随后，沃尔夫勒姆详细阐述了他的工作对于生物学家有什么样的帮助：

细胞自动机的各种类型

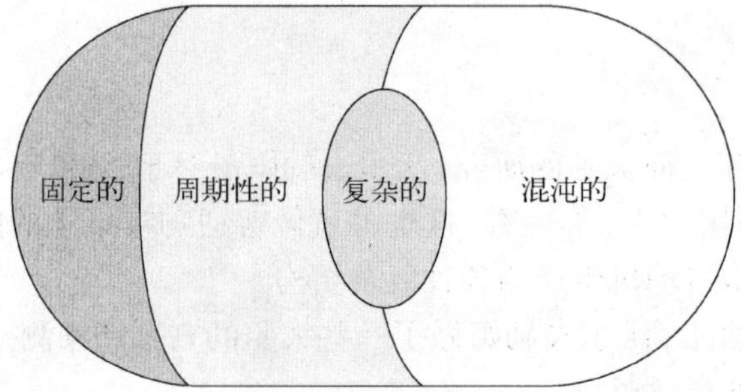

研究将细胞自动机系统分为四种类型。固定的系统意味着生产的过程中模式不会改变，因此是“僵死”和无趣的。周期性的系统是在生产的过程中各种模式的持续循环，能够表现出系统的能量，但是不会产生新的模式。混沌的系统是不可预测的，能够产生各种偶然存在的美丽模式，但是从中能够得到的有意义的信息不多。最终，“复杂”系统将新异和结构结合起来，其生产过程犹如生命过程。

> 我认为当前在生物学领域有一种极为强烈的意识，生物学家们都意识到下一个巨大的研究步骤应该是建立理论模型，以便去理解生物界运行的整体机制。在讨论这一生物问题的时候，进化理论似乎已经逼近了问题的核心。但是生物学家似乎对于我当前的工作更感兴趣，他们希望借用细胞自动机的框架去建构一种新的基本模型和理论。人们已经认识到在他们的染色体中存在着某种程序；但问题是，这些程序是怎样运行的？这种类型的问题正是我在书中要讨论的，我也提出了一些通用的方法和技巧。

另一方面，在加州理工学院参加该书讨论会的与会者一致认为，沃尔夫勒姆的著作不代表一种真正的“范式转变”，并没有从根本上改变人们对于世界的理解，更不必说改变科学研究本身的基本规则了。沃尔夫勒姆认为这些科学家的回应是因为他们对科学范式的转变感到恐惧，想要力保当前地位的典型表现。然而，富有思想的物理学家斯蒂芬·库宁（Steven Koonin）嘲弄说，沃尔夫勒姆的这种回应同样是观念没有发生范式转变的典型表现。

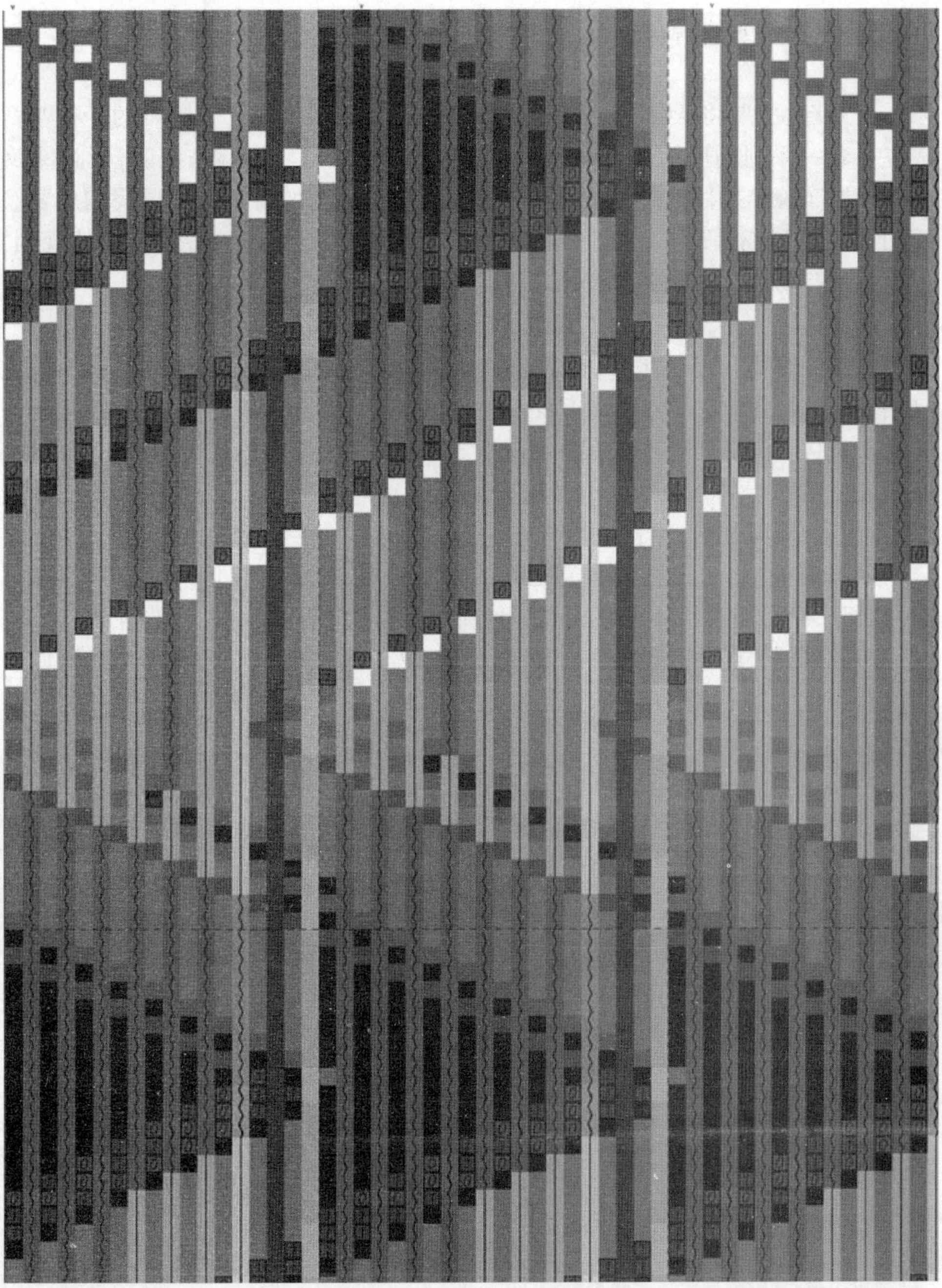

这幅图展示的是沃尔夫勒姆的通用细胞自动机。只要给定适当的初始条件，它能够仿效出任何可定义的规则系统。

评价沃尔夫勒姆的科学

公允地说，要将沃尔夫勒姆的工作作为科学来评价是十分困难的。科学常常包含着一系列的反馈环节，通常一个科学理论可以用实验来证明，反过来又可以根据实验结果修改理论。然而对于“沃尔夫勒姆的科学”，如果我们想要验证的话，可能只有假定，寻找一种特殊的自然现象，然后试验各种各样的规则，观察细胞自动机是否能够生产出相同的行为来。

然而迄今为止，运用这种方法尚未取得任何进展。

沃尔夫勒姆自己也坦言，他的“新科学”虽然是革命性的，但并不能简单地取代现有的科学（基于公式和方程表达的科学）。他很早就说明，寻找细胞自动机的未来状态没有捷径。在有些情况下，如果有人想要知道明天的月亮在哪里，那只需要用基于牛顿法则（可能被爱因斯坦稍微修正了一下）的简单公式就能够得到一个很满意的答案。

因此，随着沃尔夫勒姆研究工作的不断扩展，可能会让传统的科学更加丰富和繁荣，它可能会给科学家提供一种新的工具，而不是“一种新的科学”。

与此同时，虽然受到各界对他的工作以及人格的批评，但沃尔夫勒姆似乎并没有因此而困扰。《科学家》杂志采访他时，问“你谦虚吗？”沃尔夫勒姆回答道：

> 不同的人对于这个问题有不同的看法，很难说出其真正的本质。当然，我是一个把真理看得比谦虚更重要的人。例如，在我的书中，我选择了十分直率地谈论我的那些重要的观点和发现，因为如果不是那样的话，读者就会很难正确地理解其中的精髓。我的生活经历让我成为一个独立的科学家。也就是说，我宁可花更多的心思来最恰当地表达我的思想，而不需要同事们来赞扬我的谦卑。

致命的力量

FORENSIC SCIENCE FROM FIBERS TO FINGERPRINTS

顾 琳 俞雯清
张 颖 朱圆圆 /译

Part 3
第三部分

很多人喜欢看科学家破案的电视节目，看起来几乎像魔术一般。在这些节目中，戴着乳胶手套的技术人员在犯罪现场收集发丝、纤维片段或血迹，随后迅速将其送至一尘不染的实验室。穿着白大褂的实验室工作人员将样本放到显微镜下或神奇的仪器中。还有一些专家盯着电脑屏幕说“CODIS什么也没找到”或“AFIS配到了”。

法医是利用技术破案的科学家，其实他们的真实生活并不像电视上所演的那么精彩，他们得到结果时也常常没有那么肯定。他们常常需要几周或几个月才能鉴定一个罪犯或受害者，而不是电视上所演的几小时。还有可能最终也无法确定。但是，他们确实和CSI中的吉尔·格里森等电视人物有共同之处，那就是他们都相信犯罪现场所找到的物证可以显示当时发生的事情。就像格里森所常说的那样，“物证从来不说谎”。

本书描述了若干领域的重要科学家，既包括某领域的开山鼻祖，也包括这个专业现在的中流砥柱，还记录了这些科学家的主要发现，并说明了这些发现在整个科学史中的重要性。

书中记述的所有科学家，无论他们是曾经的先驱者还是现在的专家，都是通过观察和逻辑推理破案的。通过观察，他们在犯罪现场找到物证，并从他们所看到的数以千计的指纹、头发、纤维、污点和其他物品中判断出异常或可能重要的线索。通过推理，他们综合分析主观感觉和仪器结果，以此得到结论：犯罪时究竟发生了什么，凶手和受害者有可能是谁。之后他们会进一步研究证据，或询问警察对嫌疑犯和证人的审讯结果，来检验他们的结论。如果他们了解到的情况不支持他们的结论，他们会修改思路，以便和证据一致。

换言之，如果法医科学家成功了，那是因为他们像所有优秀的科学家一样思考问题。法医科学家用于破案和查明真凶的方法——观察、推理和通过试验检验思路，和各领域的科学家在探索世界真理时所用的方法是完全相同的。因此，在了解法医科学家如何工作的过程中，读者也可以发现很多科学本身的真谛。

一

致命的力量

——马修·奥菲拉、詹姆斯·马什与毒药的发现

毒药无所不在。许多植物就含毒，许多家用物品包括药品也都可能有毒性。19世纪之前，很多毒药都无法检测，也就是说，投毒者常能逃脱法律制裁。因此历史学家说，投毒谋杀在17世纪晚期的意大利和法国，屡见不鲜。

根据当时的记载，最常用的毒药是砷。正常人体需要极微量的这种金属元素，大量接触则是有毒的。砷最常见的形式是氧化砷——当时被称为白砷。这是一种白色粉末，用途广泛，无臭无味并易于购得。将白砷粉末偷偷地混入食物中，就可引起胃痛、呕吐、腹泻等类似于霍乱或当时常见的其他致死性疾病的症状。杀死一个人只需要很少量的砷（约0.009盎司，合0.25克）。当时的人们认为白砷常用于毒死有钱的亲戚，以至于17世纪的法国称之为“遗产粉末”。

在西班牙出生、在法国工作的科学家奥菲拉，1813年写了一本详细论述毒药的书，由此建立了毒理学（图片编号：B020198，图片来源：国家医学图书馆）。

1840年左右，名噪一时的“遗产粉末”逐渐衰落，主要是以下两个人的功劳：检测人体组织内砷的敏感试验的发明者——马什、毒理学的独立奠基人——出生于西班牙、工作在法国的科学家奥菲拉。毒理学是研究毒药成分和作用的科学，这里所说的毒药不仅包括砷等显而易见的毒药，还包含（合法的或非法的）药物和工业化学制品。法医科学的一个重要部分就是鉴定毒药，并确定死者究竟是误服，还是故意服毒自杀，抑或是被人蓄意投毒谋杀。

一门科学的建立

马修·奥菲拉（Mathieu-Joseph-Bonaventure Orfila，又名Mateu [Mathieu] Josep [h] Bonaventure Orfila i Rotger）于1787年4月27日生于远离西班牙海岸的米诺卡岛马翁镇。他的启蒙教育来自当地牧师和其商人父亲的图书馆。奥菲拉幼年时代即表现出过人的天赋，14岁时已能说5国语言。

奥菲拉最初的理想是做一名水手。但是（15岁时）第一次海上旅行后，他感到既无聊又不适应，从此将兴趣转向医学。他先后在瓦伦西亚、巴塞罗那、马德里和巴黎学习，学习的每个阶段都给他的老师留下良好印象，并因此获得下一阶段的奖学金。1811年，他拿到医学学位。

毕业后不久，奥菲拉为谋生开设了私人化学课。这些课受到极大欢迎，但奥菲拉做演示试验时偶尔会遇到麻烦。1813年4月，他想给学生演示当时用于检测砷的常用试验之一——砷酸和不同物质混合后就会形成沉淀（固体）。但他试了几次都没做出结果。因此，他决定对其他检测肥皂水、葡萄酒和咖啡等液体中毒药的标准试验进行检验，结果发现这些试验大多不可靠。他了解到，当时的科学家检测很多毒药的时候，都需要把可疑物质喂给动物吃，然后等着看动物是不是会死。"那时，我突然想到一件别人都没发现的事情"，他后来写道："我最初想到的几个字就是：还没有毒理学呢！"

于是奥菲拉开始编写第一部以毒药为主题的科普书籍，题目就叫《毒学概论》。他将毒药分为几组，分别描述了它们对人体产生的影响、引起的疾病症状、被毒者尸体的改变以及鉴定它们的方法。这部论述详尽的著作的第一卷出版于1813年，第二卷出版于1815年。"它一经面世立即产生了巨大的影响"，科林（Colin）和戴蒙·威尔逊（Damon Wilson）在他们的《血成之书：法医检测史》中如是说。他们还说道："奥菲拉以这本书为标志，建立了毒理学这门科学。"奥菲拉后来还以毒药、医学化学和法医学为主题，写了若干部书和很多论文。

《毒学概论》使奥菲拉声名鹊起，在学术界的地位迅速上升。1818年，他成为巴黎医学院的"精神疾病学"教授，这个职位是为他专设的。一年之后，他接任医学院的法医学教授。1823年，他在著名化学家，也是他曾经的老师路易斯-尼古拉斯·沃克兰（Louis-Nicolas Vanquelin）之后，继任化学教授。1830年，他成为医学院院长。

在这期间，奥菲拉成为最早以专家身份出庭作证的科学家之一。1824年8月，他第一次出庭作证。庭审的被告是一位名叫劳伦（Laurent）的妇人。她被控谋害亲夫，因为当地医生宣称在死者体内发现了砷。但是当奥菲拉再次检测其丈夫的胃时，却没发现毒药。寡妇劳伦因此被无罪开释。

一个敏感的试验

奥菲拉是一名卓越的化学家，但对于1813年化学展示课上给他造成麻烦的物质——砷，却始终未能发明出一种敏感而可靠的检测方法。这项成就属于另一位名气不那么大的人物——英国化学家马什（James T. Marsh）。

马什生于1794年9月2日。除此以外，人们对他的早年生活所知甚少。1822年，他作为一名化学家受聘于皇家军事学院附属的伦敦沃尔维奇兵工厂，进行军用枪炮性能的改良工作。1829—1846年间，他还协助过迈克尔·法拉第（Michael Faraday）的工作。法拉第后来因其在电学方面的研究和发现电磁关系而成名，当时也受聘于皇家军事学院。

1832年12月，马什应邀前往法庭作证。一个名叫约翰·伯德（John Bodle）的男子，以在祖父乔治（George）的咖啡中放砷谋害老人的罪名被捕。受理伯德一案的法官请马什检测乔治·伯德胃中是否有毒药，因为马什是当时该领域内最好的化学家。马什做了一种试验，如果有砷的话，就会出现黄色沉淀。沉淀确实出现了，但等到马什拿给陪审团看的时候，粉末已经分解了，颜色也不明显了。因此，陪审团认为试验结果不可信，当庭宣告伯德无罪。

认定伯德有罪（10年后，伯德安全出境之后就坦白了罪行，证明了马什当初的怀疑是正确的）的马什，苦于没有更清楚的证据可以给陪审团看，他感到非常沮丧，决心发明一种更可靠而敏感的试验，用于检测人体内的砷。

当时最常用于检测砷的方法叫作“砷镜”，这种试验是德国哥尼斯堡（加里宁格勒）的医学教授约翰尼·麦茨格尔（Johann Metzger）在1787年发明的。麦茨格尔证明：含有砷的混合物被加热到变红之后，就会有一层黑色的金属砷沉积在附近温度较低的物体如盘子的表面上。这层沉淀闪闪发光，因此，麦茨格尔称之为“砷镜”。麦茨格尔试验的本身并不能检测人体内的砷。但在1806年，柏林医学院的教授瓦伦丁·罗斯（Valentine Rose）发明了一种处理人类的胃及其内容物的方法，因此，可以应用“砷镜”试验。

但麦茨格尔和罗斯的试验常不能检测微量的砷。试验过程中常可见到检测物中的砷在加热之前被转化成大蒜味的有毒气体——砷化氢，也就是砷和氢的化合物。马什意识到，很多砷可能都在沉淀为颗粒砷之前发散到空气中了。

马什试验装置

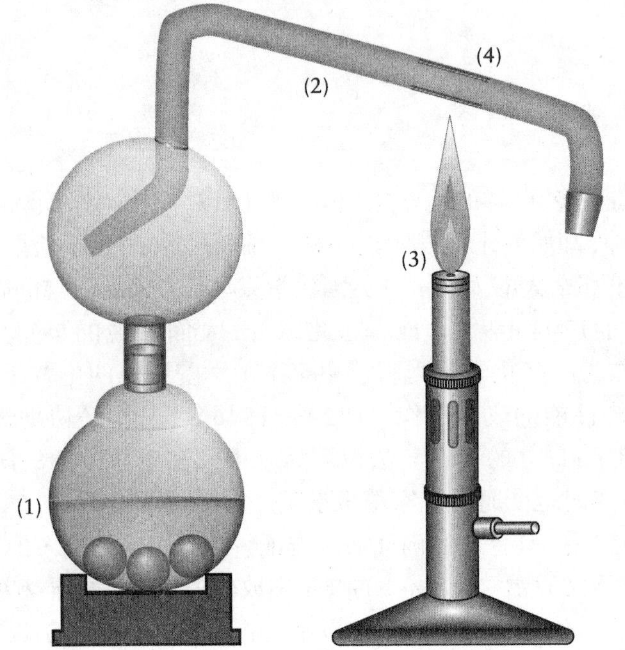

检测砷的马什敏感试验是这样的：将待检物质和锌及硫磺酸混合装进左边的小烧瓶（1）中，酸里的氢就会和砷形成砷化氢气体。气体进入水平管（2）。用火焰（3）加热管末。砷化氢受热分解，释放出金属砷，在管末形成黑得发亮的沉淀物（称为“砷镜”）。

如果检测物中的砷本身含量就很少，可以形成“砷镜”的就更少了。

为了解决这个问题，马什制作了一个可以防止气体外漏的封闭装置。他将待检物质和锌及硫磺酸混合后装进一个小烧瓶中，小烧瓶连接着一根水平细管。如果待检物质中含砷，砷就会和酸里的氢反应，生成砷化氢气体，进入细管。用火焰在管下加热气体使之分解为氢和金属砷。当砷到达细管温度较低的部分时，就会形成特征性的黑色“砷镜”。

马什的试验非常精确，即使样本中只有0.000 000 7盎司（0.02 mg）的砷，也同样可被检测出来。1836年10月，马什在《爱丁堡哲学期刊》上发表了《检测砷的试验》的论文，描述了他的发明。艺术协会为表彰其贡献，授予其金质奖牌。马什后来又对试验进行了改良，通过比较细管中沉积金属砷的长度和已知量的砷沉淀的长度，可以定量测定样品中砷的含量，并且可密封含有检测沉淀物的细管，作为证据拿给法官看。

美丽的投毒者

1840年，审判玛丽·拉法吉（Marie Lafarge）一案时，同时用上了奥菲拉的毒理学知识和马什检测砷的新试验。这宗戏剧化的案件审理过程在当时广为人知。玛丽是锻铁工厂主查尔斯·拉法吉（Charles Lafarge）的妻子。在选择丈夫的过程中，她毫无发言权，因此他们的婚姻并不幸福。拉法吉先生死于1840年1月16日。死前他吃了妻子为他做的蛋糕，然后出现了严重的胃痛。拉法吉死后9天，年仅24岁的玛丽被捕，被控谋害亲夫。

事实上，拉法吉死前就有人觉得他的病生得蹊跷。拉法吉家的女仆告诉拉法吉的妈妈和医生说，她亲眼看见玛丽在她为丈夫准备牛奶、汤和蛋奶酒时下了白色粉末。因此，拉法吉一死，他的家人和医生立即将可疑之处告诉了执法机构。

检察官（行使部分侦探职责的法官）了解到，拉法吉生病的前几天，玛丽曾经以毒耗子之名买过白砷。他下令将拉法吉的尸体从坟墓中挖出来，检测是否含砷，并让警署逮捕了玛丽。玛丽被捕成为当时巴黎各大报纸的头条新闻，因为玛丽不仅风姿绰约，而且和法国贵族包括皇室成员有血缘关系。

1840年，奥菲拉以专家证人的身份，出现在人尽皆知的拉法吉凶杀案审理现场。奥菲拉做了马什试验证明：拉法吉的尸体内确实含有砷。玛丽因此而被判有罪。

1840年9月3日，拉法吉的案件在图尔城首次开庭。玛丽和她富有的亲戚们坚持说她是无辜的。但似乎支持罪名成立的证据确凿。几位当地化学家作证说，他们在女仆宣称玛丽拿白色粉末的盒子里发现了砷，牛奶、蛋奶酒和拉法吉的呕吐物及胃容物中也含有砷。

奥菲拉是当时欧洲公认的最好的毒理学专家，于是拉法吉的辩护律师联系了奥菲拉。当时奥菲拉已经知道了马什的砷试验，并使用好几年了，而当时大部分化学家还未曾了解到马什试验的存在。读了图尔当地化学家的报告后，奥菲拉认为，他们使用的方法都太古老，不够可靠，试验技巧也很糟糕，因此试验结果根本毫无意义。

辩方律师在法庭上宣读了奥菲拉的评语，控方律师提出让化学家再用马什试验检验一下可疑物质。于是，化学家又做了马什试验，仍报告食物和盒子里的粉末中含有大量的砷。科学家们同时坦言，拉法吉的胃和其他器官中并未发现有砷存在的明确证据。

最终，判案的法官只能请奥菲拉亲自来图尔一趟，解决争端。奥菲拉于9月13日抵达目的地，在当地化学家的注视下，将当晚发现的所有物品重新进行马什试验。次日下午，他向人山人海的法庭宣布："我证明：拉法吉的体内确含有砷，并且，他体内所含的砷并非来自存放尸体的土壤。"（奥菲拉在两年前曾经证明：有些墓地的土壤中天然就含有砷，如果尸体埋葬不当，土壤中的砷就会渗入尸体中）奥菲拉继续说道：他不仅在拉法吉的胃中发现了砷，身体的其他很多地方也都有砷。9月19日，玛丽谋杀罪名成立，被判终身监禁。

相关链接：拿破仑是被毒死的吗？

拿破仑·波拿巴（Napoléon Bonaparte，1769—1821）曾经作为法兰西共和国（1799—1804）第一任执政官而统治法国，后又做了拿破仑一世皇帝（1804—1814）。在一系列的战争中，他征服了欧洲的大片土地，但1813年却失利于德国的莱比锡各民族大会战。他被迫放弃王位，并被流放到爱尔巴（Elba）岛。在拥护者的帮助下，他逃回了法国，重新获得了法国的控制权，但不过是昙花一现。1815年6月18日滑铁卢一战，他被英国军队彻底打败。这一次，他被流放到远在大西洋南部的火山岛——圣赫勒拿岛。1821年5月5日，他在那里结束了戏剧化的一生。

拿破仑的尸体被做了尸检，尸检就是确定死因的医学检查。尸检医生得出的结论是：这位曾经的皇帝死于胃癌。但是在1952年，有一个对拿破仑生平很感兴趣的瑞典牙医——斯丹·福舒伍德（Sten Forshufvud）提出，这位被罢黜的统治者的某些侍从，很可能被人收买，慢慢地用砷毒死了他，因为有人不想让这个流放者有东山再起的机会。福舒伍德称，拿破仑最后生病的症状可以用癌症来解释，但用砷中毒解释也同样合理。

已知砷会在头发中蓄积，有人保存了拿破仑的部分头发。福舒伍德在20世纪60年代得到其中的一部分，并把它交给了汉密尔顿·史密斯（Hamilton Smith），史密斯是苏格兰格拉斯哥（Glasgow）大学的法医毒理学家。这位毒理学家使用了他自己发明的一种极为敏感的检测方法——中子活化试验，在保存完好的头发中发现了很高含量的砷。

但是，拿破仑的尸体内含砷的事实并不能证明他就是被故意毒死的。1980年，英格兰纽卡斯尔大学的化学家大卫·琼斯（David Jones）指出：砷可能来自拿破仑住所的墙纸中。当时墙纸常用的绿色染料含有砷化合物，可以被霉菌分解，一部分砷就变为有毒气体砷化氢。气体不一定够强。但他可能吸入了很多气体，导致原有的胃病更严重，从而加速了他的死亡。拿破仑之死究竟和砷有没有关系？如果有关，到底是有人蓄意投毒还是他自己误吸？历史学家至今对此仍争论不休。

拉法吉案件是科学试验和专家证人的证供第一次发挥重要作用的重大庭审案例。通过这次审判，马什试验出名了，很多化学家开始在讲座甚至是聚会上演示马什试验。

马什试验的普及和欧洲法律的完善，使得砷投毒事件大大减少。1851年，英国通过了《砷法案》，规定药商只能把毒药尤其是砷出售给自己认识的人。购买毒药者还必须在“毒药簿”上签名，作为购买记录。用作耗子药的氧化砷在出售之前必须经过煤灰或一种深蓝色的染料——靛蓝染色，防止该粉末被有意或无意地与糖或面粉相混。

同样杰出的学生

有人质疑奥菲拉在拉法吉一案中的结论，但任何批评都没能损害他的声誉。奥菲拉在那场审判之后，享尽功名利禄，还做过路易十八国王的御医。1848年，法国再次宣布成立共和国。1853年3月12日，奥菲拉在病中与世长辞。

奥菲拉留给后人的不仅是数量可观的研究成果，更有一批他带过的学生，这些学生后来在法医毒理学领域的声名和他一样卓著。以阿尔弗雷德·斯万·泰勒(Alfred Swaine Taylor)为例,他在巴黎曾受教于奥菲拉,后来成为伦敦医学院-盖伊(Guy)医院的法医学教授。1836年,也就是马什发明砷试验的那年,泰勒出版了法医学领域的第一本英文书——《法医学原理和实践》。

奥菲拉教过的另一名学生让·瑟维斯·斯塔斯(Jean-Servais Stas),后来在比利时布鲁塞尔的皇家陆军学校当上了化学教授。他解决了一个奥菲拉自己认为不可能解决的问题——检测植物提炼出的毒药,包括鸦片(来自罂粟)等麻醉剂和颠茄、阿托品(来自致死性茄属植物)等生物碱。这些天然物质在人体内迅速降解,几乎不留痕迹。

1850年,在比利时(Belgium)的一场著名审判中,斯塔斯向众人展示:突然死亡的有钱人古斯塔夫·佛格尼斯(Gustave Fougnies)体内含有尼古丁,这是一种来源于烟草的非常强的生物碱。斯塔斯将佛格尼斯的胃容物反复纯化,然后将剩余的提取物和液体乙醚相混合。毒物可以溶解在乙醚中。乙醚比水轻,所以含有毒药的乙醚浮在检测液体的水上。斯塔斯随后将乙醚倒入另一个碟中,蒸发后留下的无色油性气体具有强烈的烟草气味。斯塔斯用公认的化学试验证明了该液体就是尼古丁。审判发现,佛格尼斯的姐姐和姐夫希波莱特·波加麦伯爵从烟草中提取出了毒药,并将其倒进了佛格尼斯的喉咙。毒理学家后来又修改了斯塔斯的方法,发现了其他的一些致死性生物碱。

马什和奥菲拉不同,生前所得到的认可少得可怜。马什死于1846年6月21日,留下遗孀和两个孩子,一点积蓄都没有。英国政府每年拨给她一些钱,以表彰其丈夫对科学的贡献。

现代毒药检测

现在的毒理学家不仅可以检测胃容物中的毒物,还可以检测血液、尿液、头发和各种来源于人体的物质。

最常用于检测毒药的试验是结合使用两项技术——气相色谱法和质谱分析。色谱法可以把混合物中的物质分离出来。气相色谱法就是先把混合物汽化,将其变为气体,然后放入螺旋玻璃管中。质谱仪用电子轰击气体,将它们分解为不同质量(重量)的带电碎片。电脑程序可以自动测量质量,输出结果,显示混合物以多少比例含有何种化学物质。

毫无疑问,投毒日渐成为一种较为少见的谋杀方法,与毒理学家在鉴定毒药方面所取得的成功密不可分。

二

指纹

——弗朗西斯·加尔顿、爱德华·亨利与指纹鉴别

如果每个罪犯都在犯罪现场留下签名自供书，警察、法官和陪审团的工作就轻松多了。虽然这种事情很少发生，罪犯却常常以另一种形式留下“签名”，这就是指纹。没有两个人在指尖上拥有完全相同的起伏盘旋的纹路，就算是同卵双胞胎的指纹也不一样。人的指尖被微小的腺体分泌的油脂所覆盖，所以在接触过的所有物体表面，几乎都会留下这种独一无二的印记。法医科学家在犯罪现场找到这些蛛丝马迹，再利用电脑，将其同嫌疑犯或者已知罪犯的指纹进行比对。

19世纪晚期，一些英国执政官和科学家向人们展示了如何利用指纹将罪犯捉拿归案。其中有两个人对指纹学的实践应用作出了杰出贡献，他们分别是加尔顿和亨利。

无字签名

很久以前人们就注意到指纹及其独特性。约2 000年前，中国人就已经在契约上把指纹当作签名使用。1788年，德国科学家J. C. 迈尔在一本解剖教科书上提出：“两个人的手指上皮肤纹路的排列不会重复。”捷克解剖学家贾恩·伊万杰利斯塔·普尔基尼在他1823年出版的关于皮肤的书中，将指纹分成了9种类型。这些早期研究者大都只是把指纹的差异看成了一种有趣的科学现象。

第一个将指纹应用于犯罪学的人是威廉·詹姆士·赫歇尔

(William James Herschel),就像古代的中国人,他同样利用它们作为签名。赫歇尔是英国一个显赫的科学家家族的后代(他的祖父也叫威廉,在1781年发现了天王星)。19世纪时印度在英国的控制之下,赫歇尔在印度当公务员。

英国科学家加尔顿,他是达尔文的表弟,改进了指纹的第一个扩展分类系统,并且证实每个人的指纹都是独特的(图片来源:国家医学图书馆,图片编号:B012611)。

赫歇尔在印度的孟加拉省工作时发现,人们有时会在合同上签名后抵赖。为了避免这个问题,1858年7月,赫歇尔让一个孟加拉的道路承建商拉雅哈·柯奈在签合同的时候不仅手写签名,还要在手掌上涂抹上墨水,盖上手印。他向柯奈展示了柯奈手掌纹路和他手掌纹路之间的不同,并告诉这个孟加拉人,他的手印是可以鉴定的,他不能够否认他的签名。柯奈显然不能抵赖而必须兑现协议。

1860年,赫歇尔在加尔各答附近的奴地阿当地方法官,他鼓励在各类经常涉及欺骗的文件上——比如土地租用协议和政府养老金支付收据,都使用指纹签名。他也开始收集和研究家族成员、朋友、熟人以及他在管理工作中遇到的人的指纹。他发现每个人的指纹都是独一无二的,而且一个人的指纹也不会随着年龄增加而改变。

1877年,赫歇尔在加尔各答附近的胡格利当地方官,他下令在所有的养老金收据、契约和逮捕令上都要使用两个手指印来代替手写签名。这样他就成为现代第一个正规的官方的使用指纹的人。1878年,赫歇尔退休后搬回英格兰,他的继任者并未继续沿用他的指纹系统。

一个小偷的痕迹

赫歇尔即将离开印度时,另一个英国人和赫歇尔有着一样的兴趣。这个人叫亨利·福尔茨(Henry Faulds),他是苏格兰长老会的传教士,同时还是个医生,1875年在日本的筑地建了一家医院。1878年前后,福尔茨在访问医院附近的考古遗址时,注意到了古代陶器碎片上的细小的平行条纹的图案,他惊讶地意识到他所看到的是陶器匠的手指留下的痕迹。

就像赫歇尔20年以前在印度所做的一样，福尔茨开始收集和研究他遇到的每个人的指纹。赫歇尔从每个人那里只提取一两个手指印，而福尔茨把10个手指的墨水印都留下。他和他的一些学生还试验着用小刀、酸溶液、砂纸或者其他的研磨剂把指纹从手指上刮磨掉，他们发现每一次长出来的指纹都和先前的几乎完全相同。指纹似乎是每个人身体永恒的特征。

1880年前后，福尔茨利用指纹的独特性，把几处入室行盗现场留下的手印或指纹和他所收集的进行比对，鉴定出这个在当地屡次盗窃的罪犯。这是赫歇尔从来没有想到的利用指纹可以做的事情。福尔茨还通过展示一个嫌疑犯的手印和留在被盗的房子边的石灰墙上的手印完全不同，说服了警方，证明了他的清白。

福尔茨在给著名的欧洲科学期刊《自然》的一封信中，讲述了他的经验。这封标题为《关于手的皮纹》的信发表于1880年10月28日。在这封信里，福尔茨描述了两种指纹模式的类型——箕（纹路从指尖的一侧绕到另一侧再回到同侧）和斗（纹路至少形成了一个完整的圈）。

福尔茨写道："作为一个实践性的生物学家，观察已经足够使我自信地断言，指纹排列模式是不会改变的，可以用于鉴别身份。"他建议侦探可以像他在日本所做的一样，在犯罪现场利用"烟斗、眼睛等上面的血指印"，来进行"罪犯的科学鉴别"。他建议警方保存"永远不会改变的重要罪犯的指纹"的记录，这样他们再犯案的时候就能被鉴别。

赫歇尔读到福尔茨的信后立即回复，讲述了他在印度使用指纹代替签名的事。《自然》杂志在1880年11月25日发表了赫歇尔的信。这次事件标志着这两个人针锋相对的开始，两人的矛盾延续至他们此后的大半生。两人都坚称自己是指纹应用的真正的发明者。

陌生的人群

福尔茨和赫歇尔的信发表在《自然》上时并未引起人们的关注。但是，社会的改变很快使这两人的发现变得意义非凡。

19世纪早期，工业革命不仅使得旅行变得很容易，同时也给了人们背井离乡的理由。大量的人移民到大城市，来寻找乡村里没有的工作。

这种迁移，加上总人口的增多，使得城市里挤满了陌生的人群。每个人都可以伪造他想要的姓名或背景，而其他人很难识破他们的谎言。19世纪下半叶，欧洲科学家和法律专家认为，对重案犯的惩罚应该比罪行相同的初犯更重。不同的处罚程度使得重犯想要在警察和法官面前隐瞒他们的身份，于是就改用了新的名字并且声称自己是初犯。

有经验的警方官员和地方官有时候能认出某个罪犯，但是他们很难认出来自国内其他地区的重犯。一些城市的警察部门保存有描述罪犯体格特征的文件（比如身高、眼睛的颜色以及不寻常的标记如疤痕和文身），但是描述往往太过含糊，以致这些文件根本没什么用处。另外，这些文件通常都是根据罪犯的姓名编目，所以当罪犯用别名时，就找不到他们的文件。有时候，因为单单依靠人来识别或者含糊的描述，一些刚巧长得像已知罪犯而实则清白的倒霉鬼就会被捕甚至入狱。

刑事犯的测量

19世纪80年代，一个法国警察部门的年轻办事员阿方斯·贝迪隆（Alphonse Bertillon），说服了执法部门领导，他想出更好的方案来解决如何鉴别职业罪犯的问题：测量身体的不同部位，这就是人体测量法。贝迪隆选择了11种似乎不会随年龄或者体重而变化的测量指标，比如头围和臂长。19世纪70年代后期，他在牢犯身上测试后总结出，在任何一项测量中两个人能匹配的概率大约是1/4。所以，所有11项测量结果都相同的比例是1/4 194 304。贝迪隆认为，他的系统在实践中能够分辨任何两个人。

最重要的是，年轻的法国人改进了文件归档的系统，把按照名字分类改成了按照体格特征来分类。他把测量的7个指标，从头围开始，都定义了大、中、小，并且对眼睛的颜色也分了级。在头围的各个类别里，又再根据其他测量结果的分类相似再进行划分，以此类推。应用这样的系统，对于一个刚逮捕的罪犯，官员能够从成千上万的文件收藏中，仅用几分钟就挑出一叠相似的匹配文件。

1884年，巴黎警方试用人体测量法的第一个全年，贝迪隆的小组鉴别出了241个重犯，远远超过了以往通过个人识别出的数量。于是在1885年，法国国家监狱系统官方采用了这种系统，也就是后来我们所知道的贝迪隆系统，1887年美国和加拿大的警方也开始使用贝迪隆系统。

人体测量法比以往警方使用的鉴别罪犯的技术更加有效，但它还是有些严重的缺陷。进行贝迪隆系统的测量很费时费力。只有在牢犯合作且测量员严格地遵照了贝迪隆所写的说明时，测量的结果才可靠。但是，测量员常常错误理解了测量说明，跳过了他们觉得繁琐的步骤，或者在系统里加入了他们自己的习惯。如果测量不准，依赖于测量结果的鉴别自然也不可靠。

科学研究

贝迪隆所取得的成就很快传到了德高望重的英国科学家弗朗西斯·加尔顿（Francis Galton）耳朵里。1822年，加尔顿出生在英格兰的斯帕克布洛，像赫歇尔一样出身于科学界的名门望族。加尔顿最有名的亲戚是他的表兄查尔斯·达尔文。

加尔顿涉足过很多科学研究领域。例如，他年轻的时候到非洲西南探险，写了两本游记。他对气象学也有所涉足，并发明了气象图。作为统计学的创始人之一，加尔顿试图通过计算，用数字去描述人类的各个方面，包括女性的美丽和祈祷的灵验程度。他是英国最受尊敬的科学组织——皇家学会的成员，同时他还是皇家地理学会的成员，该学会和皇家学会几乎享有同样声望，1853年授予他金质奖章。

和达尔文一样，加尔顿对于特性的遗传非常感兴趣。加尔顿很关注人类特质的研究，不仅包括体格上的特质，而且包括精神上的特质，例如智力和犯罪倾向。加尔顿确信这些特性是遗传。他在1869年出版《遗传的天才》一书中最早提及了这一理论。在这本书中他提出：受人敬仰的名人的父母常常同样优秀。

其他科学家：阿方斯·贝迪隆（1853—1914）

阿方斯·贝迪隆1853年4月24日出生于巴黎，他的家族拥有诸多致力于研究人类之间不同点的人类学家。实际上，贝迪隆的父亲路易斯-阿道弗斯·贝迪隆和他的外祖父阿希尔·吉亚尔都是人类学的学科创建者之一，另外他们也是与人类学相关的研究种族的学科——人类统计学的开拓者。他们和其他人类学家应用比利时统计学家兰伯特－阿道弗斯－杰奎·奎达莱特发明的人体测量学，来发掘人群间的不同之处，贝迪隆年轻时从长辈那里学习到了这些技术。

虽然贝迪隆很聪明，但是他的火爆脾气和其他性格问题使他仕途坎坷。他的人体测量学可以用来鉴别罪犯的观点，幸亏得到他有名的父亲的支持，这个系统才在1882年得到了测试的机会。

贝迪隆在19世纪80年代末—90年代初相当有名。他在1892年取得了引人注目的成就，这一年，人体测量法帮助巴黎警方揭穿了一个声称自己是拉贝切尔（Rabachol）的罪犯的真面目。此人实际上真名叫作弗朗索瓦·克尼希施戴因（Francois Koenigstein），是一个犯下数桩谋杀案的职业罪犯。克尼希施戴因得到应有的刑罚后，贝迪隆被授予了荣誉勋章。

20世纪初，指纹开始逐渐取代人体测量法以后，贝迪隆难以接受这种变革。他希望能把指纹作为他的测量和描述系统中的一项，但不愿他的分类系统被超越。1914年，他在瑞典郁郁而终。

如果贝迪隆能够获悉他的人体测量法至今仍被应用，大概会感到很欣慰。

加尔顿希望能找到随着某些精神特质一起遗传的体格标志，这样就能用来鉴别具有某些特性的人。1884年，他开始研究人体测量学，测量了成千上万的志愿者的体格特征和力量。在19世纪80年代后期，加尔顿开始认识到指纹可能正是他所寻找的标志。

加尔顿关于指纹的研究促使他写信给《自然》杂志，也就是福尔茨和赫歇尔1880年投信的期刊。福尔茨曾经提到指纹模式是遗传的，加尔顿对于这个观点的可能性非常感兴趣。但是，不知为什么，加尔顿并没有写信给福尔茨，而是写信给赫歇尔询问更多的信息。赫歇尔表示，如果加尔顿能给予他最早发明指纹的名誉，就同意加尔顿使用他收集的数量庞大的指纹资料。

在此后的4年，加尔顿用比福尔茨和赫歇尔更加系统和科学的方法来研究指纹。他集中了自己收集的指纹，最终大约有8 000套。他证实了赫歇尔的结论：指纹模式是不会随年龄改变的，同时还计算出：两个完整的指纹完全相同的概率是640亿分之一。

加尔顿设计出一种指纹分类的系统。他根据箕的底部开口向外（朝向拇指）和向内（朝向其他手指）的不同，把箕分成了外箕和内箕。除了斗和两种类

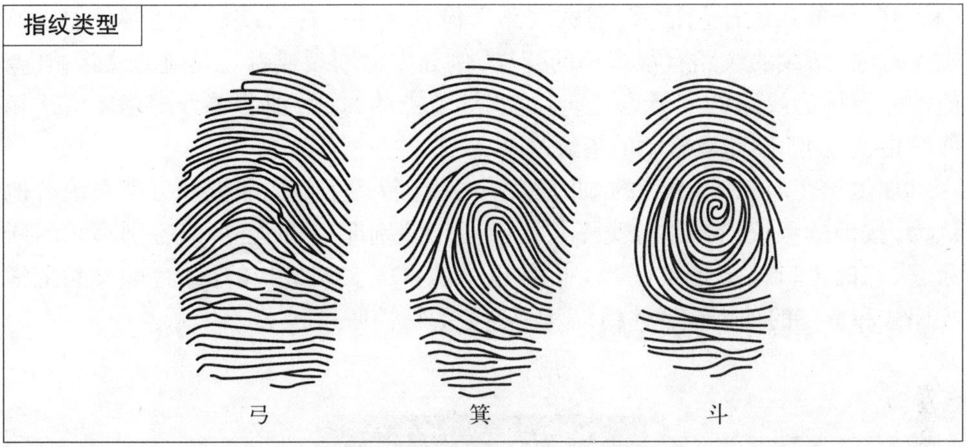

加尔顿分类系统内的三种主要的指纹类型：弓、箕、斗。

加尔顿根据他所说的“纹路细节点的指纹上的细小变异”，对指纹进行了更细的分类。这里所示的是4种类型的细节点。

型的箕，他的系统还包括弓，弓的纹路不像箕和斗一样会绕回到同侧。加尔顿也注意到，指纹的纹路有很多小的变异，例如中途断裂或者与其他的纹路相连。他把它们称为纹路的细节点，通过这些细节点的对比，他能够分辨总体模式相似的指纹，例如同卵双胞胎的指纹。

加尔顿在1892年出版的《指纹》一书中，叙述了他的研究和分类系统。他认为，按他的系统给指纹分类不仅能够用来鉴别罪犯，而且可以鉴别军队的新兵、失踪的人口甚至是旅行者。但他也承认没能实现最初的目的，即没能把指纹模式和特定的种族或者体格以及精神上的特性联系起来。

社会效应：优生学

牛羊或者其他家饲动物的饲养者，常常刻意地把优良品种相交配，比如让拥有优越的力量或速度的个体结合。加尔顿认为人类应当成为自己的饲养者，寻找能够产下更优血统的后代的伴侣结婚。他在《遗传的天才》中写道："想获得善于奔跑的纯种马或纯种狗是很容易的事情，所以创造一个高天赋的人种也是很有可能的。"另一方面，加尔顿坚持认为，在他和他的社会阶层看来的品性低贱的人就不应当有小孩，而他眼中低贱的人常常是除了上等阶层的高加索人以外的其他人种和种族。

加尔顿把这个学说称为优生学（Eugenics），在希腊语里这个单词是"生得好"的意思。在20世纪的头一个十年里，他成立了一个学会来推广优生学，把他的大部分时间都致力于这个观念的普及。优生学学会在英国、美国和德国都吸引了大量的成员，包括很多受人尊敬的科学家以及一些著名人物，比如西奥多·罗斯福、乔治·萧伯纳和年轻时的温斯顿·丘吉尔。

在20世纪20年代和30年代，优生学的支持者强调负优生学——不仅是不鼓励"低贱"的人生孩子，而且是强制地禁止。低贱的群体包括了残疾人、精神病人和惯犯。到了20世纪30年代，美国的34个州立法要求对这些群体强制手术绝育。丹麦、芬兰、挪威、瑞典和加拿大的一些省份也颁布了类似的法令。

德国的纳粹分子把优生学推向了巅峰。1933年希特勒掌权以后，德国立法部门很快通过了优生学的绝育法。在第二次世界大战期间，为了创造纯德意志后裔的"优势人种"，纳粹企图通过大量的杀戮，清除犹太、吉卜赛和其他非德意志民族的基因。德国人的过激政策导致了战后对优生学的抵抗情绪，但是直到20世纪70年代，优生法在一些国家和地区仍然有效（非强制性）。

随着科学家对人类的基因构成了解得越多，根据意愿改变基因变得越来越可能，一些人开始害怕，或者希望，优生学会以新的形式卷土重来。他们说，将来，病人能够选择他们的孩子遗传的特性。这种选择的效应将会深刻地改变社会，甚至改变人类的定义。

一项更好的制度

1892年，加尔顿出版了关于指纹的书后不久，赫歇尔把它寄给了在印度的一个老朋友亨利·科顿（Henry Cotton）。科顿成为孟加拉政府的布政司后，又把这本书传给了一些政府部门的负责人。孟加拉警方当时的总督察也得到了书的副本，他就是爱德华·理查德·亨利（Edward Richard Henry）。

1897年前后，亨利在印度和他的助手改进了指纹分类系统，20世纪早期他的系统被大部分国家采用（图片来源：伦敦首都警察局）。

1850年7月26日，亨利出生于伦敦。1869年，毕业于伦敦大学，1873年，进入印度行政部门，1891年4月成为总督察。1892年，他下令全省的警方官员都要开始使用贝迪隆的人体测量法，但是他发现要训练出能够完成准确测量的警员困难重重。

读过加尔顿的书后，亨利就下令要把拇指印添加到罪犯的文件记录中。1894年，他开始要求所有10个手指印都要保存。这一年亨利在去英格兰的旅途中巧遇了加尔顿，两人商定要相互协助。加尔顿承诺会告知亨利他对指纹分类系统的改进；而作为回报，亨利会把他采集的罪犯的指纹给加尔顿，并且在警察部门测试加尔顿的系统。

1895年，加尔顿出版了关于指纹的第二本书《指纹字典》。那时，他已经根据箕里纹路数量对它再分类，又根据斗的模式的变异把它划分了亚类。这个系统对他比较粗糙的第一个系统做了改进，但亨利和他的两个孟加拉助手——亚思苏·哈奇（Azizul Haque）和亨钱特拉·鲍斯（Hemchandra Bose）发现，加尔顿的系统和贝迪隆的一样，都过于复杂而难以教会大多数警方书记员。他们开始试图发明一种更简单更容易操作的分类系统。

后来亨利在他1900年出版的《指纹应用与分类》一书中叙述道，在1896年末的一次火车旅途中，他的脑中突然闪现出关于新指纹系统的灵感火花。他当时身边没有携带纸张，只好把他的主意写在了衬衫袖子上。在哈奇和鲍斯的协助下（有些资料说他们做了大部分的工作），1897年初，亨利改进了这个系统。它继承了加尔顿分类系统中的一些特点，但是使指纹类型之间的差别更易于识别。这就是后来我们所知道的亨利系统，它要使用所有10个手指的指纹。这个系统有1 024种可能的分类。

指纹鉴定发展历程

亨利的指纹分类系统引起了上司的关注，这个系统看起来比繁琐的贝迪隆系统要简单得多。1897年，印度总督下令全国采用指纹来鉴别罪犯。

关于新系统的论著很快就传到了英国，亨利关于指纹的书被广泛地阅读。1901年5月，亨利被任命为苏格兰场（伦敦首都警察局）的副专员，同时是苏格兰场的刑事调查部（CID）或称侦查科的负责人，负责在刑事调查部内建立指纹局。

1901年7月，指纹局正式成立。1902年，它鉴别出了1 722例重犯，这几乎是人体测量法做得最好的一年的4倍。苏格兰场报告说："得到的结果有力地证明了新系统是更有效率的识别手段，……明显地节约了警方的时间。"

1902年，亨利的指纹局取得了第二次胜利，哈里·杰克逊（Harry Jackson）因其留在失盗房屋窗台上的拇指印而被判有罪。这是英国法院第一次用指纹来确定犯人。英国谋杀案第一次应用指纹证据是在1905年5月，一位法官利用指纹证实：斯特拉顿兄弟阿尔佛雷德（Alfred Stratton）和艾伯特（Albert Stratton）抢劫并杀害了一个油漆店主和他的妻子。阿尔佛雷德在犯罪现场的保险箱留下了带血的拇指印。

亨利体系

指纹(举例):

	拇指	食指	中指	无名指	小指
右 手	—	—	—	—	—
第几指	1	2	3	4	5
指 纹	箕	箕	弓	斗	箕
左 手	—	—	—	—	—
第几指	6	7	8	9	10
指 纹	斗	箕	斗	箕	箕

亨利分类值:

	拇指	食指	中指	无名指	小指
第几指	1	2	3	4	5
指 纹	箕	箕	弓	斗	箕
指 值	16	16	8	8	4
第几指	6	7	8	9	10
指 纹	斗	箕	斗	箕	箕
指 值	4	2	2	1	1

亨利的指纹分类系统关注的是有斗的手指。上面的表格所示的是一套10个指纹作为样例。底下的表格显示的是样例中每个指纹给予的数值。这里所示的是英式的亨利系统,分类者把所有偶数编号的手指的斗的值相加,加上1。上例中,4号(值=8)、6号(值=4)和8号(值=2)手指出现了斗,所以总和是15。通过把偶数编号的有斗的手指上数值相加,加上1,得到第二个数。在本例中偶数编号的手指都没有斗,所以第二个数就是1。两个数写成分数的形式,第一个数写在第二个的上面;在这个例子中,亨利数是15/1。在美式的亨利系统中,上面的数字是右手所有有斗的手指的数值相加,再加1。底下的数字是左手所有有斗的手指的数值相加,再加1。

在这时,欧洲国家的大部分警局开始设立自己的指纹部门。1903年,纽约成为美国第一个用指纹来鉴定监狱犯的州。在随后的几年,美国其他州、加拿大和新成立的美国国家鉴证局都废弃了人体测量法而改用指纹。这些国家和地区大部分使用的都是亨利系统,这个系统是最现代的指纹分类系统的基础。

加尔顿在《指纹字典》一书出版后不久就停止了研究指纹的工作。他一直关心的是把指纹作为研究人类遗传性的可能工具,当他找不到指纹和推测的遗传特性的联系时,就对它们失去了兴趣。1909年,加尔顿由于他杰出的科学成

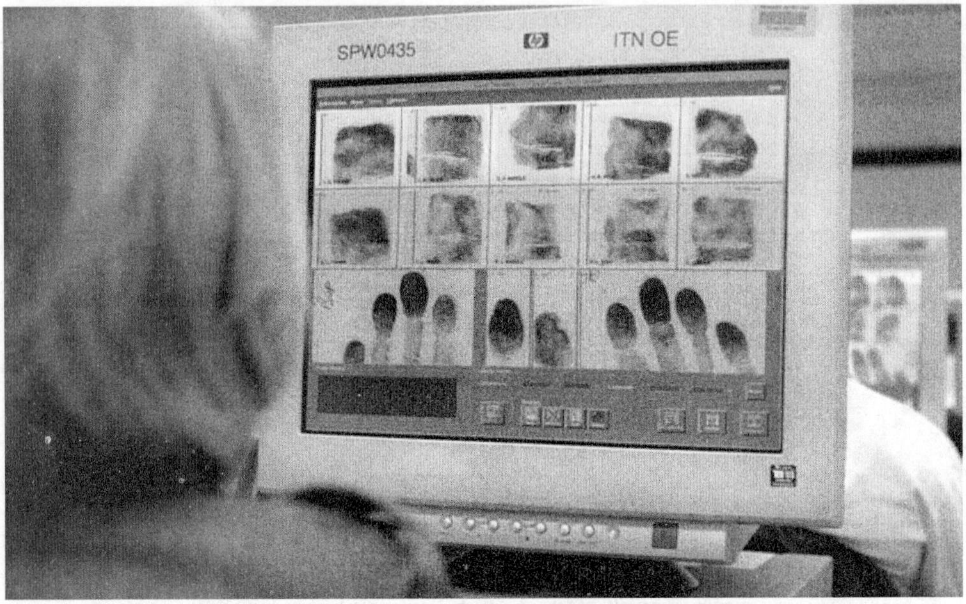

今天的指纹分析学家用电脑程序，能够将犯罪现场采集的或者嫌疑犯的指纹和已有的犯人的指纹进行比对。美国联邦调查局（FBI）创建了罪犯指纹的国家数据库，也就是综合自动指纹识别系统（IAFIS），电脑软件能够帮助指纹分析学家把指纹和来自联邦、州立和地方机构的记录进行比对（图片来源：美国联邦调查局）。

就被授予爵位，1911年，加尔顿去世。

亨利在1903年5月11日升任为苏格兰场专员（负责人），1906年被授予爵位，1918年又成为男爵。1931年2月19日，亨利死于突发性心脏病。

指纹鉴别现况

法医科学家现在关注的不仅是指纹，而且手掌、脚趾和足底的印记也成为破案的法宝。犯罪现场留下的指纹，有时候很容易发现，清晰到用肉眼就能看到；有时候却很模糊，要用泥土、肥皂或者其他柔软的材料来进行三维塑形。最常见的情况是，指纹虽然存在却非常隐蔽，只有用化学药物（粉末、液体或者气体）来显现。指纹显现以后，就要立刻拍照以便后续的研究，或者也可以用橡皮工具或胶带把指纹转移到卡片上去。科学家已经发明了超过40种方法来找到犯罪现场的指纹。

争论焦点：指纹鉴定是否可靠？

指纹在整个20世纪一直被认为是法医学的铁证。但指纹鉴定的批评家说，法庭无条件接受指纹证据的日子很可能就要结束了。

弗吉尼亚大学的法学院教授詹尼弗·L. 努科恩（Jennifer L. Mnookin）是持有这种观点的评论家之一。她在2003年秋季期的《科学与技术杂志》中写道："指纹鉴定者下主要检查结论的时候不够谨慎"，而没有任何两个人拥有完全相同的指纹的说法也一样不够严谨。努科恩还认为："没有公认的具体标准来定义两个指纹匹配。尤其是在被鉴定的指纹残缺或者模糊的时候"，她和其他不信任指纹的人更加对鉴定结果的可靠性持有疑问，而偏偏这种情况下它又常常是犯罪现场唯一留下的线索。

指纹鉴定的捍卫者强调在检查了数以万计的指纹之后，从来没有发现两个人拥有完全相同的指纹，就算同卵双胞胎也不例外。科学家已经发现指纹是由基因以及胎儿时在子宫中外界因素的影响共同决定的。同卵双胞胎携带的基因完全相同，但是胎儿时期的其他因素让他们的指纹有细微的差别。加拿大鉴证学会的副主席玛丽·比顿（Mary Beeton）对努科恩的观点做出了回应，发表在同一本杂志的2004年冬季期上："我相信，鉴定的哲学体系和科学方法学一起作为牢固的根基，一定能创造出可靠而且科学的指纹鉴定程序。"

计算机现在可以存贮上百万的指纹并且自动进行比对。美国联邦调查局在20世纪80年代开始将指纹记录电子化，在1999年建立了已被定罪的罪犯指纹的数据库，这就是著名的综合自动指纹识别系统（IAFIS）。系统拥有来自联邦、州立和地方执法部门的超过4 700万个指纹。作为回报，这些部门都能在国家数据库中检索犯罪现场的指纹。如果匹配，系统会输出罪犯的姓名和犯罪历史。

指纹也广泛地用于不涉及犯罪的身份鉴定。它们应用于司机的驾驶执照、军事记录和学生的ID卡上。指纹和其他应用体格特征来鉴别身份的生物技术也普遍地用在建筑的安全入口上，它们还能代替电脑的开机密码。加尔顿、亨利和其他指纹应用的开拓者所建立的技术，不仅影响了罪犯和受害者，也影响着所有社会成员。

三

血液的语言

——卡尔·兰德斯泰纳与血型

在威廉姆·莎士比亚的著名悲剧《麦克白》中，麦克白夫人和她的丈夫合伙杀了家中的客人邓肯国王之后，再三想洗去手上的血迹，而那血迹实际上只有她自己能看到。还有很多其他的作家也将血液作为谋杀或暴力案件的标志。直到20世纪，法医科学家才学会如何通过血液破解案件。血液语言的主要破解者就是奥地利医生和医学研究者——兰德斯泰纳。

奥地利医生和研究者兰德斯泰纳在1901年证明：根据血型的差别，可以将人分为几组。他的发现使安全输血成为可能，还为法医科学家提供了一个方法，以鉴别在犯罪现场留下血迹的罪犯身份。

危险的操作

卡尔·奥托·兰德斯泰纳（Karl Otto Landsteiner）1868年6月14日生于奥地利维也纳，是家中的独子，父亲利奥波德·兰德斯泰纳（Leopold Landsteiner）是知名记者和报纸出版商。卡尔年仅6岁时，父亲猝死，他是由母亲芬尼·赫斯（Fanny Hess）抚养成人的。

1891年，兰德斯泰纳从维也纳大学毕业，获得医学学位。他决定投身于科学研究而不是治疗病人。之后，他在不同的大学学习了5年。1898年起，他开始在维也纳病理学研究所工作（病理学就是研究人体患病部分的科学），在那里工作了10年。1908年，他出任维也纳皇家帝国威廉（Welhelmina）医院的实验室主任。1911年起，还兼任维也纳大学的病理解剖学教授。

1897年前后，兰德斯泰纳开始研究血清学。他想知道这些液体的免疫功能，他还有一个愿望，就是解开存世已久的未解之谜：为什么输血（就是把一个人或动物的血输到另一个人或动物体内）有时能成功，有时却失败？

人类一直清楚地知道血液对生命的重要性。一个正常体重的人即使只丢失10品脱（4.7升）的血液，也可能出现晕厥并生病，大量失血则会致死。因此，当某人失血量很大时，用另一个人甚至是动物的血来补充其丢失的液体，似乎是唯一的救命之道。

早期，一些医生就尝试过进行输血。1667年，法国医生让-巴蒂斯特·丹尼斯（Jean-Baptiste Denis）进行了第一次人体输血（血源是一只小羊）。19世纪早期，英国医生詹姆斯·布兰德尔（James Blundell）首次在人和人之间进行了输血试验。这些医生的一些患者活了，另一些则死了。大部分医生的结论为不应输血，因为风险太大。

解开谜底的线索

兰德斯泰纳从两位早期科学家的工作中得到启示：为什么有时候输血会致死。1875年，德国研究者莱奥纳德·兰多斯（Leonard Landois）证明，一种动物的红细胞和另一种动物的血清混合后，红细胞会相互凝聚成块。他所观察到的反应不同于血液凝固——血液变稠，止住小伤口的流血。兰多斯发现，动物血和人血混合后也会形成类似的凝块。他意识到，如果活体中发生这种反应，凝块就会破坏红细胞，并阻塞小血管，很可能造成严重的疾病或死亡。他怀疑，这就是输血失败的原因。

第二位研究者是比利时科学家儒勒·勃尔德（Rules Bordet）。他在兰多斯发现凝块20年之后证明兰多斯所看见的凝反应是一种免疫反应。因为血液中的一些蛋白被人体识别为非自身物质，血清中的物质遂黏附其上。这些血清复合物作为标志物，向免疫系统发出信号，令其破坏这些标记蛋白质以及带有这种蛋白质的所有物质。勃尔德研究这种反应时，被破坏的蛋白质以白色的固体或以沉淀的形式从血清中分离出来，所以他将进攻物质叫作沉淀素（就是现在所说的抗体）。

如果细菌或病毒表面带有被免疫系统破坏的“异体”蛋白，那么免疫反应也会杀死入侵的微生物，防止其致病，从而保证人体的安全。但是，另一方面，如果输血时红细胞上有这种蛋白，免疫反应又会消除输血可能带来的全部有利作用。兰德斯泰纳还剩一个问题，那就是：为什么免疫反应会使一些输血失败，但却对另一些输血全无影响呢？

4种血型

兰德斯泰纳的第一个研究就是血液反应，结果证明兰多斯所观察到的现象，两种动物或一个人和一个动物的血清和红细胞混合后，就会出现凝集反应。兰德斯泰纳之后又做了一个突破性的试验，证明一个人的血清和另一个人的红细胞混合后，有时也会发生同样的反应。兰德斯泰纳使用的血液全部来自健康人，所以他得出结论，这种反应并不是疾病造成的。

兰德斯泰纳在1900年发表的一篇论文的脚注里提到了这项发现，在1901年发表的另一篇论文中又进行了详细描述。在第二篇论文中，他列举了3种人类血型。他写道：A型血的人血中的红细胞表面带有某种蛋白质，就是现在所说的抗原。B型血的人血中的红细胞则带有另一种抗原。第三型血中的红细胞不含任何抗原。兰德斯泰纳将第三型命名为C型，但今天大家都叫它O型。

1901年，兰德斯泰纳发表血型学说的当年，德国化学家乌伦霍兹发明了一种试验，可以检测血迹究竟是人的还是动物的（国家医学图书馆，图片编号：B025272）。

兰德斯泰纳的发现，清楚地说明了为什么一些人输血成功了，而另一些则失败了。正常情况下，人的血清中都含有沉淀素（抗体），沉淀素只针对抗原或这个人自身红细胞没有的抗原发生免疫反应。兰德斯泰纳得出结论：同一血型的两个人之间输血通常是安全的，因为两个人的红细胞含有相同的抗原，所以他们的血清不会与之起反应。但是，如果一个A型血的人和一个B型血的人之间输血，就会出现凝集现象，因为受血者血清中的沉淀素会攻击携带“异体”抗原的供血者红细胞。

O型血的人的红细胞通常不会被A型血的人或B型血的人的血清破坏，因为O型血的人的红细胞不含有任何能激发免疫反应的抗原（O型血的人被称为“万能供血者”，因为该型血可以安全地输给所有人)。反过来说,O型血的人的血清既会攻击A型血红细胞,也会攻击B型血红细胞,所以O型血的人只能接受来自O型血的其他人的血。1902年,兰德斯泰纳的两个同事鉴别出第4种血型——AB型,从而完善了血型分型。AB型血中的某些红细胞带有A型抗原,另一些则带B型抗原。AB型血的人可以安全地接受来自任何人的血,但只能供血给其他AB型血的人。

1907年,兰德斯泰纳发明出一种简单的试验,可以检测两个人之间的输血是否安全。这个试验是这样的:技术员从准备供血者体内取一小份红细胞样品,再从准备受血者体内取一小份血清样品。随后技术员将红细胞和血清放在载玻片表面的小孔中,混合后放在显微镜下看红细胞是否凝集。同年不久,纽约西奈山(Mt. Sinai)医院的一名外科医生鲁宾·奥滕贝格(Reuben Ottenberg),首次利用血型检测进行了成功的输血。

大部分医生对兰德斯泰纳的救命发现都未加注意,很可能是因为当时还没有人发现保存血液的方法。血液一离开人体,几乎马上就会凝固,所以无法贮存。而且当一个人失血过多,生命垂危时,医生也很少有时间找到供血者,并用兰德斯泰纳试验测定供血者和受血者的血液是否相配,之后再用一根管子直接输血。因此,输血一直都不具可操作性,这种情况一直延续到1914年,一些科学家相继发现,在血液中加入一种叫枸橼酸钠的化学物质后,血液可以保存大约10天。同年爆发的第一次世界大战中,保存的血液救了一些战士的命。但在1930年血液保存技术进一步改良之前,输血并未广泛应用。

测定血型破案

兰德斯泰纳的主要兴趣并不在于测定血型破案,但他承认这种应用的可能性。1902年,在与维也纳大学法医学院的马克斯·里克特(Max Richter)合作的讲座中,兰德斯泰纳介绍了利用在犯罪现场发现的干血迹鉴定血型的方法。

兰德斯泰纳研究血型的同一时期,德国化学家保罗·乌伦霍兹(Paul Uhlenhuth)发表了第二种血型鉴定试验,这个试验对法医科学非常重要。当时的化学试验可以鉴定犯罪现场发现的污点中是否含有血红蛋白,如果含有,就是血液。但是警察却无法鉴别,血污究竟是人留下的还是动物留下的。乌伦霍兹的试验解决了这一问题。

乌伦霍兹时任格拉夫瓦尔德（Greifswald）卫生研究院的助理教授。他在研究了勃尔德和其他免疫学家的工作之后，将少量人血注入兔子体内。兔子的血清与该异体血液反应，产生可以凝集人血红细胞的沉淀素（抗体）。然后，乌伦霍兹从兔子体内提取出血清，放入已经盛有生理盐水溶解的血迹的试管中。如果血迹中含的是人血，就会发生凝集反应，出现混浊混合物。

1901年2月7日，乌伦霍兹首次描述了他的发现，就是后来著名的沉淀素试验或（非常不公平的）勃尔德试验。不出几个月，8月末，警察请乌伦霍兹鉴定路德维希·泰斯诺（Ludwig Tessnow）的血迹。泰斯诺是一个德国木匠，被怀疑谋杀两个小男孩，同时还残害和屠杀了若干绵羊。泰斯诺辩称，污迹是他工作中使用的木头染料。但是，乌伦霍兹检查了泰斯诺衣服上的一百多滴污点之后，证明一些污点是人血，另外一些则是羊血。主要根据这项证据，泰斯诺谋杀男孩罪名成立，被判处死刑。

起初，大部分法医科学家并未重视兰德斯泰纳和乌伦霍兹的发现。1915年前后，莱昂·拉特斯（Leone Lattes）开始系统地使用血型鉴定进行破案。拉特斯是意大利都灵的法医学教授。他发明了一种简单试验，可以利用长达3个月的血点和血迹检测血型。1922年，拉特斯发表了《血液的性质》，这是法医血清学的第一部重要书籍。出版该书时，他的试验经过改进，已能检测长达18个月的血迹。

20世纪20年代，拉特斯的工作使得兰德斯泰纳和乌伦霍兹的试验最终开始被广泛应用。该时期的法医科学家还惊讶地发现，在大约80%—85%的人身上，决定血型的蛋白质不仅存在于血液中，还存在于唾液、精液和其他体液中。1925年发现的这一现象意味着犯罪现场发现的很多其他污点也可以进行检测，以鉴定血型。

迟来的诺贝尔奖

输血和犯罪现场的血型鉴定得到常规应用后，科学界最终认可了兰德斯泰纳的贡献。兰德斯泰纳荣膺1930年诺贝尔生理和医学奖。

当时兰德斯泰纳住在美国，第一次世界大战后，他的祖国奥地利的情况非常混乱，他觉得在那里无法继续研究，遂于1919年迁至荷兰，但那里的情况也好不到哪里去。1922年，他去了美国纽约，接受了著名的洛克菲勒医学研究所的一个职位。1929年，他正式成为美国公民。

相关链接：第二次世界大战时期的输血

第一次世界大战时输血尚未广泛应用，因为仅用枸橼酸钠处理的血液保存时间不够长，来不及送到战区。战地医生也常常缺乏时间和装备进行血型鉴定试验。

到了1939年欧洲爆发第二次世界大战时，情况就迥然不同了。1933年，俄国科学家谢尔盖·尤金（Sergei Yudin）发现，用枸橼酸钠处理过的冷冻血可以保存1—2个月。1937年，芝加哥医生伯纳德·范塔斯（Bernard Fantus）用这种保存方法建立了第一家血库。“血库”这个词就是他创造的。供血者的血液被提前鉴定分型并贮存在血库冰箱中，根据需要随时取用。

按照范塔斯模式，迅速成立了很多血库。血库还贮存血浆——通过去除所有的血细胞从全血制得的液体（血浆等于血清加上组成血凝块的物质）。很多情况下，血浆可以代替全血，而且不需配型。还可以弄干后便于运输，加水后再恢复为液体。

战争开始的最初几天，德国飞机轰炸了英国很多城市，造成众多伤亡。美国并未受到战争的影响，但决定帮助英国，于是在1940年6月开始了一个叫作“为英国献血”的活动。活动持续了5个月，运往被困英国的血浆总计为1.7万品脱（合7 990升）。在英国建立自己的血库之前，美国人的血浆救了英国人的命。

发起“为英国献血”活动的查尔斯·理查德·德鲁（Charles Richard Drew）是一名年轻的非洲裔美国外科医生。他建立了一个系统，收集志愿者的血液、从中提取血浆、贮存并运输血浆。他确保所有为活动供血的血库都严格符合安全标准。之后不久，美国自己开始筹备加入战争，德鲁成为献血项目的医学指导，海陆空三军遂要求成立美国红十字会。

第二次世界大战中，美国总共收集了1 300万品脱（合6 110万升）血液。“万能供血者”血型——O型血，作为全血保存。其他血型则制成血浆。第二次世界大战中受伤士兵的死亡率低于第一次世界大战的一半，部分原因就是他们可以获得血液和血浆。

兰德斯泰纳在洛克菲勒医学研究所继续血液和免疫反应方面的研究，直至职业生涯结束。1927年，他和同事菲利普·莱文（Philip Levine）一起，发现了另外3种血细胞抗原，他们将其分别命名为M、N和P型。兰德斯泰纳是一个安静的人，热爱研究，不喜社交，在生命的后半段，极度厌恶前来采访他的媒体机构。1939年正式退休之后，他仍继续工作。1940年，他和亚历山大·S. 维纳（Alexander S.Weiner）一起发现了另一种主要的血细胞抗原——Rh因子（之所以命名为Rh，是因为这种因子最早是在恒河猴［Rhesus Monkey］身上发现的）。可以说，兰德斯泰纳工作到生命的最后一刻，1943年6月24日，他在实验室中突发心脏病，两天后心跳停止。

血滴背后的故事

犯罪现场的血迹可以告诉我们犯罪者或留下血迹的人的身份。犯罪现场的调查者还在每个有血的地方放上标尺，显示比例，再用相机仔细地拍下来。法医分析人员就利用这些照片测定血滴或血污的大小和形状，看它们的落点和之间的距离。对血滴类型的分析可以提供一些线索，诸如所使用的武器类型、击打或开枪的次数、受害者和攻击者的身高以及两个人在案发时的位置和移动情况。

血滴的大小说明血滴的速度：血滴越小，说明他们移动得越快。这个信

血滴的形态

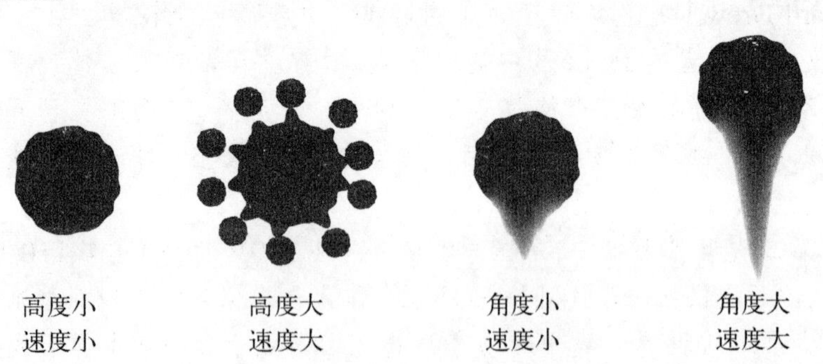

犯罪现场遗留的血滴形状取决于其下降高度、落地角度和移动速度。右侧的血滴形状显示，血滴是向下运动的。

息又能进一步帮助确定导致出血的凶器是什么。比方说，一片细点（直径小于0.04英寸，1毫米）提示枪击或爆炸。再大一点的血滴（0.14~0.16英寸，1~4毫米）可能是刺伤或钝器击伤。最大的血滴（0.16~0.32英寸，4~8毫米）最可能是手掌握拳或小型武器所击，每秒移动速度小于5英尺（1.5米）。

血滴分析可以极度复杂，因为血滴不仅来自血滴直接撞击处，还可以来自武器、衣物和受害者或攻击者正在移动的身体。所有这些情况都有自己的血污类型。不同类型的表面也会影响落在上面血滴的形状和类型。解读血液的语言，包括血污类型和兰德斯泰纳研究的血液化学性质，不仅是一门科学，更是一门艺术。

四

任何接触都会留下痕迹

——亚历山大·兰卡萨尼、埃德蒙·罗卡德与法医科学实验室

法国小城里昂孕育了数位法医学的顶尖人物。死亡时间鉴定、法医人类学（研究死尸尤其是骨头的科学）、法医弹道学（研究犯罪过程中所使用的枪支弹药的科学）、血滴分析、痕量证据（比如灰尘、头发、纤维等）还有犯罪心理学研究，都是里昂人——兰卡萨尼和他最优秀的学生罗卡德开创的。罗卡德在里昂政府大楼的两个阁楼房间里创建了世界第一个法医科学实验室。

一个严谨的调查员

在19世纪80—90年代期间，里昂大学医学法理学教授兰卡萨尼成为现代法医学诸多领域的奠基人（国家图书馆，图片B017192）。

亚历山大·兰卡萨尼（Jean-Alexandre-Eugene Lacassagne）在他最初的职业生涯中有很多机会研究暴力犯罪，他曾在北非服役，担任军医、外科医生。1843年，兰卡萨尼出生于法国一个靠近比利牛斯的小镇：卡奥尔。入伍前，他考入了斯特拉斯堡的军事学校。在突尼斯和阿尔及尔服役时，他开始对医学法理学（即现在的法医学）产生了浓厚的兴趣。他开始研究枪弹伤，并发表了一篇用文身进行身份鉴定的文章。

1878年，兰卡萨尼退伍。同年，他编写了一本法医学的课本：《法医学概论》，从此开始在法医学领域声名远扬。由于这本著书，里昂大学邀请兰卡萨尼担任了医学法理学的教授。

19世纪80年代，兰卡萨尼花了大量的时间在镇的停尸房里研究人死后尸体的变化过程。他记录下了人死后各种变化发生的时间。比方说，他发现尸体较低部位的皮肤（即靠近地面的部分）在人死后最初的几小时内就会产生青紫斑块。那是由于心脏停止供血后，重力导致红细胞沉积在低处。这种改变，被称作"尸斑"，在死后大约半小时后开始出现。在死后最初的10~20个小时内，用手指压迫青斑，斑块会消失，但是超过20小时后，斑块就不再消失了，因为红色物质已经从血管渗出，进入皮肤。

兰卡萨尼告诉他的学生们，可通过尸斑来确定从死亡时间。他同时提醒学生们，环境会影响这些变化的时间进程。尸体在温暖的环境里的变化会比寒冷的环境中快。兰卡萨尼还指出，死后的变化所能提供的信息不仅仅只是死亡时间，比方说：尸斑如果出现在尸体的上部表面则代表在这人死后数小时后被人翻了过来。

两个著名案例

1889年，兰卡萨尼处理的两个案例令他一举成名。其中在一个案例中，他通过在显微镜下比较两枚子弹的擦痕而发现了凶手。子弹的擦痕来自发射时枪管中的螺旋形凹槽（即制膛线），兰卡萨尼发现不同枪支的子弹，它们的擦痕都是不一样的。他首先研究了在被枪杀的尸体上取出的子弹，数出了7条凹槽，尔后，在嫌疑犯房间地板上的枪中射出的用于测试的子弹上发现了有相同的7条凹槽。于是兰卡萨尼断定，这个枪的主人就是凶手。后来这种比较方法成为法医弹道学的经典组成部分，而兰卡萨尼则可能是进行这类比较的第一人。

第二个案件更加广为人知。在这个案件中，兰卡萨尼所面临的挑战是去鉴定已经完全腐烂的尸体。这具全裸的尸体是8月份在里昂郊外10英里处被首次发现的，它被装在一个帆布袋中藏在灌木丛里。而不远处，警方发现了一个充满腐肉气味的大箱子，箱子上的标签显示它是7月底从巴黎由火车运到里昂的。在尸体发现后不久，兰卡萨尼以前的学生保罗·伯纳德（Paul Bernard）对尸体进行了研究，发现这个人是被勒死的，然而对于这个人的身份或是其他关于案件的细节都一无所知。尸体很快就被掩埋了。

同一时间在巴黎，助理警司弗朗西斯·高伦（Marie-Francois Goron）正在寻找叫高法（Toussaint-Augssent Gouffe）的法警。高法的妹夫向警方报案的时间和里昂警方发现不明身份的尸体几乎是同一时间。当高伦听说了这件事，怀疑

其他科学家：汉斯·格罗斯（1847—1915年）

和兰卡萨尼、罗卡德一样，汉斯·格罗斯（Hans Gross）也是一位重要的法医科学奠基人。1847年，格罗斯出生于奥地利格拉茨，并曾在格拉茨大学攻读法学。后来，他当了30年的地方检察官，来往于各个镇之间听取证词、审核已逮捕的罪犯的判决。在他的职业生涯中，他积累了大量研究物理证据以判定是否有罪的经验。由于他对每一个案件细节所投入的关注，他渐渐广为人知。

格罗斯将他的专业知识总结出书，于1893年发表了《System der Kriminalistik》（这本书于1907年被翻成英文名为：《犯罪研究》（*Criminal Investigation*））。这本书里涵盖了现代法医科学的许多领域，包括利用显微镜研究痕量证据、可疑文件的研究（笔迹分析）、指纹以及血清的研究。格罗斯的书是第一次系统地尝试用科学去侦破罪行，科林和达蒙·威尔逊在《血成之书》中称其为“罪行侦察的圣经”。他在书中第一次引进了术语“刑事学”，现在成为法医科学的一个同义词。

格罗斯在布拉格大学担任了两年犯罪学教授，1904年回到格拉茨大学，担任刑事法的教授。1912年，他在该大学建立了世界上第一个刑事学院，学院还有一个博物馆，展示了一些著名案件中的谋杀凶器以及其他重要证物。

格罗斯是个非常爱国并充满激情的人，在第一次世界大战中，他在67岁高龄时仍主动要求入伍参战。在战争中，他由于肺部感染，于1915年去世。

这具尸体很可能就是高法。他要求重新开棺挖出了尸体，并且把尸体送交给了当时法国公认的法医学专家兰卡萨尼。

兰卡萨尼开始着手调查的这项工作，在如今属于法医人类学的范畴。他在清理了尸体所有的腐肉之后，开始研究尸体的骨头。他在尸骨的右膝发现了一个缺损，因而得出结论：这个人生前一定是一个跛子。这一点和高法的情况是完全符合的。兰卡萨尼从尸骨上推测出死者大约50岁，而高法正好49岁。兰卡萨尼还用显微镜比较了死者头发的样本和高法头发的样本（从他的梳子上取下的），宣布它们是完全匹配的。当高伦和其他巴黎警察到他的实验室来了解他的研究结论时，兰卡萨尼向它们展示了这具骷髅，并介绍道：“先生们，这位就是高法先生。”

高伦经过进一步调查，发现杀害高法的凶手是一个名叫米歇尔·艾洛德（Michel Eyraud）的人。虽然兰卡萨尼并没有参与对艾洛德的审讯工作，但是如果不是他证明了这具腐烂的尸体就是失踪的高法的话，艾洛德就可能一直逍遥法外。

19世纪90年代，兰卡萨尼又开始研究其他领域，而今都成为现代法医科学的经典组成部分。比方说，犯罪现场溅落的血滴的形状和模式就是他最早开始研究的。此外，他还对一个叫作约瑟夫·维克的嫌疑人进行详尽的心理测试。维克被指控在法国西南部绑架、杀害至少11名年轻人，但归案后发现他似乎有精神病。直到1897年，经过与凶手整整5个月的谈话，兰卡萨尼确信，维克只是故意假装有精神病，其实是希望减刑。兰卡萨尼的研究建立了第一个对于连环杀人犯的深度心理档案。1898年10月，维克由于其中一项谋杀案被起诉，并在两个月后被处决。

罗卡德为了能延续他的老师兰卡萨尼的工作，在里昂建立了世界上第一个法医科学实验室，通过研究灰尘和其他各种痕量证据解决了数不胜数的犯罪案件（Roger-Viollet）。

第一个法医科学实验室

在兰卡萨尼创建一个又一个法医学新领域的这些年中，他仍坚持在里昂大学教学。埃德蒙·罗卡德（Edmond Locard）在19世纪90年代成为他的学生，给他留下了不同一般的印象。于是，当罗卡德获得医学和法律博士学位后，兰卡萨尼聘用了这个年轻人作为他的助手。罗卡德果然不负所望，在以科林和达蒙·威尔逊为代表的一些刑事历史学家看来，他作为一名法医科学家，最终超越了他的老师。

兰卡萨尼对于法医学的兴趣是由他的军队生涯所激发，而罗卡德的激情则来源于书本。1877年，罗卡德出生于里昂，那年正好是兰卡萨尼结束军旅生涯的前一年。在孩童时期，罗卡德最钟爱的书是英国作家柯南道尔所著的关于夏洛克·福尔摩斯的侦探小说。福尔摩斯总能通过细致地观察、严密的逻辑推理和科学实验解决那些看似神秘的案件。这成为罗卡德选择未来职业生涯的最初动力。

罗卡德考入了在丘林斯的多明尼加学院，之后又在里昂大学继续攻读他的学位。他在大学的法医医学课上见到了他的老师兰卡萨尼，对他而言，老师是一个和福尔摩斯一样了不起的英雄，并且是真实存在的。罗卡德把兰卡萨尼常说的话牢记在了心头："我们首先应该学会如何置疑。"

20世纪的头几年里，罗卡德一边担任兰卡萨尼的助手，还一边拜访了多位来自巴黎、瑞士洛桑、罗马、柏林、布鲁塞尔、纽约和芝加哥的有名的法医科学家，从而继续自己的学习。他请求里昂警方当局能批准他建立一个实验室，在那里他可以使用从那些专家那里学来的科学方法来研究指纹、血液以及其他在犯罪现场发现的证据。警察局一开始非常不情愿，1910年，他们终于勉强同意了罗卡德的请求。

相关链接：现代法医科学实验室

和罗卡德的实验室一样，现代的大多数法医实验室都是附属于警察部门的。而有一些则是附属于律师事务所或是验尸官（即在必要的情况下负责对死者进行尸体解剖的官员），也有一些实验室是私人经营的，当警方或是律师事务所需要一个方面的专家的时候就会雇用他们。

一个大城市或州的法医科学实验室往往会由两百多人组成，每年接手的案件超过7.5万例。这样一个大的实验室往往分成多个部门。比如，血清组专门负责研究所有和体液相关的证据，而化学毒物组研究的对象是药物、毒物和其他化学品。弹道组处理枪支、子弹和其他一些凶器，包括刀具；痕量证据组则研究所有需要用显微镜来观察的微小证据，包括头发、灰尘以及纤维。血清和尸体上的痕量证据，比如DNA，也都可以由生物学组来处理。在一些实验室中还有指纹、文件鉴定以及其他一些专业组。

在法医科学实验室工作的科学家们并不负责搜集犯罪现场的证据，也不参与疑犯和证人的审讯；而是由专门的犯罪现场技术人员，或称为“刑事专家”来负责搜集证据并把它们送往实验室。科学家们分析这些证据，并把结果反馈给警方的探员或是地区律师。当然，法医科学家们还经常需要出庭为他们的发现作证。

罗卡德的“警察技术地区实验室”尽管名字响亮，但其实极其简陋。它仅是由里昂政府大楼顶楼的两间小房间组成。罗卡德和他的两个助手组成了他们的工作小组，他们的设备包括一台显微镜和一台分光镜（可以用来分析样品的化学组成）。尽管这个小实验室非常简陋，但这仍然是个巨大的成就：这是世界上第一个用以法医科学研究的实验室。

泄露秘密的尘土

在犯罪现场发现的各种类型的证据中，罗卡德最有兴趣的是像尘土这样小到无法用肉眼看到的微小证据，今天这类证据被称为“痕量证据”。他告诉警方收集痕量证据是要像人类学家发掘研究古迹那样：一层一层分开收集，保证层与层之间的物质彼此分离，并且按顺序作收集记录。

罗卡德在他的著作《论刑事学》中指出：尘土各有各的特性，可以帮助我们了解它们的来源。在建立法医科学实验室后的10年间，罗卡德收集并建立了一个尘土的数据库，包含了各种类型的金属、植物和其他可以找到的物质样品。他利用数据库来分析鉴别犯罪现场的灰尘中的微粒。比如说，衣服上的尘土可以提示疑犯曾经接触过的物品。

1911年，罗卡德第一次通过研究嫌疑犯口袋中的尘土解决了一个重要案件。巴黎警方正在试图破获一个伪造金属货币的团伙，侦探们逮捕了一些疑犯，却没有证据证明这些人参与了制造假币。侦探们向罗卡德寻求帮助，罗卡德要求警方提供这些嫌疑犯的衣服以供检查。警官们感到非常困惑，开始时并没有同意，但最终还是把他们审讯过的一个嫌疑犯的衣服交给了他。

罗卡德仔细地用刷子把衣服上，特别是袖子上的尘土都刷到一张白色纸片上。然后用显微镜检查了这些尘土，发现里面有些小的金属碎片。通过化学分析证明，这些碎片包括锡、锑、铅，这和那些假币用的金属成分完全相同。不仅如此，这三种金属的混合比例也和他们制作的假币完全一致。对于罗卡德的发现，警方惊喜万分，于是把其他两个疑犯的衣服也交给了他，罗卡德在他们的衣服口袋里发现了同样的金属。他的证据成功地把这3个人送进了监狱。

一年后，罗卡德又通过分析痕量证据解决了一起谋杀案。一位名叫玛丽·拉泰拉（Marie Latelle）的年轻女性，被人掐死在里昂郊外的家里。警方怀疑是一个名叫埃米尔·古尔宾（Emile Gourbin）的银行职员干的，她曾经和他约会过。但是古尔宾却声称，案发当晚他一直在和朋友们打扑克，而且他的朋友们也都能为他作证。

在警方的要求下，罗卡德检查了拉泰拉的尸体。他发现她脖子的某些部位的皮肤被划破了，似乎是凶手在用手指掐她的喉咙时造成的。于是，罗卡德拜访了古尔宾并且仔细收集了他指甲里面的东西。他用显微镜观察了这些碎屑，发现了一些皮肤的碎片，还有一些其他化合物，并证实是扑面粉里的成分。

警方在拉泰拉的卧室里发现了一个粉红色的扑面粉小盒，并且了解到这种扑面粉是当地的一个药剂师为她特制的。罗卡德分析了盒子里的粉的成分和比例，发现和古尔宾手指甲里发现的碎屑成分完全一致！当警方把这些证据摆在古尔宾的面前时，他不得不承认就是他掐死了拉泰拉；承认是他把朋友们的时钟调快了，制造了虚假的不在场证明。

相关发明：夏洛克·福尔摩斯，小说中的法医科学家

在19世纪末20世纪初，福尔摩斯的故事，风靡了整个欧洲和北美洲，给人们展现了一个全新的，通过细致研究证据以及逻辑推理来解决

犯罪案件的侦探兼科学家的形象。兰卡萨尼、罗卡德和格罗斯也在同一时期令这个观念深入了侦探专业。

夏洛克·福尔摩斯这个小说人物，是英国作家阿瑟·柯南·道尔爵士（1859—1930年）塑造的。柯南·道尔原先是位医生，但19世纪80年代，他逐渐转向了文学创作。1887年，他的第一部福尔摩斯作品《血字的研究》问世，立刻获得巨大成功。

柯南·道尔说，福尔摩斯的原型来自他在苏格兰爱丁堡的医学院学习时的一位老师——约瑟夫·贝尔（Joseph Bell）。贝尔通过其敏锐的观察总能很迅速地鉴别出疾病并能猜出病人的既往史，常常令他的病人和学生都非常惊叹。柯南·道尔还受到了美国作家爱德加·爱伦·坡作品的启发。爱伦·坡创作了一个法国侦探奥古斯都·杜邦，代表作是1841年发表的《莫尔格街凶杀案》。爱伦·坡的小说可以说是最早的侦探推理小说了。

在《血字的研究》中有一段，故事的叙述者华生大夫作为福尔摩斯的好友，描述了福尔摩斯的工作方式，相信兰卡萨尼、格罗斯或是罗卡德以及其他现代的法医科学家会非常熟悉：

他从口袋里拿出一卷卷尺和一个很大的圆形放大镜。他拿着这两样工具，在屋里走来走去，有时站住，有时跪下，有一次竟然趴在地上了。他全神贯注地工作着，似乎把我们都忘记了。……他一直检查了二十多分钟，小心翼翼地测量一些痕迹之间的距离，而这些痕迹我是一点都看不出来的。有时他又令人惊奇地用卷尺测量墙壁。后来，他非常小心地从地板的什么地方捏起了一小撮灰色尘土，并且把它放在了一个信封里。……

他微笑着说："有人说天才就是无止境地吃苦耐劳的本领。这个定义下得很不恰当，但是在侦探工作上倒还适用。"

身份鉴定的线索

身份鉴定是另一个罗卡德为之着迷的法医学领域。他在《论刑事学》中曾提到:“身份鉴定的历史就是刑事学的历史。”他写过一本关于身份鉴定方法的书:《身份的证据》1932年出版。

罗卡德在身份鉴定上的一个主要贡献是毛孔印记检查,这是对于已被人们广泛接受的亨利指纹分类系统的一个补充和完善。通过显微镜,罗卡德计数了指纹的一个小面积上的汗孔的数目(即出汗的那些小开口)。他发现,每平方英尺(6.4 cm^2)有平均2 700个汗孔。他相信汗孔的确切数目以及排列方式一定和指纹一样是每个人都有。他提出,汗孔印记检查可以帮助警方比对指纹,特别是当犯罪现场发现的指纹不全、太小以至于不能用亨利系统来比较的时候。

在1912年的一宗盗窃案中,罗卡德测试了他的新方法。嫌疑犯手指上的特定面积区域内的汗孔数和犯罪现场发现的指纹上相同区域的汗孔数是完全相同的。他向陪审团展示了放得很大的这个不全指纹的照片。1912年和1913年,他用这种毛孔印记检查还解决了其他一些案件。但是警方发现,罗卡德的这种方法太耗费精力,不适于应用,所以毛孔印记一直没有大面积推广。不过,许多警察局都采用了罗卡德1918年提出的建议:两个指纹之间需要有12个相似之处,才被认定为匹配。

物质交换原理

19世纪20年代,罗卡德代替兰卡萨尼成为里昂大学法医科学教授,开始培养新一批的法医科学家(兰卡萨尼在1924年去世)。他还成为里昂大学刑事学院的主任。罗卡德在1956年退休,但他仍然在法医学方面不断研究,直至1966年去世。他最有名的著作是《论刑事学》,共7册,最初1912年出版。这部书共出过7版,并且在20世纪上半叶成为法医科学家们的基础教材。

罗卡德的一项至今仍被广泛应用的贡献为:物质交换原理。罗卡德指出:一个罪犯一定会在犯罪现场留下一些东西,或是带走一些东西。被留在犯罪现场的包括指纹、脚印、衣服或头发的碎屑;而受害者的血滴、头发,或是门外的一些灰尘、植物、屋内地毯或装潢上的纤维都可能被罪犯在不知不觉中带走。罗卡德很喜欢说:“任何接触都会留下痕迹。”发现这些微小的痕迹并进行分析往往可以帮助证实嫌疑犯去过案发现场,并常常可以提供确切的证据表明此人就是罪犯。

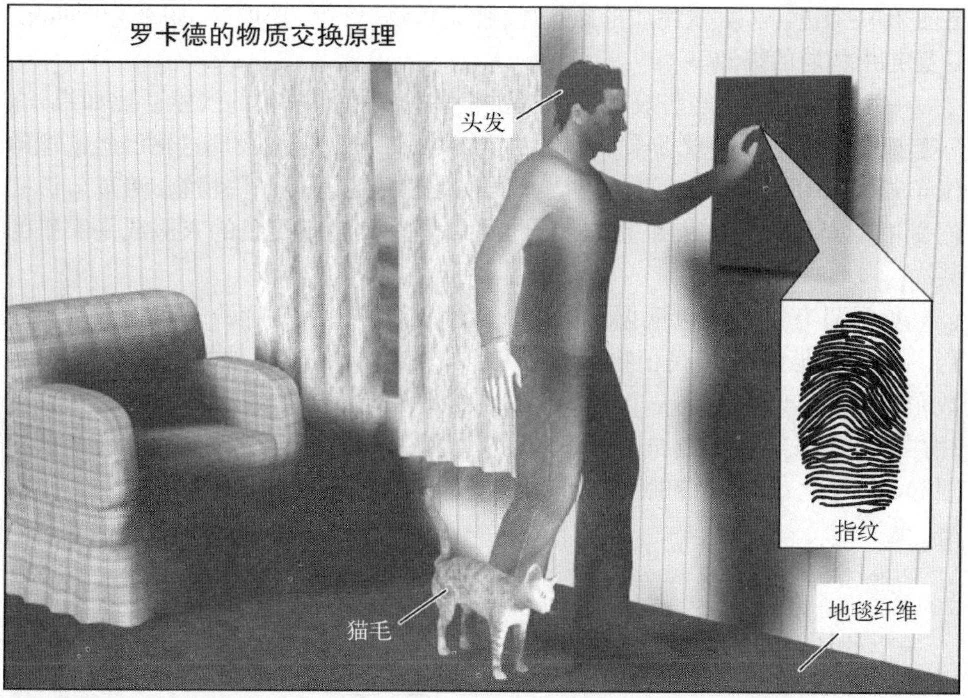

罗卡德指出：罪犯总是会在犯罪现场留下一些东西并带走一些。侦探只要找到这些被交换了的痕迹就可找出罪犯。我们可以看一下这里举的例子：小偷开过了墙上的保险箱，就必然会在保险箱上留下他的指纹；他的一些头发可能会掉在地板上；同时，他的裤子可能沾了一些地毯的纤维或是蹭过他腿的猫的毛。

痕量证据中的秘密

现代的法医科学家们和当时的罗卡德和福尔摩斯一样，检查每一丝从犯罪现场发现的不同寻常的物质。他们用小型真空吸尘器、镊子、胶带收集痕量证据，把它们装在信封、瓶子或是盒子里。痕迹分析家杰·帕雷士（Jay Paresh）告诉《法医案例集》的编辑N.E.根歌："如果你听见吸尘器的声音并只看见一些人在从树上摘下树枝，或是有人在用镊子拣地板上的沙子，这很可能是群搜集痕量证据的人。他们也可能戴着手套手拿小瓶，或是在口袋里装了叮叮当当好些小瓶子。他们正专注于收集证据。"

当这些证据被送到了实验室，显微镜、分光计、电脑就成为痕迹分析家们的好帮手。显微镜可以窥视细微结构，而分光计显示它们的化学组成。电脑里面往往有一个包含了大量物质的数据库，像是植物、纤维、玻璃等，用来分析匹配，以鉴定出物质的来源。

一旦鉴定成功，这些痕迹可以提供很多关于这项罪行的线索。比如说，在一起撞车逃逸的事故现场采集下来的植物碎片，可以告诉我们这辆已经逃逸的汽车式样、出厂月份等信息。土壤、种子、花粉或是其他一些植物，可以告诉我们受害者或是凶手是从哪里来。纤维可以用来比对嫌疑犯的衣服或是家里的装潢。

如果只有这些痕量证据，通常并不能够证明一个特定的人实施了这项罪行。一些纤维、种子或是植物的类型可能比较特殊，和其他地方的不一样，但多数东西可能出现在不止一个地方或是许多人可能都会有。但是，这些痕量证据往往可以用来给疑犯施加压力，迫使其承认罪行，或是让陪审团更愿意相信这项起诉。总之，这些不起眼的尘土，在痕迹分析家们手中，变得非常重要。

五

子弹的名字

——卡尔文·戈达德与验枪学

公元1000年，中国人发明了火药，公元1200年，中东人发明了手枪。中国人在发明火药的时候可能并没有想过要为杀人犯提供某种帮助。然而事实是，根据美国联邦调查局的统计，2004年美国凶杀案件中70%都与这项发明（大部分是从手枪中射出的子弹）有关。

值得庆幸的是，枪支的设计者无意中给警察提供了一个帮助。由于枪支和子弹制造工艺的特殊性，以及子弹从枪膛中射出的特殊方式，任何子弹和发射该枚子弹的枪支上都会留有一些特征性的痕迹，而这些痕迹就像名字或指纹一样是独一无二的。这些痕迹有助于火器方面的专家准确地鉴别出哪枚子弹是从哪支枪发射出来的。后来成为枪械专家的内科医生戈达德，就是验枪学或称为司法弹道学这一法医学分支的先驱之一。

戈达德通过检查枪械和子弹解决了数起著名的犯罪案件。1930年，他在芝加哥附近的西北大学建立了科学犯罪侦破实验室，并促进了司法弹道学独立为法医学专业之一（来源于西北大学档案）。

从医学到凶杀案

卡尔文·胡克·戈达德（Calvin Hooker Goddard），1891年10月30日出生于马里兰北部城市巴尔的摩，后来成为一名内科医生，父亲亨利·帕金斯·戈达德（Henry Perkins Goddard）是一名保险业的主管兼作家，母亲为伊莱扎·艾奇逊·戈达德（Eliza Acheson Goddard）。戈达德在1911年于巴尔的摩的约翰·霍普金斯大学获得了文学学士学位，1915年于该校的医学院获得了博士学位，同年他跟伊莱扎·哈里森（Eliza Harrison）结婚，之后成为两个女孩的父亲。

在他成为内科医生的第二年，戈达德入伍美国军队，成为医疗队的一名中尉，并一直在美国和欧洲服役，直到1920年退伍。1920—1925年间，戈达德在数所大学授课并于私人诊所工作，主攻心脏疾病。他也加入了军队的军械贮备队。

1925年，在其34岁那年，酷爱枪械的戈达德决定将其变为自己为之奋斗一生的职业。他进入了纽约的司法弹道办公署，这是当时全美唯一的一家可检验凶杀案或其他犯罪案件中所使用的火器及子弹的实验室。

一个不公正的宣判

司法弹道办公署由查理斯·E. 怀特（Charles E. Waite）建立，怀特隶属于纽约州的检察官事务所。成立该办公署的灵感来源于怀特1917年处理的一起复杂的凶杀案件。

在该案件中，一个名叫查尔斯·史蒂罗的雇农，被指控在1915年的一起抢劫案中枪杀了农场主查理斯·费尔普斯以及费尔普斯的管家玛格丽特·沃尔科特。史蒂罗拥有一把0.22口径的左轮手枪，这跟从费尔普斯和沃尔科特尸体中发现的子弹的直径一样（口径是指枪管内径，一般以英寸计。一把0.22口径的枪筒直径为0.22英寸，也就是0.56厘米）。阿尔伯特·哈米顿，一名自诩为枪械专家的人，在史蒂罗之案中证实尸体中的子弹来自被告人的手枪。

史蒂罗被判谋杀罪，电椅执行死刑。然而，史蒂罗所在的监狱看守长对该判决持怀疑态度，他成功劝说了几位有钱的妇人雇用私人侦探来重审此案件。侦探们查出名叫肯和奥肯内尔的两个流浪汉在案发当晚也在案发现场，后来因为另一桩盗窃罪而入狱服刑。

这些妇人让名为格雷斯·赫马森的律师去会见肯，肯承认是自己谋杀了费尔普斯和沃尔科特。但是，审判史蒂罗的奥尔良郡拒绝重审史蒂罗之案，也不打算起诉肯（见《血成之书：法医检测史》。书中，科林和达蒙声称，是因该郡不想为重审此案出钱）。史蒂罗的支持者把这件事告知了纽约州长，州长命律师乔治·H. 邦德和怀特来处理此事件。

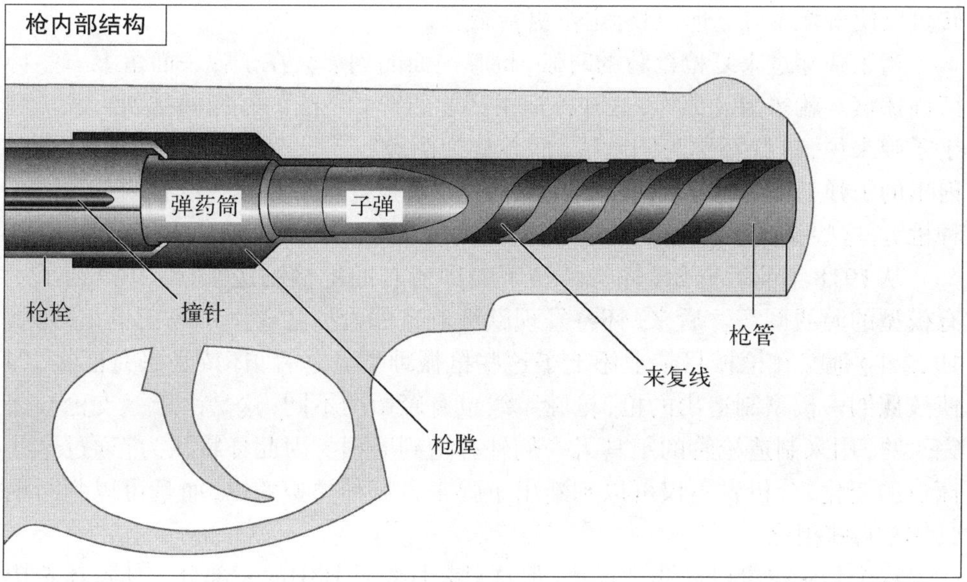

这张图显示了枪开火相关的几个部分，每一个部分都可以在子弹或弹药筒的外包装上留下擦痕或其他的标记，司法弹道学的专家可以通过这些擦痕或标记来鉴别子弹来自哪把手枪。

怀特依次请纽约市警察部门的几位火器专家再次检查史蒂罗的左轮手枪。他们发现这把手枪的枪管里充满了油脂和铁锈，有几年没开过火了。他们也比较了从该左轮手枪中射出的实验子弹与案发现场子弹的照片，并不像哈米顿说的那样，这两张照片之间有明显差别。基于这些证据，州长赦免了史蒂罗，这个雇农在为其并没有犯的罪坐了3年牢之后终于被释放。

史蒂罗之案深深触动了怀特。他再也不想见到一个无辜的人因为一个像哈米顿那样的假专家的证词而被判入狱。怀特决定将枪支和子弹的检查变得科学化。

一门新科学的建立

怀特首先着手建立了枪支弹药特征的目录，他希望这个目录可以像警察实验室的指纹分类一样精确。由于枪支弹药制作过程的特点，这种目录的建立是完全可能的。自从14世纪90年代起，造枪工人们就发现如果在枪膛的内面刻上螺旋形的凹线，这种被称为来复线的膛线可以使子弹旋转着射出。而这种旋转可以使子弹飞得更远，目标定位更精确。

当子弹穿过来复枪枪膛的时候，枪膛内面的刻痕会在子弹表面留下一些特征性擦痕。就像指纹那样，这种擦痕由凸起的脊和下陷的谷相间排列组成。对于子弹来说，这些脊称为阳膛线，而谷称为阴膛线。每一种类型的手枪都会在射出的子弹上留下自己特征性的阴阳膛线（霰弹枪是目前唯一没有刻膛线的一种枪）。这些膛线图案宽度、深度、斜度、角度各异。

从1918年前后开始，怀特拜访了美国所有的枪械制造工厂，并得到了所有模型的膛线图案。后来，怀特发现欧洲制造的枪械在美国市场上也很多见，1922年，他又在枪械目录上添上了这些枪械种类。之后，怀特经研究证实，即使按照同一模型制造出的枪，枪膛膛线也有轻微的不同，这是由于一支枪制造完工时，用来制造枪管的工具无一例外都遭到磨损。因此怀特认为，通过这些擦痕的变化，分析者不仅可以判断出子弹来自哪种类型的枪，而且可以判断出具体来自哪把枪。

这个目录尽管已经非常详尽，但这只是怀特计划中的一部分。怀特还希望能有一个用来比较分析枪弹的实验室，这样警察可以依靠其解决一些棘手的案件。为此目的，怀特通过物理学家约翰·H. 费歇尔（John H. Fisher）和化学家菲利普·O. 葛拉维（Philip O. Gravelle）这两个助手的协助，于1923年在纽约建立了司法弹道署。

在该署运作的第一年间，费歇尔和葛拉维发明了一些装置，这些装置在司法弹道学上都是必不可少的。费歇尔发明了窥膛镜，这是一种长而中空的带电灯和放大镜的探测器，用来检查枪膛内部来复线的旋转情况。葛拉维发明了对比显微镜，用这种显微镜，两颗子弹（一颗来自犯罪现场，另一颗是来自嫌疑手枪的实验性子弹）的各一半图像，可以在同一张图像上显现出来，这样很易于比较两颗子弹上的痕迹或条纹的不同。

一个有争议的判决

怀特于1926年11月14日死于心脏病，戈达德接任其成为司法弹道署署长。戈达德游走于欧美各地说明该署的装置以及检验方法，很快成为一个著名的火器专家。

由于戈达德声誉卓著，人们邀请其对一件发生于20世纪20年代备受争议的凶杀案做出评价。该案件发生于1920年4月15日，在马萨诸塞州南柏雷渠的一起抢劫案中，两名携鞋厂工资款的保安被杀。两名意大利移民尼古拉·萨科（Nicola Sacco）和巴特拉姆·瓦内泽蒂（Bartolomeo Vanzetti）被控犯此罪。此两人均为无政府主义者，隶属于某政治团体，该团体认为任何形式的政府都是对自由的威胁，应该被推翻，必要时可以使用暴力。

来复线

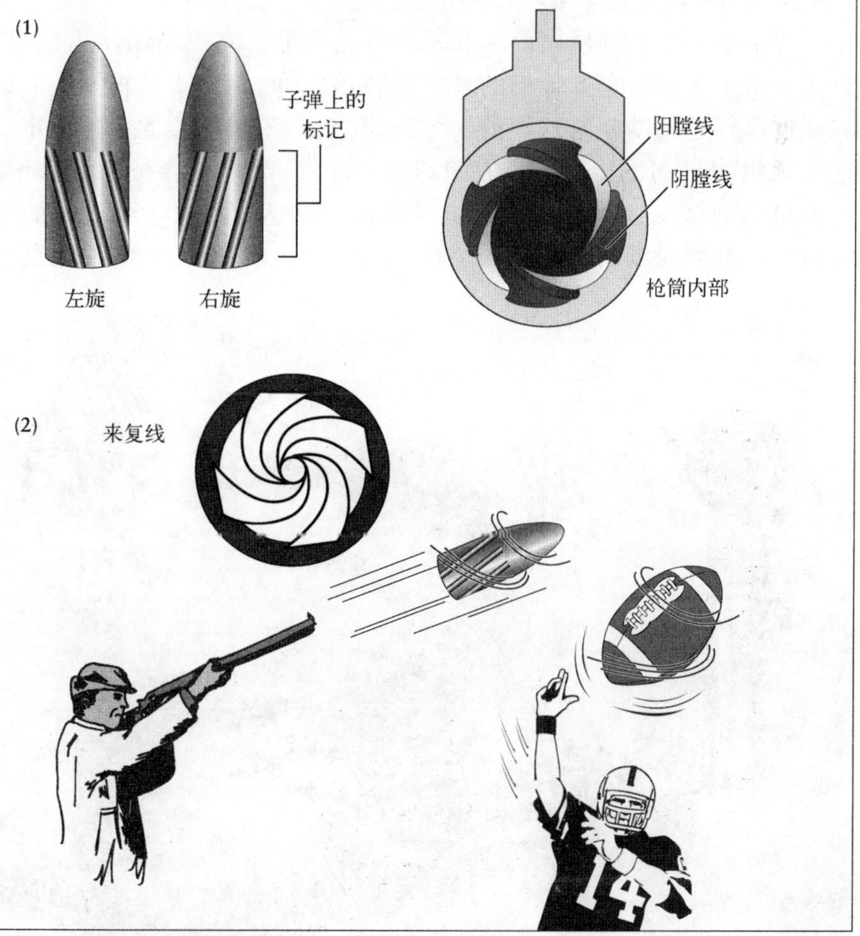

（1）来复线：刻在枪膛内面的螺旋线称为来复线。螺旋线可以是左旋或右旋的。螺旋线的凸起部分称为阳膛线，阳膛线之间的凹陷部分称为阴膛线。不同枪的来复线的方向和角度是不同的，阴阳膛线之间的宽度也是不同的。子弹上的来复线标记可以用于鉴别发射此子弹的手枪。

（2）来复线的目的是为了使射出的子弹旋转，这样子弹可以飞得更远，打击目标更精确。英式橄榄球运动员以旋转的动作抛出橄榄球也是为了同样的目的。

当时人们反对移民者的情绪是很高涨的，而对于被谴责犯下了近期几起爆炸案的无政府主义者，人们的嫌恶之情更加强烈。这种嫌恶之情也延伸至马萨诸塞州戴德哈姆的法庭内，1921年5月31日，萨科和瓦内泽蒂的审判在这里开始，而有人曾听到该案的审判官沃伯斯特·塞耶（Webster Thayer）称呼被告人为"那些无政府主义的狗杂种们"。控方和辩方的枪械专家对于尸体中的子弹是不是来自萨科的左轮手枪这一点上，始终不能达成统一，尽管如此，法庭仍于7月14日断定两人犯有谋杀罪，塞耶将他们判为死刑。

并不是每个人都确信萨科和瓦内泽蒂有罪。左翼组织认为，最后的定罪更多是由于人们不喜欢他们的种族和政治信仰，而并不是根据他们确实犯罪的证据。红色救助就是这样的一个组织，他们筹钱希望此案件重审。法庭拒绝了该组织最初的上诉，但在1927年6月，一个委员会被指派重审此案件。该委员会邀请戈达德重新检查枪械证据。戈达德用司法弹道署的比较显微镜检查了案发现场的子弹和从萨科手枪中射出的实验子弹，结论是两者是相

1923年前后，物理学家费歇尔发明了窥膛镜。窥膛镜是一种长而中空的带电灯和放大镜的探测器，用来检查枪膛内部来复线的旋转情况。这张图片显示的就是一种窥膛镜，用于西北大学戈达德的科学犯罪侦破实验室（来源于西北大学档案）。

符的。辩方的枪械专家依次观察了显微镜中的图像，最终不情愿地承认了此结论。

1927年8月23日，萨科和瓦内泽蒂在电椅上被执行死刑。对于他们尤其是瓦内泽蒂是否确实是罪犯的疑问，一直持续到今天。但是，在1961年和1983年，曾多次运用最先进的司法弹道学的仪器来重新审视此案件，仍然证明戈达德对于枪支的鉴定结论是正确的。对于究竟是谁用这把手枪射出子弹可能尚有疑问，但是对于枪支本身的鉴定结论是毋庸置疑的。

相关发明：追踪射击

就像戈达德在20世纪20年代处理萨科-瓦内泽蒂一案一样，后来的一位司法弹道学专家赫伯特·麦克唐奈尔（Herbert Mcdonell），需要在一起有着浓厚政治色彩并高度引人注意的案件中发现真相。麦克唐奈尔调查的这起案件发生于1969年12月4日凌晨，当时16名芝加哥警察闯入了“黑豹”的9名成员所在处，“黑豹”是一个美国黑人的激进政治团体。在接下来的枪战中，两名“黑豹”成员被杀（包括组织头目，弗雷德·汉普顿），4名成员受伤。警察以企图谋杀罪对存活的“黑豹”成员提出指控。

就像萨科、瓦内泽蒂以及他们的无政府主义者同伴们一样，“黑豹”也从不否认要通过暴力达到目标。该案发生处库克郡的地方检察官声称，开火发生于警察刚敲汉普顿睡觉那间屋子门的时候，屋里其他的“黑豹”成员就朝警察开火。然而，代表“黑豹”的律师声称，是警察首先开火并且是为了杀死汉普顿。

在萨科-瓦内泽蒂的上诉中，戈达德需要找出的是保安谋杀案中使用的子弹是不是来自萨科的手枪。麦克唐奈尔面临的是一个不同的法医问题：判定枪战中使用的哪把手枪射出了哪颗子弹，更为重要的是，判定到底是哪方先开火。

麦克唐奈尔追踪了子弹的飞行方向，例如，检查子弹所经地板上的碎片，为了说明子弹的飞行路径，他将麦秆和金属杆穿过子弹途径产生的洞里。科林和达蒙写道：经过在案发房间的12小时的调查之后，麦克唐奈尔宣布，只有一次射击，且是霰弹射击，来自汉普顿被杀的屋内。剩下的所有射击都来自屋外。在枪战之前，告密者已经告知警察汉普顿睡觉处，麦克唐奈尔也指出，大部分的子弹都是瞄准汉普顿头部躺的那一点开火的。

在“黑豹”案件的审判中，麦克唐奈尔利用枪战累及的那间屋子的微缩模型说明，当警察的子弹穿过卧室门的时候，门是半关的；而当“黑豹”的霰弹枪开火时，门已经被完全打开了，因此，警察是在别人朝其开火之前开始射击的。

就像在萨科－瓦内泽蒂审判中戈达德遇到的事情一样，反对方律师试图对麦克唐奈尔的证词提出质疑。然而，美国联邦调查局后来检查了“黑豹”交火案的司法证据，并支持麦克唐奈尔的结论。对7名“黑豹”成员的指控取消了，1982年，因涉嫌破坏人权，法官判决库克郡赔偿该组织185万美元。

情人节命案

1929年发生的另一件著名案件，进一步提高了戈达德的声誉。2月14日情人节本来是一个以爱为主题的节日，应与暴力死亡无关。然而就在那天，在芝加哥的一家仓库里，以乔治·“臭虫”·莫兰为首的犯罪团伙的7名成员被机关枪枪杀。芝加哥警察邀请戈达德来调查这起被称为“情人节大屠杀”的案件。

因为一些目击证人看到从这间仓库里跑出的人身穿警察制服，调查这些歹徒死亡原因的高级陪审团想知道，是不是警察发动了这场清洗式屠杀。为了弄清这一点，戈达德比较了芝加哥警察局所有机关枪射出的子弹和从案发现场获得的子弹。他向高级陪审团报告，所有案发现场的子弹都不是来自警察的武器。

戈达德的工作给高级陪审团里的两名富有的芝加哥人留下了深刻印象，他们保证，如果戈达德愿意迁往芝加哥并在当地建立一个法医实验室，他们愿意出资。戈达德接受了这个提议，在1929年和1930年间，戈达德访问了13个欧洲国家的法医实验室，来筹划新的试验室。

1930年，在芝加哥市郊一个名为埃文斯通的地方——西北大学所在地，戈达德建立了科学犯罪侦破实验室，作为该校法学院的一部分。该实验室不仅从事弹道学，而且包括血清学、毒物学、笔迹鉴定、指纹鉴定和痕迹检查。这是美国第一家私有的全面犯罪鉴定中心，戈达德也成为该校警察科学的教授。

同时，芝加哥的警察仍继续寻找"情人节大屠杀"的案犯。1929年12月，在寻找另一起案件中枪杀警官的案犯时，警察搜查了一个名为佛瑞德·伯克（Fred Burke）的职业杀手的家。伯克经常效力于Al. 卡蓬，这也是个歹徒头子，是莫兰的对头。警察在伯克的家里搜到了很多武器，包括两把汤姆逊机关枪，这正是在案发仓库中曾使用的枪型。戈达德检查了这两把枪，结果发现其曾在上起芝加哥枪杀案中被使用过。伯克由于参与这场枪杀案被判终身监禁。

回到军队

戈达德的实验室引起了很多效仿者，包括联邦调查局1932年建立的司法科学实验室。到19世纪30年代中叶，美国、加拿大、英国和欧洲的很多大城市建立了司法弹道学实验室或者在现有的实验室上添加了这一司法科学分支。

20世纪30年代，这些实验室的科学家发明了一些应用于司法弹道学的新的装置和实验，包括环周摄像机，这种摄像机可以在瞬间拍摄子弹的整个弧形表面，还有一种实验可以鉴别皮肤上的火药残留。火药残留由武器开火时从枪管中喷射出的化学物质组成。

未来趋势：火器凶杀

联邦调查局的统计数据显示，在近年来全美已知武器的凶杀案中，火器凶杀案占到大约70%。下表显示2000—2004年间全部凶杀案件，不同类型的火器，以及为了便于比较，第二位广泛使用的武器分类（刀或锐器）所占比例的统计数据。

武器类型	2000	2001	2002	2003	2004
已知武器的全部凶杀案数	12 431	12 816	13 389	13 658	13 265
使用火器的凶杀案	8 661	8 890	9 528	9 659	9 326
手枪	6 778	6 931	7 294	7 745	7 265
来复枪	411	386	488	392	393
霰弹枪	485	511	486	454	507
其他枪种	53	59	75	76	117
未定型火器	934	1 003	1 185	992	1 044
刀或锐器	1 782	1 831	1 776	1 828	1 866

虽然戈达德的实验室赢得了很多声誉，经济收益却很微薄。在20世纪30年代的经济萧条时期，大多数企业都资金匮乏，司法科学实验室也不例外。在1934年的大部分时间，戈达德都在无偿工作，此后，戈达德从科学犯罪检测实验室的领导者岗位上退下。1938年，芝加哥城从西北大学买下了该实验室并将仪器转给了该城的警察部门。

在20世纪30年代剩下的时间里，戈达德一直为私人公司工作，并写了大量有关司法弹道学、犯罪侦查和军事史方面的杂志文章。1936年，他写了一本名为《火器鉴定历史》的书，科林和达蒙称该书“仍旧为该领域的经典著作”。

1941年，在美国加入第二次世界大战后，戈达德重入军队。1942年成为军火部的首席史学家。1947年，第二次世界大战结束之后，戈达德到日本东京，成为远东司令部总部史学分部的副部长，该司令部是当时美国控制日本的军事政府。1948年，戈达德建立了东京的远东犯罪调查实验室并领导了3年。亚洲所有的军事或民间警察都可以邀请该实验室帮忙解决一些犯罪案件。1950年，戈达德被提拔为最高陆军上校，在1951年成为军队医疗勤务处史学部门的长官。1954年，戈达德因身体状况退休，于1955年2月22日在华盛顿去世。

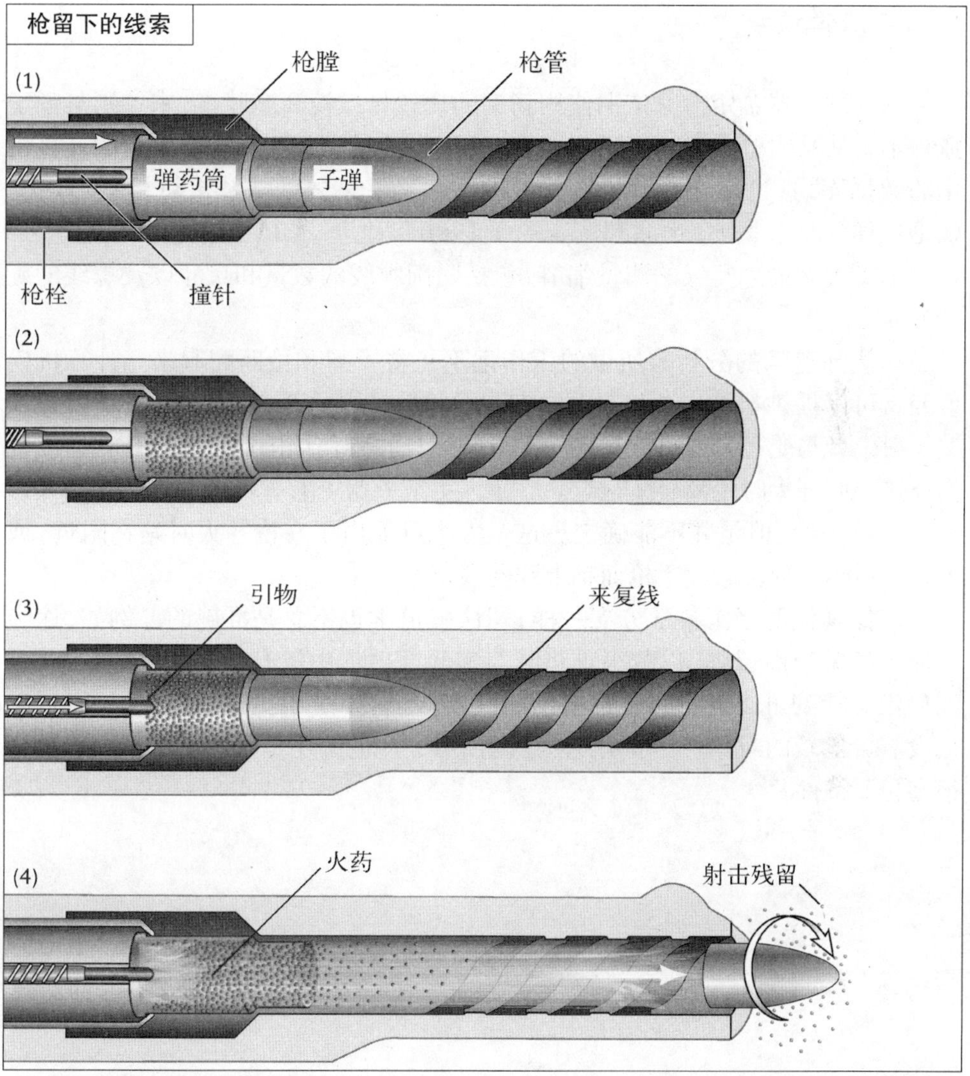

手枪开火后发生的一系列现象给司法弹道学的科学家们留下了有用的线索。

（1）枪栓朝前移动，压缩撞针里的弹簧，将弹药筒推进枪膛。弹药筒的表面在这个过程中会留下可鉴别的擦痕。

（2）弹簧的张力将撞针拉住。

（3）扣动扳机释放弹簧，撞针前移，撞击弹药筒底部的引物并将其点火。撞针也会在弹药筒的底部留下标记。

（4）引物又点燃了弹药筒里的火药，火药微型爆炸产生的气压推动子弹以很高的速度射出枪管。当子弹经过内面刻了来复线的枪管时，螺旋形的来复线使子弹开始旋转并在子弹表面留下擦痕。在子弹射出时，由火药化学物质组成的射击残留物会同时从枪管中喷出并会留在射击者的手或衣服上。

今日司法弹道学

当代的火器鉴定专家依旧使用新型的比较显微镜和窥膛镜，来鉴别某颗子弹是不是从某支枪中射出。现在，司法弹道学的科学家可以查阅大量的计算机化的数据库，这也是怀特的枪支目录的派生物。来复线特征汇总档案（GRC）就是这样一个数据库，由联邦调查局于1980年建立。GRC档案包括了超过1.8万种枪支类型的来复线的测量细节，包括阴阳膛线的数量和尺寸以及螺线的旋转方向。

司法弹道学的分析家所做的工作远不止将子弹和枪匹配起来。计算机模拟经常可以提供帮助。子弹留下的空洞形状及洞周是否有弹药残留，可以提供关于射击者与受害者或目标物之间距离的信息。弹伤周围如果有火药残留或烧伤痕迹说明开火时枪离身体很近。一个人手或衣服上有弹药残留提示这个人近来使用过手枪，但是并不能确定。这个人也可能由于在枪开火时站在附近，或者开火后不久即接触此手枪而粘上弹药残留。

就像其他的法医科学分支一样，司法弹道学也不总是准确的。例如，途经的撞击经常扭曲子弹，以致很难将其与实验性射击中没有扭曲的子弹相比较。如果没有找到可以进行实验性射击的武器，尽管知道了犯罪现场子弹的特征，也没有可比较的对象。尽管有这些问题，司法弹道学还是帮助警察部门解决了很多犯罪案件。

六

说谎者，说谎者

——莱奥纳多·基勒与多种波动描记器

自古以来，犯罪调查者们一直在寻找可以分辨嫌疑人和目击证人是在撒谎还是说实话的方法。例如，公元前1000年的中国，一个人被审问时必须含一满口干的大米，然后吐出。如果大米被吐出时是湿的，说明这个人说的是实话；如果是干的，则表明这个人在撒谎。这种测试基于这样一种想法，那就是如果一个人在撒谎，紧张的情绪会使他（她）口干。

中国的这种测试方法来源于一项重要的观察结果：强烈的情感会引发身体内部变化。20世纪早期的一些发明家，尤其是警官莱奥纳多·基勒（Leonarde Keeler）利用相同的观察结果设计了一种仪器，他们声称，这种仪器可以科学地分辨出一个人是不是在撒谎。他们的这种发明称为多种波动描记器（通俗的叫法就是测谎仪），目前仍被广泛地使用，但是一些批评者也对其准确性提出严重的质疑。

第一台测谎仪

就像其他的法医科学分支一样，寻找可靠的方法来鉴别说谎者始于19世纪晚期。1885年，意大利的犯罪学家和统计学家切萨尔·隆布罗索（Cesare Lombroso）在警察审问嫌疑犯的时候记录他们的血压。隆布罗索知道，由令人不愉快的情景或事件引发的压力、紧张状态会使一个人血压升高，而且他认为在被审问时说谎的人会比说实话的人感到更紧张。

基勒在19世纪20年代晚期发明了现代的多种波动描记器，也就是测谎仪。科学家们不同意这种仪器的准确性，但是罪犯经常慑于其威力而俯首认罪（科比斯（Corbis）公司）。

踏着隆布罗索的足迹，美国科学家威廉·莫尔顿·马斯顿（William Moulton Marston）发明了一种可以在审问时自动测血压的装置。1913年马斯顿发明这种仪器时还只是哈佛大学心理专业的研究生。第一次世界大战期间，他在德国战犯身上测试了这种仪器。

在马斯顿宣布其发明的同年，维托里奥·贝努西（Vittorio Benussi），一位意大利的心理学家，提供了另一种测谎的方法。贝努西的方法基于人的呼吸，紧张时呼吸速度会加快。与隆布罗索一样，贝努西也假定说谎者会比说实话者更加紧张。

约翰·拉森（John Larson）——加利福尼亚州伯克利大学的医学生，同时也是伯克利警察部门的警官，结合了马斯顿和贝努西的想法，在1921年发明了可以在审问中连续测量血压、脉搏（心率）和呼吸，并将其以升升降降的线条描记在表格纸上的仪器。因为这种装置可以同时产生多个描记图，拉森将这项发明称为多种波动描记器（polygraph），在希腊语中这个单词是“多种笔迹”的意思。拉森和伯克利警察局局长奥古拉斯·沃尔莫（August Vollmer）于20世纪20年代早期，在4 000个犯罪嫌疑人身上测试了这种装置。他们发现，只要把仪器接上，就足以吓得这些嫌疑人招供了。

相关链接：神力女超人和她的魔法套索

马斯顿的测谎仪从来没被广泛使用过，但在20世纪40年代，他在另一个完全不同的领域获得了很高声誉：他创作了神力女超人，第一个女性漫画超级英雄。

1940年，马斯顿作为一个心理学家已经颇有建树，他又成为一个出版英雄题材故事的商家的顾问。这家公司（后来成为DC漫画公司）创造了诸多拥有特殊能力的漫画形象，如超人、蝙蝠侠等。大部分的超级英雄漫画迷们都是男孩或年轻男性，但是马斯顿认为，这样的故事也可以反映女性的价值观。他曾经写道：

> 神力女超人是对我认为应该管理这个世界的新型女性的心理宣传。在男性体内缺乏足够的爱，因此不能和平地管理这个星球……女性缺少的是为了达到和满足自己欲望的优势感和我行我素的素质。我给了神力女超人这种优势力，但同时在其他各方面保留了其仁慈、温柔、母性和柔媚的女性特质。

神力女超人在全明星漫画1941年12月份的发行物上首次露面，马斯顿执笔，哈利·皮特绘画。在那个故事中，美国飞行员史蒂夫·特雷弗在天堂岛上紧急迫降，这里是女战士族的家园，在古希腊神话中，这族人被称为亚马孙人。戴安娜是亚马孙人的公主，她爱上了特雷弗并跟随其回到“人类世界”，在这个世界，她成为一名打击犯罪的超级女英雄。为了配合第一台测谎仪的发明，马斯顿给戴安娜，也就是神力女超人添加了一个魔法绳索，这个绳索可以让被捆绑的人说出真话。

弗赖伊决定

沃尔莫和其他的一些人称赞多种波动描记器为一种有用的工具，但这种仪器在法庭上很少受欢迎。在一个涉及谎言测定器证据的案件中（该证据由马斯顿而非拉森的仪器获得），哥伦比亚地区的上诉法庭在1923年的12月3日做出了一个历史性的决定。该决定不仅影响了多种波动描记器的未来，而且决定了在20世纪的大部分时间里，到底哪些科学证据是可以用于法庭的。

该案件称为“弗赖伊诉美国案”。詹姆斯·T. 弗赖伊（James T Frye）被指控谋杀罪，他对自己的审判结果上诉，因为据他所说，法庭错误地阻止了他的辩护律师提供马斯顿有关“收缩压测谎试验”的证词，弗赖伊是通过了该测谎试验的。在法庭的决定中，主审判官史密斯写道：“法庭需要一段较长的时间，来接受由一项结构完善的科学原则或发现演绎而来的科学证词，‘专家证人’作出推论所依赖的事实，必须在其所属的特定领域充分建立起来并得到了普遍接受。”史密斯得出的结论是因为那还是一项新的发明，“收缩压测谎试验还没有获得科学界的认可”。因此，尽管警察在审问犯人时使用测谎仪，测试结果并不被法定作为证据承认。

基勒发展了测谎仪

拉森最初是把多种相波动描记仪用作医疗工具而非法律使用，几年之后，他不再将此工具用作犯罪侦破。另一位伯克利的警官基勒，接手这种装置并着手对其进行改进。

基勒是伯克利当地人，出生于1903年10月30日。他父母以文艺复兴时期的天才莱奥纳多·达·芬奇之名为其命名。当基勒上高中的时候，他父亲将他引荐给家族朋友沃尔莫。基勒立刻对犯罪侦破，尤其是拉森改进的“测谎盒”产生了兴趣。他观看了拉森用这种装置审问一个入室行窃的嫌疑人，并跟随拉森在国家精神病院的病人身上试用了此仪器。

沃尔莫在1923年离开伯克利并成为洛杉矶警察局局长，基勒跟他一起去了那里。基勒被加利福尼亚州洛杉矶大学录取，为了支付学费，他做了各种各样的工作，包括挤响尾蛇蛇毒，这些响尾蛇是他和一个朋友从洛杉矶山脉（Los Angeles hills）抓来的。他们把蛇毒卖给了一个专门治疗蛇咬伤的实验室。

沃尔莫和基勒在20世纪20年代晚期回到了圣弗朗西斯科湾，基勒在斯坦福大学继续其学业，主修心理学。读书的同时，基勒也发展了多种波动描记器并在1925年获得专利。1926年前后，在使仪器变得更小和更可靠之外，基勒还在拉森装置的2项测量指标基础上，加上了第三种测量。这种测量名为皮肤流电响应（GSR），显示的是一个人皮肤的导电程度。而这种传导性取决于皮肤的出汗量。皮肤出汗增多是另一种紧张的表现。

测谎仪的推广

1929年，基勒进入了芝加哥青少年研究协会，跟着拉森一起工作。他俩与同事在裘利业监狱的案犯及精神病研究机构病人身上测试这种改进的仪器。1930年，当戈达德在芝加哥附近的西北大学法律学院建立了科学犯罪侦查实验室后，基勒也成为该实验室成员之一。

基勒在犯罪侦查实验室待到1933年。之后，他在芝加哥从事私人顾问工作，应警察部门和商业要求实施多种波动描记器的测试。他也进行该仪器的推广工作，并成功地劝说了很多警察部门采用该仪器。他认为，如果由有经验的人来操作，这种仪器区分真假的准确性可以达到90%。基勒和别人一起设计了几种在使用测谎仪时的询问形式，包括今天最经常运用的类型。他和佛瑞德·因保（Fred Inbau）建立了培训人员使用测谎仪和分析描记轨迹的第一所学校。

第二次世界大战期间，基勒帮助美国军队培训军官使用测谎仪。在20世纪40年代晚期，他交给政府机关和商业机构如何用该仪器筛选雇员、发现间谍和其他罪犯。他也参与了很多犯罪调查，其中之一拍成了电影，叫《反案记》。基勒在该电影中出演自己，他表现了一个测谎仪实验如何帮助一个并没有犯罪却在监狱中度过了11年的人重获自由的故事。1949年9月20日，基勒在威斯康星州的斯特金湾度假时死于中风。

测谎仪实验

测谎试验以一段较长时间的采访开始，这之后才会拿出仪器。在这段采访期间，测试者会询问被测试者有关其背景和健康状况的问题。测试者也会解释该仪器如何工作并回顾在测试中将要提问的问题（美国测谎协会强调在一个测谎试验中"不要出现令人吃惊或者圈套问题"）。如果测试是犯罪调查的一部分，应该告知被测试者其应有的权利，并允许测试现场有一名律师在旁边。没有人可以强迫别人接受测谎试验。

测试本身通常持续2小时。在测试开始之前，测试者在受试者的胸腹部绑上橡皮管。管子可以随着人的呼吸伸缩，仪器可以测量到这些改变。上臂绑充气式套袖，非常像医生办公室使用的那样，可以测量血压和心率。套在手指上的金属板可以测量皮肤流电效应。测试中，与这些装置相连的描记针可以在一卷滚动的纸上连续描记信号。提问题的时间点也被标记在纸上，这样分析者可以弄清对某个问题的反应对应的是哪段描记。

一旦受试者与测谎仪相连，测试者询问大约10个问题。这之中一半的问题为标准问题，与犯罪或者被调查的其他问题无关。受试者回答这些问题的测量结果，可以给测试者提供该人的反应基础水平。剩下的问题与警察或者其他机构想知道的信息相关。整套问题重复询问3次，每次之间休息一段时间。

在测试结束后，测试者经常借助计算机的帮助分析这些描记图。然后决定这个人是诚实与否还是难以界定。如果分析者不能辨别一个人是不是在说实

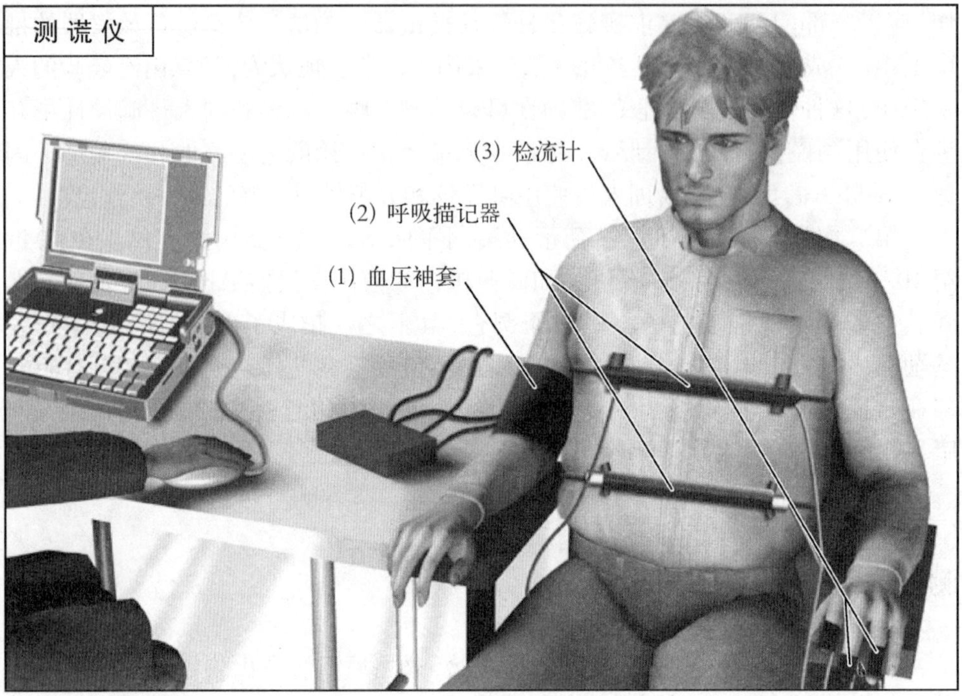

跟测谎仪相连的感受器可以检测人体几种不同功能的改变，这些改变可以反应撒谎时的压力状态。(1)上臂的袖套可以测量血压和心率。(2)胸部的感受器测量呼吸。(3)接在手指上的感受器可以测量皮肤对电流的反应(皮肤流电响应)，这反映了皮肤的出汗量。

话，该实验可以改天重做。如果分析认为受试者在撒谎，调查者可以在进一步的审问中揭露真相。

明尼苏达大学的心理学家戴维·莱肯(David Lykken)是标准测谎试验的批评者，1981年，他创造了一种不同的测试方法，并声称在调查犯罪时比标准问题法更加有用。莱肯测试的问题着重于“犯罪认识”，也就是只有犯罪的人或者听说过该犯罪活动的人才知道的事实。莱肯和他的支持者认为，即使受试者不承认事实，犯罪者对这些问题会有一种精神上的反应，而无辜的人则不会，这种反应可以在测谎仪的描记曲线上出现。

是真是假?

测谎仪从其诞生之初就备受争议。例如，1924—1972年，联邦调查局的领导者约翰·埃德加·胡佛（J Edgar Hoover）就告诉他的密探们不要使用测谎仪，因为他认为测谎仪是不可靠的。另一方面，联邦调查局测谎单位的特殊干事威廉姆·J. 华纳（William J. Warner）在2005年发表声明说："测谎试验给调查者们提供了一种可用来在审问时获得有价值信息的工具。"

批评者认为，测谎仪的主要问题在于：并没有人曾经证实过撒谎确实可以产生仪器测量的那些变化。这些变化是跟紧张、应激或者强烈的情绪相关，但是一个被控犯罪的无辜的人很可能和一个真正犯罪的人都拥有这样的情绪。此外，人们可以学习控制这些测谎仪测量的反应。一项1994年的研究显示：当人们被训练"对抗仪器"之后，其中一半的人可以愚弄测谎仪的分析家们。

测谎仪的测试者和分析者也会犯错误，特别是他们没有经验或者训练不佳的话。到2005年为止，只有29名国家级测谎分析家获得执照。即使是声称测谎仪如果被合适使用会有92%—98%的准确性的美国测谎协会也说："一个有效的测试需要一个训练有素的测试者，一个可以记录最小的心血管（血压和脉搏）、呼吸和皮肤电活动（皮肤流电响应）的测谎仪，一项被大家接受的测试和评分程序的正确操作，三者相结合。"在一项1981年进行的研究中，6名测谎仪分析家中最有经验的一位，错误率18%，最经验不足的一位错误率高达55%。

测谎仪的支持者们则称，跟司法科学上运用的其他技术相比，测谎仪并非不准确。例如，拉姆斯兰在美国法庭在线频道的犯罪图书馆的一篇文章中写道："测谎仪跟纤维分析、弹道比较和血液分析这些证据具有很好的可比性。"测谎仪的支持者诸如联邦调查局的华纳等人仍然坚持认为，即使该仪器的测试结果并不非常准确，其对警察和政府机构来说仍是一种有用的工具，仅仅是因为很多人以为，这种仪器是无法被欺骗的。华纳说，对于被"测谎仪"揭穿的恐惧，经常使嫌疑人认罪，或者说出了本不会被调查者发现的信息。前总统理查德·尼克松在1971年说过："除了可以吓唬人承认错误之外，我对测谎仪一无所知。"华纳认为，这样就足够了。

法庭上的测谎仪证据

尽管准确性受到质疑，美国大多数州警察仍在较大案件的犯罪嫌疑人身上常规使用测谎仪。他们也在证词的真实性受到怀疑的目击证人身上使用该仪器。美国国立研究委员会支持测谎仪的司法用途，他们认为，在问及诸如犯罪之类的特殊事件时，“虽然测谎仪远非完美，但是使用测谎试验比随机判断还是有更高的概率分辨真伪”。

很多法官仍然不允许在审判中呈现测谎仪提供的证据。可是，由于1993年多伯特诉麦瑞·大沃医药品公司案件中最高法院的一项决定，现在的法官们比20世纪20年代有更多自由来决定要不要使用测谎仪提供的证据。那个案子不涉及测谎仪，但是那项决定适用于审判中所有类型的科学证据和专家证词，测谎试验也包括在内。

亲历者说：“无敌”机器

在1931年《国际警察长官协会学报》的一篇文章中，基勒讲述了一件他用测谎仪迫使罪犯招供的案件。一个窃贼正在开一个公寓的保险箱，就在那时公寓主人回来了，窃贼本打算从窗户逃跑但被厚重的窗帘缠住无法脱身，无计可施的窃贼转身射杀了公寓主人，从门逃走。

警察带来4个嫌疑人进行测谎试验，基勒对整个过程描述如下：

我们把他们绑到机器上，一次一人，开始，用4分钟来确定对每个人来说正常的波动幅度（变异情况）。然后，我们问3—4个与此次犯罪毫无关系的问题，接着我们问像下面这种问题：“你在主街（Main Street）上有公寓吗？”“你家的窗户上有没有一些厚重的毛绒窗帘？”“你的公寓里有没有保险箱？”

这些人证明与此案件无关，因此基勒说：“想想我们简直疯了——问他们如此傻的问题。”然而，基勒又报告：

第二天，第五个盗窃嫌疑人被带来了，我们给他做了测谎试验，他的反应非常激烈，我们无论何时提及任何有关那所公寓的描述时，他的血压和呼吸都有很大的波动。在第三轮测试时，我们把他转向能看到机器的方向，告诉他仔细地看着机器的描记针并告诉他如果撒谎时针会有什么反应。在测试进行之中的时候他认罪了，并承认他无法打败测谎仪，他告诉我们这起抢劫案的整个过程，后来证实是真的。

在本质上，最高法院规定，法官个人决定在法庭上采用哪些科学证词——这比弗赖伊标准所要求的科学证据要获得科学界的普遍认可更加宽松。如果控辩双方事先都同意接受测谎试验的结果作为证据（在进行测试之前），那么法官很有可能承认测谎试验。

美国全国研究委员会对使用测谎试验来筛选雇员持相当高的批评态度。该委员会写道："现有的证据表明，目前使用的测谎试验在筛选应用上具有严重的局限性。"该组织声称，太过依赖测谎试验来保护国家安全实际上会破坏安全，因为这样会浪费资源，而且给人一种所有可能的间谍和阴谋破坏活动都在控制之下这样的错觉，因此会导致机关放松其他的安全措施。美国测谎协会的回应是，该报告"没有正确认识到测谎仪在犯罪领域和国家安全领域取得的种种成功"。该协会坚持认为用于筛选人员的测谎试验和用于犯罪侦破的测谎试验，几乎具有同样的可靠性。

鉴别谎言的其他方法

还有几位发明者也在尝试找到其他能够取代测谎仪来鉴别出一个人是不是在撒谎的方法。替代方法之一的测试是可以得到反映一个人回答问题时声音变化的曲线图。分析家寻找与撒谎相关的声调抬高或其他的声音变化。然而，这种声音压力试验与测谎试验相比，科学支持更少。

替代方法之二，是使用一项称为功能性磁共振成像（fMRI）的技术来检测脑血流改变。研究大脑的很多科学家使用fMRI，但这是不是一种检测撒谎者的好方法还有待进一步证实。

爱荷华州（Iowa）的神经科学家拉里斯·A. 范威尔（Lawrence A. Farwell）发明了第三种方法，他将其称为"脑纹"技术。范威尔的试验室用脑电图（EEG），这是一种被广为接受的用束头带里的传感器来测量脑电冲动的技术。脑纹技术运作有点像测谎仪的犯罪认识，区别是该测试是通过电脑屏幕上的词条或图片来引导而不是通过口述问题。一些词条或者图片跟嫌疑人或者目击证人被问及的犯罪相关，一些不相关。理论上讲，当受试者看到他（她）熟悉的条目时，其大脑会产生分析者可以识别的特殊形式的放电。批评家指出，即使该理论是正确的，试验还是不能区分因确实犯过罪产生的熟悉感还是只是看到或读到有关该犯罪产生的熟悉感。就像到目前为止所有被提及的测谎仪的替代方法一样，脑纹技术最多也只是在实验上可行。

七

声波纹

——劳伦斯·克斯塔与声音识别

对警察和法医学家来说，有时一个人的声音可能是侦破案件的唯一线索，也许是一起电话炸弹威胁，也许是索要交换被绑架者性命赎金的电话。如果这些声音被录下来，这仅有的证据可能也足够用于侦破案件。而这都要感谢劳伦斯·G. 克斯塔(Lawrence G. Kersta)，他是新泽西州贝尔电话实验室的物理学家兼工程师。克斯塔发明了声谱仪，这种仪器可以把记录到的声音转化为可视图形。分析家们利用这些被称为声谱图或声波纹的图表来比较两个谈话的记录，进而鉴别出其是否出自同一人之口。

可视语音

尝试把声音变得可视化的第一人是梅尔维尔·贝尔(Melville Bell)，他是电话发明者亚历山大·格雷姆·贝尔(Alexander Graham Bell)的父亲。1867年，梅尔维尔·贝尔这位语言学(研究语言)和语音学(研究说话的声音)方面的专家，发明了一种手写符号系统，该系统可以在纸上表现出各种说话声音。他自称此系统为“可视语音”。贝尔的这种系统可以精确地表现出人们在说同一个单词时细微的音调变化。后来，亚历山大·贝尔用其父亲发明的系统致力于教授听力缺陷患者说话。

1941年，贝尔实验室的工程师们发明了声谱仪或称自动声波分析仪的雏形。第二次世界大战期间的军情官员希望用这种

贝尔电话实验室的工程师克斯塔发明了声谱仪，该机器可以将语音或其他声音转化为可视的描记图。一些司法分析家用这种声谱仪来鉴别各人的声音（朗讯科技公司）。

装置来鉴别收音机上听到的德国军队的通讯声音。追踪这些声音可以帮助他们发现敌方间谍或者给他们一些德国部队的动作线索。然而，这种仪器并不是很有效，战争结束之前，尚未得到很好的发展。

克斯塔是发明了声谱仪的工程师之一。他于1902年前后生于新泽西州，在纽约的哥伦比亚大学获得了学士学位。19世纪30年代的晚期他开始效力于贝尔公司。

声音频谱仪

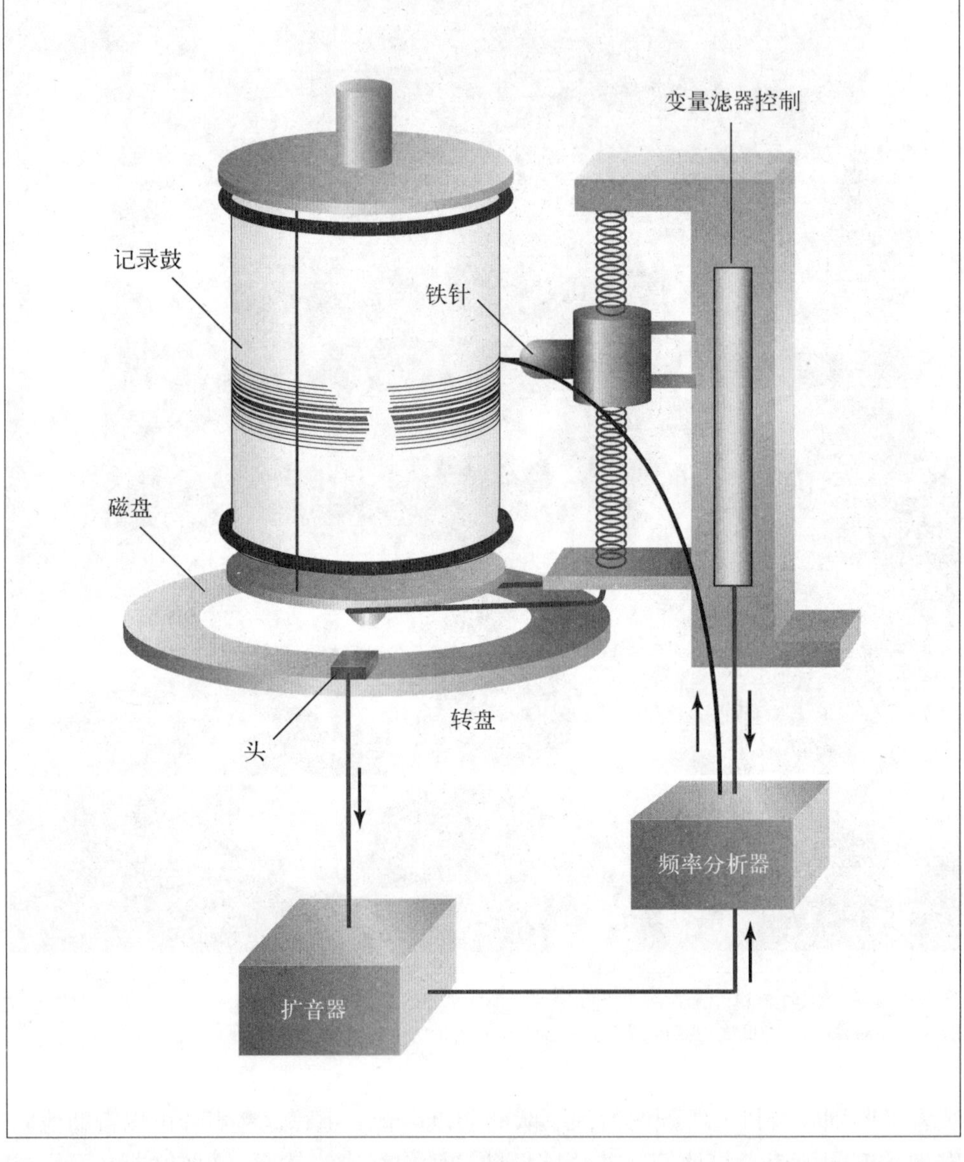

在经典的声音频谱仪检查中，声音记录在磁盘上并输入放大器使其强度变大。然后声音经过扫描装置或称为频率分析器，将声音拆分成不同声频（声频是指当声波通过空气时，引起空气分子的震动频率）。滤器选择一组声频并通过分析器的帮助将其转化为电信号。这些信号推动笔形的铁针，在记录鼓纸上做出标记。铁针划出了一些断裂的线条，这些线条反映了声音的频率和强度或称响度。该过程由其他组的声频重复。现在声音频谱仪检查的很多部分都计算机化了。

声谱仪几乎一直不受人们重视，直到1960年前后，纽约的警察接到一系列的恐吓电话，声称要在飞机上放置炸弹。警察记录了其中的一些电话录音，于是有人想到了克斯塔和他的战时仪器。联邦调查局将这些电话录音交给了时任贝尔实验室声学与语音研究部门高级工程师的克斯塔，令其改进声谱仪并帮助鉴别录音带中的说话者。

声音频谱仪检查

克斯塔改进的声谱仪由4个部分组成：录音带的记录器和播放器，扫描仪或称声频分析器，滤器，铁针。录音装置记录声音和回放其他仪器上的录音带。扫描仪电子化地分析录音带中的声音并将结果输送到滤器。铁针是一种类似笔样的仪器，其在旋转鼓上的电敏感纸上记录下输出信号。现代的声谱仪还经常包括计算机装置，这可以提高录音质量并使声音之间的比较更加快速便捷。

声谱仪的打印输出称作声谱图。每一张声谱图显示了2.5秒时长的说话声音，以图表的形式表示。图表的纵轴表示的是声音的频率，即当声波通过空气时，引起空气分子的震动频率（人们听到的不同声频以不同音高表现出来。高频声调比低频声调表现为更高的音高）。声谱仪的滤器将被分析的语音打断为小带或音频组，声谱图描记了每组的能量水平。

声谱仪反映了这样一个事实，那就是人发出的每一个声音实际上都由同时发生的多个音组成。这些音中最重要的称为基音（fundamental）。泛音（harmonic）的频率在基音之上。声谱图显示了基音和泛音的频率。

声谱图的横轴表示的是时间。声谱图也可以显示每个音调的容量或称为强度，这是每个声波所含能量的反映。一个音调强度越大，声谱图上代表它的线越黑。

声音“指纹”

在进行了包括5万种声音的声谱图研究之后，1962年，克斯塔在一篇发表于《自然》杂志的文章中得出以下结论：每个人的声音都可以产生出独一无二的声谱图。他声称声谱仪可以用于鉴别人的声音，准确率高达99%以上。克斯塔写道，即使是专业模仿者模仿他人的声音，通过他们之间声谱图的比较，很容易就可以区分出原音和模仿音。

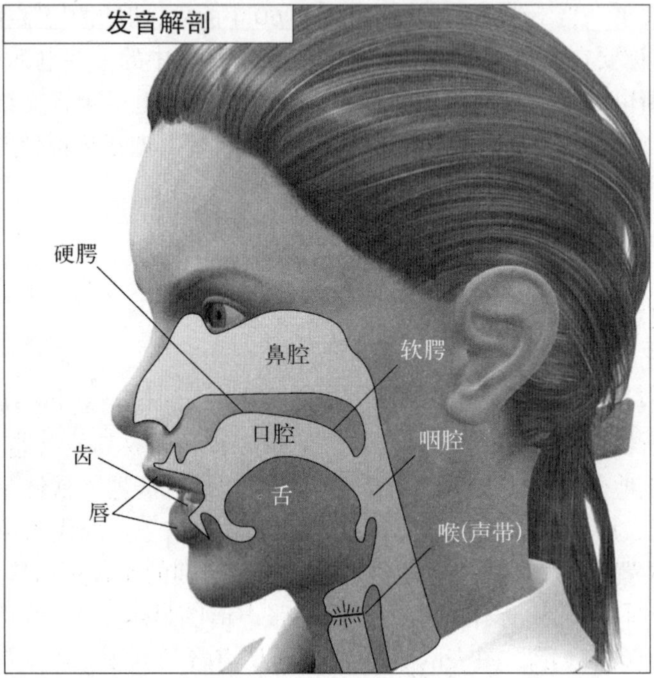

头面部的很多组成部分有助于形成语音。说话的声音来源于喉头里声带的震动。口腔、鼻腔和咽腔起到共振的作用，使声音变大。牙齿、口唇、舌和硬腭、软腭作为发音校正器将声音成型为语音。

克斯塔坚定不移地相信声谱图的准确性，他开始将其称为“声纹”，意思是声谱图可以像指纹一样在鉴定方面发挥有用的作用。他将这一术语注册了商标，并于1964年离开了贝尔实验室，创立了自己的公司——声波纹实验公司。1973年，他把这一制造销售声谱仪的公司卖给了他的一个雇员瑞克·亚历山德森（Rik Alexanderson）。在20世纪60—70年代，克斯塔作为政府部门和警察部门的客人周游世界，推介声谱仪并展示其如何用于解决犯罪问题。1995年，克斯塔在佛罗里达的迈阿密去世。

独一无二的声音

克斯塔坚信，由于说话是一件极其复杂的过程，包括口咽部的很多器官，因此，每个人的声音都是不一样的。说话声音来源于咽喉部喉头内声带的震动。

这些震动使空气分子移动，产生声波。口腔、咽腔和鼻腔发挥了共鸣器的作用，将这些声波塑形并放大（使声音变得更强）。控制唇、齿、舌、软腭和下巴的肌肉是发音矫正器，将声带产生的音调成型为特别的语音。

人类头部的这些结构大小和形状都有差异，因此体现在声音的差异上。其他的差异来源于人们学习说话的方式。例如，相同国家不同地区的人们说话带有不同的口音。一些人习惯于将单词连说，而另一些人习惯于在单词与单词之间有停顿。克斯塔认为，将人们发音器官形状大小的物理差异和人们学习说话方式的不同结合起来，两个人的语音相似到在声波纹上区分不出来的可能性“几乎是不存在的”。

相关链接：计算机声音识别系统

声谱图和声音分析在司法科学之外还有很多应用。例如，语言研究科学家和临床医学家尝试来帮助有语言或听力障碍的人们使用这项技术。声音鉴定有时也用于安全保障目的。

计算机科学家们发明了一些程序，用于识别说出的每个单词而非说话的个人。一些商业用可以识别有限对话的计算机来开展电影或航班预售的自动化服务。其他的一些程序可以让计算机将语音转化为文本，或者可以让残疾人士对计算机或其他仪器给出语音指令。

不管是用于鉴别犯罪嫌疑人或者是预约剧场座位，计算机语音识别程序的第一个任务是将模拟的声频信息转化为计算机可以使用的数字信息。然后，将这些数字信号和该程序应用过程中可能使用的单词、音节或音素数据库比较，该程序最后确定说话者可能的说话内容并给予相应的回应。

将语音转换为语义非常困难，因为人们的声音千差万别，并且很多单词听起来很像。例如，短句“How to recognize speech using common sense”（如何用常识来判断讲话内容）和“How to wreck a nice beach you sing calm incense”听起来几乎一样。懂英语的人立刻就能发现只有第一个短句是有意义的，但是计算机大概就不能够判断出到底说的是哪句了。为了发展计算机对语音的判读能力，研究者们正在尝试开发程序，可以在分析语音的同时也进行语法分析。

克斯塔认为，每个人的嗓音是独一无二的，这种看法到底是不是正确的，研究声波图的科学家们尚未达成统一意见，并没有人验证这一点。甚至是像密歇根州立大学的奥斯卡·多西（Oscar Tosi）这样的支持者也说过他们不喜欢“声纹”这一说法，因为它并不能达到某种程度的精确度。

因为人类的嗓音不断地发生变化，准确的声音鉴定是困难的。没有一个人会两次以同样的声调和强度说出同一单词或句子。情绪、健康状况和诸如戴上了假牙这样的变化，都可以影响到一个人的发音。嗓音本身也会随着年龄而变化，有时这种变化是非常明显的。如果一个人从一个国家或地区移居至另一个地方，他的口音也可能发生改变。然而，有经验的语音分析家们声称，可以将一个声音中的这些变异识别出来，并可以将其和不同人之间的语音差别鉴别出来。

法庭上的声波纹

克斯塔的声波纹技术在密歇根受到了热烈的欢迎。密歇根州立警察局在1966年成立了语音鉴定部门，并聘请克斯塔来训练警官们正确使用这种仪器以及分析声波图的结果。很长一段时间以来，其他州的警察局在需要专业的声谱仪分析时都将录音带送至密歇根实验室。

声谱仪证据第一次用于法庭，是在1967年的一起军事法庭审判中——美国诉赖特案。随着时间的推移，越来越多的法庭允许使用声波纹分析家的证词。目前，大多数州立法庭在决定到底是承认还是否定声谱仪分析结果这一问题上，采用的是针对具体案件具体分析的原则。例如，法官的决定可以取决于录音的质量以及分析者的经验。当声波纹证据被承认以后，主要用于支持其他的证据。

“垃圾输入必然导致垃圾分析结果”

声谱仪被用于很多科学目的，仪器本身的精确性很少受到质疑。然而，仪器生成的声谱图实际上只能取决于产生声谱图的录音带，就像计算机科学家所说的那样“垃圾输入必然导致垃圾分析结果”：如果被分析的数据本身是不正确的或者不清楚的，分析得出的结论同样也可能是不正确的。

对于语音录音带来说,“垃圾”可能来源于背景声音,比如其他人的声音、音乐或者仪器产生的噪音。这些形式的干扰使获得一个人声音准确的声谱图变得困难或者根本不可能。

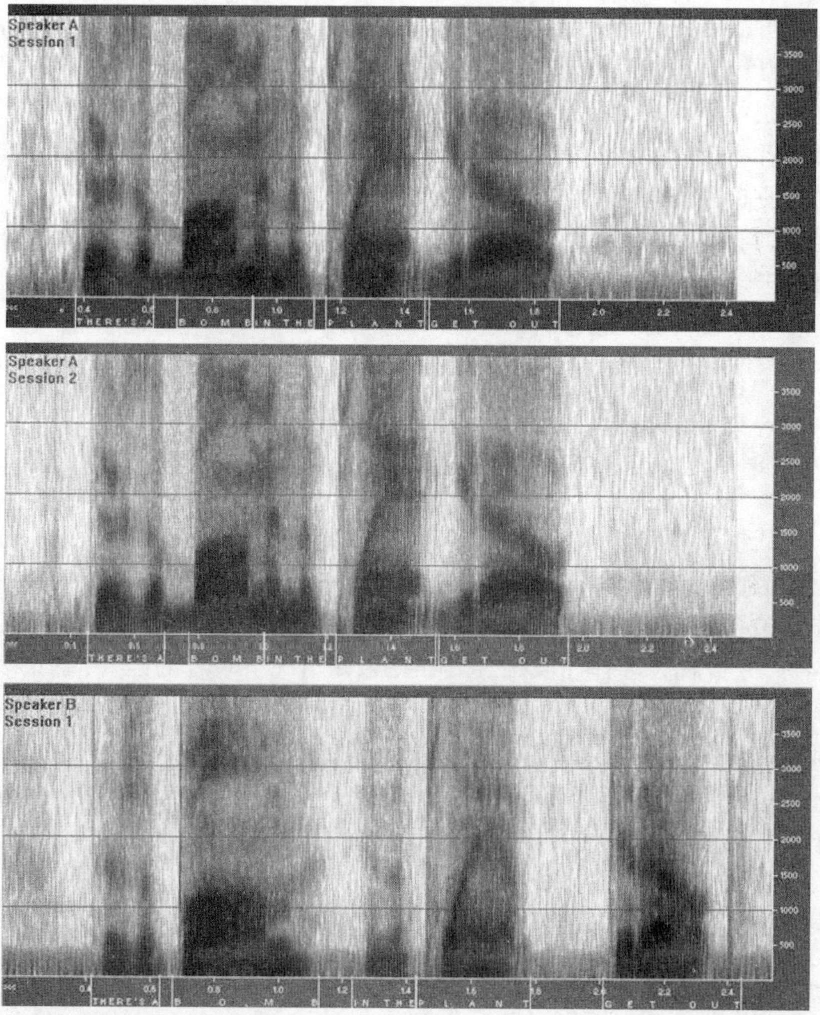

这些照片展示的是语音的声谱图,被发明者克斯塔称之为“声音指纹”。这些声谱图以图表的形式表现,声音的频率是纵轴(边轴),时间为横轴(底轴)。线的灰度反映的是声音的强度。上面两张声谱图来源自同一人,在两段不同的录音中说的是同样的单词。最下面显示的是同一单词被不同的人说出的声谱图。声波纹技术的支持者认为训练有素的分析者可以区分出一个人在不同时候的语音和两个不同人的语音(美国联邦调查局)。

当嫌疑者的声音被录下来和犯罪相关的录音进行比较时，分析者通常可以控制录音的环境和质量。分析者努力获得一个没有背景杂音的录音，但他们可能也会尝试着模仿录音带说话者当时所处的场景。例如，如果一个电话中的神秘声音被录下来，分析家也会通过电话来记录嫌疑者的声音。测试者会让嫌疑者精确重复与犯罪有关录音带中的话。嫌疑人需要多次重复这些单词，这样分析者可以看出一个人声音的变异程度。

警察可以获法庭令，要求嫌疑人提供语音录音。然而在某些情况下，也会在嫌疑者不知情的情况下将其声音录音，比如，他们可能窃听嫌疑者的电话，或者通过便衣警察携带“电线”（秘密录音装置）记录下跟嫌疑人的交谈。在这种情况下，与嫌疑者交谈的人必须尽量引诱嫌疑者说出尽量多的与犯罪相关的录音带中出现的单词。如果录音质量比较差或者声音是伪装的，为了准确地分析就需要一段较长的交谈录音。

分析声谱图

现代的语音分析家们通过眼耳并用来鉴定两段语音是否匹配。分析家首先反复听两段录音带，试图发现两段语音发单音和组音方式、呼吸和声音的相互作用关系和特殊的说话习惯、音调变化和口音的相似和不同。为了使比较更加容易，分析者会选择一段嫌疑人和在未知情况下录音的语音，翻录多次并以相间的顺序排列，再反复听。然后，分析者比较发出相同声音的未知者语音和嫌疑人语音的声谱图，寻找其基音和泛音频率以及强度的相似性和不同。

鉴别之后，分析者得出以下5个结论中的一个：绝对匹配、很可能匹配、很可能不匹配、绝对不匹配、实验无法得出结论。如果是绝对匹配的结论，分析者需要找到20点相似性，并且排除无法解释的差异性。绝对不匹配的结论也需要找到录音带里20个以上的不同点。

语音鉴定的精确性如何？

就像多种波动描记器（测谎仪）一样，影响声音波谱仪准确性最关键的问题并不在仪器甚至是录音带上，而在于分析者和鉴别匹配与不匹配的技术上。凯瑟琳·拉姆斯兰在美国法庭频道犯罪图书馆的一系列有关声波纹的文章中写道:“包括1986年联邦调查局的调查之内的所有有关声谱仪准确性的调查都显示,经过合适训练的人以及运用了标准先听后看程序的人,得到准确结论的概率较高。而如果训练或分析方法受限,准确率就低。”

就像测谎仪实验一样,“语音指纹”分析目前仍备受争议,而且这种情况在可预见的未来还会继续存在。北卡罗来纳卫斯理学院的奥康纳教授在其犯罪调查课程的笔记中说道:“总体来说,科学团体确实还没有接受声谱仪语音识别的思想。”然而,很多大的警察部门拥有声谱仪或者聘请顾问进行声谱仪分析。美国中央情报局、联邦调查局和其他的情报部门使用声音识别来鉴定恐怖分子。语音分析家史蒂芬·凯恩称这项技术为“打击犯罪武器库中的一项极其重要的工具”。

八

骨头传记

——克莱德·斯诺与法医人类学

通常，鉴定一具新鲜的尸体并不是一件很困难的事情。脸型、头发颜色以及指纹等都可以为警方提供死者身份的线索。但是，如果一具尸体已经死了数月、数年甚至几十年，恐怕就只剩一个骨架在那里——甚至也许只有一堆骨头而已。面对一堆骨头，即使是一个非常有经验的验尸官也会束手无策，这种情况下，就必须要求助于一位“骨头侦探”——法医人类学家。而克莱德·斯诺就是这样一位。

人类学家的工作就是研究人类以及其他灵长类动物（猴子和猿），特别是人和其他种类之间的差异。人类体质学家研究体质差异，法医人类学家是把人体差异的知识尤其是骨头的差异应用于侦破犯罪和其他法律案件的人类体质学家。

直到20世纪70年代，法医人类学才逐渐成为法医科学的一个专业领域。直至今天，美国也只有约150位法医人类学家，斯诺就是其中最著名的一位。由于他的工作，专制政府残杀数千人的事实得以昭示天下。在1997年《当代传记年报》中，斯诺的档案里引用了他的一句话：“骨头是非常出色的目击证人，虽然它们的声音很微弱，但它们从不撒谎，也从不会忘记。”

斯诺是史上最著名的法医人类学家之一。他曾鉴定了大量来自空难、连环杀手残杀以及专制政府迫害的受害者的尸体。

事业的选择

克莱德·科林斯·斯诺（Clyde Collins Snow）幼年时目睹

了许多生生死死。1928年1月7日，他出生于得克萨斯州的沃斯堡，在得克萨斯的一个叫作罗斯的小镇里长大。小时候他被唤作“索尼”，经常跟着当乡村医生的父亲威斯特·克劳德来往于得克萨斯州潘汉德尔的各个农场之间看望照料病人。在这些过程中，斯诺不仅见到了刚刚出生的孩子，也见到了徘徊在死亡边缘的危重病人。

他的父亲虽然是一名医生，却从来没有听说过法医人类学。但在斯诺看来，他父亲在他12岁时就担当了一个法医人类学家的工作。在一次去新墨西哥州打猎的旅行中，他们遇到了另一群打猎者，声称在树林里发现了一堆骨头。打猎者们把威斯特、斯诺和另一位当地警长带到现场，虽然别人都认为是鹿的骨头，但威斯特仔细检查了这些骨头并且确定这些是人的尸骨。他猜测这个死者曾是一个打猎者，在打中了一头鹿后，正试图将这头鹿拖回他的汽车的时候，突然心脏病发作猝死。

随着斯诺年龄的增长，他和他那位认真勤勉的父亲越来越不相像。高中时因为恶作剧纵火而被学校开除，父母把他送到罗斯维尔的新墨西哥军事学院学习，但他仍无心学业，直到他的一位室友教会了他如何学习。1947年，他终于在学院中获得艺术大专学位而毕业。

随后，斯诺被达拉斯南卫理公会大学录取，但他对聚会的兴趣远远超过了他的学业，很快就因不及格而被退学。在后来的几个学校的经历几乎相同，最后才被新墨西哥大学录取，这是仅有的几所肯招收他的学校之一。1951年，他在该校获得理学学士学位。

那时的斯诺对自己的将来仍然没有明确打算，他先是进入拉伯克的得克萨斯技术大学攻读动物学硕士研究生课程。一年后，他转至休斯敦的贝勒大学医学院，两年后他又回到得克萨斯技术大学继续他原来的课程。1955年，他获得了动物学硕士学位。之后，他在美国空军（USAF）的军医（勤务）总队待了3年，在美国空军组织病理学中心工作。

1958年，斯诺在亚利桑那州大学开始攻读考古学博士学位。考古学者们研究的对象是那些古老文明所留下的工具、建筑等文物。斯诺学习了这些科学家严谨的工作方式，考古现场和法医科学家们调查犯罪现场的方式非常相近。考古学家们先将一块场地分为若干个小区域并进行编号，然后依次用铲子、汤匙甚至是牙刷挖掘每一个区域。他们一旦发现了文物，就会记录下该区域的号码和具体位置的深度。他们在原位拍照，记录下该文物的确切位置，然后再移开文物。

斯诺对考古学专业的热情并没有维持多久，之后将兴趣转向了人类学。他在波多黎各研究猴子并追踪非洲热带狒狒种群的生长、发展，并以此作为他的博士论文课题。1967年他获得了博士学位。

骨头讲述的故事

斯诺在完成他的狒狒研究之前就已经开始关注人体。早在1960年，他就加入了俄克拉荷马城的民航医学研究所（CAMI）的人类体质学实验室，这是联邦航空局航空中心的一部分（1968年他成为该实验室的负责人）。不仅如此，1962年他开始在诺曼的俄克拉荷马大学教授人类体质学。

斯诺在民航医学研究所的主要工作是研究人身体和飞行器，以及相关仪器相互接触的影响以提高空中安全性，这些工作主要是针对空难的。由于经常不得不去鉴定那些已经支离破碎或是严重烧焦尸体，他渐渐学会了如何通过骨头来判断人们的身高、性别、种族。实际上，一些人类体质学先驱们早在19世纪末就已经发现了一些鉴定的手段。

斯诺发现，确定性别是相对最简单的事情。最能够显示性别的骨头是骨盆的几块骨头。女性的骨盆（髋骨）由于要分娩的缘故，比较宽而低；而男性的手臂和腿骨都比女性的要更长、更重。此外，男性的颅骨上眉弓的骨骼隆起会比女性的更加明显。

面部骨骼的区别往往可以显示不同的种族。比如，高加索人的鼻底部隆起会比其他人种更高；而黑人的鼻腔相对较宽，两眼之间的距离也相对较宽；蒙古人种的鼻腔边缘比较光滑。

年龄就比较难以判断了，但是有一些特定的骨头可以用来作为一个粗略的时钟。其中，耻骨联合（在骨盆中间两块耻骨相接的地方）是最好的时钟。科学家们发现，在人的一生中耻骨联合在特定的时间有其特定的形状和结构。头盖骨也可以揭示尸体的年龄。头盖骨上那些锯齿形的线叫作骨缝，他们的作用是连接头盖骨中的各块骨头。随着年龄的增长，这些骨缝会变得越来越窄、越来越硬。脊柱以及其他一些骨头（包括膝盖）上的坚硬赘生物，通常可证明这是一个老年人。

斯诺还可以通过测量手臂和腿的长骨的长度来推测出身高。他把这些测量数据代入一个计算公式，然后查阅身高的表格（这些表格在19世纪末就建立了，并且在20世纪40—50年代进行过修订），而现在斯诺和其他法医人类学家们只需要把他们的测量数据输入电脑，电脑会进行计算、查找。他还可以知道这个人是左撇子还是右撇子，因为经常使用的一侧的手臂骨会比另一边稍长一些。

人体骨骼

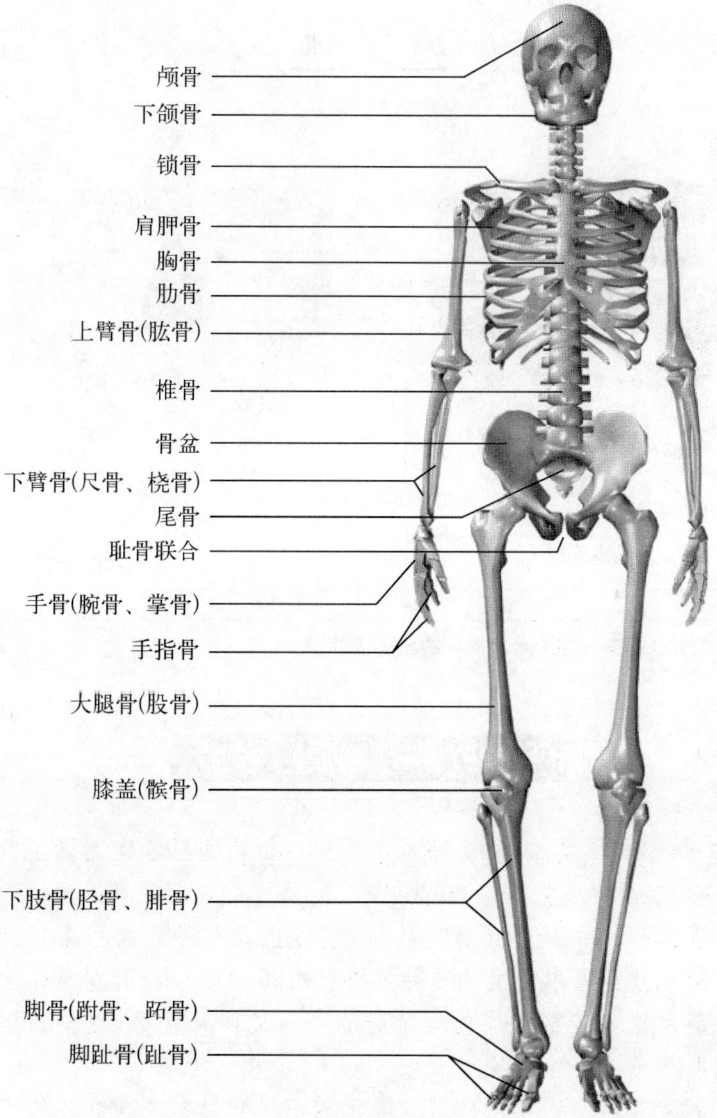

正如斯诺说的，人体骨骼上的每一块骨头都可以向法医人类学家讲述一个故事。仔细检查测量一具尸体的一些骨头，可以知道主人的身高、年龄、性别以及种族。骨架还会告诉人们此人的身体健康状况和所从事的活动。

男性和女性的颅骨

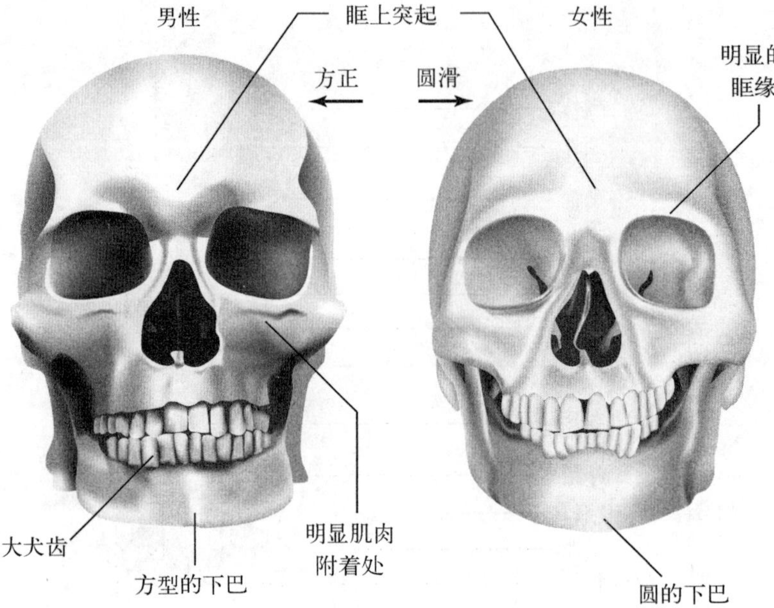

这张图表显示了男性和女性颅骨之间的一些主要差异。

科学成果：测量骨头长度

19世纪90年代，两位法国科学家和一位德国科学家测量了数以百计的骨骼，制作了参照表。20世纪，人类体质学家们就可以通过测量手臂和腿骨的长度来获得身高。然而，密苏里圣路易斯的华盛顿大学医学院解剖学教师米尔德里德·特罗特（Mildred Trotter），在第二次世界大战后运用这些表格完成美国政府的一项工作时发现，这些表格似乎已经不再准确了。

20世纪40年代，军队的墓穴登记署请了包括特罗特在内的人类体质学家来鉴定一些在大战中死亡士兵尸体的身份。就如同斯诺他们后来所做的一样，她利用医疗记录、X光片、牙齿的图表以及其他一些资料找到每一具尸骨的真正身份，并把他们送到夏威夷的停尸房。当她完成了鉴定任务后，她发现，这些人在他们军队档案中所记载的身高与她通过欧洲参照表计算出来的数值比总是相差1—2个英尺。

于是，特罗特意识到，由于人体质的改变，这些表格已经需要重新调整了。因为更好的食物和医疗保健，已经使人们的平均身高与50年前相比更高了。另外，北美洲人的身高情况也和欧洲人有些区别。在军方上级的鼓励下，特罗特和她的助手开始测量这些他们已经鉴定完的数百具尸体的手臂、腿骨的长度。利用这些测量数据和他们的真实身高，她制作了新的表格并修改了确定身高的计算公式。

6年后，朝鲜战争提供了另一个可供人类体质学家们提高鉴定骨骼水平的机会。第二次世界大战时期，大多数士兵都是高加索人，然而朝鲜战争中更多的是亚洲人种。特罗特再一次为墓穴登记署工作，为亚洲人种再次调整了表格和公式。

另一位人类体质学家史密森学会的T. 戴尔·斯图尔特（T. Dale Stewart），也通过类似的军队工作的经历改进了通过骨骼来判断年龄的方法。他和他的同伴托马斯·麦克凯恩（Thomas McKern），利用一些相关骨骼的融合程度建立了一个新的鉴定年龄的公式。特罗特和斯图尔特发明的表格和公式至今仍然被广为运用。

斯诺发现，牙齿往往是最终用来鉴定身份的最有价值的骨头之一。补过牙的地方以及其他一些不一样的特征，比如牙齿的缺口或是两个门牙之间的裂缝，可以用来和此人生前拍的牙科的X光片进行比对。其他骨头上的特殊记号，比如已经愈合的骨折、由于疾病留下的瘢痕，也可以用来确定身份，只要能够获得失踪的人的医疗记录。所有这些骨头上的特征组成了斯诺所谓的“骨头传记”——在柯林·埃文斯的《谋杀2》中记载了他的一句话：“这具骨骼中藏着死者的一份简短但却非常有用且信息丰富的自传。”

191航班的空难

斯诺阅读“骨头传记”的本领在1979年经历了一次重大考验，他帮助鉴定了美国191航班空难中丧生的273具烧焦、破碎的残骸。DC-10号飞机于5月

25日从美国芝加哥奥海尔国际机场起飞几分钟，就失去了一个引擎和一部分的机翼，因而导致坠机。坠落的遇难者残骸（1万—1.2万块碎片）混合在一起，溅落在一片非常大的范围。

飞机棚转眼成为一个巨大的停尸房，100位调查员开始了这项令人毛骨悚然的工作：寻找和匹配尸体的各个部分并确定他们的身份。数日后，这个小组确定了大多数死者的身份，但仍然有大约50具尸体及碎片还身份未明。在库克县验尸员的邀请下，斯诺飞往芝加哥，用了5周的时间来搞清楚这些尸体的身份。这段经历，在《1997年当代传记年报》中被他称为一生中最不愉快的经历。

斯诺发现了一个可以使这个工作变得稍简单一些的方法。他和一个来自美国航空公司的计算机编程员一起设计了一个软件，专门用来收集尸体碎片的信息，比如骨头的长度、X线，然后和相关亲属、医生提供的关于乘客的信息进行匹配比对。当输入相关尸体的信息，程序就会显示10个和数据最相关的乘客的资料。在这个程序的帮助下，斯诺和其他专家又从这50个人中辨认出了20人。

从此之后，很多法医人类学家都开始使用斯诺的这个程序。斯诺本人后来又利用这个程序，鉴定了美国俄克拉荷马市恐怖爆炸案中的遇难者。

给凶杀案的受难者画像

斯诺在芝加哥期间，着手解决的不只是191航班空难事件，还有另一堆尸骨等待着他。但与空难的受难者不同的是，这些人都是被谋杀的。

1979年时，斯诺对谋杀案的熟悉程度已经可以和空难相媲美了。俄克拉荷马城的警察在斯诺开始在民航医学研究所工作不久就听说了他的专长，邀请他来鉴定尸骨。20世纪60年代，斯诺声名鹊起，很多警察局和验尸官都不远千里，专程上门请他提供建议和帮助。

1978年12月，警方为了追踪一起男性失踪案，询问了约翰·维恩·杰西，他是伊利诺斯州的德斯普兰斯的一个工程师，警方发现杰西房子下面的管道槽填满了尸骨。杰西告诉他们，在房子与车库下面的另一部分有更多的骸骨。探员们逐渐发现杰西谋杀了至少33名年轻男子，他成为当时人们所知的最凶残的连环杀手。

杰西说他记不得大多数死者的名字。警方知道一些人的身份，但其余的仍

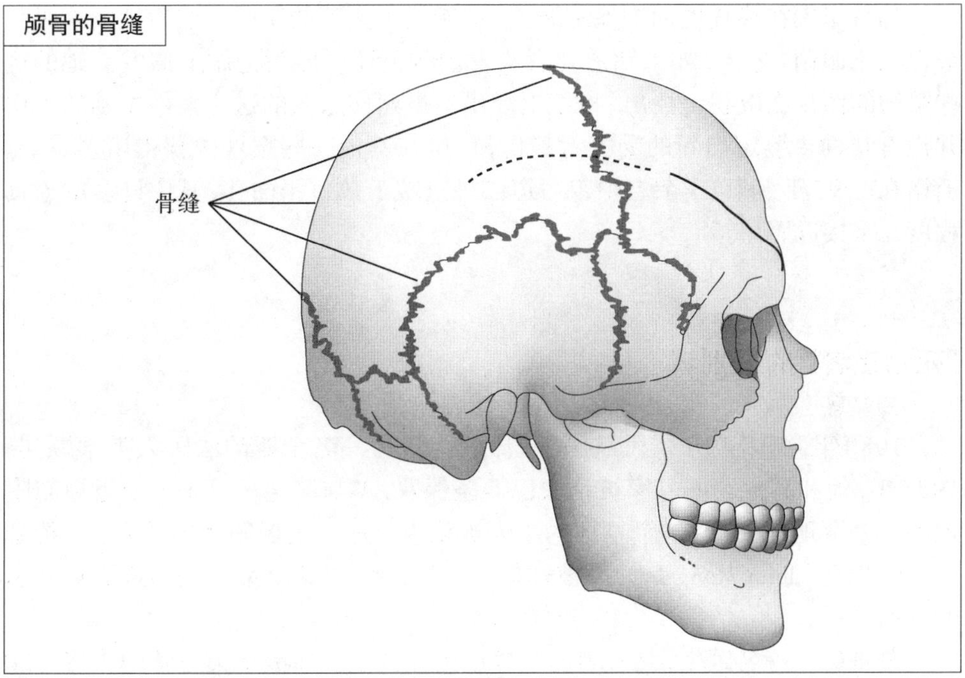

整个颅骨是由多块边缘凹凸不平的骨头拼成的。骨与骨之间的连接，被称为骨缝，它们在儿童中很宽、很软。当儿童逐渐长大，骨缝变得越来越窄、越来越硬，最终完全愈合。所以，研究颅骨的骨缝可以帮助法医人类学家了解尸体的年龄。

然是个谜。鉴定尸体身份非常困难，因为杰西把这些尸体一个挨一个地堆在一起，因此骨头彼此混杂。更麻烦的是，所有尸体都性别相同，年龄相仿。

在191航班空难中与斯诺共事过的库克县验尸官罗伯特·斯坦（Robert Stein），请斯诺来调查14具尚未确定身份的杰西案遇害者。之后在1979年，斯诺与放射学家约翰·费兹帕特里克（John Fitzpatrick）一起鉴定出5名男性死者的身份。为了帮助调查其余死者的身份，斯诺又去找贝蒂·帕特·加特里夫（Betty Pat Gatliff）帮忙，他与她以前曾共事多年，她是一位“医学艺术家”。

加特里夫的特长在于“面容重塑”——根据颅骨来雕塑可能的面容，以帮助相关亲属辨认。她先把橡皮剪成不同的长度，然后粘到颅骨的表面做出脸的形状。橡皮的长度是查阅一位德国解剖学家威尔汉姆·黑斯建立的数据表格而获得的。这些数字几乎对所有的人均适用，面部的差异取决于颅骨的不同，而非覆盖在上面的皮肤和肌肉。

加特里夫在橡皮的周围涂上黏土，就制成了人工的肌肤。然后她给这张脸添上人工眼睛、牙齿，如果知道死者头发的颜色还可以为他添上假发。她的这些雕塑的照片在电视上播出、报纸上登出。虽然在杰西的这个案件中她的工作并没有帮助再鉴定出新的受害者身份，但她在其他一些案件中获得诸多成功。斯诺在1995年《科学》杂志中曾写道："她重塑了数百张面孔，其中许多的逼真程度几乎接近照片。"

"死亡使者"的识别者

1980年，斯诺离开了民航医学研究所，成为一名全职的法医人类学顾问。1985年，他和其他一些专家被请去巴西圣保罗，参与鉴定一具来自靠近恩布附近的一个墓地的尸骨，这个墓地的主人被认为是一个臭名昭著的杀人犯：约瑟夫·蒙哥勒（John Mengele），又被称作"死亡使者"。这个案例成为斯诺最著名的案例之一。

蒙哥勒是一名医生，是著名的纳粹德国在波兰奥斯威辛集中营的头目。20世纪40年代初期，大约有40万人在奥斯威辛被残害，其中大多数是犹太人。蒙哥勒本人就残害了许多集中营的犯人，并对他们实施了非人道的人体医学实验。

第二次世界大战结束德国战败后，蒙哥勒和其他纳粹头目一样离开德国逃往南美洲。他在好几个国家居住过，1961年起定居巴西。他在那里以假名隐居到1979年，67岁的时候因意外溺亡。他的一些德国朋友把他埋在了恩布。

1985年初，有人通知警方说在恩布的尸体是蒙哥勒。确定这是否是事实是非常重要的，因为倘若他还活着，那些集中营的幸存者和集中营受害者的家属仍然希望能够将其绳之以法，让他得到应有的惩罚。

来到圣保罗的这个科学家团队面临的是一项非常艰巨的工作。他们没有蒙哥勒在巴西这些年里的X射线或是牙科记录来比对这具尸骨。他们唯一的线索来自德国秘密警察的一些关于他的照片和记录，因为当时蒙哥勒曾经是这个组织的成员。

法医学专家们很快就达成共识：这具恩布的尸骨是一具男性尸体，种族和身高都和蒙哥勒相符。骨头还提示了这具尸骨的年龄正好和蒙哥勒在1979年的年龄一致。经过进一步调查，他们又发现了其他符合所知道的蒙哥勒的特征，包括头骨的前门牙有个裂缝（在照片中可以明显看到）以及膝盖上已经愈

将尸骨从坟墓中挖掘出来也是法医人类学家的工作之一。这张挖掘的照片显示的是联邦调查局的工作。而斯诺和他的学生们在全世界多个坟墓做了许多类似这样的工作(美国联邦调查局)。

合的骨折，可能是蒙哥勒在1942年的一次摩托车事故中造成的。尽管如此，这些还远不够确定他的身份。

团队中的一位德国专家理查德·赫梅尔（Richard Helmer）提供了一项更有力的证据来证明这正是蒙哥勒的尸骨。他使用了一种方法称为“颅骨—面部重合法”。和加特里夫重塑尸骨面部一样，赫梅尔也参考了关于颅骨上30个不同点皮肤和肌肉厚度的参数表。然后，他用黏土把针固定在颅骨的这些点上。每根针上标上白色标记，以显示在该点上此人生前皮肤应达到的厚度。

等赫梅尔布置完这具颅骨，它看上去像是一个非常诡异的针垫。他把它固定在一个铝柱上，然后把蒙哥勒的照片放在另一个柱上，用高分辨的摄像机把颅骨的图像调得和照片同样大小。他用一台摄像处理机把一个图像直接放在另一个的上面，然后在电视屏幕上同时显示。在每个点上，照片上的皮肤都正好与针上白色标签的位置连了起来。

把他们得到的所有信息都综合在一起，斯诺和其他科学家得出结论：这具恩布的尸体正是蒙哥勒，其“科学可信度高”。大约一年后，德国调查员又找到了一个牙医，曾在20世纪70年代治疗过蒙哥勒，他提供了蒙哥勒的牙齿X光片。这些信息再一次和恩布的头骨相吻合。现在已经很少有人再质疑这个在1979年淹死的男人不是蒙哥勒了。这个“死亡使者”真的死了。

失踪者

蒙哥勒遗体的发现一下就成为世界各地的头条，但斯诺自己却认为，蒙哥勒的鉴定只是另一份更加重要的工作中间的一个小插曲。这个更重要的工作便是在阿根廷为被独裁政府杀害的数百名遇难者做身份鉴定。

斯诺在阿根廷的工作从1983年12月阿根廷政权更替后不久就开始了。1976—1983年间，军人统治控制了阿根廷，禁止了所有形式的政治活动。在那段被政府称为“肮脏战争”的时期里，军队和警察逮捕了数千名市民，没有经过审讯就将他们投入监狱，并且经常折磨残杀无辜的人。在很多案件中，被害者的亲属们完全不知道是怎么回事，只知道这些人（至少有2万人）是失踪了。

阿根廷总统保罗·阿方辛（Paul Alfonsin）上台之后初期的举措之一，就是成立了一个调查团寻找失踪者的下落。人们认为，当时许多被处决的市民被埋在了一个巨大的坟墓堆，靠近军方绑架市民带去的拘留中心。被这样杀死的人的尸体排列在坟墓里，只有一个西班牙语的标记：“N. N”，意为“无名尸”。阿方辛的调查团请“美国科学促进会”派一些法医科学家来帮助阿根廷官方鉴定坟墓堆中遗体的身份。斯诺就是AAAS联系的专家之一。

斯诺在1984年6月第一次前往阿根廷。当地的法官给他发了许可证，允许他进行发掘和分析一具尸体样本，然而，没有一位阿根廷的法医科学家或是人类学家愿意帮助他。许多阿根廷认为，军人统治会很快重新夺回政权，他们害怕如果和外界合作，很快自己也变成“失踪者”之一。

斯诺没有能够找到专家的帮助，于是他转向学生求助。莫里斯·提堡尔·宾兹（Morris Tidball Binz）——一位阿根廷的医学生在一次讲座上与斯诺见面后，召集了5个朋友参与了人类学家的挖掘。虽然这些年轻人学习过人类学与考古学，但他们之前从来没有挖掘过被埋葬的尸体或鉴定过骸骨。斯诺给他们展示了如何像一个考古学家那样慢慢地系统地挖掘坟墓，以及如何阅读“骨头传记”。克里斯托弗·乔伊斯（Christopher Joyce）和埃里克·斯托弗（Eric Stover）在《来自坟墓的证言》中也写道：“斯诺教会他的新助手们如何应对当鉴定一个像他们这般年纪的年轻人——甚至可能是他们所认识的人——残余的尸体时必然会经历的那种伤痛的心情。”斯诺说：“白天干好你的活儿，晚上痛哭一场。”

追寻正义

1985年4月，在与他的学生团队持续挖掘“失踪者”的尸体几个月之后，斯诺在对9个前阿根廷军政府领导人的谋杀指控中作证。他告诉法庭他的团队如何鉴别出一具年轻女子的尸体，女子名叫莉莲娜·卡门·佩雷拉（Liliana Carmen Pereyra），是一个法学学生，1977年10月被捕时21岁，怀有5个月的身孕。她的骸骨显示，她生下孩子之后不久被近距离枪杀。

《当代传记年报》中关于斯诺的一份档案显示，一名法官后来告诉斯诺，法医人类学的证言使他认识到独裁政府的罹难者不是“纸上的人物”而是“曾经……有血有肉的”。法庭判决9个人中的5个有罪并判处长期徒刑。然而，事实上，他们的“监狱”装饰得很奢华，并且没过几年，他们就被赦免而获释了。

亲历者说：学生们的第一具尸体

在《来自坟墓的证言》一书中，克里斯托弗·乔伊斯和埃里克·斯托弗引述了斯诺关于他与阿根廷学生团队的第一次坟场工作的回忆。挖掘始于上午9点，位置在布宜诺斯艾利斯郊区圣伊斯多的布伦坟场。斯诺回忆道：

当地法官就站在那里，还有他的秘书——几个男性律师，以及死者的家属。这让我很震惊。在美国，我们的挖掘现场5英里之内都不会允许有外人存在。而那里还有高级警官，3个穿着海军蓝制服的人……还有观众，以及掘墓人。

这时那5个（6名学生中有1人没参与这次挖掘）惊恐的孩子过来了……孩子们看到警察站在那里都吓得要死。我也吓得要死，因为我不知道我在做什么。

除了考古专业的赛吉奥·阿力克桑多维克（Sergio Aleksandrovic），其他学生都没有在坟场做过挖掘工作。斯诺向他们展示如何用探针来测定尸体被埋葬的深度。之后他让掘墓人刨去了4英寸（约10厘米）厚的土层。他跟学生们在打开的洞口上放置了木支架。搭好支架后开始用铲子和勺子刮去残余的土壤。

上午晚些时候，斯诺所担心的时刻到来了：学生们发现了尸体的头骨。头骨的嘴巴大张着，好像发出一种无声的呐喊。斯诺对乔伊斯和斯托弗说："眼睛后面就是弹孔。旁边就有一条蚯蚓。这是孩子们这辈子见过的第一个'失踪者'（desaparecido）。我不知道他们会做出什么事情来。"

一个叫帕特莉娅·伯纳迪（Patricia Bernardi）的学生突然扔下她的毛巾就跑了。斯诺不知道她是否还会回来。一开始只有曾在学医时见过尸体的宾兹继续在挖掘，不过其余学生很快又不情愿地返回挖掘当中。10分钟过去了，这时，伯纳迪就如她离去时一样突然回来了。她的眼睛通红，但看上去已经平静了。她一句话都没说，只是拿起她的铲子开始工作。

尽管他的工作没能让杀害失踪者的凶手们受到正义的惩罚，斯诺仍觉得让世界知道专制政府干了些什么是很重要的。20世纪80年代，他几次回到阿根廷，开展更多的挖掘并培训人数不断增加的专家团队，这个团队后来命名为阿根廷法医人类学团队。他还帮助建立了一个阿根廷全国性的法医学中心。

世界各地的大型坟墓

其他政府对于斯诺和他的小组在阿根廷的工作也非常欣赏，在20世纪80年代后期和90年代，他和他的阿根廷团队被请去调查菲律宾、危地马拉、玻利维亚、智利、斯里兰卡、伊拉克以及刚果的类似暴行。他们最著名的一次挖掘工作是在1996年9月，曾经的南斯拉夫，属于联合国战争罪行法庭调查的项目之一。该小组在维科瓦附近挖掘出了一个大型坟墓的一部分。1991年11月，塞尔维亚士兵在当地医院抓走了大约200名克罗地亚的穆斯林，并处决了他们，把他们埋在了这个坟墓。在《史密森报》1997年3月的一篇文章中，伯克利加利福尼大学人权中心主任斯托弗称这次挖掘“很快发展为史上最大的针对战争罪行甚至包括所有罪行的法医学研究”。

1984年5月，在斯诺开始阿根廷的调查后不久，他在美国科学促进会一次会议上的演讲中说过这样一段话：“在各种形式的谋杀中，没有哪一种比政府屠杀国民更令人发指。现代的连环杀人犯能残害的最多也就数百人，而当国家政府要残害他自己的国民，死亡人数往往需要用卡车装载。”

然而，斯诺补充道：“这种嗜血的政府和那些孤独的杀人犯有一点是相同的，由于过分自大而留下来了一系列线索。如果适当地进行收集、保存以及分析，它们就像是留在坟墓上已经签了字的认罪书。我们最钟爱的小说人物夏洛克·福尔摩斯有一句话：‘快！华生，斗争已经开始了。’也许现在对世界各地的法医科学家来说，都应该加入这场最大的斗争。”斯诺解释说，通过鉴定政府谋杀的受害者身份，法医人类学家们不仅为那些死者的家属带来了安宁，同时也会有助于阻止其他政府犯下类似罪行。斯诺在这场搜寻政府杀人犯的斗争中，和寻找单个杀手、鉴定其受害者的斗争一样，没人能超过他。

九

“尸体农场”

——威廉姆·巴斯与死亡时间的测定

大部分法医科学家的工作地点是一个无菌实验室，远离满地狼藉的暴力死亡现场。即便是法医人类学家，研究的大部分骨骼也只比万圣节的道具稍微恐怖一点。相对而言，在前身为人类学研究所的田纳西大学法医人类学中心工作的科学家研究的工作，可能是法医人类学中最没有意思的一部分了，就像该中心创办人巴斯在他的自传《死亡之所》中所说的那样：“尸体形形色色，有浮肿的、萎缩的，有烧焦的、爬满臭虫的、腐烂的，还有被锯开的、被侵蚀的、液化的、干瘪的或肢解分尸的。”巴斯写道，一位参观者曾经提议将研究所的名字改为巴斯人类学研究所（首字母缩写为B——人类学研究所【呕吐】）。那个绰号当然未被采用，而另一个绰号却在警署探员和推理小说读者中间流传开来：他们将田纳西研究中心简单地称为“尸体农场”。

巴斯是地处诺克斯维尔的田纳西大学的体质人类学退休教授，他在该所大学中建立了法医人类学中心。该中心研究的是人死之后骨头分解的过程，因此又被称为“尸体农场”（巴斯和田纳西大学图片中心）。

在大多数科学家的心目中，法医人类学中心并不是一个理想的工作地点，但是在那里工作的研究员所收集到的信息却使得很多凶手被绳之以法。年复一年，日复一日，“尸体农场”的科学家通过准确显示尸体在各种条件下所经历的变化，可以帮助警察鉴定谋杀案中被害者的死亡时间。死亡时间还可以用于核查嫌疑犯对自己作案行为的供述是否符合事实，从而还无辜者以清白并提供找出真凶的线索。巴斯在《死亡之所》中写道：“对死亡时间的准确判断是一起谋杀案能否被破获的关键因素之一。”

迷上骨头

1928年8月30日，威廉姆·巴斯（William Bass）出生于弗吉尼亚州斯汤顿，生后不久就面对了残酷的死亡。1932年3月，巴斯刚满3岁半，他的父亲马文自杀身亡。巴斯是由母亲珍妮抚养成人的。

1947年，巴斯考入弗吉尼亚大学时，脑中还完全没有死亡的概念。他的专业是心理学，1951年，他毕业并获得该专业的学士学位。之后，他应征入伍，在位于肯塔基州诺克斯堡的军事医学研究实验室中待了3年。

服役期满后，巴斯仍然希望将来可以从事心理学，按照原计划，首先在地处列克星敦的肯塔基大学攻读咨询硕士学位。此后不久他便发现自己的兴趣有所改变。在弗吉尼亚大学求学期间，巴斯上过几门人类学课程，研究生第一学期他又上了一门。那门课的教授查尔斯·斯诺（Charles E. Snow）偶尔会作为法医人类学顾问受理一些案件。1955年4月的一天，他邀请巴斯和他一起，鉴定一名数月前在汽车碰撞起火中丧生的女性残骸身份。

巴斯在《死亡之所》中写道，那名女性尸体"被烧焦了，腐烂了，还浸透了水"。这与他和斯诺的其他学生在体质人类学课堂上所见到的干净的骨头标本迥然不同。但巴斯丝毫没有觉得恶心，相反，他感觉第一次接触的法医案例具有"难以抵挡的思辨魅力"。按他自己的话来说，他被"深深地迷住了"，遂将研究重点转向人类学，尤其是法医人类学。1956年，他毕业并获得肯塔基大学体质人类学的硕士学位。

巴斯选择了地处费城的宾夕法尼亚大学攻读博士学位，向现代法医人类学的奠基人之一威尔敦·柯罗曼（Wilton Krogman）求教。柯罗曼的主要工作是在20世纪40—50年代间完成的。后来，柯罗曼做了巴斯的导师，并成为他的好友。

蚂蚁揭开谜底

巴斯接到的第一个人类学研究任务中的尸体与他随后在"尸体农场"中所碰到的尸体不太一样，这具尸体的死亡时间至少大于100年。1957年起，巴斯在南达科塔州花了14个暑假研究阿里卡拉人。该工作属于史密森学会资助的史密森河系盆地研究的一部分。那段时间内，巴斯挖掘了4 000—5 000个印第安人坟墓。1961年，他毕业的博士论文主题就是平原上的史前印第安人。

起初，巴斯的工作地点是著名的萨利遗址。他与在遗址的其他人类学家和考古学家必须迅速展开挖掘工作，因为一座横跨密苏里河的新建大坝将把这一地区完全淹没。考古学家已经在那里发现阿里卡拉人的土制小屋，说明该处曾经居住过数百人，但科学家们尚未找到村落埋葬死者的地方。探险队队长将该问题交给巴斯解决。

帮助巴斯揭开谜底，后来在"尸体农场"中也发挥重要作用的竟然是昆虫！巴斯注意到，遗址附近的蚂蚁喜欢把蚁丘造在土壤被翻动过的地方，松动过的泥土减轻了它们的工作难度。即使该处泥土是很久之前被动过的，也会有蚂蚁聚集过来造屋。巴斯考虑到挖掘坟墓时需要翻动泥土，于是想到也许蚂蚁可以带他找到那些阿里卡拉人的墓地。

巴斯在大平原上的几个蚁丘中发现一些蚂蚁在地下找到并带到地面上的小东西。他在其中找到阿里卡拉人的珠宝里使用的一种蓝色玻璃珠，还有人类手脚的细小骨片。通过挖掘包含这类物件的一组蚁丘，巴斯和他手下的学生发现了许多坟墓。

一头死牛带来的启示

1960年9月，巴斯成为地处劳伦斯的堪萨斯大学的老师，并在那里一直待到1971年，最终成为正教授。他还担任了堪萨斯州立调查局（KBI）的顾问，协助鉴定警察及其他人发现的人体骨骼身份。

使巴斯萌发建立"尸体农场"的想法与人体残骸没有任何关系。1964年春，警察发现平原上被盗窃的牛近期被屠杀的尸体，于是堪萨斯州立调查局的副主任哈罗德·奈（Harold Nye）请巴斯检查其中一头牛尸体的骨骼，并判断这些牛是多久之前死亡的。奈称，这条信息也许能够帮助警方人员找出作案的嫌犯。

巴斯在《死亡之所》中写道，他不得不承认，他无法满足主任的要求，他在给奈的信中写道："迄今为止，我们尚未掌握什么方法可以测定牛的死亡时间。但是如果你能找到一位迫切希望破案的农场主，杀一头牛放在外面，我们可以用其做一个试验，看一看新鲜肉体经过多长时间会腐烂，从而积累一些该领域的资料。"写这封信的时候，巴斯意识到，包括他在内的所有人对人死之后尸体的变化，与他们对牛死之后所发生变化的认识一样匮乏。他所提出的用牛做的试验也许可以弥补该方面的不足。

猪圈里的尸体

1971年6月，巴斯迁至诺克斯维尔的田纳西大学，担任该校人类学系主任，他还被任命为第一位田纳西州立法医人类学家。这份工作的内容是检查新近的死尸，和他协助堪萨斯州立调查局所做的工作一样。但是巴斯很快就认识到，在田纳西检查死尸比在堪萨斯更不艰难。堪萨斯的草原土壤干燥，尸体较易脱水形成皮革样的干尸；而田纳西气候温暖潮湿，细菌和昆虫迅速腐蚀肉体，令尸体面目全非。

起初，巴斯把警署交给他的尸体存放在大学办公室附近。后来有一名清洁工在存放拖把的储藏室中发现了一具包裹着的尸体，威胁说要辞职。巴斯这才意识到，他需要的储藏地点应该远离嗅觉灵敏的活人。他向学院院长求助，院长告诉他，可以把该校农业系所属的农场中的一个空猪圈给他。农场离诺克斯维尔很有一些距离，所以巴斯和院长认为，不愉快的气味不会打扰到别人。1972年，巴斯将闲置猪圈用作他的第一个人类学研究所。

一个明显的错误

堪萨斯的盗牛案过后不久，巴斯就把它给忘了（奈并没有进行巴斯提议的试验），但1978年初这位人类学家犯了一个明显错误，这使他又回忆起盗牛案。1978年的事情是这样的：有一对夫妇住在离一个小墓地不远的地方，这块墓地可以追溯到南北战争时期（1861—1865年）。一天，这对夫妇报警说有人试图撬开墓地中的一个棺材，可能是想偷点古董去卖。

警员检查现场时，发现被打开墓穴的主人是陆军中校威廉姆·夏伊（William Shy）。夏伊的墓碑上写着：他死于1864年的纳什维尔之战。但是警员在夏伊被毁坏的棺材中看到的尸体仍然覆盖着皮肉，很新鲜的样子。奇怪的是，尸体没有头。

验尸官请巴斯协助警方鉴定尸体身份，他们怀疑这具尸体是一个被谋杀后投入夏伊坟墓的被害者。巴斯检查了尸体后，认定死者死后不久，顶多一年。但是，他感到困惑的是，尸体穿着正式的旧款黑西服和白衬衫，有点像高档饭店中的侍应生所穿的制服。巴斯在实验室中进一步研究尸骨，得出结论，这是一个25—30岁的男人，大约有5英尺9英寸（1.8米）高。

这时，警方人员打开了夏伊的棺材，找到更多骨头，包括一些颅骨碎片。按照巴斯后来的叙述，颅骨是被一把"威力强大的枪"从近距离射碎的，一共碎成了17片。颅骨是棕色的，上面已经没有肉了，这些通常是一具埋葬多年的尸体的特征。巴斯发现这个颅骨上的很多牙齿上都有蛀洞，但却没有哪颗牙有充填物补过的痕迹。

巴斯发现这些证据后，越来越肯定他和警察都完全错误理解了这具神秘的尸体。这具尸体就是夏伊中校本人，而不是新近谋杀案的受害人。夏伊中校是在南北战争时被一把直径很大的老式子弹枪杀死的。这具尸体是盗墓者试图从棺材中拖出来的陈旧尸体，而不是作案者准备推进棺材的新鲜尸体。夏伊的尸体之所以能够历经数十年仍保存得如此之好，一方面是因为尸体进行了防腐处理，虽然防腐处理在当时非常罕见，但是对于一个富有而受尊敬的绅士来说并不奇怪。另一方面，盛装尸体的棺材是用结实的铸铁制成的，并且密封良好，使得昆虫和细菌都没有机会侵蚀尸体。调查者还找到一幅夏伊生前的照片，照片上夏伊穿的那件衣服和尸体上穿的一模一样。

死亡农场的建立

夏伊中校的身份被鉴定后，尸体重新下葬，但巴斯却久久难以忘怀。对于在第一次鉴定夏伊死亡时间时弄错了112年，巴斯感到非常难堪。这个错误使他又想起14年前的盗牛案时他所得到的结论：不仅没有法医人类学家知道，事实上是没有任何一个人真正了解，死尸从血肉之躯到一堆残骸这个过程中所发生的变化的顺序。他意识到，由于这方面的认识可以精确地确定死亡时间，可能对谋杀案和其他罪行的破获有极大帮助。

巴斯决心和学校里的其他人类学家一起解决这个问题，他在《死亡之所》中写道：

> 我们……（可以）建立一个不同于世界上其他研究机构的研究所，这个研究所系统地数十以至数百地大量研究人类尸体。这个实验室将允许各种实验条件下的尸体自然变化。科学家和研究生则在每个阶段观察进程，记录温度、湿度这些变量，并画出人体分解的时间图。

巴斯把这个想法告诉了校长，他解释说，他需要一个比猪圈空间更大的地方，还要离学校近一些，这样，他和学生们每天去观察就不用开车走很远的路。

1980年的下半年，巴斯和他的学生在田纳西大学医学院附近开始为“尸体农场”清理场地，这里后来被命名为人类学研究所（图片来源：巴斯教授）。

校长答应把学校医学院后的一块空地（0.4公顷）给巴斯。1980年秋，巴斯和他的学生开始清理场地。

巴斯的团队有了自己的场地后，尸体成了最大的需要。巴斯给附近的验尸员和丧葬承办人写信，请他们把无人认领或家属同意捐献的尸体给他。1981年5月，研究所得到第一具捐献的尸体，遂将其置于室外开始观察，并记下巴斯称为“非常令人着迷”的笔记。

20世纪80年代早期，团队将他们的场地命名为人类学研究所（ARF）。但很快警方人员和美国联邦调查局工作者便开始称其为“尸体农场”。巴斯和他的学生们有时候会发现自己也在使用那个名称。

昆虫序列

巴斯的一个研究生——比尔·罗德瑞格兹（Bill Rodriguez），完成了人类学研究所的第一项重要研究。罗德瑞格兹花了很多时间和精力观察促使尸体分解的昆虫队列，并用相机记录下来。他发现，尽管天气等因素影响每种昆虫的具体抵达时间，但是不同昆虫出现的顺序总是一样的。

罗德瑞格兹发现，名唤丽蝇的亮绿色大苍蝇总是最先到的，如果天气温暖（苍蝇在寒冷的天气无法飞翔），只要尸体一被放出去，苍蝇常常在几分钟之内就出现了。已经怀孕的雌蝇将卵产于人体的天然孔道或伤口上。几小时之后，卵就会孵化出成千上万的幼虫——也就是蛆。刚孵化出来的蛆差不多有米粒大小，边吃边长大，最后能长到半英寸（1.27厘米）长。之后它们就用硬壳把自己包裹起来，再转化为成虫。

罗德瑞格兹观察到，小黄蜂、黄蜂和蚂蚁差不多和丽蝇同一时间到达。这些昆虫有的啮食尸体，有些则吃蝇卵和新生的蛆。之后，随着丽蝇的繁殖，腐尸甲虫也来了。这些甲虫既吃尸肉也吃蛆。最后到达的昆虫是皮蠹，有时也叫地毯圆皮蠹。这时剩下的几乎只是一具空骨骼了，皮蠹可以把最后的组织碎屑都清除掉。

1983年秋，《法医科学期刊》上发表了罗德瑞格兹描述其工作的科学论文。巴斯在《死亡之所》中自豪地提到，罗德瑞格兹的报告作为“第一份昆虫论文”，成为“历史上被引用次数最多的人类学论文之一”。他的研究促成了一门新的法医人类学专业的建立，这就是法医昆虫学——研究谋杀案或其他案件中的昆

昆虫序列

(1) 丽蝇　(2) 丽蝇蛆（幼虫）　(3) 蚂蚁和黄蜂　(4) 腐尸甲虫　(5) 地毯圆皮蠹

有助于死尸降解的昆虫，总是按一定顺序出现。法医昆虫学家在尸体上研究昆虫，以确定死者的死亡时间。

（1）第一个到达的是丽蝇，通常在尸体置于室外的几小时甚至几分钟就出现了。

（2）丽蝇将卵产在尸体上，几小时后，卵孵化为虫样幼虫，又称蛆。刚孵化出来的蛆差不多有米粒大小，但之后它们能长到半英寸（1.27厘米）长。

（3）丽蝇到后不久，蚂蚁和黄蜂也到了。

（4）随后到来的是腐尸甲虫，它们不仅吃尸肉，也吃丽蝇卵和新生的蛆。

（5）队伍最末的是地毯圆皮蠹或称皮蠹，这时几乎只剩下一具空骨骼了。

虫的科学。法医昆虫学家通过仔细收集尸体上面及其周围的昆虫并认真研究，就可以把死亡时间确定在5—6小时之内。

畅销书带来的影响

20世纪80年代和90年代早期，人类学研究所继续收集死尸分解的一些资料。举例来说，巴斯的另一名学生阿帕德·瓦斯（Arpad Vass），记录了室外放置或埋葬尸体处下面土壤的化学变化。瓦斯的工作开辟了另一个确定死亡时间的方法。

身兼法医科学家和教师双重身份的巴斯声誉渐增，1985年，美国法医学会授予他法医体质人类学的杰出贡献奖，同年，巴斯还当选为教育促进支持委员会的年度最佳教授。研究所的规模也随之壮大。

尽管如此，大部分人还是直到1994年才首次听说田纳西州这个不同寻常的研究中心。那是因为1994年，作家帕特瑞希亚·克伦威尔（Patricia Cornwell）以巴斯和他的团队为主要素材，写了她的第五部推理小说，小说的主角是法医病理学家——凯伊·斯加贝特（Kay Scarpetta）。克伦威尔用警署和美国联邦调查局官员给人类学研究所起的绰号——“尸体农场”，作为她的书名。这本书和她别的推理小说一样，畅销一时。用巴斯的话来说就是，“最畅销的推理小说之一”。

克伦威尔的书出版之后，巴斯和人类学研究所突然发现他们出名了。要求采访的记者如潮水般涌来，还有包括两个童子军在内的各种团体申请参观他们的研究所。虽然说有些来访影响了他们的正常工作，但巴斯还是认为推理小说所引起的知名度的提高利大于弊。比如说，“尸体农场”的尸源增多了，一些人志愿将自己的尸体捐给人类学研究所用于科学研究，更多的人得以了解研究所，研究所因此而有可能获得更多的捐献者。

巴斯很快就发现，知名度的提高并不总是件好事情。1994年秋，克伦威尔的书出版后不久，就有一家当地电视台了解到，“尸体农场”所得到的一具无家可归的尸体实则是一个老兵。电视台播放了一个节目，谴责巴斯和人类学研究所使用尸体的方式侮辱了老兵。田纳西老兵事务专员看到该节目后，说服很多州立法官员提出一项法案。如果这项法案得以通过，那么人类学研究所就不能再接受无人认领的尸体了。巴斯在《死亡之所》中写道，这将严重阻碍科学研究。巴斯找到州执法官员，请他们不要让这项法案通过，之后他们说服立法委员会重新核查该法案，最终没有批准。

某种意义上的不朽

20世纪90年代后期，巴斯和人类学研究所的其他法医人类学家继续他们的工作。他们的一个主要项目就是研发出另一种可以帮助警察确定死亡时间的方法。该方法的理论基础是，尸体在温暖潮湿的天气比在干燥寒冷时分解速度更快，因为细菌和昆虫在温暖潮湿的环境中都更活跃。巴斯告诉他的学生们："你们之所以把肉放在冰箱而不是厨房的碗橱里，原因就在于此。"

巴斯的方法是通过测定累计日度（ADD）来确定天气对尸体的影响。举例来说，平均气温为70℃的10天，和平均温度为35℃的20天一样，加起来都是700 ADD。巴斯和他的同事们建立了一个数据库，上面列有尸体在每个ADD下的分解状态。

按照巴斯的方法，警察可以根据他们所发现的尸体的情况，通过查询数据库，找出对应的ADD值。然后他们可以向当地气象站询问犯罪现场前几天或前几周的平均气温。有了ADD和平均气温，他们就可以算出死亡时间，进而推算出死亡日期。

科学成果：推理小说作家的研究

克伦威尔第一次联系巴斯是在1993年夏天，当时她正在准备一部新的小说，后来她把它命名为《尸体农场》。她解释说，小说中的杀手把受害者的尸体放在一个地下室中，几天后回来再把尸体转移到别处。她问巴斯，这些天中尸体可能出现什么印迹？尸体放到新的地方后这些痕迹还会存在吗？如果他不知道这些问题的答案，他是不是有可能找到答案呢？

虽然验尸员和侦探有时也会请巴斯为他们做一些特殊试验，但以前从来没有一个作家这样要求过。巴斯对克伦威尔的问题非常感兴趣，他和一个探员朋友说起时，探员承认这些问题的答案可能对警方也会有帮助。于是巴斯决定按照克伦威尔的要求做一些试验。

巴斯碰巧有一个类似于克伦威尔所描述的地下室的水泥板，那是研究所新近添置的工具储藏棚的底。他搭了个胶合板外壳,比尸体稍大一点,然后把这个盒子放在水泥板上。由克伦威尔出资,他还在盒子中装了台空调,这样里面的温度就接近谋杀者阴冷的地下室了。

人类学研究所收到的下一个尸体就成为克伦威尔书中的谋杀受害者。巴斯在尸体的不同部位放了一个美分(面朝上)、一把钥匙、一个小剪刀和其他一些物件。这些东西放了6天。

6天之后,巴斯把尸体运到停尸房检查。放置的物件轮廓在尸体上清晰可见。巴斯在《死亡之所》中写道:比如"尸体的下腰部可以印着一个圆形,圆形中间可以见到(美分上)淡淡的亚伯拉罕·林肯头像。"尸体下面的水泥板上有一条裂缝,这也在尸体上意外地留下了印记。巴斯把这些结果都告诉了克伦威尔,她因此得到了使她的推理小说忠于生活或死亡的素材。

1994年,巴斯停止教学,1998年从人类学研究所退休。但是"尸体农场"的工作仍在继续。1999年6月,研究所规模进一步扩大,并更名为法医人类学中心。中心现有的研究项目有"电子鼻",这项技术将用于分析产生腐败气味的分子。中心的科学家希望将这一方法运用于训练警犬找到死尸。其他科学家则在进行另一些试验,通过穿透地面的雷达定位土壤或水泥不同深度下所埋葬的尸体。中心不仅进行研究,还进行法医人类学家的训练,并给美国联邦调查局工作人员和警察讲课。

巴斯说,捐给"尸体农场"的尸体实现了某种意义上的不朽。一具尸体在人类学中心完成试验之后,骸骨会有专人收拾,进行最后的清洁。然后这些骨头被收集起来,该研究所收集的骨骼数量是美国现代人骨骼收集中规模最大的。科学家将这些收集品中的两千多具骨骼,制成了一个数据库。警察和法医人类学家可以通过电脑查询该数据库,鉴定身份未明骨骼的性别、种族、年龄和身高。巴斯说,"尸体农场"并没有侮辱死者,相反,他们在死后仍能继续帮助别人,已然超越了死亡。

十

最佳鉴定标志

——阿莱克·杰弗里与DNA鉴定

法医科学家可以通过检查血液、骨头、声波和指纹鉴定罪犯和受害者，即便是这些鉴定方法中最为可靠的指纹，科学家仍然质疑它究竟能否将一个人与其他所有人鉴别开来。做出毫无争议的身份鉴定看起来就像天方夜谭，直到1984年，英国研究者阿莱克·杰弗里（Alec Jeffrey）发现了一种鉴定试验，这种方法的基础是组成基因的物质——DNA，也就是决定人体特性的物质。

20世纪50年代早期，科学家证明DNA（脱氧核糖核酸）携带着父母的遗传信息，决定了人体外形和功能。DNA分子的双链“骨架”上排列着4种称为“碱基”的小分子，而信息就是由碱基对的顺序（序列）编码的。DNA分子的形状被称为双螺旋，看起来就像是盘旋的楼梯。人类、植物或动物身上几乎每一个细胞都携带了个体DNA完整的独特拷贝。

1967年，研究者找到了基因编码的基本模式。接着他们开始鉴定个体的基因，基因是DNA的单位，它告诉细胞如何制造特殊蛋白，细胞里大部分的工作都是由这一大族化学物质完成的。杰弗里是接受这项任务的研究者之一。一项实验的意外结果，改变了他的工作方向，并极大地丰富了法医科学。

礼物擦出的事业火花

1950年1月9日，杰弗里出生于英国牛津。他对科学的兴

1984年9月一项遗传实验的意外结果，使得英国莱斯特大学的杰弗里教授发明了后来被称为"DNA检测"的检测[安尼塔·赫宾(Anita Corbin)，约翰·奥格雷迪(John O'Grady)，英国参议院]。

趣可以追溯到小时候他的父母西德尼·维克托(Sidney Victor)和琼·杰弗里(Joan Jeffrey)送给他的两件礼物：显微镜和化学装置。这些礼物使得杰弗里对生物、化学以及两者的相互关系产生了浓厚兴趣。当他考入牛津大学默顿学院后，选择了生物化学专业，这门学科研究的是生物体体内的化学反应。他在1972年获得了学士学位，1975年又获得了博士学位。他在牛津学习期间，对遗传信息的研究——遗传学产生了兴趣。

1975—1977年，杰弗里在阿姆斯特丹大学工作，和他一起工作的是另一位名叫理查德·弗兰维尔(Richard Flavell)的科学家，他们一起改进了鉴定个体基因的方法。后来杰弗里返回英国，加入莱斯特大学的遗传学部，并于1987年成为那里的遗传学教授。

在莱斯特，杰弗里研究了一个人与另一个人的DNA碱基序列有哪些不同。不同人之间的变异很小，仅仅占碱基总数的0.1%。一些不同出现在高可变区中，这是DNA上一些由多次重复的短序列碱基组成的节段，是一些冗余基因。不同人的重复次数差异显著，但在家庭内部，这种变异的数目通常能由父母传给孩子。

高可变区分散在整个人类基因组(也就是一组基因)中。虽然人们对大部分节段的功能尚不了解，但是杰弗里等遗传学家都认为，这些区域可能有助于定位引起遗传疾病的遗传学差异。所以杰弗里成功改进检测方法，不论高可变区出现在哪里，都能被检测出来。

DNA结构

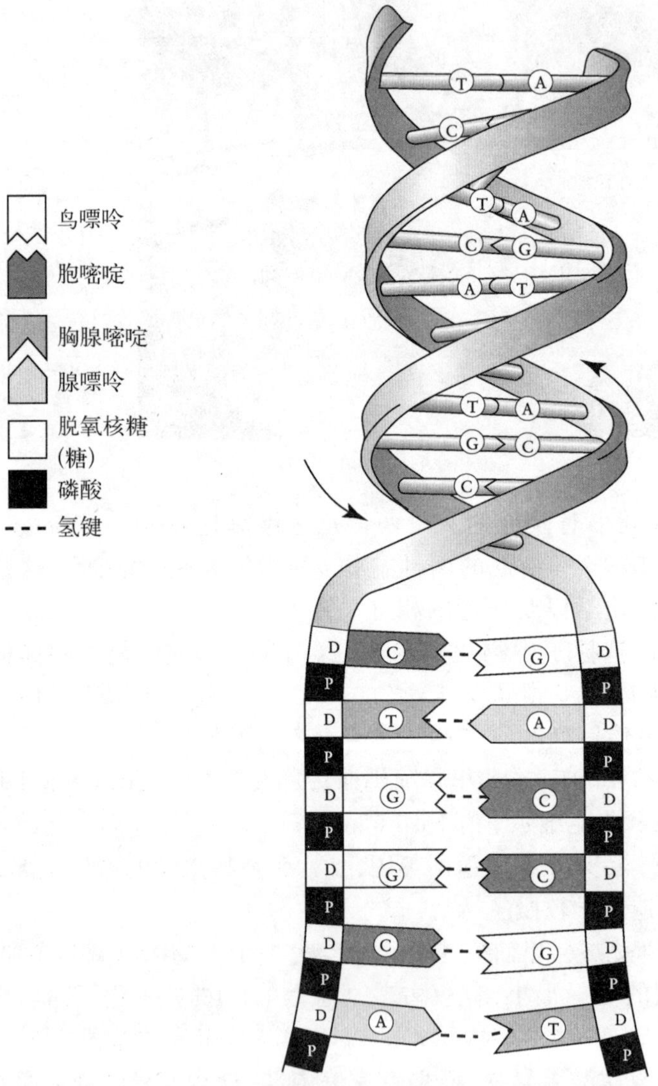

DNA分子（脱氧核糖核酸）由互相盘绕的双链组成，形状像是盘旋的楼梯，被称为双螺旋。楼梯的边由交替的小分子的磷酸（P）和脱氧核糖（D）组成。楼梯的横档是由氢键连接的四种碱基对。腺嘌呤（A）与胸腺嘧啶（T）配对，胞嘧啶（C）与鸟嘌呤（G）配对。DNA携带的遗传信息编码在碱基的顺序中。

“找到了！”

杰弗里在1984年9月10日早上走进办公室之前，挂念的并不是法医科学。他只是希望看一下他用于检测高可变区的新方法结果如何。

在1983年，杰弗里就已经发现一个很多高可变区似乎都有的碱基序列，寄望于能用这个节段作为探针“钓出”DNA上的其他高可变区，他复制了很多这个节段的拷贝，并且在其中加入了放射性原子。他希望放射性序列能够结合到被检测的DNA的相似序列上去。他也采用了另一位英国科学家埃德温·萨奥津（Edwin Southern）发明的技术，把被检测的DNA打成许多小片段，在一张膜上把它们按大小排列，通过放射性序列找到高可变片段。如果他的检测进行顺利，人造序列上原子放出的射线就会使X线胶片变暗。任何带有放射性序列的DNA片段都会在最终的照片上呈现为黑色的条带。

杰弗里将他的放射性序列加入来源于人类和不同种动物的DNA中，然后把X线胶片暴露在DNA下，周末就让它自己去显影。9月一天的清晨，当他从显影液中取出照片时，他本来只期待能看到一些随机条带。然而，他看到的却是一个明确的图谱，更像超市收银员用计算机鉴定物品时所用的条形码。杰弗里在一篇文章中提到他是如何发现DNA图谱的：“我拿起一个看了看，心想‘这太复杂了’，然后突然意识到这是一种图谱，那一刻，就在这个黑屋子里站在这幅图画前，我的人生完全转变了。我找到了！”

杰弗里让他的同事也来看这惊人的X线图。这个团队很快意识到，杰弗里发现了使用DNA来鉴定一个人的方法。他们刺破手指，拿自己的血样本做检测，证实了这个想法。每份样本显示了深浅条带的不同图谱。

一个散而复聚的家庭

在那个令人激动的下午，杰弗里决定把他的技术称为“DNA指纹”。他和其他科学家讨论这项新检测的可能用途。最明显的用途是用于亲子鉴定的案件，DNA是遗传的，在杰弗里的检测中，父母和孩子应该显示相似的DNA图谱。杰弗里的前妻苏珊·迈尔斯指出，这个检测还能够解决移民争端，它的关键就在于是否有血缘关系。研究团体认为，这项技术还能够鉴定案件中的罪犯和受害者。

在随后的几个月内，杰弗里改进了他的检测方法，并在1985年的《自然》上发表了两篇与此相关的文章。他意识到这项技术潜在的价值，于是注册了专利。

1985年5月，在一起移民案件中，DNA检测第一次用于法医学。在这起案件中，小男孩出生于前英国殖民地加纳，当他去非洲探望他的父亲后，想要回到他的母亲和兄弟姐妹居住的英国时，英国移民局声称他伪造了护照并威胁要引渡他。

为了和他的英国家人在一起，男孩必须证明他和他们有血缘关系。帮助这个家庭的律师在报纸上读过关于杰弗里的新技术的文章，就请求杰弗里测试男孩的血液。男孩的母亲和3个同胞提供了他们的血液样本来做对比。检测确定男孩和这位母亲及其他孩子有很近的血缘关系，于是移民官撤去了指控。这次成功被杰弗里称为"一个关于'科学帮助家庭打败了官僚机构'美好故事"，受到了广泛关注。

释放无辜者

探员们很快意识到杰弗里的检测可能是上天赐给法医科学的礼物。罪犯或者无法鉴定的受害者常常在犯罪现场留下血迹、唾液或者其他体液。将这些体液中的DNA与来自嫌疑犯或受害者家属的样本做对比，可能会提供可供鉴定的有价值的线索。

1983年11月，DNA检测第一次用于侦破谋杀案，英国恩德比一个年仅十几岁的小姑娘琳达·曼恩（Lynda Mann）被奸杀。3年后，在1986年7月，附近又发现了另一个十几岁女孩朵恩·阿什沃斯（Dawn Ashworth）的尸体。她像是被杀害曼恩的同一个人所袭击。

审问嫌疑犯时，警方的焦点很快聚集到一个在当地精神病院工作的年轻人。在重复审问之后，这个男人承认他曾经遇到阿什沃斯，并且说他可能杀害了她。但他声称他已经不记得他的罪行了，而且，他坚称他对于曼恩的谋杀案一无所知。

案件发生的城镇离莱斯特大学仅有大约10英里。调查案件的一个警探曾经读过杰弗里的检测，他带着从两个女孩身体里得到的精液和年轻人的血液样本，来找莱斯特的科学家，请他比对他们的DNA。在比对后，杰弗里报告说两份精液样本相互匹配，两个女孩肯定是被同一个凶手袭击的。但是没有一份和嫌疑犯的样本相匹配。杰弗里说，不管他自己是如何招供的，这个精神病院的工作者肯定没有犯下这些罪行。根据杰弗里的证词，警方释放了这个年轻人。杰弗里在文章中指出："DNA检测在犯罪学的第一次应用，竟然是证实了无辜者。"

相关链接：清白计划

杰弗里曾经说，DNA检测在法医学的第一次应用证实了一个嫌疑犯的清白，对此他非常骄傲。律师们很快意识到，DNA证据能够释放没有犯罪的人，即使他们已经被定罪并且被送入监狱。

1992年，基于这样的想法，纽约律师巴里·C.肖克（Barry C.Scheck）和彼得·J.诺弗尔德（Peter J. Neufeld）创建了他们所称的"清白计划"。这项计划是一个非营利性的法律诊所，隶属于耶希华大学的本杰明·N.卡多索法学院，只接手审判后DNA检测很可能肯定证明无罪的案件。

2006年8月，"清白计划"证明了183个被指称犯有谋杀、强奸或者其他重罪的人的清白。在DNA检测证明他们不可能犯有囚禁他们的那些罪行前，其中有些人已经在狱中待了10年以上，还有些人则是死缓。这项计划的网站上说："我们的大部分委托人都很贫穷、被人遗忘，已经用尽了争取获释的所有法律途径"。

一些罪犯要求进行法医DNA检测。这些人中有詹姆士·哈维（James Harvey），他1990年在弗吉尼亚因为强奸和相关罪行被定罪。在审讯他时，他的DNA和被强奸者体内的精液DNA做了比对，但是当时的DNA检测技术还非常粗糙，结果不能明确。在1993年，在清白计划的帮助下，哈维的律师要求得到强奸犯的精液，用更好的技术重复检测。2000年7月，弗吉尼亚联邦地方法官拒绝哈维的律师使用强奸犯的精液。美国第四巡回上诉法庭在2002年1月推翻了法官的原审判，一个月后，哈维的律师在新的州立法律下得到了强奸犯的精液。具有讽刺意味的是，最终的DNA检测却证明了哈维是有罪的。

血液网

莱斯特郡的总督察大卫·贝克（David Baker）比以往更坚决地要找出杀害曼恩和阿什沃斯的凶手，他决定采取一个大胆的行动。他要求住在犯罪现场附近的3个城镇的17—34岁间的4 500名男性都要献血样做DNA检测。警方不能强迫每个人交出血样，但是他们相信社会压力会让大部分男人合作。

检测从1987年1月开始。因为和留下精液的男人血型不符，很快排除了97%的样本。因为每次检测都要花费数天甚至数周，检测剩余10%的样本花费了好几个月。

城镇的所有男性居民看似都提供了捐献，但是内政部的法医科学家用杰弗里的技术没有发现任何一份样本与犯罪现场获得的相匹配。贝克完全不知道下一步该怎么办，直到8月一个妇女报告说，她和在附近面包店的工人一起去酒馆吃午饭，其中一名叫伊恩·凯利（Ian Kelly）的面包店工人说，自己曾经愚弄过警方，用另一个雇员科林·皮特福克（Colin Pitchfork）的名字交了一份血样。凯利说皮特福克有轻微的犯罪记录，他告诉凯利，他害怕如果提供了自己的样本警方会找他麻烦。他请求凯利用伪造的护照代替他，凯利就照做了。

警方很快审讯了凯利，他复述了他的故事。然后他们拜访了皮特福克。皮特福克很快就承认了两项谋杀罪。贝克恐怕又逮错了人，就把皮特福克的血样交给了法医科学家。他们检测了血样后出具报告说，皮特福克的DNA和精液样本的DNA相匹配。1988年1月，皮特福克两项谋杀罪名成立，最后被判处了两项终身监禁。

改进检测方法

皮特福克的被捕，使DNA检测成了全世界报纸的头条新闻。警方和检举人对新的检测方法视若奇迹，其他国家也很快采用了这个方法。例如在1988年初，佛罗里达奥兰多的一个仓库工人汤米·李·安德鲁（Tommy Lee Andrews），被判两项强奸罪，DNA证据也是部分依据。安德鲁是美国根据基因而指控重罪的第一人。

杰弗里最初的DNA检测方法有很多不足。除了需要数天进行检测，它还要求大量的干净样本，这在犯罪现场通常很难获得，同时还不能进行自动化处理。但是20世纪80年代末、90年代初，技术的进步改进了检测方法。

DNA检测

在杰弗里的DNA检测的经典方式中，从血液或精液等生物体液获得细胞核，从中提取DNA。从细菌获得的酶（一种蛋白质）将DNA切成片段。通过称为凝胶电泳的过程，根据分子量分离片段，转移到膜上。检测者加入放射性的DNA片段，它们会结合到因人而异的被检测的DNA的序列上去。膜上的不同“道”，带有从犯罪现场、嫌疑犯和受害者获得的DNA样本，让X线胶片暴露在膜上。当胶片显影时，它就显示了看似超市条形码的图谱。计算机能够比对图谱，确定犯罪现场的样本是来自嫌疑犯、受害者还是别的人。

多聚酶链反应

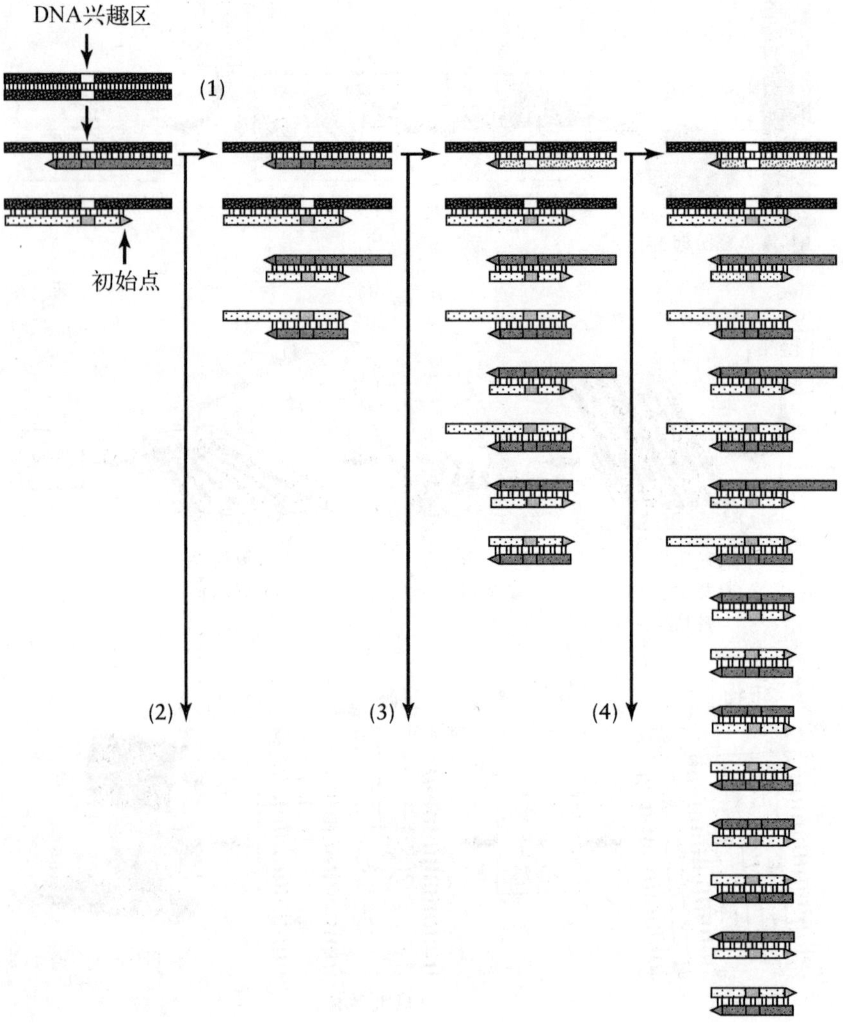

多聚酶链反应最早于1983年发明，提供了制造DNA节段的大量拷贝的快速方法。首先，加热想要复制的DNA样本，使分子的双链分离。加入带有组成DNA分子的更小分子以及引物，同时，加入能够使更小的分子连接的酶，使得复制链结合到每条被检测分子的单链上。结果是原来的单链节段变成了两条完全相同的双链节段。这个过程很快重复再重复，每次使完全相同的节段数目加倍。PCR能够用于微量的DNA，例如一滴血中的量，制造出足够大的样本来用于DNA检测。

最重要的进展是聚合酶链反应(PCR)。1983年，由美国科学家凯利·穆利斯(Kary Mullis)首先发明，这个反应可以复制微量的DNA样本，例如，在微小的一滴血或精液中的DNA数量，几个小时内就可以扩增上百万倍。这种复制使得DNA的数量足够大，从而能够被检测。1989年，杰弗里的检测结合PCR，创造出比原检测方法更加敏感、便宜、快速并且易读的新方法。新的检测方法还能够用计算机处理。

第二项改进，是由杰弗里和他的团队在1990年进行的，他们重新设计了检测方法，搜寻比他们最初使用的DNA片断更短的重复DNA序列。现代版本的DNA检测寻找的正是这些片段，它们被称为短串联重复序列(STRs)，分布在DNA分子的若干位置。英国使用的自动化的检测装置检测10个不同节段，而美国用的可以检测13个节段。

自从几滴血证明了皮特福克的罪行，几年间DNA检测解决了各类的法医案件。例如1990年，杰弗里取得了穷凶极恶的纳粹约瑟夫·蒙哥勒妻子和儿子的DNA，又取得了法医人类学家斯诺等专家1985年在巴西检查的骨头中的DNA，将二者相比对。杰弗里报告，在巴西找到的骨头中的DNA与蒙哥勒儿子的DNA很类似。他的检测使以色列政府最终确认了死于巴西的那个人就是蒙哥勒。

其他科学家：玛丽-克莱尔·金(1946—)

在杰弗里用DNA检测肯定了斯诺的蒙哥勒骨骼的鉴定前，遗传学家玛丽-克莱尔·金(Mary-Claire King)应用与杰弗里不同的DNA检测方法，利用斯诺在群众墓地发掘的骨头，在阿根廷(Argentina)帮助鉴定了一些“失踪”的幸存者。金的检测还帮助亲属找到他们被阿根廷军事政府杀害的家人留下的孩子。

1946年2月27日，金出生在伊利诺伊州的维米特。童年时爱好猜谜，这使她迷上了数学，后成为她在明尼苏达(Minnesota)的卡尔顿(Caleton)大学时的专业。从卡尔顿大学毕业后，她在伯克利的加利福尼亚大学研究遗传学，1973年，她的研究表明，人类和大猩猩的DNA有超过99%是相同的，因此获得了博士学位。

金在阿根廷的工作始于1984年，差不多是斯诺发掘出失踪者的骨头的同一时间，和杰弗里发现他的DNA的X线片上的“条形码”也几乎是同时。一个由失踪者的亲属组成，称为“五月广场祖母协会”的组织，请求当时是伯克利分校教员的金，帮助她们鉴定她们的孙子。这些孩子和他们的父母一起被捕或者出生在监狱里，或被卖到很远的地方，而许多收养他们的家庭拒绝交出他们，除非这些祖母们能够证明他们之间的血缘关系。

细胞核里的DNA是杰弗里和其他大部分遗传学家研究的对象，但金在证明这种血缘关系时并没有使用它。取而代之的是，她转向研究线粒体中的DNA。线粒体是帮助细胞进行能量代谢的小体，细胞核里的DNA遗传自父母双方，而线粒体中的DNA只来自母亲。所以它对于鉴定孩子和母系亲属之间的关系特别有用。金的关于线粒体DNA的检测使五十多个阿根廷孩子又回到了他们血亲家庭。

DNA数据库

20世纪90年代初，就像其他新的法医技术所遭遇的一样，专家们在法庭上为DNA检测的价值而激烈争论。到了90年代中期，DNA检测证据被广泛采纳。

当DNA检测普及后，警方意识到，DNA“条码”就像指纹一样可以存储在计算机数据里，以便将来的犯罪鉴定使用。1995年4月，英国开始建立一个所有犯有严重罪行而被监禁的犯人DNA样本的数据库。德国、法国、南非、加拿大、中国、澳大利亚和许多其他国家随后也建立了类似的数据库。美国的50个州全部授权建立了罪犯DNA图谱的数据库，1998年，美国联邦调查局建立了联邦数据库——国家DNA索引系统（NDIS）。联邦调查局还管理着联合DNA索

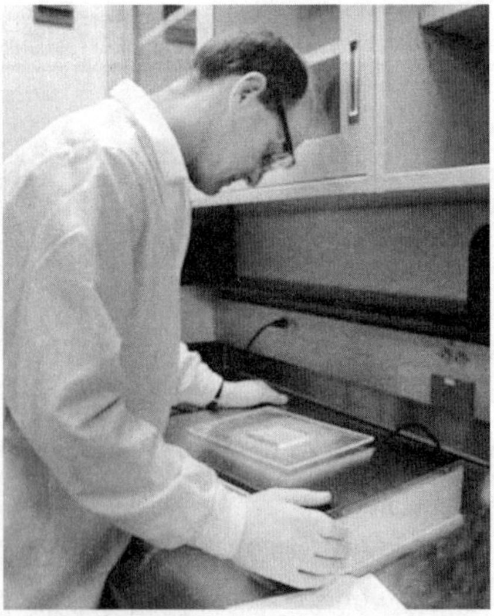

今天的仪器能够进行自动化的PCR联合DNA检测，在几小时内就能得到结果。

引系统（CODIS），计算机软件能联合国家、州立或当地的数据库，这样，警方就能够将犯罪现场的样本与国内任何地方的犯过重罪的人的DNA图谱进行比对。

皇冠上的珠宝

杰弗里因为发明“DNA指纹”和其他遗传学方面的贡献而得到很多荣誉。1994年，他被授予爵位。在英国享有最高声誉的科学组织皇家学会，在1987年授予杰弗里戴维奖章，1991年，任命他为沃尔夫森研究教授，2004年，又颁发给他皇家奖章。1998年，杰弗里获得了澳洲奖，2004年，获得了路易斯-简泰特医学奖，这是欧洲生物研究领域的一个重要奖项。在2005年5月，他被介绍进入美国国家发明家名人堂，9月，在艾伯特和玛丽·拉斯克基金会获得声望很高的拉斯克奖。

杰弗里本人也很关心扩展的DNA数据库是否会被滥用。但是杰弗里的解决方法并不是严格限制数据库的使用。取而代之，他认为，应当保留所有公民的DNA图谱。他在惠康文献中提到：“如果我们都在数据库中，就没有人会受到歧视。”杰弗里认为，应当只保留图谱，并且数据库应当由记录出生和死亡的政府机构管理，而非由警方管理。

社会效应：警探的福音还是隐私的威胁

DNA数据库就像指纹数据库一样，已经证明对帮助警方追踪四处流窜的罪犯非常有用。它使得警探能够解决“冷案”——许多年都没有解决的案件。所以，一些警方官员和检举人迫切希望数据库能拓展，以涵盖所有被指控犯罪或者可能与案件有关的人的DNA图谱。英国在2003年建立了这样的一个扩展数据库。

美国人权协会之类的人权倡议者则表示，扩展的DNA数据库很可能侵犯了非罪犯的个人隐私。特别是如果他们的DNA样本被保留，并非只是图谱（图谱并不反映功能基因）。这些评论家担心，例如疾病情况或者种族家系等个人信息会从数据库泄漏出去。他们也相信，警方等会歧视出现在DNA数据库中的人。

杰弗里把精力主要集中在基础遗传学的研究上，而把DNA检测的进一步加工留给了别人。他大部分的研究工作是关于突变，也就是基因的改变方面。比如在1996年，他和莫斯科大学的尤里·杜波罗瓦（Yuri Dubrova）报告说，1986年乌克兰的切尔诺贝利核电站事故中受到辐射的人所生的孩子中，DNA图谱的突变是英国家庭的孩子2倍之多。杰弗里和杜波罗瓦的工作，首次提供了放射性能导致人类遗传突变的证据。杰弗里正在试图发现触发这些突变的遗传机制。他还希望更多地了解引起疾病突变的原因。

杰弗里感到“DNA指纹”的发展是如此重要，俨然已是他最重要的科学贡献。在1997年《化学与工业》上发表的他的专访里，他说：“这是法医科学的完全革新。”《科学》杂志在2000年8月11日发表的一篇文章称，DNA检测是“现代法医学皇冠上的明珠”。